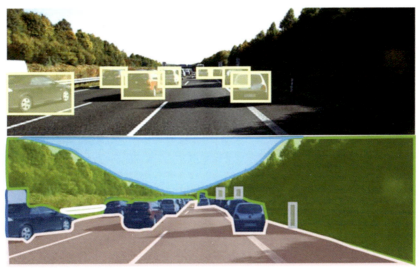

图 2.4 （上图）车辆检测任务：车辆实例由边界框包围（在这种情况下为纯 2D；也可以是投影的 3D 边框）。（下图）语义分割，考虑了路面（粉红色）、车辆（深蓝色）、植被（绿色）、电线杆和交通标志（灰色）、围栏（白色）和天空（浅蓝色）

图 2.10 道路分割示例：红色像素被分类为道路，其余被分类为非道路。这些结果对应于 Alvarez 和 Lopez（Alvarez 和 Lopez，2011）的方法

汽车先进技术译丛　智能网联汽车系列

智能车辆
——使能技术与未来发展

[西] 费利佩·希门尼斯（Felipe Jiménez）主编

江苏大学汽车工程研究院　组译

江浩斌　徐　兴　王　海　李傲雪　耿国庆　孙　航

华一丁　郭　蓬　华　蕾　尹晨辉　沈青原　译

机械工业出版社

本书从全球视野的角度梳理了智能车辆各领域的最新研究进展，介绍了智能车辆的环境感知、车辆通信、车辆定位和数字地图、道路交通和移动出行研究中的大数据等核心技术的研究进展；讨论了与智能车辆应用密切相关的系统和关键技术，包括驾驶员辅助系统和安全系统、协同交通系统、自动驾驶、人类驾驶员行为和人机交互、驾驶模拟器和交通仿真器；最后分析了智能车辆的发展对社会和经济的影响，以及智能车辆未来的发展趋势和需要关注的研究领域。每章都附有详细的参考文献，有的还推荐了延伸阅读文献，便于读者深入阅读和开展相关研究。

本书适合车辆工程专业智能车辆方向研究生系统学习，也适合智能车辆技术研究和工程人员阅读参考。

前　言

　　道路车辆的发展趋势不可阻挡，电子、控制、通信等学科在这一进程中扮演着越来越重要的角色。这开辟了许多研究和发展方向，尽管它们最终是相互联系的，但它们对应着非常不同的领域。目前缺乏对智能车辆全面、综合的总结与展望。

　　为了把来自西班牙的从不同角度研究智能车辆各个方面的研究小组聚集在一起，在西班牙政府的经济和竞争力部（TRA2015-69002-REDT）的资助下，启动了智能车辆专题网络项目（Thematic Network on Intelligent Vehicles，RETEVI）。这个由马德里理工大学（UPM）汽车研究所（INSIA）领导的国家网络汇集了一大批活跃在交通系统和智能车辆领域的研究小组，包括马德里卡洛斯三世大学、阿尔卡拉大学、西班牙国家研究委员会（CSIC）、卡塔赫纳理工大学、巴塞罗那自治大学计算机视觉中心、TECNALIA研究与创新基金会、Ceit-IK4技术中心、加利西亚汽车技术中心（CTAG）、拉古纳大学、加那利群岛拉斯帕尔马斯大学、胡安卡洛斯国王大学、马德里康普顿斯大学、马德里欧洲大学和马德里理工大学的其他团队。众多合作伙伴可以在专题网络的运作中思考与智能交通系统（ITS）研究相关的主要方法和技术工具（例如自动驾驶车辆、车辆间的通信、合作服务和车辆感知）。该网络的任务是建立一个联合行动框架，以促进技术和信息活动的组织、科学论文的撰写，并协调共同参与国家或国际论坛。

　　本书是专题网络的一项科研举措，书中的研究课题并不局限于专题网络的工作，因为它开启了与其他团体合作的可能性（由于不同的情况，这些团体并未正式纳入专题网络中），这些研究小组可以在所涉及的某些研究领域中以广泛的知识做出贡献。

　　首先，应该注意到本书的重点是智能车辆，而不是一般的智能交通系统，智能交通系统是一个更广泛的领域。另一方面，尽管我们将特别侧重于技术方面，但会提到其他技术性较低的方面，如经济、政治、社会等，这些因素对最终构成我们所称的智能车辆全系统的开发和实施有着明显的影响。我们认为，不应忽视这些方面对智能车辆的影响，即使从技术角度来看也应予以考虑。

　　如上所述，智能车辆的发展会涉及新的工作领域。因此，对于在某一特定领域内工作的研究人员而言，在科研活动刚开始或将注意力集中在一个相对封闭的小的研究范围内时，会有许多结果无法引起他们的注意。然而，对智能车辆有一个尽可能完整的研究愿景是必要的，尽管每项技术的专业化也是不可避免的。这一广阔的视野使我们能够更好地认识到需要解决的技术缺陷，以及智能车辆的每一项技术发展的框架。

本书主要面向博士研究生、硕士研究生以及处于科研起步阶段的研究人员，目的是在本书中获得关于智能车辆的全面信息。本书的设计方式使其非常适合整个学年或一门学科的教学组织的开展。但是，本书也针对希望获得有关智能车辆其他领域最新知识的更有经验的研究人员。从这个意义上讲，本书每一章都是由该领域具有代表性的专家撰写的，因为他们最有资格选择每个研究领域的基本内容。

基于上文所述，有必要解释一下本书的范围。为了给读者提供本领域的全球视野，本书作者通过阅读期刊中的学术论文和参加学术会议，梳理了智能车辆方向各领域的最新研究进展和局部细节，同时，本书避免了过于浅显的内容，并且为已经涉及智能车辆某个领域的非专业人员提供了特定主题的初步技术细节。事实上，我们也希望所提供的内容将对那些专注于某一特定领域、想从其他领域起步或想知道某些领域与其他领域如何联系的高级研究人员有所帮助。因此，本书中提出的一些概念应该构成继续探究的出发点。

最后，作为本书的主编，我要感谢所有的合著者，尤其是那些负责每一章节的作者，因为我意识到他们承担的任务不仅是清晰准确地提出广泛综合的观点，而且借由各个领域的专家传递，将内容有组织、统一和连贯地呈现给读者。我们相信，至少在我们所考虑的领域中，本书将是有意义和有用的，并且将为智能车辆提供清晰的全球视野。

Felipe Jiménez

撰写人

Leopoldo Acosta
Universidad de La Laguna, Santa Cruz de Tenerife, Spain

Jorge Alfonso
Universidad Politécnica de Madrid, Madrid, Spain

Nourdine Aliane
Universidad Europea de Madrid, Villaviciosa de Odón, Spain

Arrate Alonso
Mondragon Unibertsitatea, Mondragón, Spain

José M. Armingol
UC3M, Leganés, Spain

Rafael Arnay
Universidad de La Laguna, Santa Cruz de Tenerife, Spain

Roberto Arroyo
Universidad de Alcalá, Alcalá de Henares, Spain

Antonio Artuñedo
CSIC, Madrid, Spain

Luis M. Bergasa
Universidad de Alcalá, Alcalá de Henares, Spain

Rosa Blanco
CTAG – Centro Tecnológico de Automoción de Galicia, Porriño, Spain

Alfonso Brazález
Ceit – IK4, San Sebastián, Spain

Enrique Cabello
Universidad Rey Juan Carlos, Móstoles, Spain

Sergio Campos – Cordobés
TECNALIA, Bizkaia, Spain

Miguel Clavijo
Universidad Politécnica de Madrid, Madrid, Spain

Arturo de la Escalera
UC3M, Leganés, Spain

Javier del Ser
TECNALIA, University of the Basque Country (UPV/EHU) and Basque Center for Applied Mathematics (BCAM), Bizkaia, Spain
Carlos Fernández
Universidad Politécnica de Cartagena, Cartagena, Spain
Javier Fernández
Universidad Europea de Madrid, Villaviciosa de Odón, Spain
José A. Fernández
CTAG – Centro Tecnológico de Automoción de Galicia, Porriño, Spain
Fernando García
UC3M, Leganés, Spain
Jorge Godoy
CSIC, Madrid, Spain
Rodolfo Haber
CSIC, Madrid, Spain
Olatz Iparraguirre
Ceit – IK4, San Sebastián, Spain
Felipe Jiménez
Universidad Politécnica de Madrid, Madrid, Spain
Ibai Laña
TECNALIA, Bizkaia, Spain
Antonio M. López
CVC – UAB, Barcelona, Spain
Maria E. López – Lambas
Universidad Politécnica de Madrid, Madrid, Spain
David Martín
UC3M, Leganés, Spain
Carlos Martínez
Universidad Politécnica de Madrid, Madrid, Spain
Mario Mata
Universidad Europea de Madrid, Villaviciosa de Odón, Spain
Luis Matey
Ceit – IK4, San Sebastián, Spain
José M. Menéndez
Universidad Politécnica de Madrid, Madrid, Spain
Basam Musleh

ABALIA, Madrid, Spain

José E. Naranjo
Universidad Politécnica de Madrid, Madrid, Spain

Pedro J. Navarro
Universidad Politécnica de Cartagena, Cartagena, Spain

Borja Núñez
Ceit – IK4, San Sebastián, Spain

Ignacio (Iñaki) Olabarrieta
TECNALIA, Bizkaia, Spain

Ana Paúl
CTAG – Centro Tecnológico de Automoción de Galicia, Porriño, Spain

Joshua Puerta
Ceit – IK4, San Sebastián, Spain

Eduardo Romera
Universidad de Alcalá, Alcalá de Henares, Spain

Francisco Sánchez
CTAG – Centro Tecnológico de Automoción de Galicia, Porriño, Spain

Javier Sánchez – Cubillo
TECNALIA, Bizkaia, Spain

Javier J. Sánchez – Medina
Universidad Las Palmas de Gran Canaria, Las Palmas de Gran Canaria, Spain

Ángel Serrano
Universidad Rey Juan Carlos, Móstoles, Spain

Rafael Toledo – Moreo
Universidad Politécnica de Cartagena, Cartagena, Spain

Ana I. Torre – Bastida
TECNALIA, Bizkaia, Spain

David Vázquez
CVC – UAB, Barcelona, Spain

Jorge Villagra
CSIC, Madrid, Spain

Gabriel Villalonga
CVC – UAB, Barcelona, Spain

目 录

前言
撰写人
第 1 章　绪论 ………………………………… 1
1.1　智能交通系统 ………………………… 1
1.2　早期举措 ……………………………… 3
　1.2.1　欧洲 ……………………………… 3
　1.2.2　美国 ……………………………… 4
　1.2.3　日本 ……………………………… 4
1.3　服务 …………………………………… 5
　1.3.1　向用户提供信息 ………………… 5
　1.3.2　交通管理 ………………………… 6
　1.3.3　货运业务 ………………………… 7
　1.3.4　公共交通运营 …………………… 8
　1.3.5　电子支付 ………………………… 9
　1.3.6　紧急情况 ………………………… 10
1.4　智能车辆 ……………………………… 10
1.5　本书结构 ……………………………… 11
参考文献 …………………………………… 13
延伸阅读 …………………………………… 13

第一部分　使能技术

第 2 章　智能车辆的环境感知 ……………… 16
2.1　基于视觉的道路信息 ………………… 16
　2.1.1　环境多样性 ……………………… 17
　2.1.2　车道检测 ………………………… 18
　2.1.3　交通标志识别 …………………… 21
　2.1.4　商用系统 ………………………… 23
2.2　基于视觉的感知 ……………………… 25
　2.2.1　基于视觉的目标检测和语义
　　　　 分割 ……………………………… 26
　2.2.2　基于车载视觉的目标检测 …… 27
　2.2.3　基于车载视觉的语义分割 …… 32
　2.2.4　基于深度学习的车载视觉 …… 34
2.3　基于激光雷达的感知 ………………… 37
2.4　基础设施感知 ………………………… 42
　2.4.1　独立交通传感器 ………………… 43
　2.4.2　非独立交通传感器 ……………… 57
　2.4.3　结论与建议 ……………………… 58
2.5　数据融合 ……………………………… 58
　2.5.1　数据融合的分级 ………………… 59
　2.5.2　架构 ……………………………… 60
　2.5.3　智能交通系统中的数据
　　　　 融合 ……………………………… 63
参考文献 …………………………………… 65
延伸阅读 …………………………………… 72

第 3 章　车辆通信 …………………………… 73
3.1　车辆通信标准 ………………………… 74
　3.1.1　引言 ……………………………… 74
　3.1.2　ISO CALM 架构 ………………… 75
　3.1.3　移动通信场景中的车辆
　　　　 通信 ……………………………… 83
　3.1.4　总结 ……………………………… 84
3.2　通信技术 ……………………………… 85
　3.2.1　引言 ……………………………… 85
　3.2.2　参考架构 ………………………… 85
　3.2.3　实施技术 ………………………… 86
　3.2.4　混合通信 ………………………… 92
　3.2.5　服务 ……………………………… 92
　3.2.6　安全与隐私 ……………………… 93
　3.2.7　互操作性 ………………………… 94
参考文献 …………………………………… 94
相关标准 …………………………………… 94

第 4 章　定位和数字地图 …………………… 97
4.1　智能车辆定位系统 …………………… 97

4.1.1　术语的定义 …………… 98
　　4.1.2　基于位置的服务和基于
　　　　　 定位的应用 ………… 99
4.2　基于 GNSS 的定位 ………… 99
　　4.2.1　全球定位系统的由来、使用要
　　　　　 求和工作原理 ……… 99
　　4.2.2　性能指标 …………… 102
　　4.2.3　ITS 领域卫星定位及其
　　　　　 应用 ………………… 103
　　4.2.4　GNSS 在 ITS 的前景 … 103
4.3　GNSS 辅助和混合定位系统 … 104
　　4.3.1　GNSS 辅助定位和导航
　　　　　 技术 ………………… 104
　　4.3.2　GNSS/DR 定位 ……… 105
4.4　数字地图 …………………… 107
　　4.4.1　重要性和实用性 …… 107
　　4.4.2　技术规范 …………… 109
　　4.4.3　数字地图的制作 …… 109
　　4.4.4　地图质量评估 ……… 111
　　4.4.5　地图匹配 …………… 112
　　4.4.6　地图辅助的 GNSS 定位 … 113
4.5　GNSS 定位的替代方案 …… 114
　　4.5.1　用于估计车辆运动的
　　　　　 视觉里程计 ………… 114
　　4.5.2　无线网络 …………… 117
　　4.5.3　RFID ………………… 118

参考文献 ……………………………… 118

第5章　道路运输和移动出行研究中的大数据 ……………… 121

5.1　数据和信息来源 …………… 121
5.2　数据预处理 ………………… 123
　　5.2.1　特征工程 …………… 123
　　5.2.2　数据降维 …………… 125
5.3　数据规范化 ………………… 126
　　5.3.1　数据清洗 …………… 127
　　5.3.2　格式和标准 ………… 127
　　5.3.3　本体 ………………… 128
5.4　监督学习 …………………… 129
　　5.4.1　预测性与描述性 …… 129
　　5.4.2　分类与回归 ………… 130
　　5.4.3　机器学习方法 ……… 130
　　5.4.4　实时应用 …………… 131
　　5.4.5　概念漂移的处理 …… 131
5.5　无监督学习 ………………… 132
5.6　数据处理结构 ……………… 134
5.7　应用 ………………………… 135
　　5.7.1　运输需求建模 ……… 135
　　5.7.2　短期交通状态预测 … 136
　　5.7.3　路径规划/路径选择 … 136
参考文献 ……………………………… 137
延伸阅读 ……………………………… 142

第二部分　应用

第6章　驾驶员辅助系统和安全系统 ………………… 144

6.1　综合安全模型 ……………… 144
6.2　改善驾驶行为的系统 ……… 146
　　6.2.1　辅助系统的目标 …… 146
　　6.2.2　分类 ………………… 148
6.3　减少事故的电子辅助设备 … 151
　　6.3.1　二级安全系统 ……… 151
　　6.3.2　一级安全系统与二级安全系统
　　　　　 之间的交互 ………… 152
　　6.3.3　三级安全系统 ……… 153

6.4　辅助与安全系统的未来发展 … 154
参考文献 ……………………………… 155

第7章　协同交通系统 ………… 157

7.1　引言 ………………………… 157
7.2　C-ITS 框架 ………………… 158
　　7.2.1　整体架构 …………… 158
　　7.2.2　主要技术 …………… 159
　　7.2.3　公用移动网络（蜂窝
　　　　　 网络）………………… 160
　　7.2.4　ITS-G5（车载 WiFi）… 161
　　7.2.5　标准化分级 ………… 162

7.3 服务 …… 164
　7.3.1 引言 …… 164
　7.3.2 旨在提供信息的系统 …… 165
　7.3.3 旨在提高安全性的系统 …… 167
　7.3.4 旨在提高效率的系统 …… 169
7.4 实际部署面临的挑战 …… 171
　7.4.1 技术问题 …… 171
　7.4.2 实施问题 …… 172
7.5 欧洲的相关举措 …… 173
　7.5.1 城际交通试点 …… 175
　7.5.2 城市交通试点 …… 178
　7.5.3 协作平台和支持举措 …… 180
7.6 下一步的计划 …… 187
参考文献 …… 188
延伸阅读 …… 189

第8章 自动驾驶 …… 190
8.1 基础知识 …… 190
8.2 关键技术 …… 193
　8.2.1 控制架构 …… 193
　8.2.2 态势感知与风险评估 …… 195
　8.2.3 决策 …… 198
　8.2.4 人车交互 …… 200
　8.2.5 运动规划 …… 202
　8.2.6 车辆控制 …… 210
8.3 协同自动驾驶 …… 214
　8.3.1 汽车编队 …… 214
　8.3.2 城市道路运输 …… 217
8.4 验证与确认 …… 217
8.5 主要举措与应用 …… 219
　8.5.1 原型车 …… 219
　8.5.2 项目 …… 222
　8.5.3 特殊应用 …… 226
8.6 社会监管方面 …… 229
　8.6.1 法律途径 …… 229
　8.6.2 伦理方面 …… 233
参考文献 …… 234

第三部分 其他方面

第9章 人因 …… 240
9.1 人类驾驶员行为 …… 240
　9.1.1 引言 …… 240
　9.1.2 驾驶风格：定义 …… 241
　9.1.3 驾驶风格建模的度量 …… 243
　9.1.4 驾驶风格分类 …… 247
　9.1.5 驾驶风格建模算法 …… 248
　9.1.6 用于驾驶风格建模的数据库 …… 254
　9.1.7 在智能车辆上的应用 …… 256
参考文献 …… 261
9.2 用户交互 …… 267
　9.2.1 引言：交互通道 …… 267
　9.2.2 认知负荷与工作负荷 …… 270
　9.2.3 信息分类和优先级排序 …… 271
　9.2.4 系统的实现 …… 272
　9.2.5 准则和标准 …… 272
参考文献 …… 273

第10章 仿真工具 …… 275
10.1 驾驶模拟器 …… 275
　10.1.1 引言 …… 275
　10.1.2 驾驶模拟器的体系结构 …… 276
　10.1.3 应用 …… 278
参考文献 …… 280
10.2 交通模拟 …… 281
　10.2.1 交通模拟的定义与需要的原因 …… 281
　10.2.2 经典的交通模拟范例 …… 283
　10.2.3 传统的模拟框架 …… 286
　10.2.4 开源交通模拟软件：SUMO …… 290
　10.2.5 展望未来 …… 292
参考文献 …… 293
10.3 相应领域的模型、数据 …… 295
　10.3.1 训练数据和正确标注 …… 295
　10.3.2 虚拟世界和领域自适应 …… 298
参考文献 …… 302

第 11 章 智能车辆的社会经济影响：实施策略 …… 304
- 11.1 引言 …… 304
- 11.2 从网联汽车到自动驾驶 …… 304
- 11.3 社会问题 …… 305
  - 11.3.1 对自动驾驶的接受度 …… 305
  - 11.3.2 安全性 …… 305
  - 11.3.3 对就业的影响 …… 306
- 11.4 法律问题 …… 307
  - 11.4.1 责任/保险 …… 307
  - 11.4.2 测试与验证 …… 308
- 11.5 隐私 …… 309
- 11.6 黑客攻击 …… 309
- 11.7 经济方面 …… 309
  - 11.7.1 交通拥堵 …… 310
  - 11.7.2 燃料消耗 …… 310
  - 11.7.3 基础设施成本 …… 311
  - 11.7.4 车辆费用 …… 311
  - 11.7.5 保险费用 …… 311
- 11.8 宜居性 …… 312
- 11.9 总结 …… 312
- 参考文献 …… 314
- 延伸阅读 …… 315

第 12 章 未来展望和研究领域 …… 316
- 12.1 引言 …… 316
- 12.2 当前趋势 …… 316
- 12.3 当前研究领域 …… 318
- 12.4 主要预期的技术飞跃 …… 319
- 12.5 其他预期/必要的改变 …… 321
- 12.6 总结 …… 322
- 参考文献 …… 323

第1章 绪　　论

1.1 智能交通系统

交通发展与经济发展密切相关。近年来，交通出行发展迅速，这得益于公路运输方式比其他运输方式更具优势。但却因此给不同领域带来了负面影响，主要包括：交通拥堵、环境污染和交通事故。在欧洲尤其明显：

- 每天约有10%的道路网受到拥堵的影响。
- 交通运输是所有领域中能源需求增长最快的。其中，公路运输占了83%。而公路运输又与二氧化碳的排放有直接关系。
- 汽车是城市污染的主要来源，并且有20%的城市噪声处于令人无法接受的水平。
- 欧盟每年大约会有四千人死于交通事故，有一百七十万人因交通事故受伤。
- 从经济角度而言，交通拥堵、环境污染和交通事故带来的经济损失分别占到GDP（国内生产总值）的0.5%、0.6%与1.5%。

另一方面，这些负面影响会随着与发展相关需求的增加而继续增加。考虑到问题的严重性，政府通过越来越严格的法规来明确发展目标，例如：减少道路交通事故死亡人数或减少污染排放。关于交通拥堵问题，虽然新基础设施的建设会提供一种临时的应对措施，但还不足以实现道路运输行业的可持续性发展。所以，一个基于更有力管理的政策，会提供更好的长期效益。

近年来，随着科技和社会的发展，人们对于交通运输的安全性、舒适性、可靠性、性能与效率等方面需求呈指数式增长。除了来自这些方面的压力，我们还必须增加监管要求以及对全球市场竞争力的要求，全球市场需要不断地改进和更新，不断为所提供的产品和服务增值。

智能交通系统（Intelligent Transport Systems，ITS），是将电子技术、自动控制、计算机和通信技术应用到交通运输领域的系统，旨在减少交通事故、节省能源、降低环境污染和提高整个交通系统的运输效率，具有非常广泛的研究前景。因此，它可以扩展到所有的交通方式上，并且还可以考虑到它们所有的要素，例如：车辆、基础设施和用户。

尽管有人说智能交通系统可能与21世纪的发展有关，但事实并非完全如此。具体来说，它们的起源可以追溯到20世纪80年代，那时，它们在欧洲、美国和日本都或多或少地被同步提出来了。关于公路交通运输应如何考虑与这种交通模式（智能交通系统）有关的主要问题，人们已经在那些年里提出了对其的战略愿景。这种愿景已经考虑了道路上所有参与者之间的信息流动、处理和传播。然而，在那些年里，还不可能给出具体技术的清晰构想，以实现可行且有效的实际应用。后来这些技术在交通领域以及交通以外的其他领域都得到了发展。指明了多年前提出的愿景实践之路。

智能交通系统的理念是运用公路运输基础设施和车辆领域的新技术，不同于传统的解决方案，来减少这种交通运输方式所产生的主要问题（例如：交通事故、环境污染与拥堵等）。智能交通系统的关键要素是信息的获取、分类、处理和使用，这种信息流虽有困难，但是也有积极的一面，它使新的解决方案比传统的解决方案更具有竞争优势。

因此，从技术角度来看，智能交通系统可以理解为一条信息链，包括信息的获取、通信、处理、交换、分配以及最终的使用。因此，我们可以对以下与信息流有关的元素下定义：

- 通过车载传感器捕获信息。
- 车内通信（通信总线）。
- 主要基于卫星定位的车辆定位，信标和其他技术也已开发。
- 车辆之间的通信（V2V）。
- 车辆与基础设施双向通信（V2I）。
- 集中信息单元：交通管理、车队管理、应急系统等。
- 与接收基础设施或"浮动车辆"信息的单元进行通信。
- 提供给出行用户（公共交通用户、跟踪货物用户、出行前信息等），固定或可变的信息，在特定点的信息（例如：道路或公共汽车站台上的可变信息面板），车辆本身的信息或直接提供信息给用户。

值得一提的是，这些系统有一个通用的名称。对于一个人类设计并且实现的系统来说，必须谨慎使用其"智能"的特性，至少在目前看来，几乎没有能力替代它们。此外，随着时间的流逝，那些最初被认为是高度"智能"的系统，现在被我们以一种更加传统的方式对待，因为我们已经习惯它们了，而现在的智能系统则是由其他新系统和服务组成的。

最后，应该指出的是，除了涉及技术问题外，智能交通系统的实施还存在社会接受程度、政治和法律等困难。它的引入标志着重大的文化变革，其中我们需要的是多学科团体，公司与政府之间更高水平的合作，车辆与基础设施的整合等。此外，公共和私营部门在交通领域的合作也是必不可少的。因此，从各国政府的角度来看（有时是更广泛的角度），为了这些服务的发展，建立合适的机制是至关重要的。

1.2 早期举措

汽车的演变经历了惊人的发展,这不是简单的审美变化,而是一种技术的持续进步。首先,将越来越多的新型控制系统应用到昂贵的车辆中,来改善它们的舒适性和安全性,随后再将其推广到最经济的范围里。控制系统中的这种信息流促使在车辆中引入内部通信总线,但是,由于对通信速度和信息量的需求日益上升,所以导致了在车辆中不止一条总线的引入。

同样的情况也发生在基础设施的建设上。数十年前的道路与当前配备传感器、可变信息面板、摄像头等的大容量道路之间存在着一些差异。传统道路的进步并不明显(发生在这些道路上的大量交通事故可以反映这一点)。但必须考虑到交通管理(最基本的形式)已经存在很多年了,市区也取得了显著的进步(尽管通常不如车辆或大容量道路那么明显),甚至在智能交通系统成为事实或甚至还是一个计划之前,它就已经存在了。

如上所述,正是在20世纪80年代,欧洲、美国和日本的大型政府机构开始需要公路交通运输做出巨大的改变,以应对日益严重的问题,而且人们还意识到,有必要从不同于以往的角度来处理问题,包括智能交通系统方法。以下简要介绍第一个智能交通系统计划。

1.2.1 欧洲

在1987—1995年的Prometheus项目(一个使欧洲交通系统具有极高效率和安全性的计划)中这一需求得到体现。它来自于"使智能车辆成为智能道路交通系统一部分"的愿景。这是一个大型项目,它涉及自动驾驶车辆、通信以及许多其他领域。其目标是创造新的概念和解决方案,旨在改善交通安全、效率和环境影响,并打算通过结合电子技术和人工智能来开发新的信息管理系统。它由欧洲的主要制造商领导,涉及电子公司、零件制造商、主管部门、交通工程师等。另外,它由四个基础研究的子项目和三个应用研究的子项目组成。在前者中,PRO – ART 的目标是人工智能的应用,PRO – CHIP 的重点是开发用于车辆智能处理的硬件,PRO – COM 建立了通信方法和标准,PRO – GEN 的重点是为系统评估创建场景。另一方面,研究子项目包括:PRO – CAR 是用来处理车辆传感器、执行器、用户界面和通用架构的;PRO – NET 是专注于车辆之间通信的;PRO – ROAD 则是面向车辆与环境通信的,最后两个子项目之间的相互作用是值得思考的。与此同时,从基础设施到 DRIVE 项目(欧洲车辆安全专用道路基础设施)也采用了相同的方法。

在其开始数年后,人们认为其目标仍然有效,很难看到道路交通运输领域有超出Prometheus设想的新问题。但是,为了实现这个目标,我们需要在已被发现的领域继续努力。这些领域包括可行性研究、制定营销计划、实施和监测计划以及对照原计划评估结果。

如今，许多欧洲项目作为大型财团的一部分，只是利用多年来不断涌现且日趋成熟的新技术实现了 Prometheus 这个想法。

1.2.2 美国

在美国，通过应用新技术解决道路交通运输问题的方法始于 1986 年名为 Mobility 2000 的非正式讨论组（Sussman，2005）。这个小组成立的动机来自对交通拥堵和交通事故的应对，以及初期的环境意识。1990 年，由于很有必要建立一个常设组织，所以智能车辆公路协会（IVHS）作为交通部的一个委员会成立了。1992 年，美国 IVHS 发布了一项战略计划，这项计划长达二十年，其范围包括：开发和现场测试 ITS 的部署规划。该计划侧重于三大支柱：开发和实施能够应用的智能交通系统技术、用于支持系统整合的技术，以及在智能交通系统框架内处理必要的公私机构关系的方法。1995 年，在美国将 ITS 分为六类：

- 先进的交通管理系统（ATMS），旨在预测交通并提供替代路线，具有用于动态交通控制的实时信息管理。
- 先进的旅行者信息系统（ATIS），旨在向车上或车下的驾驶员或乘客告知道路状况、最佳路线以及事故等（Austin 等，2001）。
- 先进的车辆控制系统（AVCS），可实现更安全高效的驾驶。通过与不同的时间情景比对，在最接近的情况下，系统可以警告驾驶员有碰撞危险，并且可以自动控制车辆。在第二阶段，考虑与基础架构进行更大的交互，包括编队行驶。
- 商用车运营（CVO）提高了运输公司的效率。
- 先进的公共交通系统（APTS），可以改善向用户提供的信息并改善车队管理（McQueen 等，2002）。
- 高级乡村交通系统（ARTS），没有明确的定义，因为这些低密度路线受到经济性的限制。

这种分类与之后的其他作者提出的差别不大（Comisión de Transportes，2003；Miles and Chen，2004；Aparicio 等，2008），除了在一些小细节上有出入，例如并入了特定的电子支付领域。另一个用于应急管理，并且将针对任何类型道路的措施集成在一个组中，而无须区分城市范围、高容量道路和次要道路。

在这一点上，值得注意的是，差不多在近 20 年前制定的目标与当前目标大致一致，尽管其中一些已经实现了，例如向驾驶员提供有关交通的信息或向公共交通出行者提供信息，但是在车辆动态路径选择方面还有一些问题有待解决，并且在自动驾驶方面也遇到了一些问题。另一方面，传统道路存在的问题仍然存在，具体的解决方案也很少。

1.2.3 日本

在日本，关于智能交通系统的首次倡议可以追溯到 20 世纪 70 年代，即"综合汽车控制系统"项目（CACS）。鉴于最终目标无法实现，因此在1978—1985年提出了新项目，例如汽车交通信息和控制系统（ATICS）。这些项目比实际项目更具概念性，主要涉及交通管理。但另外两个项目才是该国真正发起的智能交通系统项目。其中一个是始于1984年的RACS项目（Road/Automobile Communication System），它是当前导航系统的基础。另一个名为Advanced Mobile Traffic Information and Communication System（AMTICS），该项目旨在向驾驶员提供车载设备上的交通信息，并使用通信终端提供此类信息。

1.3 服务

智能交通系统服务已经经历了一次非常迅猛的发展，由此产生了大量的系统和服务，这些系统和服务可以分为不同的类别。以下七个领域构成了最广泛的分类之一：

- 向用户提供信息。
- 交通管理。
- 商用车的运营。
- 公共交通的运营。
- 电子付款。
- 紧急情况。
- 车辆和安全系统的控制。

另外，还通常会发现协同效应和重叠区域面临相同的问题。例如，乘客信息和公共交通运营区可以共享信息，车辆安全系统、驾驶员信息系统（例如驾驶辅助信息）等也可以共享。

1.3.1 向用户提供信息

该领域与其他智能交通系统领域有着紧密的联系。在用户信息这个主题下，可以找到几个系统。例如，指向公共交通用户的信息，在旅行前和旅途中向驾驶员提供的信息等。

这里有两种信息，它们对所需技术的获取和处理有相关影响：

- 静态信息：工程、活动、通行费、公共交通时刻表。
- 动态信息：交通拥挤、天气状况、停车。

对私人交通用户来说，近年来导航和路线选择系统变得越来越重要。这些系统的发展与需求的增长紧密相关，因此提供了越来越多的功能和信息。从这个意义上讲，这种趋势为这些系统提供了更高的智能性，以便它们根据接收到的变量（例如路线的拥堵点、免费停车场等）提供向导。

交通信息服务无线电数据交通系统信息频道（RDS-TMC）和信息可变面板

（VMS）作为首选被凸显了出来。第一是提供大量信息并由用户可立即访问的有效手段。第二是允许道路上的驾驶员对交通进行远程控制，并且可以发出警报或通知。这些实时的交通信息和其他条件，如气象信息，允许驾驶员在每个时刻选择路线和最适合的交通状况。除了信息终端外，这些系统还包括信息收集、传感系统以及管理中心。用于获取这些信息的技术非常多样化，包括车载传感器（传输捕获的信息）、摄像机、基础设施中的静态传感器等。

关于面向公共交通的信息，可以提供多式联运方案、抵达时间、途中信息等，以便能够在出发前计划出行，或在出行过程中接收信息或了解实时问题。向旅行者提供的所有信息是由智能车辆管理系统收集来的，由于需要预处理，尤其是在寻求与其他交通方式（通常由第三方操作）的相互关系时，就不能把这种信息立即完全提供给用户。

最后，应该指出的是，尽管这些服务有了长足的发展，但仍然有必要继续推进以下几个方面：
- 提高所提供信息的准确性和可靠性。
- 更多有关多模式选项的信息。
- 更快速有效提供事件信息的方法。
- 更好的信息传输，因此更易于理解，并且可以通过多个渠道使用。

以上这些会带来旅行时间的减少、更优的多式联运选择、更少的乘客压力，简而言之就是公共服务的改善。

1.3.2 交通管理

交通管理旨在实现出行者需求和路网容量之间的有效平衡，需要注意的是，使用多式联运的众多用户所共享的基础设施空间是有限的。

监测交通流量是交通管理的先决条件。这种监测本身不是目的，除了交通管理本身之外，还支持其他服务，例如：提供给用户信息、管理紧急情况、对公共和商业运输的支持等。该领域已经取得了重大进展，提出了一些解决方案，例如：道路嵌入式检测器、视频回路、"浮动"传感器和信息发送器，以及动态数据的集中化。

城市交通管理可以视为公路运输远程信息处理系统的起源。这是由于城市环境很快就暴露出了由于大量车辆的使用而引起的问题，以及基于通信解决方案的潜力。

城市环境中的其他相关服务包括停车场管理和优先级管理。在第一种情况下，可以提供以下解决方案，比如可以根据车辆到达的时间或是在没有可用车位的情况下提供备用位置来预留停车位。在第二种情况下，为应急车辆或公共交通车辆部署了绿波系统。这些通道是在与基础设施的通信系统中实现，以便对交通管理进行调整。最简单的解决方案是仅调节单个路口信号的相互关系。从技术的角度来看，此解决方案非常简单，尽管最终并不完全有效，因为这类行为会对其他车辆产生负面影响。为了解决此类问题，应该考虑协调更大范围路口的相互关系。

尽管城市交通的一部分问题也可以推广为城市间的问题，但其他 ITS 系统也要考虑特定的技术路线。因此，我们强调以下方面：

- 为了避免交通拥堵，当达到一定流量时要对车辆进行控制。
- 事故、意外或故障的道路警告可提高响应速度，并在不同情况下提供最快捷的警告。
- 为了避免在人工收费中被迫停车，自动支付通行费有助于用户避免不必要的停留而增加交通容量。

由于隧道其特有的情况，需要不同的管理方式，因此，它们与城市交通和城际交通的管理是分开的。这使得隧道的控制中心具有收集所有信息并采取行动的能力。因此，可以控制不同的因素，例如通行费（如有必要）、事故、照明、通风、危险品的控制、向用户提供的信息等。

最后，其他的功能也能被应用到这个领域中，例如：基础结构的维护、违规检测和管理，以及事件的管理服务。

1.3.3 货运业务

车队管理系统适用于货运和客运，二者之间存在许多共同点。首先，这种管理以对车辆的随时定位和与控制中心持续地进行信息交换为基础。这样可以调整服务与间隔时间，并调整不匹配的信息。因此，车辆、基础设施点和控制中心之间不断交换着高级服务信息，这些信息既可以用于公司的数据开发，也可以用于改善用户服务。

运输车队管理系统（货运或公共运输）中的子系统如下：

1）嵌入式子系统，由嵌入式计算机、驾驶员终端、定位系统、通信系统和其他安装在车辆中的元件组成。考虑到当前现代车辆的架构，并且为了充分利用这些系统的潜力，最好的解决方案是从车辆内部通信总线访问信息，并通过无线通信发送到外部服务器。

2）中央子系统，由系统服务器和不同的"客户"组成。该子系统负责管理策略。

3）在公共交通中，基础架构中的子系统由连接到中央子系统的信息面板组成。

另外，由于每辆车都使用中央处理器，这使得与之连接的其他外围设备有可能获得额外的优势。

这种管理的基本思想是创建一个集成的环境，该环境允许以更加敏捷的方式实时地采取行动，以适应需求并解决由于自身原因或外部原因（例如故障、保留、需求变更）导致的服务事件。车队的全面管理可以更好地了解需求，从而可以通过短期和中期措施更好地调整服务。

对于欧洲的货运交通而言，存在一个严重的问题，这一问题在大多数情况下是在不到200km的短途旅行中出现的，而多式联运在短途旅行中是不可行的。所以鉴于目前道路运输的负面影响，将ITS引入该领域很明显是一个缓解该问题并且是一个促进可持续发展的机会。

货运业务与货物和车辆的位置紧密相关。车辆与中央单元之间的持续通信可以控制货运业务，并且可以根据需要实时进行更改。通过加快到达物流中心的流程，这种信息交流也有望对多式联运产生积极的影响。对信息的访问（例如前几节中介绍的信息）可以获得更多的优点，例如：允许选择更准确的路线和预测更精确的到达时间。

另一个基本方面，尤其是在处理易碎或有价值的商品中，除了位置之外，还要持续监视其状态，并获取温度、湿度等数据。

新技术允许驾驶员与控制中心之间的通信，这可以交换消息并使管理程序自动化，例如确认交货。这项服务能提供附加值，并接受来自其他服务的挑战。除了更方便的车辆服务分配和车辆重定向之外，还可以计算更好的分配顺序，从而节省时间和燃料。

此外，事件管理与以前的服务紧密相关。在这方面，危险货物运输受到特殊的对待，旨在以最有效的方式管理可能发生的事件。这可以通过制订合适的计划，并获取交通的具体信息来实现。

但是，在实施中存在诸多问题，例如许多小公司的技术水平较低、初期的资金投入过高，以及公司之间的协调性低等问题。

1.3.4 公共交通运营

公共交通管理系统的主要目标是提高服务质量和规则性，改善向用户提供的信息，适应市场需求，降低运营成本和投资，并实现更强的灵活性和更好的车队控制。这些系统基于车辆的定位、实时信息的处理和历史信息，以适应车辆的运行。因此，问题在于采用可行的手段来满足需求，同时分析每一时刻的运行状况。

公共交通车队管理系统可以开发的主要功能包括：

- 面向用户的信息，无论是在车辆内部还是在停车位（通过可变的消息面板或智能手机中的应用程序）。在这方面，力求保证信息越来越准确并且不断地更新信息，从而增强用户的信心，并可以更可靠地对他们的行程进行规划。

- 实时操作管理，以快速有效的方式针对车辆、基础设施与交通情况等进行管理。通过这种方式，借助精确的车辆运行信息，可以在更短的时间内解决服务中的任何事件。同样，有可能向旅行者提供更准确和最新的信息。此管理中包括与交通的相互关系以及调节交叉路口的信号。

- 可以更快地干预紧急通信、事故、损坏以及犯罪行为。

- 停靠和运输联运区域管理。根据未来城市的新概念，多式联运将变得越来越重要，从而能够迅速从一种交通方式转变为另一种交通方式。同样，可以考虑将它们从私家车改为公共交通工具，这意味着需要提供停车位。
- 车辆需求信息。开展此项工作需要与自动售货系统进行车载集成，并且可以更准确地了解在每个停靠点离开车辆的乘客需求（为此，已经开发了基于计算机视觉、压力传感器等的不同解决方案），从而可以对未来的计划提前进行修改，而不是实时进行修改。
- 具有实时数据、计划数据和多模式信息的网络服务。除了以单一方式提供信息之外，还将向更快地更新信息和以一致的格式集成所有信息的方向进行挑战，从而允许评估各个公司不同替代方案的影响。
- 使用收集的数据进行部署分析。除了使用实时数据之外，收集的历史信息还可以用于将来的计划，例如根据旅行时间调整时间表，并尝试使报价尽可能地满足需求。该分析基于对车辆的位置和操作持续的监视，并且能够对车辆、行程、驾驶员等进行详尽的研究。
- 车辆远程诊断。通过收集车辆的运行数据可以以更敏捷和有效的方式来诊断和维修车辆，特别是那些每时每刻都需要干预的车辆。在最简单的状态下，诊断可以减少车辆控制单元中的错误，所需目标包括基于运行数据的预测性维护，以便在故障出现之前就预见故障，并可以更加有效地安排维护任务。
- 驾驶员监控具有两个基本方面：促进安全及有效的行为。这种监视可以在线进行，向驾驶员提供警告以改善他们的行为，也可以离线进行，例如，专注于个性化的培训课程。

1.3.5 电子支付

近年来，减少现金支付从而改用电子支付进行交易的趋势越来越明显，为此人们提出了各种解决方案，例如通过信用卡、储蓄卡、智能卡或手机，它们在我们的生活中被广泛地使用。

我们必须从更广泛的角度来理解电子支付服务，因为它能大大地提高我们的生活效率。通过这种方式，它能使停车与通行费等公共服务相关的费用进行统一支付。灵活性应该是其主要特征，尽管在涉及不同部门和直接竞争对手方面存在困难。在理想的情况下，通过这种方式，人们可以在任何国家/地区付款，获得更适合个人的税率，并且如果在旅行结束时或在某个时间段结束时付费，个人还可享受由忠诚度带来的优惠。

就公共交通而言，以下几点将这些付款与其他商品和服务的付款区分开（McDonald 等，2006）：

- 旅客必须拥有证明自己已付款的文件。
- 避免由于付款方式的原因而延误登机。

- 付款必须符合当地的税率结构（按停靠次数、距离等）。
- 对于经常光顾的旅客，应当考虑折扣优惠。
- 应确保对个人信息的保护，避免跟踪个人的旅程。

另一方面，通行费的支付方式应该比今天更加广泛。因此，除了发展固定站点的付款方式外，还应发展自由流动模式，从而避免排队，也不再需要车辆随时随地的按需付费系统，并且也能知道在每种类型道路上所行进的距离，从而计算出最终的行驶费用。

最后，尽管这与严格意义上的电子支付相去甚远，但是一些保险公司正在实行"按需付费"的方式，它被注册并通过黑匣子传输，以便根据用户所驾驶的车型来重新计算保险费。

1.3.6 紧急情况

在紧急情况下，ITS 的应用涉及紧急警告、信息与紧急车辆的统一管理，危险材料事件的管理以及综合紧急事件和交通管理。在这方面，目的是为了减少响应时间，确保使用合适的车辆，从而减少事故对相关人员的影响以及对交通的负面影响。

1.4 智能车辆

在智能交通系统中，智能车辆是关键元素之一，涉及传感器、处理器和信息发送器的任务。因此，未来驾驶被认为是自动化和协作驾驶。

应当注意的是，车辆驾驶任务大多数是一项低风险活动，尽管需要许多能力，但是大多数驾驶员可以在短期内将风险降至很低。但是，在关键时刻，用户所需处理的信息可能超出了他们的能力范围。根据对事故数据的研究，其中超过 90% 的是人为因素（Hobbs, 1989）。因此，智能车辆旨在帮助和协助驾驶员减轻其负担，增加和改进可用于促进安全、高效驾驶的信息，从而获得更好的响应。

单一地定义智能车辆的概念是复杂的，因此我们需要确定该从什么角度上去谈论由人类所设计系统中的智能。

大体上，我们可以将智能车辆定义为具有以下功能的车辆：
- 获取与其有关的状态和环境（或近或远）信息。
- 处理信息。
- 制定决策，提供信息并采取行动。

信息收集可以通过几种方式进行：
- 车辆中的车载传感器，用于向内部通信总线提供信息。这是获得有关车辆状态数据的第一种方法，尽管车辆的发展已导致车载传感器的数量和复杂性显著增加。
- 在数字地图上定位车辆。尽管该功能已经应用了很多年，但是随着车辆中所包含系统规格的提高，对定位的精确度、地图的准确性和细节的要求也不断提高。在这方面，我们需要注意以下的问题：由于不利情况所导致的定位精度变差，或是由关键的安全应用以及自动驾驶的不精确所带来的负面影响。

- 使用车载传感器监视附近环境，为此，近距离和远距离都有不同的技术。当前人们提出了多传感器的协调使用以及传感器融合技术的应用，这些技术可以克服单个系统的局限性。
- 通过无线通信接收远距离信息。通过将信息的范围扩展到车辆的视距之外，这使数据更加丰富。此类信息的巨大潜力是将来自不同信息源的大量数据进行集成。
- 为了监控驾驶员和车辆内部的情况，人们已经能接受一些用于监控车辆外部的解决方案。但是，由于要搜索的变量完全不同，因此需要其他算法。

根据以上数据，车辆必须做出抉择。这些可以在向驾驶员提供的信息中或在车辆系统上的操作中体现出来，以改变其动态行为。结果就是，车辆中包含越来越多的辅助驾驶系统，这些系统改善了驾驶员接收信息的范围，使驾驶员对环境拥有更好的理解，从而使驾驶员能够预估自己的行为，发现可能潜在的危险，进而改善动态响应（纵向、横向和垂直）等。

驾驶辅助系统的应用正在形成自主和联网车辆的概念，以及未来自主和协作车辆的概念。在这种情况下，车辆必须能够以全自动的形式执行驾驶任务，此外，还必须通过信息交换相互协作，以实现最佳决策，特别是在复杂环境中单一车辆的单一动作可能存在无效的情况。

这一研究领域仍然是开放的，为了取得进展，必须同时在电子、处理单元、传感器、通信等各个领域引进先进技术，并开发出能够应对任何驾驶情况且稳健可靠的算法。然而，对于积极影响的预期证明了正在做出的努力是值得的。例如，根据美国摩根士丹利（Morgan Stanley）的说法，引入全自动汽车可以带来以下好处（Gill 等，2015）：

- 避免由于交通事故所带来的经济损失将达到 4880 亿美元。
- 节省时间从而提高驾驶员的生产力，将达到 5070 亿美元。
- 燃油节省将达到 1580 亿美元。
- 缓解拥堵带来的生产力收益将达到 1380 亿美元。
- 缓解拥堵可节省燃料 110 亿美元。

本书着重研究智能车辆，尽管提到了智能车辆与基础设施的相互关系，但是很明显，未来它们无法独立进行处理。其目的是提供实现这些技术的主要使能技术，以及最终可以安装基于这些技术的系统。

1.5 本书结构

本书分为三个主要部分，分别为使能技术、系统以及与此相关的其他方面。

第一部分专门介绍部署系统所需的使能技术，稍后将对此进行说明。从这个意义上讲，将讨论以下主题：

- 第2章，智能车辆的环境感知：对环境的感知，包括对车辆以及基础设施本身的感知。它分析了现有的主要技术及其优势和局限性，以及使用传感器融合对其进行补充的需求。
- 第3章，车载通信：车辆之间或车辆与基础设施之间的通信，这些通信支持协作系统，将标准化方面与技术方面区别开来。
- 第4章，定位和数字地图：本章介绍了最常用的车辆定位方法，即卫星定位，但也提到了其他一些改进位置数据或补偿卫星定位信号损失所必需的方法。
- 第5章，道路运输和移动出行研究中的大数据：海量信息的捕获，这是支持众多应用程序的重要方面，包括用于获取和处理信息，以实时获得可靠数据的特定技术。

应当注意的是，不包括关于车辆电子结构的特定章节，包括内部通信总线、传感器和执行器，因为它不在本书的范围内，本书重点关注智能车辆最具特色的应用，这与上一节的定义一致。然而，应当指出的是，这些方面对于实现这些应用也是必不可少的，并且可以被视为其他技术和系统所依赖的基础层。出于范围和程度的原因，这种选择的理由在于，致力于智能车辆应用的研究团队通常不同于负责车辆电子结构的研究团队，尽管从市场上的车辆可以看出这两个群体之间的相互联系。

本书的第二部分着重介绍智能车辆的应用。应该注意的是，本部分所述系统的快速发展和在某些情况下市场上的广泛引入，使其成为一个非常活跃的领域。因此，本书的目的不是全面描述已实施或正在开发的所有系统，而是要建立一个概念框架，并提供所涉及领域的想法，介绍最新的重要进展。具体来说，包括以下主要主题：

- 第6章，驾驶员辅助系统和安全系统：本章概述了集成安全模型，该模型集成了辅助系统、一级、二级和三级安全系统以及一级至二级交互系统。
- 第7章，协同交通系统：综述了基于车辆之间或与基础设施之间的通信而提供的系统，这些系统旨在提高信息、交通安全和效率。
- 第8章，自动驾驶：尽管前面的章节已经提到了某些涉及一定程度的车辆功能自动化（最低级别的自动化）的应用，但本章专门介绍了自动驾驶车辆，主要是指自动化程度最高的车辆。

最后，第三部分涉及与智能车辆有关的其他方面。涵盖的主题如下：

- 第9章，人因：本章分为两个独立的部分：
- 9.1节，人类驾驶员行为：驾驶员监控和驾驶员模型的分析，以研究驾驶员的状态（疲劳、困倦等）。
- 9.2节，用户交互：讨论了用户界面及其对驱动程序的影响。

- 第10章，仿真工具：本章分为三个独立的部分：
- 10.1节，驾驶模拟器：描述了驾驶模拟器的体系结构和应用。
- 10.2节，交通模拟：将通过一些示例说明交通仿真器的基本原理。
- 10.3节，相应领域的模型、数据：提供了用于仿真生成训练数据的工具，以测试在智能车辆中实现的算法（感知、决策等）。
- 第11章，智能车辆的社会经济影响、实施策略：分析社会和经济影响以及实施政策。本章基于对智能车辆系统实施需要克服的障碍的定义，涉及的是非技术方面，例如经济、政治和社会方面。
- 第12章，未来展望和研究：对未来和工作领域的展望。本书最后提到了在未来几年仍可开放使用的领域，主要侧重于本书前两部分所提及的技术问题。

参 考 文 献

Aparicio, F., Arenas, B., Gómez, A., Jiménez, F., López, J.M., Martínez, L., et al., 2008. Ingeniería del Transporte. Ed: Dossat. Madrid (in Spanish).

Austin, J., Duff, A., Harman, R., Lyons, G., 2001. Traveller information systems research: a review and recommendations for Transport Direct. Department of Transport. Local Environment and the Regions, London.

Comisión de Transportes, 2003. Libro Verde de los sistemas inteligentes de transporte terrestre. Colegio de Ingenieros de Caminos Canales y Puertos, Madrid (in Spanish).

Gill, V., Kirk, B., Godsmark, P., Flemming, B., 2015. Automated vehicles: The coming of the next disruptive technology. The Conference Board of Canada, Ottawa.

Hobbs, F.D., 1989. Traffic Planning and Engineering. Pergamon Press, Oxford.

McDonald, M., Keller, H., Klijnhout, J., Mauro, V., Hall, R., Spence, A., et al., 2006. Intelligent transport systems in Europe. Opportunities for Future Research. World Scientific.

McQueen, B., Schuman, R., Chen, K., 2002. Advanced Traveller Information Systems. Artech House.

Miles, J.C., Chen, K. 2004. The Intelligent Transport Systems handbook. PIARC.

Sussman, J.M., 2005. Perspectives on Intelligent Transportation Systems. Springer.

延 伸 阅 读

Comisión de Transportes del Colegio de Ingenieros de Caminos, Canales y Puertos, 2007. Libro Verde de los sistemas inteligentes de transporte de mercancías. Colegio de Ingenieros de Caminos Canales y Puertos, Madrid (in Spanish).

Kala, R., 2016. On-road intelligent vehicles. Motion Planning for Intelligent Transportation Systems. Elsevier, Waltham, MA.

MacCubbin, R.P., Staples, B.L., Mercer, M.R., 2003. Intelligent Transportation Systems. Benefits and Costs. US Department of Transportation.

Meyer, G., Beiker, S., 2014. Road Vehicle Automation. Springer, Switzerland.

Organisation for Economic Co-operation and Development, 2003. Road safety. Impact of new technologies. OECD.

U.S. Department of Transportation, 2003a. Intelligent Transportation Systems Benefits and Costs US DOT Washington DC.

U.S. Department of Transportation, 2003b. Intelligent Vehicle Initiative. Annual Report. US DOT Washington DC.

Whelan, R., 1995. Smart Highways, Smart Cars. Artech House, Boston, MA.

第一部分 使能技术

第 2 章　智能车辆的环境感知

由于道路环境瞬息万变，各种情况都有可能发生。面对这些问题，环境感知因为其复杂性成为智能交通系统（Intelligent Traffic System，ITS）需要突破的一道难关。目前面对复杂的道路环境判断有多种传感器的融合以及各种的算法支持，这些多样的解决办法使得结合了计算精度、复杂性、成本和计算难度得出的结果千差万别。

道路安全应用程序依赖于高精度的传感器系统，近年来，随着信息技术的发展，出现了很多可以应对更复杂路况的道路安全应用。同时，单一的传感器系统无法进行足够高精度的信息采集来保障这些应用在现在道路环境下安全运行。因此，数据融合技术（Data Fusion，DF）就成了道路安全应用中需要攻克的一个关键点。近年来，人们在智能交通系统领域的研究中，尝试通过组合传感器的方法来解决单一传感器使用的局限性。此外，人们还发现环境信息在提高安全应用的鲁棒性中也能发挥关键作用，其可以提供可靠的检测和状况评估的线索。

本章介绍了一种针对上述信息开发的算法，以支持在这些环境中各种高级驾驶员辅助系统或交通监控系统的运行。

2.1　基于视觉的道路信息

车道标记和交通标志可以为道路使用者提供信息和指示，对它们恰当地使用可以改善交通流量、提高交通安全（Miller，1993）。显然，将检测车道和识别交通标志的功能加入汽车系统可以带来经济和社会效益。事实上，车道和交通标志的检测可以使用车载摄像机采集的图像实现，道路信息的提取可以借助图像处理技术。目前，基于视觉的算法能够估计车道的曲率和车辆在车道上的相对位置以及检测交通标志并识别其含义。更重要的是，这些综合信息可以应用于多种辅助驾驶系统中，例如，将相关道路信息呈现在仪表板上、理解道路场景、自适应巡航控制、以适当的速度行驶、制动和转向辅助、车道保持、车道偏离警告，以及最终的无人驾驶。事实上，基于视觉的车道检测和交通标志识别在过去的 15 年中一直是一个热门的研究课题，并且在文献中已经提出了各种各样的技术和方法。因此，本章为读者呈现了近些年的车道检测和交通标志识别方法的发展概况。本章的结构如下：

第 2.1.1 节介绍了一些道路场景和环境多样性;第 2.1.2 节概述了车道检测中使用的不同技术;第 2.1.3 节专门介绍用于交通标志识别的不同技术和算法。第 2.1.4 节评论了一些商业系统。

2.1.1 环境多样性

车道检测和交通标志识别受到许多因素的影响,例如快速变化的道路形态和照明条件,这使得它们的检测成为一个不小的难题。设计有效的车道和交通标志检测和识别系统需要开发特定的复杂算法,在算法中需要考虑许多因素、问题和很多情况下有限的计算资源。

一般来说,道路并不是统一的,由于附近车辆、树木、建筑物等造成的遮挡和阴影而不能完全看见交通标志。关于车道检测,道路不是均匀的,可能呈现从直线段到曲线段的变化形态,它们可能呈现不同的坡度、交叉口和环形路。道路也可能会出现几个车道,这些车道有合并车道、分离车道,甚至有终止车道。道路标记不统一,车道可能呈现不同的标记图案(连续、虚线)、颜色(白色、黄色)和宽度,甚至褪色的标记,并且可能具有低亮度和低对比度。

车道检测和交通标志识别系统应在各种光照条件和天气变化(晴天、雨天、雪天、多云天气、雾天等)下都可以正常工作。当进入或离开隧道时,或者穿过顶灯或墙上有灯的道路时,照明也可能发生巨大变化,许多不同的情况可能会导致能见度不佳。交通标志因为遭到破坏和老化和许多其他的环境条件而变得不清晰,在这样一个不受约束的环境,不受控制的光照条件下,实现完美的基于视觉的车道检测和交通标志识别是非常困难的。摄像机限制也可能影响初始图像检测的整体性能。图 2.1 显示了一些难以检测车道的情况,图 2.2 显示了一些难以识别的交通标志识别场景。

图 2.1 车道检测系统需要处理的一些极端情况示例
a) 不同的车道标志 b) 车道阻塞 c) 路面结构的改变 d) 有阴影的车道
e) 雨天道路 f) 隧道出口的饱和图像

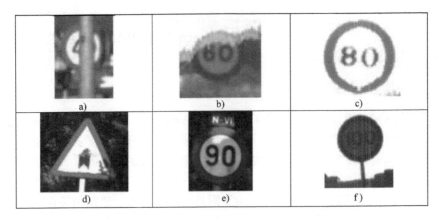

图 2.2 交通标志识别系统难以处理的情况示例
a) 遮挡 b) 涂抹 c) 饱和 d) 退化 e) 阴影 f) 背光

许多研究人员将他们的方法建立在一些假设之上，这意味着使车道检测和交通标志识别系统在上述所有条件下均正常工作并确保可接受的响应时间是一个巨大的挑战。

2.1.2 车道检测

车道检测的方法可以分为以下两大类：基于传感器的方法和基于视觉的方法（Hoang 等，2016）。基于传感器的方法主要使用雷达、激光或全球定位系统等设备来检测车道，这部分内容不在本书研究范围内，读者可以在李等人（2014）和 Lindner 等（2009）的论文中查找有关内容。基于视觉的方法是车道检测中最重要的方法，因为车道标记就是为人类视觉而设置的（Bar Hillel 等，2012）。在过去的二十年里，这一领域一直是一个热门的研究领域，并且已经取得了重大进展（Bokar 等，2009；Satzoda 等，2013；Bila 等，2016）。在其基本方法中，前方短距离的车道检测算法基于两个不同的阶段，即预处理和后处理。预处理操作是使用恰当的滤波技术以减少图像中存在的噪声，并为后续处理准备图像。后处理阶段包括对图像强度进行阈值处理以检测潜在的车道边缘，然后对边缘点进行分组以检测车道标志。

2.1.2.1 预处理

因为初始图像很难用于信息提取，所以必须对其进行预处理。在这方面，为了降低图像中存在的噪声，已经使用了各种工具。例如，使用中值、维纳和高斯滤波器来模糊图像和减少椒盐噪声（Srivastava 等，2014；Aly，2008）。阈值化也是一种常见的降噪方法，但是使用固定的阈值无法应对可变的照明条件，例如天气变化或阴影。因此，自适应阈值分割方法常用来处理这些问题以及分离明亮的物体，如街灯和汽车尾灯（陆等，2008）。阴影也是车道检测应用中经常出现的问题，它们的边界经常和不同的标记交叠在一起。为了去除强阴影，Finlayson 等人在 2006 年提出的 Finlayson – Hordley – Drew（FHD）算法被应用于车道检测方法中，例如该算法被应用在 2008 年 Finlayson 等人提出的方法中。逆透视映射（Inverse Perspective Mapping，IPM）算法（Mallot 等，1991）是另一种预处理技术，用于将图像转换成其相应的鸟瞰图以避免其透视效应（Takahashi 等，2002；McCall 和 Trivedi，2006；Aly，2008；Tuohy 等，2010）。另一个重要的预处理操作是剪枝，它包括去除图像中不必要的部分，并且基于一些初步知识来确定感兴趣区域。例如，在 Arshad 等人（Arshad 等，2011）的论文中，在图像的下半部分建立了感兴趣区域，在 Zhang 等人（Zhang 等，2013）的论文中，图像被垂直分割以仅考虑出现主要信息的部分，以及在 Han 等人（Han 等，2015）的论文中，使用消失点估计技术。然而，因为没有道路几何的先验知识，或者存在图像有用部分被错误消除的风险，所建立的感兴趣区域可能存在问题。

2.1.2.2 后处理

车道标记在道路上产生的最重要的特征之一就是明显的边缘，因此，为了区分图像中两个不同区域之间的边界，边缘检测常作为第一个操作使用。边缘检测中，主要应用 Sobel 算子（Pratt，2001）或 Canny 边缘检测器（Canny，1986）。通常，待检测的车道被认为是直的。随后，霍夫变换（Ballard，1981）被用于连接边缘并检测与道路上存在车道标记相对应的边界段。这个方法在许多系统中得到应用（Amemiya 等，2004；Mori 等，2004；Schreiber 等，2005；Jung，2016）。

尽管霍夫变换对噪声和丢失数据具有鲁棒性，但其主要不足之处在于，为使其投票方案具有可接受的实时性，要求高额的计算成本。因此，已经提出了几种被称为改进的霍夫变换的方法。例如，Kaur 和 Kumar（Kaur 和 Kumar，2014）提出了改进的霍夫变换用于检测直线和曲线车道。Fernandes 和 Oliveira（Fernandes 和 Oliveira，2008）提出了对近似共线的像素群进行操作的方法，对每个像素群进行投票，使用定向椭圆高斯核对相应像素群最佳拟合线有关的不确定性进行建模。Kuk 等人（Kuk 等，2010）提出另一种方法，仅选取穿过以先前检测到的消失点为中心的圆的一小组候选线进行计算，这比传统算法需要更少的存储空间。Aly（Aly，2008）介绍了一种被称为简化版本霍夫变换的技术，其依赖于随机抽样一致（Random Sample Consensus，RANSAC）线拟合。更多关于 RANSAC 算法的信息可以在 Fischler 和 Bolles（Fischler 和 Bolles，1981）的论文中查阅。在 Jung 和 Kelber（Jung 和 Kelber，2005）和 Lee（Lee，2002）的论文中，使用了边缘分布函数和改进的霍夫变换的组合来检测车道边界，其中边缘分布是边缘幅度相对于边缘方向角的直方图，使得边缘相关信息和车道相关信息之间能够关联。通过使用边缘分布函数峰值的方向角，霍夫变换从原来的二维搜索被转化为一维搜索问题。

在文献中也有一些替代霍夫变换算法的方法。例如，Burns（Burns，1986）和 Kang（Kang，2003）提出了一种将局部线段提取方法与动态规划相结合作为搜索工具的方法。该方法中，首先用线段提取器获得道路车道边界的初始位置，然后用动态规划方法将初始参数进行改进以得到精确的车道边界。为了加快车道检测算法，McCall 和 Trivedi（McCall 和 Trivedi，2006）提出了可调滤波器，这是一种将搜索问题分成其 X 和 Y 分量的技术，具有有限数量旋转角度的特定可调滤波器用来形成给定可调滤波器的所有角度的基本集合。这样就可以看到滤波器在给定角度下的响应，从而将滤波器调整到特定的车道角度。此外，可调滤波器还被用于不同照明和路况下的圆形反射标记、实线标记和分段线标记检测。Lin 等人（Lin 等，2009）基于人类视觉系统的横向抑制特性，提出一种不需要阈值的方法，其使用车道标记的二维和三维几何信息，通过在一个特殊定义的参数空间中搜索车道模型参数来提取标记。车道线检测任务中，图像的正二次差分图和负二次差分图可以在道路和车道标记之间提供强烈的对比度，也常被使用。Kim 和 Lee（Kim 和 Lee，2014）提出了一种基于人工神经网络（Artificial Neural Network，ANN）的车道检测算法，随后提出了用于验证的 RANSAC 算法，该算法能够处理具有挑战性的场景，如褪色的车道标记，车道曲率，以及分离车道。

对于车道模型，除直线模型这一最常用的几何模型外，很多方法创建了其他预定义的几何模型来拟合图像中的道路。例如，Wang（Wang，2004）提出了一种 B-snake 车道模型，由于 B 样条曲线可以通过一组控制点对任意形状进行建模，因此该模型能够描述广泛的车道结构。Kim（Kim，2008）提出的方法中，一个车道边界被假设为一个有 2~4 个控制点约束的三次样条曲线，然后用一种粒子滤波技术和随机采样一致性算法相结合的方法来验证。Aly（Aly，2008）采用了类似的方法，使用 RANSAC 线拟合算法给出初始猜测，然后应用新的 RANSAC 算法拟合贝塞尔曲线。Li（Li，2016）提出了一种基于全向图像的多车道检测算法，采用基于各向异性可调滤波器的特征提取器，并使用抛物线模型对直线车道和曲线车道进行拟合。Fernandes 和 Oliveira（Fernandes 和 Oliveira，2008）的方法是将霍夫变换得到的直线分类为几个线组，计算每组的中心线，然后使用 3 次 B 样条拟合算法将直线修正为曲线车道。

车道检测之后，许多学者提出了一些特征提取和分类策略。例如，Hoang 等人（Hoang 等，2016）提出了区分虚线标记和实线标记的车道检测方法。Paula 和 Jung（Paula 和 Jung，2013）计算了一组车道标记的特征，采用级联的二进制分类器来区分 5 种类型的标记：虚线、虚实线、实虚线、单实线和双实线。Maier（Maier，2011）提出了一种通用的几何方法，利用原型拟合来识别真实交通场景中预定义的箭头模型。Ozgunalp 等人（Ozgunalp 等，2016）提出了一种基于消失点参考的多弯道标记检测算法。最后，Revilloud 等人（Revilloud 等，2016）提出了一种基于车道标志面积估计和在置信度图中使用车道轮廓估计的车道标志检测算法。

文献中对嵌入式车道检测系统的实现也做了一些研究。例如，Takahashi 等人（Takahashi 等，2002）提出了一种用于高速公路车道偏离预警系统的车道检测实验系统，该系统使用扩展的霍夫变换和鸟瞰图变换。该方法采用嵌入式日立 SH2E 微处理器实现，算法执行时间在 66ms 以内。Lu 等人（Lu 等，2013）提出了一种基于 FPGA（Field Programmable Gate Array）架构实现的并行霍夫变换，用于高清晰度视频中的实时直线检测。该方法首先采用一种增强非最大抑制的优化 Canny 边缘检测方法来抑制大部分可能的假边缘，获得更准确的候选边缘像素点，然后应用并行霍夫变换的加速计算。直线参数的计算时间小于 16ms。Hwang 和 Lee（Hwang 和 Lee，2016）提出了另一种基于 FPGA 的实时车道检测系统。Hsiao 等人（Hsiao 等，2009）提出了一种基于嵌入式 ARM 的实时车道偏离预警系统，该系统可以在白天和夜间工作，其中部分车道检测算法也使用了 FPGA 架构。Jiang 等人（Jiang 等，2010）提出了一种使用"估计和检测"方案处理结构化高速公路上多条车道的系统。该系统可以检测到车辆行驶的车道，并估计两个相邻车道的位置。在此基础上，车辆使用额外的信息源来识别它是在直道上行驶还是在弯道上行驶，如 GPS（Global Positioning System）位置和开放式街道地图数字地图。Fan 等人（Fan 等，2016）提出使用 TMS320C6678 DSP 实现的嵌入式车道检测系统。

2.1.3 交通标志识别

交通标志的自动识别在 1987 年第一次出现在了计算机视觉的文献中（Akatsuka 和 Imai，1987），自此以后，在过去的 20 年里成为热门的研究领域。本节旨在介绍在交通标志识别系统中使用的不同方法，从研究的角度为读者介绍最先进的技术，和当今车辆中集成的一些商业应用。对于更深入的信息，推荐 Stallkamp 等人（Stallkamp 等，2012）和 Mathias 等人（Mathias 等，2013）更加详细的综述。

在基本的交通标志识别方法中，交通标志的检测和识别算法分为两个阶段。第一阶段是检测，用于获得交通标志是否存在及其位置信息。第二阶段是根据交通标志的类别和含义对其进行分类。这两个阶段都可以用许多不同的方法进行独立处理，具有很好的灵活性。例如，在检测阶段经常会遇到不同国家大量不同的交通标志，只需在分类阶段处理不同标志集时进行修改和微调。在许多论文中，我们可以发现有额外的一个阶段称为跟踪，主要是在汽车的前进时检测一个给定的交通标志。

2.1.3.1 标志检测

用于交通标志检测的主要特征是颜色和形状，事实上，为了快速高效地检测，许多方法都明显地使用这些特征。在其他的方法中，也会隐含地使用颜色和形状，因为更复杂的特征源自于这些基本特征的关联，随后通过自学习算法对这些特征进行处理。

在交通标志检测中，颜色似乎是一个明显的属性，因为为了让人类容易识别，交通标志往往被设计成红色或蓝色。将输入图像中的感兴趣区域限制为呈现相关颜色的区域是一种简单的方法。现有研究中，RBG、HSV 和 HSL 这几个主要颜色空间已被广泛使用。基于颜色的方法在良好的照明条件下通常可以正常工作，但也存在很大的局限性。

- 一些感兴趣的标志没有包括红色或蓝色背景：如禁止超车和限速标志是白色的。
- 在变化的光照条件下，颜色不是恒定不变的。人脑可以实现所谓的颜色一致性，即在阳光直射下或阴暗的房间里，人们感觉是红色的椅子是红色的。但是，这个机制不会发生在计算机视觉中，虽然交通标志表面反射率可能是恒定的，但光照不是，所以摄像头感知的颜色会随着光照条件的变化而变化。虽然研究者已经尝试用摄像头模型来补偿这一点，但是日光、阴影、云、白夜过渡、黎明和黄昏或为夜间照明而使用的前照灯仍对此构成了巨大的挑战。
- 标志材料的反射率不是真正恒定的，随着材料质量和褪色而变化。旧的标志应该被替换，但往往并没有这样做。"红色标志"颜色可以在所有红色等级中找到，从棕色到橙色到粉红到鲜红。

虽然颜色可能并不是决定性的属性，但它有助于在标志和它们的环境之间形成明显的过渡，有助于定义标志的边界。因此，它仍然是一个有助于确定标志形状的有用线索。

标志形状的设计也是为了让人类容易辨别。自然物体的形状通常不是完美的圆形或者三角形。事实上，人们可以不通过颜色，仅从"停止"和"让路"标志的背面就可以识别出这两个标志，因为这两个标志分别具有独特的八边形和倒三角形状。形状是交通标志识别的有力线索，因为它不因光照而变化，尽管部分遮挡对形状影响很大，但这在这类应用中并不会经常遇到交通标志被遮挡的情况。圆形检测通常使用经典圆形霍夫变换的一些变体来实现，如倒角匹配（Gavrila，1999）或快速径向对称变换（Barnes 和 Zelinsky，2004）。使用边界方向提取三角形和八边形，边界分析（Aliane 等，2014）或定向梯度（Mathias 等，2013 年）。大多数利用形状的成功方法从获得一系列形状描述开始，随后是使用分类算法突出那些可能的期望对象，如交通标志。当今最流行的形状描述技术都是基于方向梯度直方图（HOG）（Dalal 和 Triggs，2005）。然后用基于 AdaBoost 的算法对形状描述符进行分类（Viola 和 Jones，2001），例如积分通道特征分类器（Dollar 等，2009）。

2.1.3.2 标志分类

对输入图像的交通标志候选区域的分类方法也有很多。交通标志识别可以被视为一个困难的分类问题，其主要有两个原因：

- 检测阶段的误检将向分类器引入不是真实标志的随机子图像。在训练集中包括所有可预测的情况，例如，来自交通规则的所有标准标志，即使不被认为是交通标志识别算法的可能输出（见图 2.3b）和标志背面（见图 2.3c），也将减少错误分类的风险。但是，如图 2.3a 所示的圆形等随机子图像最终会到达分类器，并可能导致错误的标志分类。因此，检测阶段应该偏向于最大限度地减少误检的发生,甚至是以增加漏检为代价。

- 交通标志是为驾驶员设计的,所以其数字和符号被设计成便于人类阅读,但是并没有考虑到最大化不同图案之间的区别以便于机器更容易地分类。例如,如图 2.3d 所示,一些限速标志之间的差异仅存在于十位数的少量像素。因此,分类器应该对这些微小的差异非常敏感。减少所考虑的可能标志集是提高分类器性能的常用方法。

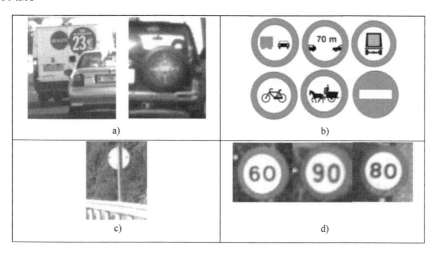

图 2.3 分类器阶段具有挑战性的情况示例
a)随机非标志元素 b)不打算作为输出的标志 c)标志的背面 d)相似的标志

最常用的分类方法有归一化相关系数(Aliane 等,2014)、k 近邻法和径向基函数(Radial Basis Function,RBF)(Gavrila,1998)以及多项式分类器(Kressel 等,1999)。最近,人工智能和深度学习技术表现出更好的性能,如支持向量机(Support Vector Machines,SVM)(Maldonado 等,2007),卷积神经网络(Convolutional Neural Networks,CNN)(Zhu 等,2016)或极限学习机(Extreme Learning Machines,ELM)(Huang 等,2016)。

2.1.4 商用系统

许多研究者在车道检测和交通标志识别方面的努力已经转化为商业应用,在 2010 年左右成为高端车辆的额外设备。如今,大多数汽车制造商不仅在高端汽车上安装了这一功能,而且在中档汽车的生产中也融入了这一功能。

- 奔德士公司推出了 AutoVue 系统(奔德士公司网页,2017),一个能对因疲劳、分心和恶劣天气条件而偏离车道进行预警的系统。它使用了一个专有的图像识别软件包。该系统产生的数据被集中到一个中央数据库以保证信息安全,并使系统能够针对性地训练以解决道路上出现的真正问题。
- 博世公司以多功能摄像头(MPC2)的形式推出了一个用 CMOS 彩色摄像头

和可扩展多处理器架构的硬件和软件。其车道偏离警告（博世公司网页1，2017年）使用摄像头检测车辆前方的车道标记，并监控车辆在其车道上的位置，当检测到车辆即将无意中驶出车道时，它会通过视觉、听觉和触觉信号如转向盘振动向驾驶员发出警告。车道检测算法记录并分类前方约60m范围内的所有常见的车道标记，无论道路标记是连续的、虚线的、白色的、黄色的、红色的还是蓝色的。它的交通标志识别系统被称为myDriveAssist（博世公司网页2，2017），可通过简单地使用智能手机摄像头来检测限速和取消限速标志，并在超速行驶时发出警告。myDriveAssist应用也是针对不同国家的，可以在不同国家提供最佳的限速检测功能。

- 德尔福公司推出了智能前视摄像头（IFV250），使用一个CMOS传感器（德尔福公司网页，2017年），为汽车制造商提供了可扩展的架构，以满足他们的前视安全系统需求。IFV250集成了许多功能，如车道偏离警告和交通标志识别系统，当车辆接近或穿过车道标记时向驾驶员发出警告，以及为驾驶员提供交通标志信息，包括限速和弯道速度警报。该系统能够检测车辆前方25m处的油漆车道标记。

- 大陆公司开发出被称为多功能摄像头（Multi–Functional Camera，MFC）（大陆公司网页，2017）的集成系统。其融合了多种系统，第一个是车道偏离警告系统，该系统在辆即将离开车道之前用声音或触觉警告驾驶员。另一个是车道保持系统，该系统启动后对转向进行轻微干预。它还包括一个交通标志识别系统，这让驾驶员可以舒适地驾驶。

然而，这些系统是有其他信息的支持的情况下在某些特定情况下工作的，如卫星地图，或任何其他后台数据库，这些系统执行得较好并对驾驶员起到帮助。对于交通标志识别系统，商业系统仅支持圆形标志的识别，这使得它的应用仅限于限速和超车标志，而其他圆形标志，如"禁止进入""环流限制""禁止转弯"和许多其他标志，都不能被系统识别。为提升可靠性，上述系统会故意偏向于减少误检，而以增加漏检为代价。也就是说为了避免错误检或检测本不存在的速度限制标志而增加对一些交通标志的漏检。未检测到的速度信号可以由卫星导航地图处获得的信息进行补偿。例如，如果一段时间后没有检测到速度标志，则显示从卫星导航中获取的默认速度标志，从而向驾驶员弥补因漏检而错过的标志。如果在出现了"禁止超车"标志后，未检测到"允许超车"标志，将在一段时间后通过取消禁止超车来补偿。卫星导航系统也被用来帮助确定哪些检测到的信号与驾驶员有关，哪些与驾驶员无关。其他支持机制用于补偿不可避免的检测系统限制。例如，博世公司通过一个免费的智能手机应用程序myDriveAssist（博世公司网页2，2017年）提供了一个云数据库，该数据库由检测到的标志及其各自的位置组成。因此，系统使用该数据库为应用程序提供信息，并对未被探测到的信号进行补偿。如果之前存储的标志不再被应用程序检测到，它们将自动从数据库中删除。

2.2 基于视觉的感知

机器人系统需要感知周围的环境才能执行分配给它的任务。当检测到车辆时，我们可以使用高级驾驶员辅助系统（Advanced Driver Assistance Systems，ADAS），这个系统在发现危险情况时警告驾驶员，甚至在必要时控制车辆（例如，在即将发生碰撞的时候紧急制动）。实际上，由于在安全性、能源和污染效率方面的诸多优势，以及增强的移动性，工业界和学术界已经把眼光放到了比传统 ADAS 还要远的地方。尤其是，如今的最终目标是实现全自动驾驶（Autonomous Driving，AD），也就是完全取代人类驾驶员。

在实际情况下，这意味着需要对驾驶环境有充分的了解，或者至少是远远超出传统 ADAS 的理解。例如，仅具有行人检测的功能可以用于开发避免车辆对行人致死性碰撞的 ADAS，另外的 ADAS 可以着重于避免发生车辆间的碰撞等。但是，想要自动驾驶，因为没有人类驾驶员可以连续地决定车辆操纵，不能仅仅依赖于这样的局部感知，而需要对场景进行整体理解。因此，可以预见，自动驾驶需要真正先进的人工智能体（或互联智能体）。

开发这样的智能体是一项多学科融合的任务，需要科学与工程学科融合。该任务需要采用适当的传感器来获取世界上相关的原始数据，并需要将原始数据转换为态势知识，还要根据情况来控制车辆的行为，而上述所有这些都是需要实时完成。

此时，参阅本节的标题，读者可能想知道基于视觉的感知在这种情况下的作用。答案很简单，视觉是人类驾驶员感知环境的主要感觉，我们希望基于此进行模仿和改进。因此，使用摄像头捕捉世界作为图像和计算机视觉技术来提高其语义内容认知至关重要。

当然，通过回顾过去十年中开发的不同的 ADAS 系统和自动驾驶原型样机，我们可以看到它们依赖于不同类型的传感器来执行任务。这是合乎预料的，因为传感器融合在总体上增强了系统的可靠性。但是，传感器融合的另一个原因是，最新的计算机视觉似乎还无法为自动驾驶甚至某些 ADAS 提供独立的环境感知（例如，对于行人保护系统，计算机视觉需要与激光雷达/雷达传感器协同）。尽管如此，在许多 ADAS 中，计算机视觉仍然是必不可少的，请参见 Geronimo 等（Geronimo 等，2017），以及具有自动驾驶能力的车辆，请参见 Franke（Franke，2017）。

在本节中我们真正要强调的是，自 2012 年以来计算机视觉可以为自动驾驶提供的潜在贡献得到了明显的发展。我们可以看到，这项技术提供了最先进的技术。大家已经从原来觉得"我们离户外道路场景细节的深入了解还需要好几年，因为仅依赖图像去做太具有挑战性"逐渐觉得"自动驾驶所需的基于视觉的场景理解已经到来，虽然我们必须进行更多的研究和开发，但已经接近了"。

为什么会产生这种感觉变化？答案是"深度学习"，它在这种情况下适用于解决计算机视觉任务。这里我们必须要澄清的是,自动驾驶汽车仍将依靠融合传感器来提供高可靠性,例如在恶劣天气条件下。然而,计算机视觉对于智能驾驶智能体的实用性将非常高。实际上,深度学习可用于从任何传感器原始数据(不仅是图像)中进行语义理解。因此,此处描述的计算机视觉视角可以与其他传感器(激光雷达、雷达、超声波)共享。

显然,对深度学习领域的详细描述不属于本书的范围,读者可参考众多可用的资源,例如 Goodfellow 等(Goodfellow 等,2016)。在这里,我们将把深度学习与它在计算机视觉领域爆发前使用的方法对比,特别是将计算机视觉应用于 ADAS 和自动驾驶任务时。为此,我们将焦点放在两个非常相关的任务上:基于视觉的目标检测和语义分割(图 2.4,见彩插)。首先,我们将回顾用于解决此类任务的传统方法,然后,我们将介绍当今依赖于深度学习的一些有效方法。

图 2.4 (上图)车辆检测任务:车辆实例由边界框包围(在这种情况下为纯 2D;也可以是投影的 3D 边框)。(下图)语义分割,考虑了路面(粉红色)、车辆(深蓝色)、植被(绿色)、电线杆和交通标志(灰色)、围栏(白色)和天空(浅蓝色)

2.2.1 基于视觉的目标检测和语义分割

"对象检测"和"语义分割"是借用计算机视觉领域的术语。给定一张图像,人们可能会对执行不同的任务感兴趣。例如,我们可能想知道图像是否包含(或不包含)一组类别(例如,飞机、猫、牛等)中给定类别的实例,这被称为"图像分类"或"对象识别"。需要注意的是,"图像分类"并不意味着人们知道一个或多个实例在图像中的位置,甚至不知道图像中包含了多少个实例。当搜索此类位置以便用边界框突出显示实例时,进行的是"对象检测"。更加困难的是,如果旨在描绘所有这些对象的轮廓,最终为所有图像像素分配一个类别,那么这就在进行

"语义分割"。读者可以参考 Everingham 等人的 PASCAL VOC 挑战（Everingham 等，2010 年）作为应对不同计算机视觉挑战的经典案例。

在 ADAS 和自动驾驶的背景下，感兴趣的类别是行人、车辆、交通标志、可通行路面等。可以通过目标检测技术或语义分割方法来解决在图像中实例检测（假设是单目视觉采集系统）的问题。例如，检测过去由对象检测技术解决的行人、车辆和交通标志问题。其中输入是图像，输出是一组边界框，这些边界框框定了此类类别的实例。但是，另一些任务，如可见路面检测却不能作为上面的对象检测问题来解决。相反，由于需要像素级分类，因此将其作为语义分割问题解决。当然，人们也可以将语义分割方法应用于行人、车辆和交通标志，但这仍然是区分同一类别的不同实例的任务（例如，在被分类为"行人"的相连像素区域内可以有不同的人）。为了更直观地了解情况，可参考图 2.4。

在计算机视觉领域的体系下，比较 ADAS 和自动驾驶中的对象检测和语义分段，可以看到共性和差异。我们称前者为"车载数据集"（例如，Geiger 等，2016；Dollar 等，2012 年；布罗斯托等，2009 年；Enzweiler 和 Gavrila，2009 年；Gonza'lez 等，2016），后者称为"计算机视觉（Computer Vision，CV）数据集"（例如，Everingham 等，2010；Lin 等，2014）。让我们以"行人/人"类别的检测为例，并考虑由类内外观、环境条件和获取条件引起的差异。在所有情况下，人们都会因性别、衣服和身材而改变外表。但是，在计算机视觉数据集中，人们倾向于表现出相当多的姿势集，而在车载数据集中，行人基本上是站在侧面或正面/背面。在 CV 数据集中，我们有室内和室外环境，后者主要是能见度良好的环境条件。在车载数据集中，图像是在不同自然光线和天气条件下在户外采集的。最后，在 CV 数据集中，人们更多是以照片形式呈现，即处于焦点区域并以高分辨率采集，并且在很多情况下不会出现很多个实例；而在车载数据集中，行人出现在摄像头的不同距离处（即，并非所有人都在焦点上，并且不同的实例具有不同数量的像素数量），并且可以有很多实例。两者也有相同之处，如在所有情况下，人员都可能被部分遮挡。另一个不同是，车载处理必须是实时的，而其他计算机视觉应用对处理时间要求并不总是实时。

总而言之，这意味着计算机视觉中的目标检测和车载检测不仅有共性也有很多区别；语义分割也是如此。实际上，车载对象检测和语义分割必须引入其自身的约束和算法变体。因此，在本节的其余部分中，我们将重点介绍这些内容。

2.2.2 基于车载视觉的目标检测

由于前面提到的现象，我们需要检测以不同的外观、姿势、视角和尺度采集到的类实例（对象）。为了简单起见，我们假设了最广泛的方法，它包括通过 2D 边界框来构建对象实例（图 2.4 顶部）。因此，给定一个矩形图像窗口，我们必须能够确定它是否选取一个感兴趣的对象。

由于外观、姿势、视角和尺度等许多来源导致的多样性，需要建立一个目标检测过程来应对。传统的方法包括三个主要步骤：①候选生成；②候选分类；③精细化。由于车载计算机视觉图像是一个连续的数据流，应用时间一致性有助于获得鲁棒性更强的方法以及额外的信息（例如，行人的移动方向）。在物体检测的情况下，这转化为步骤④跟踪。图 2.5 展示了行人检测的思路，更多详细信息可以在 Geronimo 和 Lopez（Geronimo 和 Lopez，2014a）中找到。在下文中，我们回顾了每个步骤的目标，特别关注候选分类，因为它对目标检测器的最终精度有较大影响。

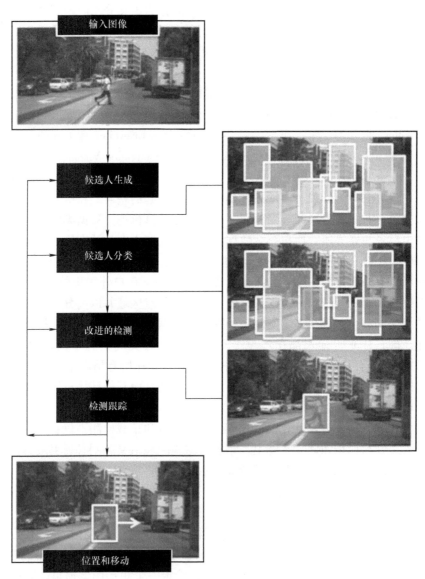

图 2.5　以车载行人检测为例的经典目标检测中的概念处理流程

候选分类。该处理阶段接收规范（固定）大小的图像窗口，并确定该窗口的对象类型（行人、车辆、背景还是其他），因此属于多分类任务。但实际上，车载物体检测中最普遍的方法是二分类。例如，如果我们仅执行行人检测，那么目标是确定窗口是行人还是背景，即二元决策。值得一提的是，在大多数方法中，已处理的窗口会以标准大小到达此阶段。这意味着分类可能可以或可能难以处理因尺度引起的类内差异，这一点将稍后进行更多论述。但解决由其他因素（如外观、姿势和视角）导致的类内差异性，是分类阶段的责任所在。

分类任务可以由三个主要组成部分构成：①特征；②模型；③分类器。读者可以参考 Geronimo 和 Lopez（Geronimo 和 Lopez，2014b）以行人检测为例的相关深入细节，但这可以推广到车载视觉中其他感兴趣对象的检测。在这里，我们只介绍基本概念，因为事实上，组成部分的分离性是深度学习所改变的重要内容，我们将在后面看到，这种分离性的消除是深度学习成功的关键。

先说分类器。在实践中，成功的对象分类方法依赖于学习到的分类器，因此，机器学习领域是核心。机器学习算法，如支持向量机（SVM）、自适应增强（Adaptive Boosting，AdaBoost）或随机森林（Random Forest，RF），是学习所需目标分类器的关键。这就带来了一个问题，即需要经过标注带有真实标签的训练数据，这不是一个小问题，将在第 10.3 节中讨论。无论我们使用哪种机器学习算法，它们都输出一个分类器，该分类器可以被视为一个函数（线性或非线性），其输入是特征，其输出是分数或概率，该分数或概率表明输入特征是否表示我们感兴趣的对象。然后将该分数或概率与阈值进行比较，以做出分类决策。最佳阈值在训练过程中通过使用验证集（与训练集无关）进行调整，并在接受误检（即认为检测窗口中有某一类感兴趣的目标，但实际上它并不是）与漏检（即认为检测窗口中没有某一类感兴趣的目标，但实际上它是）之间进行权衡。

特征提取的作用是获取一个原始像素的输入窗口，并将其投影到一个新的空间，即特征空间，其中包含同一类对象的窗口被紧密映射，而包含不同类的窗口被远距离映射。进一步的，分类器可以被视为特征空间中的边界，它必须能区分不同的感兴趣类别。由此可见，特征对于有效分类至关重要。如果特征具有高度的区分性，则可以建立简单的边界（例如，线性超平面），否则，需要更复杂的（非线性）边界。一般来说，简单的边界是理想的，因为相应的分类器往往更准确。

但是这些特点从何而来呢？简而言之，它们是由研究人员设计的。通过分析所解决的任务（例如，行人检测），不同的研究人员提出了对原始像素的不同变换，旨在减少特征空间中类内差异的同时增强类间差异。人工制作特征是一门艺术，一个流行且成功的例子是所谓的方向梯度直方图（Histogram of Oriented Gradients，HOG）。原理上讲，HOG 特征是通过在单元格中分割窗口，计算每个单元格的方向直方图并将所有直方图连接来代表该窗口的特征向量。此外，有许多更关键的细节（块、归一化、插值）使 HOG 比上述描述更为复杂。这里想要着重强调的是 HOG

是由人类设计的，许多流行和有用的特征类型也是由人工设计而成的，例如局部二进制模式 LBP（Local Binary Patterns）和 Haar 小波。

有了目前为止所提到的技术，我们已经可以为许多应用构建具有合理精度的目标检测器。例如，将 HOG 特征与 SVM 分类器相结合是 2005 年最先进的行人检测器（参见 Dalal 和 Triggs, 2005），后期改进包括 HOG 和 SVM 本身。实际上，这将我们带入了模型的概念，模型是前面分类任务部分提到的三个模块之一。最初的 HOG/SVM 分类器属于整体模型，一个被检测对象被视为一个没有部件的整体刚性实体。这意味着上述特征应对由于外观、姿势和视角而引起的目标差异。由于这确实具有挑战性，因此该整体模型被更复杂的模型所替代。其中，最流行的一种被称为可变形部件模型（Deformable Part-based Model, DPM; 参见 Felzenszwalb 等, 2010），它对目标不同的姿态（假设一个目标具有移动部件）和视角（首先构建不同的子模型，进一步连接形成整体模型）进行了充分的考虑。这种模型更精细的根本原因是，通过充分考虑变化的来源，模型更加准确，这已被多年来不同的实验结果所证实。图 2.6 阐述了这样做的道理：当采用基于整体模型学习一个分类器时，所有的对象实例都被混合为正例，并且对象是否具有可以出现在不同相对位置的可移动部件并不重要。在学习像 DPM 这样的模型时，会明确考虑不同的视图（例如，在中间：前方/后方行人；右边：侧视行人）作为子模型，全局模型就是各子模型的组合。此外，每个子模型都会对目标具有活动部件进行考虑。最终，对于每个子模型，所使用的特征是每个部件的特征串联、目标整体的特征以及部件的相对位置。

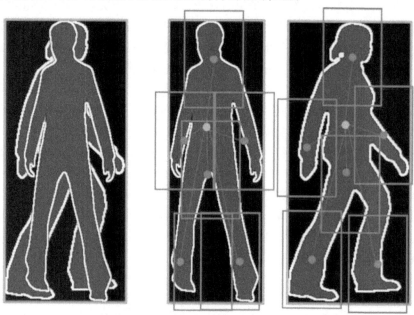

图 2.6 整体模型（左）和多视角部件模型（右）

候选生成。该处理阶段接收图像并且必须提供标准大小的窗口,以便由先前提到的分类模块进行分类。候选生成的最简单方法是给定固定的行和列位移步长,然后沿整个图像滑动标准窗口。如果步长设置较大,需要分类窗口较少,但是,窗口之间的目标可能会被漏检。如果这些步长设置太紧密,我们将处理许多窗口(极端情况是每个像素一个),其中许多是冗余的,因为分类器本身已经对窗口内容的小位移具有鲁棒性。另一方面,用这种方法,我们仍然不能解释尺度的变化这一车载计算机视觉中的关键问题。因此,实际上,不是将滑动窗口仅应用于原始图像,而是构建图像金字塔(从原始图像到分辨率越来越低的图像),并且使用相同规格的窗口在金字塔的所有层滑动。在金字塔的底部,我们有原始图像,而在顶部,我们有原始图像的最小版本,其中相同规格的窗口仍然适用。通过这种方式,最近的物品在金字塔的顶部被检测到,而更远的物品在底部被检测到。整个过程被称为金字塔滑动窗口。图2.7对这一思路进行了描述。还要注意的是,在实践中,为了避免相邻窗口之间的特征冗余计算,使用了特征金字塔。

图2.7 执行金字塔滑动窗口的特征金字塔

总的来说,我们可以看到,尺度差异性主要是在这个阶段被处理。但是,在候选分类过程中,可以做更多的工作来明确地处理尺度问题。特别地,在目标分类器的训练期间和目标检测器的执行期间,窗口的原始大小是已知的。因此,我们可以构建"尺度相关分类器"。这样,由于远距离(低分辨率)导致的模糊示例不会与靠近摄像头(高分辨率)的重点示例相混淆。这已被证明可以提高探测器的整体精度(参见 Benenson 等,2012年;Park 等,2010年;Xu 等,2016)。

尽管这种方法很实用,但它有两个主要缺点。首先,由于这是一种关于图像内容的盲目搜索的方法,因此没有先验知识可以预防如对"飞行"行人的搜索。因此,当我们有一个立体相机,我们可以使用额外的信息,只在合理的位置生成窗口。例如，底部与检测到的地面表面相匹配并且具有一定数量3D点的窗口，参见Geronimo 等人（Geronimo 等，2010）。换句话说，我们可以在深度或视差图像中放置3D窗口，并将它们投影到2D图像中。通常，这至少将待分类窗口的数量减少一个数量级。使用单目系统，我们还可以进行地平面估计，以便尝试以类似的方式减少窗口的数量，参见Ponsa 等人（Ponsa 等，2005）。

第二个缺点是金字塔滑动窗及其变体的单类性。生成的候选窗口具有标准的大小，而该大小取决于待判别的类别。例如，对于车辆和行人，滑动窗口的尺寸显然会有所不同。这就意味着对于每个感兴趣的类我们都需要建立一个不同的金字塔，这显然是非常耗时的。一个思路是进行类之间特征共享，但目前仍很困难。因此，面向多分类，另一种方法是生成不同大小和高宽比的窗口，以便在后续步骤中将它们分类为属于某个感兴趣的类。图2.8 显示了滑动窗口的替代方法：图2.8a，车载图像；在图2.8b 中，我们将应按照纯金字塔形滑动窗口方法处理的0.1%的窗口描绘为黄色矩形框。在图2.8c 中，我们通过仅考虑与地面接触的窗口来了解如何减少窗口的数量（显示其中的5%）（请参见图2.8d）。在图2.8d 中，我们根据立体信息应用基于3D点密度的额外推理（在图2.8a 中的图像来自立体摄像头的左侧摄像头）。

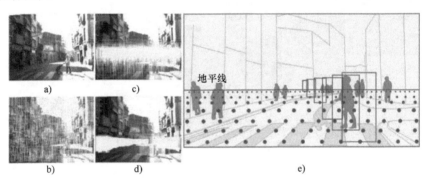

图2.8 金字塔形滑动窗口的不同替代方案

细化。为了算法的完整性，我们注意到在对候选窗口进行分类之后，可能会出现冗余。即一些窗口重叠在相同的感兴趣目标上。因此，由于它们最终都可以归类为包含此类目标，因为目标分类器必须显示一定程度的平移不变性。于是使用了一种将冗余检测合并的过程。它通过考虑重叠窗口的几何形状以及窗口的分类分数/概率，并根据贪婪策略删除冗余窗口。

2.2.3 基于车载视觉的语义分割

语义分割旨在为每个图像像素分配一个语义类别。图2.9 展示了它的经典处理阶段，参见Ros 等人（Ros 等，2015）。由于对图像像素进行单独分类非常耗时且容易出错，因此通常在称为超像素的区域中进行图像分割。此类超像素是根据一些低级特征（通常是颜色或纹理）判断相似的连接像素群组。理想情况下，所处理图像的感兴趣目标的轮廓与超像素子集的边界段是相匹配的。一旦这些超像素被创建，每一个都以类似于目标检测流程中的窗口方式被单独分类。因此，新的特征（如 SIFT、HOG、Fisher 向量）与一个训练好的分类器（SVM、AdaBoost、随机森林）结合在一起。在下一步中，空间连贯性被引入到超像素的重分类中，这可以通过使用条件随机场（Conditional Random Fields，CRF）来实现。这一步可以抑制被正确分类的超像素包围的虚假误分类超像素。此外，它可以满足统计上占主导地位的空间关系（例如，天空在其余类别的顶部）。最后，所有图像像素均按其所属的超像素类别进行分类。

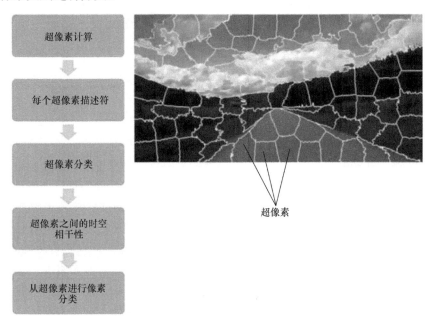

图 2.9　左图：使用计算机视觉技术进行语义分割的经典处理流程。
右图：基于超像素的图像分割示例

语义分割一直是一个相当复杂的问题，在训练和操作过程中都非常耗时。研究人员已经提出了许多变体来减少处理时间以及提高分割精度。总体而言，当分析所提出的不同处理流程时，可以将它们视为一系列步骤，其中每个步骤都试图解决先前步骤中遗留的问题。

当处理图像以流方式到达时，也可以在超像素分类期间引入时间连贯性。这是通过例如借助光流等方法将前一帧的超像素投影到当前帧中来实现的，即考虑超像素的先前分类来进行当前分类。

对于车载视觉，研究人员已经多次关注道路分割的特定情况。换句话说，只检测可导航空间，因此，超像素被分类为道路或非道路（背景）。图 2.10（见彩插）

显示了一些道路检测的例子。

图 2.10 道路分割示例：红色像素被分类为道路，其余被分类为非道路。
这些结果对应于 Alvarez 和 Lopez（Alvarez 和 Lopez，2011）的方法

2.2.4 基于深度学习的车载视觉

当谈到计算机视觉中的深度学习时，我们主要指的是深度卷积神经网络（Convolutional Neural Networks，CNN）。其中一个被称为 LeNet 的网络是早期进行基于视觉的字符识别的用例，Krizhevsky 等人（Krizhevsky 等，2012）发表了关于图像分类的颠覆性论文，导致计算机视觉领域转向使用深度 CNN 处理各种视觉任务。这样的突破是由于三个主要因素的结合：①大量可用的图像标签（我们将在 10.3 节中详细讨论）；②现代 GPU 在训练数百万个 CNN 参数方面的惊人表现；③一套可以支持得起 CNN 训练的最佳实践操作（如 SGD、drop - out、批处理归一化、数据扩充等）。图 2.11 展示了经典的深度 CNN 架构。当然，现在有许多变体：一个输入图像由一组 K 个并行卷积层处理，神经元的输出由随后的具有下采样功能的层获取，这两个阶段的模块可以被串联。这样的模块序列的输出进入全连接层，依次可以再次连接，直到执行最后的分类步骤（例如，soft - max 层）。在模型中，有许多超参数需要决定：每层的神经元数量、块的数量、对应层的卷积滤波器的数量、这些滤波器的尺寸、神经元层的非线性类型等。此外，可能还有数百万个参数需要学习（卷积滤波器和全连接神经元的权重）。然而，它们都是通过在反向传播期间使用随机梯度下降方法（或它的任何改进）优化一个期望的代价函数（例如，与分类精度相关）来共同学习的。

为什么深度 CNN 这么有吸引力呢？简而言之，多亏了所谓的端到端学习。换句话说，学习一个深度 CNN 意味着联合学习一个层次特征空间和期望的分类器——即不需要人工设计特征。这种方法提高了各种计算机视觉任务的准确性。

在 ADAS 和自动驾驶领域，将图像分类以外的任务引入 CNN 的工作正在逐步

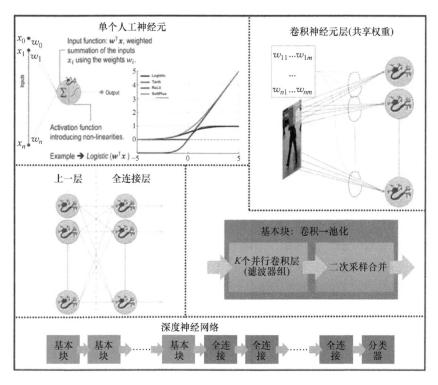

图 2.11 经典的深度 CNN 架构

进行，例如，尝试将现有的图像处理流程和 CNN 组合在一起。

例如，在 Razavian 等人（Razavian 等，2014）中，CNN 层被用作现成的特征用于目标检测和分类、细粒度目标识别和属性检测。在 Hariharan 等人（Hariharan 等，2015）中，CNN 层的超列（Hypercolumns）被用于目标分割和细粒度定位。

对于目标检测，我们可以看到第一种方法是如何遵循图 2.4 的思想，如何用 CNN 架构代替分类器，从而避免了手工制作特征。例如，在 Sermanet 等人（Sermanet 等，2014 年），我们可以找到所谓的 OverFeat 方法，该方法依赖于滑动窗口来生成候选并使用 CNN 对其进行分类。Girshick 等人（Girshick 等，2016 年）在文章中提出了被称为 R – CNN 的算法，其使用 Uijlings 等（Uijlings 等，2013 年）提出的方法生成候选窗口（简而言之，候选窗口基于学习形成超像素并分组）和 Krizhevsky 等人（Krizhevsky 等，2012）提出的 CNN 进行分类。因为 R – CNN 存在处理速度慢的不足，所以引入了不同的后续修改以提高速度。特别是在 Girshick 等人（Girshick 等，2015）的 Fast R – CNN 版本中，计算在分类级别共享。而在 Ren 等人（Ren 等，2015）的 Faster R – CNN 中，候选生成步骤还与分类步骤中使用的 CNN 共享计算，因此产生了端到端训练的目标检测器。Fast R – CNN 比 R – CNN 快 25 倍，而 Faster R – CNN 比 R – CNN 快 250 倍。典型的 PASCAL VOC 图像由 Faster

R-CNN处理大约需要0.2s。后续提出的一些基于CNN的对象检测方法甚至比Faster R-CNN快得多，如Redmon和Farhadi（Redmon和Farhadi，2016）提出的YOLO9000和Liu等人（Liu等，2016）提出的SSD。需要指出的是，这些通用目标检测器可能需要一些调整才能在ADAS/AD环境中运行。例如，Zhang等人（Zhang等，2016）对Faster R-CNN进行了分析和后验改进，提高了行人检测任务的准确性。通常，从普通目标探测器到专门用于车载驾驶的检测器，需要算法适应新型场景（城市车载）、摄像头和多分辨率。

对于语义分割，我们可以看到非常复杂的流程（图2.9所示）是如何被某种深度CNN架构所取代的。这种新方法的好处很明显：①准确度结果显著提高；②简化整体学习步骤。需要注意的是，图2.9流程中的每个阶段都是一个单独的研究领域：计算超像素的方法；描述超像素的方法（即低级特征和基于它们的描述算子）；分类器在特征空间内操作；快速准确的条件随机场方法等。现在，所有这些阶段的职责都由可端到端训练的CNN体系结构承担。换句话说，语义分割不再是每个阶段处理一个问题的多个阶段的总和。CNN架构以图像为输入，输出其语义分割。

常见的用于语义分割的CNN是Long等人（Long等，2015）提出的全卷积网络（Fully Convolutional Networks，FCN）、Noh等人（Noh等，2015）提出的反卷积网络（Deconvolutional Networks）、Badrinarayanan等人（Badrinarayanan等，2015）提出的Seg Net、Yu和Koltun（Yu和Koltun，2016）提出的膨胀卷积和Wu等人（Wu等，2016）提出的ResNet。这些网络在车载驾驶图像处理中表现出了惊人的性能。由于这种高性能，更困难的任务也可以完成。例如，Uhrig等人（Uhrig等，2016）提出的实例级语义分割不仅可以知道每个像素所属的类别，而且可以区分不同类别的实例，例如行人、汽车等。此外，基于CNN的语义分割也与其他互补的表达相结合，如Stixels，参见Schneider等（Schneider等，2016）。此外，联合执行语义分割和对象检测的CNN架构也正在AD应用中开发，参见Teichmann等人（Teichmann等，2016）。

还值得一提的是，有一些研究旨在避免中间表达形式的显式计算，例如对象检测器和语义分割所产生的表达形式。例如，在Chen等人（Chen等，2015）研究中，深度CNN用于直接从原始图像的"直接"处理中生成转向盘角度，这称为"端到端驾驶"。更多详细的方法可以来自基于深度学习和强化学习的感觉运动学习，请参阅Dosovitskiy和Koltun（Dosovitskiy和Koltun，2017）。

很明显，深度学习正在给基于计算机视觉的ADAS/AD带来一场革命。显然，有人会说CNN的设计和它们的训练是手工制作水平上的一种"艺术"，后者曾多次被用作论据批判传统的计算机视觉方法。但是，CNN的优势在于，"特征和分类器"以我们可以获得图像的分层表达的方式进行了端到端的训练，其中CNN的较深层可以捕获更高级别的语义（例如，行人），而较低层则捕获更多的不可知类和低级特征（例如，边缘）。此外，从实际的角度来看，我们不需要开发和微调不同的组合阶段来执行一个视觉任务，一个CNN架构不仅是对被执行任务的特征表达，也是执行该任务的算法。

从ADAS/AD的角度来看，CNN剩下的主要问题之一可能是它们的内存占用，因为它们最终基于数百万个参数。因此，裁剪CNN也是一个重要的研究课题，见Zhou等（Zhou等，2016）。

2.3 基于激光雷达的感知

激光雷达（LIDAR）是一项利用脉冲激光照射目标物来测量到目标物距离的技术。测量系统基于时差法（Time of Flight，ToF），确定激光脉冲在特定介质中通过特定距离所需的时间。激光雷达传感器发出短波激光脉冲，计算激光脉冲被物体反射并被传感器接收时所经过的时间。在雷达持续的照射下，便可以得到脉冲激光从发射到接触目标物体进行反射，最后被传感器接受的时间，进而得到雷达与目标物之间的距离。较短的激光脉冲可提供更高的精度，因此在汽车领域，时差法通常使用的激光波时差长为3~20ns。汽车传感领域应用的激光雷达普遍可以稳定地检测300m范围内的物体。激光雷达输出通常以波长而非频率来指定。智慧交通系统（ITS）中使用的激光雷达系统通常在EM光谱的近红外区域（介于750nm和1000nm之间）。

激光雷达系统使用可旋转的六边形反射镜来分离激光束，来实现多个方向或是360°范围的感知功能。不过目前正在研发的高分辨率3D Flash激光雷达系统去除了激光雷达系统的运动部件。未来的激光雷达系统将比现今的更加稳定、可靠且更加小巧灵活。同时还让其与车辆、智慧交通系统（ITS）的衔接更加方便顺利。

用于智能交通系统（ITS）的激光雷达传感器具有高角度分辨率和宽视野，有些甚至具备360°视野，可进行精确而可靠的中距离检测。对扫描的数据进行处理，采用信号处理算法来正确解释对象并针对有限的可见性问题进行调整。借助软件工具，可以使用扫描的点云和检测到的物体来创建车辆周围环境的模型，并计算几个单独的动态变量以支持导航。

激光雷达是自动驾驶汽车领域中被广泛应用的一种主要传感器并被实际应用于多种环境感知技术。激光雷达和摄像头之间的主要区别在于，后者对光线变化或困难环境因素非常敏感。而激光雷达避免了这些缺点，用单个激光脉冲照射物体，并计算光从传感器到物体并返回所需的时间。此外，摄像头受到其方向性的限制，仅显示其可见区域内物体的位置；激光雷达在大多数情况下可提供360°视野，从而获得车辆周围环境的完整点云。不过由于激光束之间的发散，点密度会随着距离而降低。

3D激光雷达提供的点云数据由大量垂直和水平分布的点组成。每个点都以局部坐标形式提供到传感器的距离,并且还可以显示反射强度值。利用这些数据,可以完全确定点的位置、方向、反射率,甚至准确的反射时间。利用传感器可获得的数据进行不同组合,可以开发多种用于周边环境识别的算法。由于激光雷达提供的数据的准确性很高,因此许多算法都依赖激光雷达来检测障碍物,识别用于自动驾驶的参考元素,计算可通过或不可通过路径等。

周围环境感知

地面车辆的自动导航需要对周围环境的高精度感知定位才能保障安全驾驶。周围环境感知的基本要求是确定障碍物和道路边界。而根据车辆所处的环境类型不同,处理方法也要因地制宜。地面车辆周边环境感知主要有两种场景类型,即城市区域和非城市区域。城市区域包括城市内和城市间环境。路缘、交通标志、车道线或建筑物都是在车辆行驶的街道和公路上明显的标志。而由于缺少明显参考物体,非城市环境便更具复杂性。

1. 目标检测

在驾驶汽车时,我们始终在预估可能出现在我们道路上的障碍物,并做出正确的决定。在自动驾驶中,汽车的眼睛是传感器,特别是激光雷达可以360°全方位显示周围环境。算法需要分析、识别和跟踪与车辆通行有关的潜在障碍。

解决激光雷达的障碍物检测问题的方法如下:

- 选择感兴趣区域(ROI)

如前所述,激光雷达提供大量数据,因此带来了计算量问题。为了简化获得的点云,必须定义感兴趣区域(ROI)。仅选择有用区域的点云数据,就可以丢弃对算法计算没有帮助的其他部分。ROI的选择取决于应用和需要检测的内容。在三维坐标下给ROI一些限制,便可将可用数据集中在特定区域中。或者,可将它定义为预瞄距离的函数,这取决于车辆速度,速度越高,距离越大;或者,面向已知路径前提下,ROI可以和即将驶入的道路进行适配。

在选择了ROI之后,通常使用降噪算法删除空间中孤立的那些点,如果需要,可以降低点云的等级,以便使点云在整个区域保持恒定的密度,避免上文提及的点云分散问题。

- 特征识别

在城市地区,环境结构的特征显著,几何形状更容易识别。因此,寻找适合点云或任何其他形状(如球体或圆柱体)的平面是十分可行的一种办法。

识别阶段采用的另一种策略是研究法线向量。该研究中,可以设置目标元素的阈值限制,或计算遍历所有相邻点的法向矢量的角度演变。这种基于法线向量的方法可以进行普遍性特征的提取。因此,它是非城市道路情况下的首选方法。

综上所述,考虑到不同的计算,需要多种算法进行筛选。那些符合所有的筛选条件的点云便能构建出潜在的道路障碍。

- 数据分割

提取所有可能的障碍后,需要对其进行分类,来验证潜在障碍的真实性。

首先,使用聚类方法。聚类算法根据点之间的特征将其分组。如果聚类的数目是事先已知,则将点云分类为该聚类的数目(例如,k 均值);若聚类的数目未知,则可采用类别不定算法(例如,DBSCAN)进行数据聚类。

数据分割中的一个常见问题是将同一障碍物分为两个或更多不同的物体。由于较近的障碍物产生的阴影,放置在后面的另一个元素被错误分割,因此被确定为不同的障碍物。因此,为了提高跟踪性能,必须引入数据关联步骤。实现数据关联的典型方法是使用多重假设跟踪(Multiple Hypothesis Tracking,MHT)算法或 Petrovskaya 和 Thrun 提出的"虚拟扫描"算法(Petrovskaya 和 Thrun,2009 年)。

- 障碍物跟踪

对所有潜在的障碍物进行分类后,我们将开始进行障碍物跟踪。跟踪阶段实现对先前识别出障碍物的监控,以提高识别本身的可靠性。通过跟踪,我们可以指导到哪些障碍物是静态的,哪些是运动的。

研究者通常使用包含障碍物的边界盒来计算不同的参数,例如其方向、速度、位置、大小等。然后,通过卡尔曼滤波器的变体,实现不同时刻之间的匹配。

图 2.12 显示了使用激光雷达信息,执行上述不同步骤后,进行障碍物检测的一个示例。

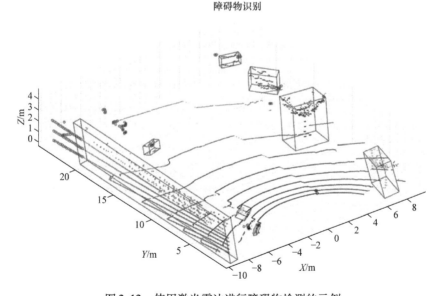

图 2.12 使用激光雷达进行障碍物检测的示例

上述流程是障碍物识别的标准过程,但是根据情况和要开发的应用程序,它们可以灵活更改并适应其他方法。例如根据障碍物相对于地面的高度,可以将可能出现在车辆未来轨迹中的所有障碍物分为两类：正障碍物和负障碍物。

（1）正障碍

在城市地区，道路上最常见的障碍物是车辆、行人、骑自行车的人、交通标志、路障等，而在非城市道路情况下，大多数可能涉及危险情况的障碍物是树木、大石头、灌木丛等。在这两种情况下，它们都具有高于地面的正高度，目前也有多种策略应对这一问题。

一种简单的方法就是基于特征的方法（Gidel 等，2010）。仅当环境提供平坦的地面或有障碍物分隔的道路时，或者通常具有几何特征（例如平面、直线、盒子等）时，此方法才适用。而上述大多数几何匹配可以基于 RANSAC 迭代算法。显然，当障碍物呈现复杂形状时，有必要应用其他策略。

另一种常见的方法是基于网格占用计算，如 Montemerlo 等人所述（Montemerlo 等，2009），该方法曾用于 DARPA Urban Challenge 的自动驾驶汽车中。他们使用网格占用方法来剔除道路中没有危险的悬垂物体。

网格占用方法处理后，可通过体素进一步提取特征。体素可视为一种类 3D 像素的表达，可以通过测量每个体素中点密度随时间的变化来区分静态或动态障碍，如 Asvadi 等（Asvadi 等，2016）。

其他一些工作中，更复杂的特征提取方法也被提出。例如 Han 等人（Han 等，2012）的工作中，将极坐标中的线段提取用于道路和越野情况下的任意类型的障碍物检测。

（2）负障碍

另一方面，障碍并不总是正向的，针对这种负向障碍，需要应用与正障碍不同的方法。

面向负障碍物检测，激光雷达技术被用于道路和街道维护中。在这些区域中，车辙、裂缝、坑洼等可能会造成安全隐患。因此，利用得到的精确测量和强度反射数据可以识别道路上的这些类型的元素（Laurent，2009；Li，2009；Wang，2011）。

当自动驾驶汽车在非城市道路上行驶时，传统的基于激光雷达的障碍物检测方法并不是完成此任务的最佳方法。相反，由 Larson 和 Trivedi（Larson 和 Trivedi，2011）开发，通过比较存在负障碍时理想距离与真实障碍物之间的距离，可以较好地实现负障碍物检测。专注于相邻点之间的关系或识别负障碍物产生的阴影是负障碍物检测的另一策略。此外，还有一些研究者通过两个 3D 激光雷达的融合，以便在 ROI 中获得更好的点密度，从而在车辆行驶路径中更好地找到坑洼区域（Shang 等，2016）。

2. 路径边界检测

除了识别可能导致紧急危险情况的障碍物之外，了解道路的界限并区分可通过区域和不可通过区域都是自动驾驶系统集成的基础。除了避免任何碰撞外，自动驾驶车辆的决策必须对环境有一种感知,来了解它们可以通行的可行驶区域。路线跟踪系统以及可行路径估计的合并,使得完全自主的导航成为可能。此外,能够识别车辆可以行驶区域是路径规划策略的基础。

基于 LiDAR 的算法估计路径的可通过区域,和进行识别障碍类似。然而,也存在一些有区别的阶段:

- 选择感兴趣的区域(ROI)

ROI 可以按照前面提到的相同策略进行选择:比如恒定的距离限制、速度的函数等。但这次 ROI 集中在地面上。

这种情况下,主要的困难在于提取地面的 LiDAR 点。这一任务并不是简单地选择 Z 轴高度等于零的点这样简单,因为即将到来的坡度变化或超高率可能会歪曲这些测量量。

- 特征识别

识别地面点后,后续进入到这些点的特征提取阶段。在这些情况下,通常考虑不同的参数,如相邻点的方向、曲率、标准差或其他统计量,进行计算。

此外,LiDAR 传感器还提供了反射强度数据。这种强度数据主要取决于激光点照射到的反射物的四个参数:材料、颜色、反射表面相对于传感器位置的角度、距离。因此,当反射物的材料具有高反射率(例如道路的车道线)时,它们可以很容易地被识别出来。

- 数据分割

这些情况下数据分割似乎是一项更容易的任务。由于可行驶路径只有两个可能的边界被搜索,所以可以使用定义两个聚类的 k 均值算法。但是,认为这种解决方案仅在如左右两侧车道线均确定的高速公路上才有效是错误的。有必要考虑其他更具挑战性的情况。例如:街道的交叉口、街角、环形交叉路口的合并和出口,这些地方的边界估计变得更加复杂。因此,为了使得算法更具适应能力,对车辆行驶环境的理解很重要。

正如在障碍物识别中所发生的那样,阴影可能因为在传感器和道路边界之间存在其他交通参与对象(如周边其他车辆)而出现。该应用中,数据关联遵循一个定义更好的模型,大多数时候它将是直线模式、大曲率转弯或 90° 转弯。

- 参考要素跟踪

一旦行驶路径边界被识别和分类,跟踪这些要素的优点是,在大多数情况下,在 LiDAR 的 ROI 中是它们是连续的。因此,在接下来的下一时刻估计要素的位置有助于对它们进行监测。另一方面,由于 LiDAR 点的距离分布差异问题,使远距离点的跟踪更费力。

关于如何估计路径边界的一些具体例子如下:

- 车道线位置和曲率

正如先前所预期的那样,LiDAR 传感器给出的强度值是对材料反射率的测量。

因此，利用这些获得的数据，车道线由于其反射率和与沥青的对比度而被容易地检测到。然而，该应用的难点不是检测到这种交通要素的类型，而是地面绘制车道线反射点的提取。面对该问题，已经采取了不同的办法。在城市地区，使用与平面表面匹配的几何特征可能起作用，但迎面而来的斜坡或道路/街道上不同的不规则情况可能会导致错误。由于这个原因，这种几何匹配是连续进行的，正如在 Oniga 和 Nedevschi（Oniga 和 Nedevschi，2010）中采用的。

- 路沿识别

此外，路沿识别也是一项常见的任务。如上所述，地面点的提取需要具体算法进行计算。Montemello 等人（Montemello 等，2009）计算了当车架的俯仰角和侧倾角变化时三维 LiDAR 不同层之间的距离。具体来说，为了识别小路沿，他们计算了激光点云环之间的距离，并通过将这种"邻接"情况与预期距离进行比较，实现路沿识别。

- 在越野情况下的路径边缘

在像越野环境这样复杂的场景中，路径边缘的划定并不像在城市中那样清晰。这次，可能有助于形成可通行区域的仅有参考元素通常是树木、灌木丛等。此外，其地形往往比结构化场景下的地面更加具有不规则性，这就是为什么经常使用 ICP 算法来增加点云的密度。当有更多关于可用地形的信息时，就更容易识别地面上的参考元素比如车辙。此外，使用和城市地区相同的 LiDAR 层之间计算是无效的，因为越野路径中出现的不规则现象太多，这将大大地扭曲这一计算结果。

2.4 基础设施感知

ITS 系统传感具有多种应用，从事件检测到车辆识别，或者道路天气状况的测量等都是可能的例子。

所有 ITS 系统中传感器的可能应用都可以分为以下两种情况：车辆检测和监控、环境检测和气象控制。

以第一个分类为起点，ITS 传感器可以分为两大类：

- 交通传感器。
- 气象传感器。

在本节中，作者将会对与移动性、安全性和交通状况相关的传统信息获取方法进行评估。基于传感器的位置和车辆中是否需要设备，可以将交通传感器进行一个新的分类。因此，本书将交通传感器分为两种类型。

独立交通传感器：车辆中不需要的设备并且传感器设备安装于基础设施中。

非独立交通传感器：传感器设备虽在基础设施中，但车辆中也需要布置设备的传感器或传感器完全布置在车辆中。

在接下来的段落中，将解释前面几组中包括的主要"传感"技术。

2.4.1 独立交通传感器

用于检测和车辆监控的特定传感器（Klein 等，2006）可分为两种：①安装在人行道或沿着人行道上的侵入式传感器；②位于道路上方和侧面的非侵入式传感器。后者对交通流量产生影响较小。

2.4.1.1 侵入式传感器

侵入式传感器具有很多种类型，可以分为：磁环、气动管、压电传感器、光纤传感器和地磁传感器。

虽然传感器有很多种类型，但是它们的基础功能都是相似的，都可以使用传感器检测车辆的通过性。而道路中经常使用前两种类型的传感器。

就安装成本而言，侵入式传感器通常比较便宜，然而它们存在一系列缺点。

- 安装和维修过程会出现流量中断。
- 如果道路条件不充分或者没有正确地安装，有可能会出现测量误差。
- 高速公路的重新铺设会导致传感器的重新安装。

这种类型的传感器可以提供有关交通流量的信息，以及车辆检测和分类信息，甚至于还可提供车速信息。

2.4.1.1.1 磁环

磁环是道路上最常用的传感器，不仅仅因为它价格便宜、技术成熟、操作简单，而且它几乎不受环境状况的影响。

正如其他类型的侵入式传感器的缺陷一样，它们只能在基础设施上进行安装和维修。除此之外，磁环很容易发生故障。因此，现在存在一种趋势，即探寻一种新技术从而取代这种传感器（图2.13）。

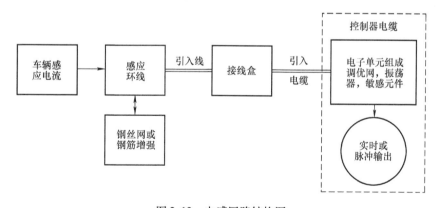

图 2.13　电感回路结构图

磁环运转的核心原理就是车辆通过所引起电感的变化。这种环由四部分所组成：

- 单圈和多圈的电缆缠绕组成的线圈或回路，这种回路嵌入在高速公路地面表层中。
- 连接回路和接线盒的引入线。
- 位于接线盒和控制器间的另一根连接线。
- 位于控制舱内的电子舱。该电子舱包括振荡器和为感应环路供电的放大器。

这种现象的物理解释如下所示：

电子单元将电流传输到感应环路。

流过回路的电流在电缆周围产生磁场 H〔请参阅公式（2.1）〕。N 是电缆回路的匝数，I 是电缆中的电流，单位为安培（A），并且 l 是环路（线圈）的长度。

$$H = \frac{NI}{l} \tag{2.1}$$

磁场通过回路产生磁通量 ϕ〔公式（2.2）〕，其中 B 是磁通密度，A 是被环路包围的面积，μ_r 是相对磁介质的渗透性，μ_o 是一个常数，数值为 $4\pi \times 10^{-7} \mathrm{N/A^2}$。

$$\phi = BA = \mu_r \mu_o HA \tag{2.2}$$

电感回路的电感系数 L（用亨利表示）随着磁通量的变化而变化，且遵循表达式（2.3）。因此，可以该变化中推测出车辆的存在。

$$L = \frac{N\phi}{I} = \frac{NBA}{I} \tag{2.3}$$

如果一辆车（或任何可以导电的物体）进入到上述磁场中，更准确地说，该磁场的任何分量都垂直于目标区域，此时电缆会产生感应电流，该电流会产生一个与第一个磁场方向完全相反的磁场，这一事实导致了全局磁场的减少。考虑到回路的电感与磁通量成正比，这也就意味着电感同样会减小。

该技术可以使用一种简单或双回路配置以及它们之间的预设距离来检测各种参数，比如交通流量、状态、速度或车辆类别等（请参阅图 2.14）。

除了永久性安装感应回路之外（图 2.15），还有临时的便携装置，该装置不需要嵌入路面中，而是以其他的方式附着到路面上，如图 2.16 所示。

2.4.1.1.2 气动管

气动管是一种橡胶管（图 2.17a），该管道沿着路面安装在道路上，并且可以进行通过车辆检测，因为车辆通过时会导致管道内空气压力的变化。

管内产生的空气波动会被送入一个薄膜，该薄膜会闭合一个开关，从而产生电信号，该电信号会传输到计数器或适合其处理的设备。

该设备通常包括一个寄存器，大约每隔 1h 就会在磁带或纸上保存一次时间间隔中收集到的信息，并将计数器重置为零，并开始一个新的测量周期。

气动管通常垂直于车辆行驶方向安装（图 2.17b）。该传感器便宜且可靠，但由于它们安装在道路表面上，因此很快就会损坏并且需要定期监测。此外，它们产生的电信号非常弱，因此需要放大才能使用。

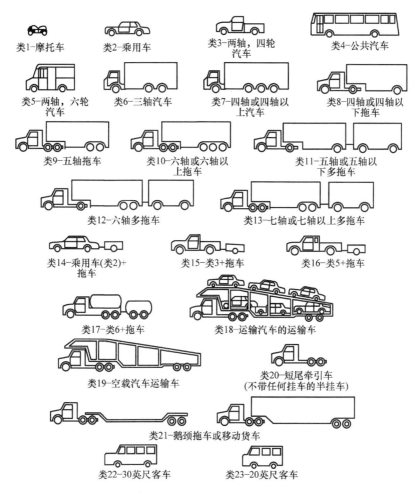

图 2.14 根据车轴的长度和数量将车辆进行分类。IVS-2000 型《安装和操作手册》，修订版 1.53，1997 年

原理上，只要间隔一个预先设定的短距离安装两个气动管，便可以计算出车速（双气动管路）。

这种类型的传感器在临时安装或短期安装中非常有用，因为橡胶管很容易安装在路面上，并且寄存器可以由电池供电。这些传感器最常见的故障可能是计数器的电气故障和橡胶管的损坏，因为它们会不断承受来自汽车轮胎的冲击。

利用这项技术，可以测量不同的参数，如交通流量、速度（使用上述气动双管）和车辆分类（基于车轴数量和间距）。

2.4.1.1.3 压电传感器

压电传感器是基于车辆通过它们时对它们产生的压力进行的。它们根据压电材料在变形时被轮胎压下所产生的电荷来检测车辆的通过情况。

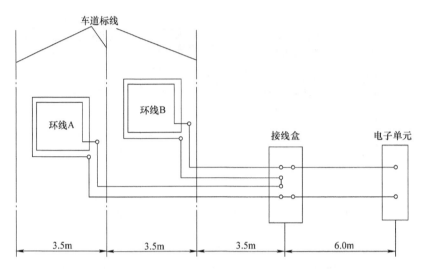

图 2.15 为双车道安装方案。Klein, LA、Mills, M. K.、Gibson, D. R. P., 2006。交通检测器手册。McLean, VA、美国运输部、联邦公路管理局、特纳费尔班克公路研究中心。
< http: //purl. access. gpo. gov/GPO/LPS91983 >

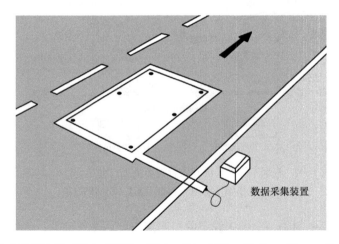

图 2.16 固定在路面上的时序电感回路。Klein, LA、Mills, M. K.、Gibson, D. R. P., 2006。交通检测器手册。McLean, VA、美国运输部、联邦公路管理局、特纳费尔班克公路研究中心。
< http: //purl. access. gpo. gov/GPO/LPS91983 >

它们被安装在人行道的表面,这使得该传感器适合移动测量。就像气动管一样,压力传感器需要放大它们产生的信号才能工作。

与橡胶管相比,这些传感器更加坚固和耐用。并且由于它们更薄,所以几乎不会对驾驶体验产生影响。这些类型的传感器的一般方案可以在图中 2.18 看到。

就其功能而言,压电传感器与气动管很相似,这也就意味着它们能够测量交通

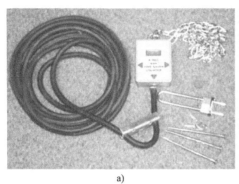 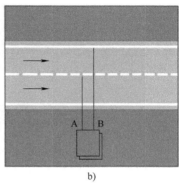

图 2.17　a) 实际的气动管 (K – Hill) 和 b) 路面定位实例

a) Klein, LA、Mills、M. K.、Gibson、D. R. P.，2006。交通检测器手册。McLean, VA、美国运输部、联邦公路管理局、特纳费尔班克公路研究中心。<http：//purl. access. gpo. gov/GPO/LPS91983>　b) 附录 F

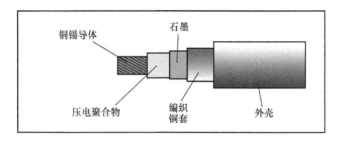

图 2.18　压电传感器的结构

流量、车辆重量以及可以基于车轴数量和间距对车辆进行分类。

2.4.1.1.4　光纤传感器

光纤传感器和前面提及的传感器一样，都是基于检测车辆经过时产生的压力进行检测的。

当车辆通过检测器时，会导致光透射率下降。这种变化被一个光电接口捕捉，从而感知车辆的存在，或者甚至可以给出车辆类型。

这些传感器的主要参数是灵敏度。它们能够探测从几克重的物体到大吨位的车辆。该传感器还可测量多种参数，如车辆的数量、车辆的重量，以及前面提到的车辆的类别（基于车轴之间的数量和空间）。

图 2.19 显示了光纤传感器在高速公路上定位时的一种可能配置。

2.4.1.1.5　地磁传感器

最后将介绍的侵入技术是基于车辆引起的磁场变化。这项技术将在第 3 章更详细地描述，它将作为新的传感技术的一部分。

与线圈不同，磁传感器是被动元件，通过铁磁性金属在地面磁场上产生的变化来检测是否存在铁磁性金属（因此，通过扩展，可以确定是否存在车辆）。而这种

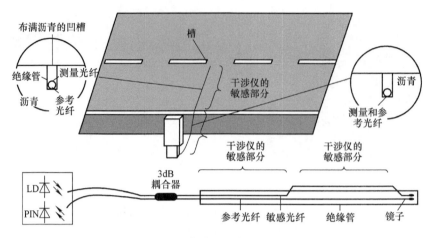

图 2.19 光纤传感器的定位和光学结构

地面磁场波动被称为磁异常。

当车辆经过传感器时,在磁场上产生的影响如图 2.20a 所示,这种影响不仅是直观表现在罗盘上,而且可以为相关传感器提供变化的信号。图 2.20b 中是高速公路上安装这类传感器的一个例子。

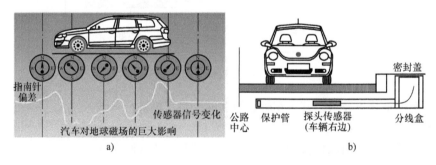

图 2.20 为车辆对地磁场的影响(a)和为典型高速公路传感器定位方案(b)

2.4.1.1.6 无线传感器网络

无线传感器由一组节点组成,具有两种功能:
- 无线通信能力。
- 测量温度、湿度、运动、声音等参数的感知能力。

这项技术已被用于传统的工业操作控制或自动化领域,直到最近才被集成应用到智能交通系统中。

组成无线网络的不同节点被称为微粒(motes),由于它们具有无线通信能力,它们可以将收集到的信息传输到一个中央控制点,该控制点计算该信息以进行注册或者基于这些信息做出决策。

通信协议通常为 ZigBee,因为它允许更低成本的通信,并且比 Bluetooth 的协议简单得多，其对于要求低传输比特率、传输安全、微粒电池长寿命的应用非常适合。

构成无线网络的微粒具有自组织能力，这意味着它们会在预先设定的时间间隔内，时不时地检查可用的最佳通信路线。

除此之外，这些网络的电力需求非常低，每个微粒都可使用常规电池。此特点使得其可以安装在没有电源的站点上，从而可以实现非常灵活的拓扑结构和网络安装。

传感网络中的节点不需要连续传输信息，只需在一定时间段采集一个样本，其余时间处于待机状态，从而就可以降低功耗。

综上所述，到目前为止，微粒无线网络具有以下优点：
- 易于部署：如前所述，由于它们具有自组织能力，因此不需要配置，因此它们是易于部署的网络。此外，低能耗特点允许它们的部署独立于可用的电力供应。
- 可伸缩性和灵活性：由于具有自组织能力，新微粒在网络中的整合或网络中的位置改变不需要任何类型的配置。
- 持久性和高可用性：这些类型的网络非常健壮，因为一个或多个节点的故障并不会影响其余传感器的通信，它们可以找到新的通信渠道。与集中式设计相比，微粒无线网络具有很大的优势，因为它们提供了强大的高可用性服务。

然而，与其他任何技术一样，该网络也有着一系列的缺点，使得它在某些情况下的安装用处不大：
- 易用性：尽管可以将易用性视为优势，但它也可以是一种劣势。这种易用性可能会过度依赖于所需的监视需求，因此会导致效用急剧下降。
- 环境：微粒使用无线协议进行通信，但是其覆盖范围很小（根据型号的不同，覆盖范围一般为 10~100m）。这种不足可能会增加在地理复杂的环境中或无线通信困难的高速公路上安装微粒的难度。
- 成熟度：虽然有基于微粒的商业应用，但这是一项全新的技术，它仍然没有已经被部署了几十年且成熟的传统 ITS 设备所具有的接受程度。

综上所述，利用微粒进行交通监测，可能会以低成本打开了一个新世界，这就是为什么它是一项值得被研究的技术，因为其成本效益比可能很高。

2.4.1.2 非侵入式传感器

与侵入式传感器不同，这些类型的传感器在道路上方或侧面安装时并不会干扰交通。但是不利的是，它们通常更加昂贵，这不仅是由于传感器的成本，还由于其安装需求。

当前使用的非侵入式检测器主要有两种类型：
- 主动传感器：传输信号并接收车辆响应的传感器。在这种类型中，包括微波雷达、激光雷达和超声波传感器。

- 被动传感器：这种类型的传感器会捕捉到由车辆通过引起的某些参数的变化。被动传感器有摄像头、红外传感器和声学传感器等。

2.4.1.2.1 微波雷达

使用微波雷达（RAdio Detection And Ranging，Radar）的车辆检测的基本原理是基于微波信号的传输（1~30GHz，通常为10.525GHz）。微波信号会被物体反射，由此雷达可以计算信号传输到接收反射信号之间的时间间隔。

行驶时间是使用微波雷达可以获得的最基本参量，从中可以进一步获得有关车辆的位置、速度等信息。

微波雷达的安装位置取决于其所需的功能。可以安装在车道中心的人行道上，以用来测量相关车道，也可以安装在车道的一侧，以用来测量所有车道上的交通参数。其功能基础如图2.21所示。

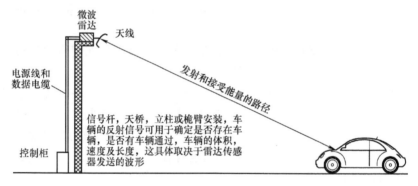

图2.21 微波雷达的工作原理。Klein，LA、Mills、M. K.、Gibson、D. R. P.，2006。交通检测器手册。McLean，VA、美国运输部、联邦公路管理局、特纳费尔班克公路研究中心。<http：//purl.access.gpo.gov/GPO/LPS91983>

除了定位，还可以区分两种类型的微波雷达：

连续波雷达（Continuous Wave，CW）：它们发射连续的多普勒波，可以探测车辆的通行情况，并允许测量车辆的速度和根据车辆长度对车辆进行分类。

调频连续波雷达（Frequency Modulated Continuous Wave，FMCW）：该类雷达不仅可以检测动态车辆的通行和类别，还可以检测静止车辆。

图2.22显示了两种微波雷达的频率随时间的变化。第一种保持频率不变，而第二种频率随时间变化。

2.4.1.2.2 激光传感器（主动红外线）

用于车辆检测的激光雷达，也称为LIDAR，是基于脉冲（近红外）发射激光来测量特定物体的距离。通过光脉冲从激光雷达到车辆来回传播所花费的时间来计算距离（图2.23）。

已知这个脉冲以光速传播，距离就可以用公式（2.4）计算。其中D是距离，

图 2.22 连续多普勒（a）和调频连续波（b）两种雷达的频率变化。Klein，LA、Mills、M. K.、Gibson、D. R. P.，2006。交通检测器手册。McLean，VA、美国运输部、联邦公路管理局、特纳费尔班克公路研究中心。<http：//purl. access. gpo. gov/GPO/LPS91983>

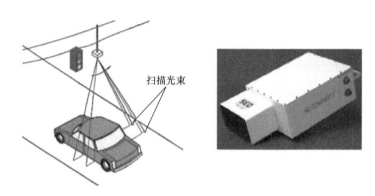

图 2.23 激光雷达应用示例和激光雷达照片。Klein，LA、Mills、M. K.、Gibson、D. R. P.，2006。交通检测器手册。McLean，VA、美国运输部、联邦公路管理局、特纳费尔班克公路研究中心。<http：//purl. access. gpo. gov/GPO/LPS91983>

c 是光速，t 是发射和接收之间的时间间隔。

$$D = \frac{1}{2}c \cdot t \tag{2.4}$$

这些设备还可以计算车辆的速度。通过发射至少两束激光脉冲来计算特定时间间隔内的距离变化来计算速度。

其传统用途是根据长度和体积对车辆进行分类。现代激光雷达传感器提供2D甚至3D图像来提高车辆分类的可靠性。

在几个调查项目中出现的基于激光雷达的部分新应用将在涉及新传感技术的章节中进行描述。

2.4.1.2.3 *超声波传感器*

超声波传感器发射声波的频率为25～50kHz，总是高于人类的听觉范围。在图2.25中可以看到一个典型的定位方案，给出了超声波传感器安装在路面上方及其侧面的例子（图2.24）。

该系统发射的超声波脉冲时长为 T_p，其间隔为 T_o，该间隔时间大于声波从传感器到高速公路路面再返回所用的时间。传感器以固定的时间间隔"打开"用于

图2.24 超声波传感器定位方案。Klein，LA、Mills，M. K.、Gibson、D. R. P.，2006。交通检测器手册。McLean，VA、美国运输部、联邦公路管理局、特纳费尔班克公路研究中心。
< http：//purl. access. gpo. gov/GPO/LPS91983 >

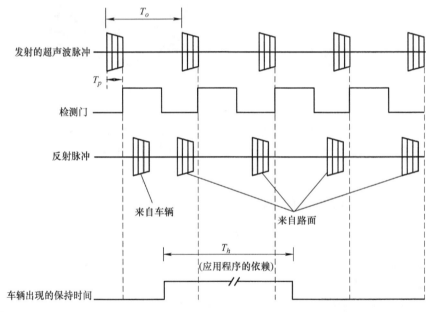

图2.25 发射及反射的超声波脉冲。Klein，LA、Mills，M. K.、Gibson、D. R. P.，2006。交通检测器手册。McLean，VA、美国运输部、联邦公路管理局、特纳费尔班克公路研究中心。
< http：//purl. access. gpo. gov/GPO/LPS91983 >

车辆检测。发射和反射脉冲如图2.25所示。当车辆出现时，接收到的反射脉冲的变化被转换成电信号，该电信号被传递到信号处理系统进行处理。

这些传感器能够检测行驶的车辆（或静止的车辆），以及计算车辆的速度。

2.4.1.2.4 被动红外传感器

被动传感器与前面描述的技术不同，这种类型的传感器不发射能量波，而是检测来自以下两个来源的能量：

- 车辆、路面和传感器视野范围内的其他物体发出的能量。
- 由大气发射并在上述物体上反射的能量。

接收到的能量被重定向到对红外线敏感的材料,这种材料将红外信号转换成电信号。然后处理阶段会对信号所包含的信息进行分析,总体方案见图2.26。

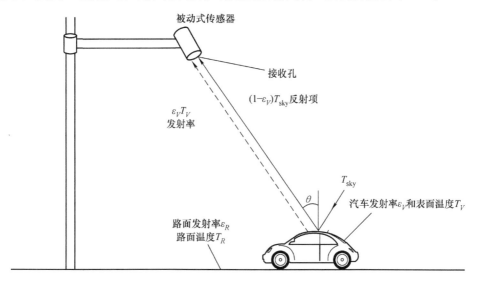

图2.26 红外无源传感器的一般功能方案。Klein,LA、Mills、M. K.、Gibson、D. R. P.,2006。交通检测器手册。McLean,VA、美国运输部、联邦公路管理局、特纳费尔班克公路研究中心。
<http://purl.access.gpo.gov/GPO/LPS91983>

该类传感器可以放置在高速公路上方或其侧面。其能够测量车辆的速度和体积,并能够对车辆进行分类。

2.4.1.2.5 声学传感器

声学传感器的功能是基于对车辆交通产生的声能(可听声音)的检测(车辆噪声和轮胎噪声)。当车辆通过检测区时,声能增加并转化为电信号。

声学传感器通常由二维传声器阵列组成,能够在一条或几条车道上进行检测。有了声学传感器,就有可能对车辆速度进行测量以及对车辆进行检测。

2.4.1.2.6 摄像头

摄像头早已被引入高速公路管理系统,并由操作员进行远程监控。现如今人工视觉技术可以用来自动提取不同类型的信息。

摄像头的应用范围已经扩大到不仅用于监视,还用于检测和车辆计数,以及基于自动车牌识别的车辆识别。

视频处理系统通常由一个或几个摄像头、基于微处理器的数字化和分析设备以及分析图像和获取所需信息的软件组成。

在不深入阐述图像传感系统技术细节的情况下,摄像头位置和摄像头校准在系统中有着举足轻重的地位。

在摄像头位置确定中,有多个特征必须考虑,例如具体位置、高度、在道路上方或侧面的位置等。下文列出了一系列重要并且通用的特征,这些特征所获得的图像将对接下来进行车辆识别的人工视觉提供很好的帮助。

- 摄像头位置必须尽量稳定,最小化振动和移动。
- 必须避免视野中出现其他障碍物,并尽量减少车辆之间的遮挡。
- 尽可能避免场景中出现地平线,以免直面阳光。
- 摄像头位置必须尽量减少车灯灯光、路面反光的照射等。

如前所述,另一个重要的点是摄像头标定。这个过程有利于识别摄像头捕捉区域的真实尺寸。

表2.1包括了在高速公路上行驶的车辆定位和识别中使用视频传感器所需的一系列校准参数。

根据镜头和摄像头位置,可以计算图像中物体(以像素为单位)的实际尺寸(单位为米),在表2.2中,可以看到一个镜头焦距为8mm、位于道路上方12.2m的摄像头图像的尺寸计算示例。摄像头位于公路上方较高的位置,这在交通应用中很常见,如车辆监控。

表2.1 车辆检测视频系统的校准信息

已知	焦距	摄像头镜头的焦距(见摄像头规格)
	数组维数 CCD/CMOS	摄像头中使用的电荷耦合器件或互补金属氧化物半导体阵列尺寸(见摄像头规格)
需要计算	图像区域	人行横道线被固定并显示在监视器上。需要知道该人行横道线的一条边的尺寸(或者两个相邻车道的车道标志之间的距离)
	车道数	收集交通数据的车道数
	检测区域的位置	确定每个通道中两个检测区域的标记位置,以及其之间距离
	交通场景	对于每条车道,确定交通是下行还是上行,或者在图像的不同方向
	检测区域	修改检测区域的位置和大小

表2.2 基于摄像头参数及其定位的真实尺寸计算示例

尺寸	符号	计算步骤	值
摄像头在检测区域上方的高度	h	已知的输入参数	12.2m
FOV 垂直角的一半	α_V	镜头规格	16.7°
FOV 水平角的一半	α_H	镜头规格	21.8°
支撑摄像头的结构与其视线之间的角度	θ	$\theta = (90-5) - \alpha_V$ 其中值5是视野低于地平线的度数	68.3°

(续)

尺寸	符号	计算步骤	值
到图像下部区域的距离	d_1	$d_1 = h\tan(\theta - \alpha_v)$	15.4m
图像下部区域的宽度	w_1	$w_1 = 2h\tan(A_H)/\cos(\theta - A_v)$	15.7m
到图像较高区域的距离	d_2	$d_2 = h\tan(\theta + \alpha_v)$	139.4m
图像较高区域的宽度	w_2	$w_2 = 2h\tan(A_H)/\cos(\theta + A_v)$	112m

2.4.1.3 自主交通传感器优缺点综述

在这一节的最后,我们总结了每种传感器的主要特点。表2.3总结了侵入式传感器的优缺点,表2.4总结了非侵入式传感器的优缺点,并对主动传感器和被动传感器进行了区分。

表2.3 侵入式传感器汇总表

技术	优点	缺点
感应线圈	• 设计灵活,能够适应多种应用 • 成熟且大众化 • 提供基本交通参数(流量、空位、占用、速度、交通方向、空间) • 高频模型提供车辆分类 • 在车辆计数方面效果更好 • 不受恶劣天气的影响	• 安装会影响路面 • 降低路面耐久性 • 安装和维护需要临时中断车道上的交通 • 会受到温度和交通拥堵的影响 • 需要安装多个传感器来监控特定位置
气动管	• 便宜且灵活 • 易于安装 • 使用两根管道可以测量速度	• 当车辆接触管道时,会影响交通 • 磨损快 • 由于产生的电信号非常微弱,需要放大器
压电传感器	• 适用于移动测量 • 具有比橡胶管更高的耐久性 • 更薄,因此对交通影响更小	• 当车辆接触传感器时,会影响交通 • 磨损较快(耐久性比橡胶管高) • 由于产生的电信号非常微弱,需要放大器
光学纤维敏感元件	• 不在人行道上,因此不会干扰交通	• 需要放大器 • 其安装需要在铺装路面上进行
地磁传感器	简易传感器 • 与感应环路相比,对过多的车流量不太敏感 • 一些型号通过无线连接传输数据 • 对恶劣天气不敏感	简易传感器 • 需要在人行道安装,干扰交通 • 一般不能检测静止的车辆

（续）

技术	优点	缺点
地磁传感器	双轴传感器 • 可用于无法安装感应线圈的地方（如桥梁处） • 一些模型安装在路面下，不需要在路面上工作 • 对交通拥堵的敏感度低于感应线圈 • 对恶劣天气的敏感度低	双轴传感器 • 安装通常需要在路面上工作并中断交通 • 它们会缩短路面的使用寿命 • 维护操作需要中断相关车道的交通

表 2.4 非侵入式传感器汇总表

类型	技术	优点	缺点
主动传感器	微波雷达	• 不受天气条件影响 • 能直接进行速度测量 • 能检测多车道	• 天线和发射波形必须根据具体应用进行调整 • 连续波多普勒传感器不能检测静止的车辆
	激光雷达	• 发射多束光束，能精确测量速度、车辆类型和位置 • 具有面向多车道的运行模式	• 若能见度小于6m，传感器的功能可能会受到雾的影响 • 雪会影响其适用性 • 传感器的安装和维护（包括定期清洁镜头）需要在相关车道上进行，会临时中断交通
	超声波传感器	• 具有多通道运行模式 • 主动检测	• 某些环境条件可能会影响其功能（温度变化和强烈的空气湍流）需要一些模型，包括补偿外部温度变化的系统 • 如果使用高重复周期的超声波脉冲，高速行驶的车辆可能会出现检测问题
被动传感器	红外被动传感器	• 多区域传感器能够测量车速 • 具有多车道运行模式	• 在雨雾天气下，灵敏度较低
	声学传感器	• 被动检测 • 功能不受降雨影响 • 具有多车道运行模式	• 低温可能会影响数据精度 • 某些特定型号在车速较低和走走停停的情况下无法正常工作
	摄像头	• 被动检测 • 视觉信息直观、易理解 • 发展迅速的人工视觉算法	• 功能受恶劣天气、照明变化等的影响很大 • 遮挡

2.4.2 非独立交通传感器

与前面描述的独立交通传感器不同，非独立交通传感器需要在车辆中安装相关设备。

一方面传感器属于车辆的基础设施，其需要通过使用各种技术来检测车辆内部的某些设备以达到掌控每辆车辆位置的目的。

另一方面，车辆上的传感器可以检测车辆附近的情况（障碍物、气象条件、道路状况等）。

本节将描述通过车载设备和安装在基础设施中的设备来确定车辆位置的两种技术：

- 通过射频识别车辆。
- 全球导航卫星系统（Global Navigation Satellite System，GNSS）。

接下来，将以习惯的方式描述车辆上的传感器。

2.4.2.1 基于RFID（射频识别）的车辆识别

车辆射频识别（RFID）是一种存储和远程数据恢复系统，使用应答器或RFID标签设备来实现其功能。这项技术的基本目的是通过无线电波传输身份和估测物体的位置（类似于一种唯一序列号）。无源标签从无线电信号中获得能量，而有源标签有独立的电源（电池），因此能够实现远距离估测（例如数百米）。

基于RFID（射频识别）的车辆识别需要车载设备（标签）能够以安全可靠的方式与基础设施通信，以便能识别每辆车并为其充电。基础设施必须包括与车辆通信的发射器/接收器（TRX）。

下文是对车载设备、基础设施设备以及两者之间通信类型的简要描述。由于具体通信协议模型多种多样，因此不给出具体模型的细节，但是将示意性地描述不停车收费系统模型的应用示例。

2.4.2.1.1 车载设备（标签）

如上所述，车载设备由插入车辆的射频识别标签组成，该标签允许系统唯一地识别车辆并可在不要求车辆停车的情况下收费。

标签与基础设施中的发射器/接收器设备的通信受标签位置的影响。为了实现最佳通信，该设备通常位于车辆的前风窗玻璃上，为TRX提供"直视"。

通常，标签具有一个存储应用数据以及标签状态信息（可能包括标签处理的痕迹的信息或其中的任何其他问题）的读/写存储器。

2.4.2.1.2 基础设施装备（TRX）

基础设施中的设备是负责与每辆车的标签进行通信的发射器/接收器。如前所述，在一个完整的系统中，它将与其他车辆检测或车牌识别设备协同工作。

通信是通过DSRC（专用短程通信）类型的微波无线电线路完成的。每个TRX天线产生一个"通信区域"（范围）。当车辆及其标签进入TRX的通信区域时，它会激活标签并建立基础设施和车辆间的联系。

一旦建立连接，TRX 将根据其发送的信息对标签进行验证，一旦验证通过，发送方将发送一份报告，其中包含交易和作为通行费收取的费用。一旦过程结束，通信就结束了。

2.4.2.2 蓝牙感应

这里要描述的最后一种技术，至少在概念层面上与电子交易系统有着相似的功能，使用蓝牙设备和天线来代替射频识别设备。

这是一项相对较新的技术，其在智能交通系统中的应用仍在开发中。然而，蓝牙感应越来越多地出现在个人移动设备（移动电话）和车辆（免提汽车系统）中，这使得它们成为一种廉价的车辆检测系统。

蓝牙无线技术不仅提供移动设备上的短程通信，还提供固定设备上的短程通信，从而能够保持较高的安全级别。其耐用性、低功耗和低成本的优点尤为突出。如果我们在其当前基础上开发更高水平的应用，它将成为一项非常有意义的技术。

2.4.3 结论与建议

本节对智能交通系统中的主要传感技术进行了综述。从技术层面来说，不仅对目前已有的技术进行了分析，而且对极具创新性的技术做了论述。作为这一分析的结果，得出结论：

- 传感不仅作为一种技术，而且作为相关的处理算法，是一个正在以非常快的方式发展的领域。
- 以线圈为主的传统数据采集站已经过时。发展方向正在向更低成本、更灵活、可移动的技术转变，而这些技术能够感知大多数的基础设施。
- 智能交通系统必须受益于这一技术进步来提高系统质量。
- 道路上安装大量属性截然不同的传感器，不仅有助于了解环境和气象条件，还有助于了解交通状况。
- 与此同时，车辆制造商在车辆中安装了多个传感器，不仅提高了安全性，也提高了驾驶员的舒适度。
- 无线技术为传感器（位于基础设施或车辆中）、控制和处理中心以及最终用户之间的数据传输和接收提供了理想的通信介质。

一个非常有意义的开发点是使用一辆车作为巡回传感器，并使用其无线通信能力和大数据工具来以一定的精度模拟交通状况。

此外，同时智能的使用基础设施和车辆中所有可用的信息是大势所趋。

2.5 数据融合

感知技术在现代智能交通系统中尤为重要。无论是在帮助驾驶员避免危险情况,如高级驾驶辅助系统(Advanced Driver Assistance Systems,ADAS),还是在为无人驾驶汽车提供环境感知能力,它都发挥着至关重要的作用。单传感器无法满足道路安全的需求,而数据融合技术(Data Fusion,DF)能够提供更可靠的感知能力。在智能交通系统方向上,最近的研究都集中在发展基于数据融合的应用。数据融合技术能够处理多个传感单元并加以结合,以提供先进、可靠的感知能力。

这一章节的目的是证明数据融合技术在结合不同传感器的情况下可以实现更稳定可靠的道路安全应用。多种类型的传感器已出现在各类文献中,如雷达、超声波、可见光谱摄像头、红外摄像头、微型惯导传感器和激光扫描仪。许多应用也利用语义信息来解决问题(Snidaro et al., 2015)。语义信息在数据融合领域是比较前沿的问题,并包括很多种类,比如有数字地图等的先验信息,也有像交通信息或车辆状态这样的实时信息。利用语义信息不仅能够提高各独立传感器的精度,也为提高融合性能提供了新的信息源。

2.5.1 数据融合的分级

这一部分简明地介绍了数据融合,包括在数据融合应用中的一些关键点。

数据融合的概念可以追溯到第一次和第二次世界大战之间。它是美国国防部(Department of Defense,DoD)提出的概念,旨在改进指挥和控制(Command and Control,C2)决策。其目的是获取多个来源的信息,创建有助于执行C2任务的科技基础。从那时起,数据融合已经成为国防和情报研究的重要部分。近几十年来,由于信息技术的进步,数据融合不仅仅只是在国防问题上发挥关键作用,不再是一个只与军事和情报应用有关的术语,而是已经变得无处不在。近年来,数据融合在许多日常应用中发挥了重要作用,比如机器人技术、汽车、工业和通信等。

与数据融合相关的一个主要问题是术语的模糊性。通常,数据融合有广泛的应用领域,这也导致它的基本概念很难定义。正因如此,不同的数据融合模型也会有着不同的定义。美国国防部在20世纪80年代中期创建了实验室理事联合会(Joint Directors of Laboratories,JDL)数据融合小组,目的是改善军事研究人员和系统开发人员之间的通信。JDL试图为数据融合创建一个普适性的模型或者是字典。这些年来,尽管有很多不同的观点,这些定义和模型已经成为数据融合的基础。本节将会描述不同的模型和定义,并重点关注JDL模型,因为它已经成为绝大部分数据融合技术的基础。

数据融合的定义

数据融合有时被称为传感器融合。20世纪80年代,JDL将数据融合定义为:一个用于处理单一或多个来源的数据和信息的相关性和组合的过程。通过这个过程,可以实现精确的位置和身份估计,并对情况和威胁及其重要性进行完整和及时的评估。该过程的特点是不断改进其估计和评估,借此评价是否需要增加来源或者是修改该过程本身,以取得改进的结果。

Hall, D. L., Llinas, J., 2001。多传感器数据融合手册，美国，电气工程与应用信号处理系列，CRC 出版社。(Hall 和 Llinas, 2001)。

作者指出上文所给出的数据融合定义是非常狭义的。因此，又提出了几个其他的定义。Hall 和 Llinas（Hall 和 Llinas, 2001）给出一个更广泛的定义，将数据融合技术描述为"一种旨在结合多个来源信息来实现推理的过程，性能优于单一的传感器，或者是优于任何从单一信息源得出的推论"。

Steinberg 和 Bowman（Steinberg 等，1999）也给出了类似的定义："数据融合是结合数据或信息来估计或预测实体状态的过程"。可以看出，限制较少的新定义拓展了数据融合的概念，可以应用于任何学科。

2.5.2 架构

由于数据融合的开放定义，使用数据融合的场景较多，人们设置了多种不同的定义和模型。在本节中，我们主要关注两个划分角度：根据抽取层次进行划分和根据融合位置进行划分。

1. 根据抽取层次进行划分

划分数据融合架构通常根据进行融合的抽取层次。在数据融合领域中，这种简单实用的划分应用最为广泛，且易于被很多领域接受：

1）低层次融合。也被称之为直接融合（图 2.27），它结合不同来源的待处理信息，创建一组复合的待处理数据。低层次融合可以直接应用于两个传感器测量相同的物理现象时（例如，用热感摄像头和彩色摄像头拍摄同一目标）。如像卡尔曼

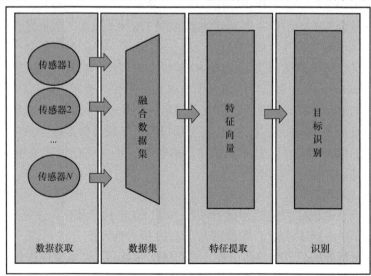

图 2.27 低层次融合过程示意图。通过融合原始数据，创建一组新的待处理的复合数据

滤波（Kalman Filters，KF）这样的经典估计方法，常用于的原始数据融合，如提供增强的 GPS 估计（Marti 等，2012）。

在智能汽车的应用中，立体视觉系统就是一个典型的融合系统。它使用的是低层次融合，因为它从两个不同的摄像头接收信息，并融合它们来创建一套包括被称为视差图的深度信息的新信息。Bertozzi 等人（Bertozzi 等，2009）和 Hilario 等人（Hilario 等，2005）使用立体视觉对这组新的信息进行行人检测，并且应用基于计算机视觉的模式匹配方法（如活动轮廓或概率模型）给出最终决策。

2）中层次融合或特征融合（图 2.28）。该融合过程的定义如下：每个传感器都有一个预处理阶段，然后分别对每个传感器的输出信息进行特征提取，最后根据提取的特征进行相应的推理。这种估计可用于多种方法：机器学习算法、神经网络、状态向量机等。在 Premebida 等人（Premebida 等，2010；Premebida 等，2009a）的工作中，其为每个传感器提取独立特征并创建一个新的数据集。面向不同传感器的不同特征组合，作者都提出了不同的方法。

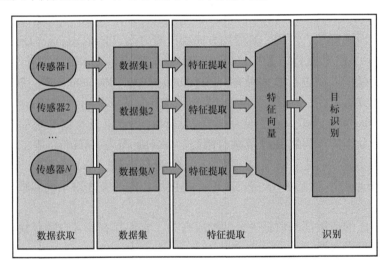

图 2.28　中间层融合方法示意图，对每个传感器进行预处理，结合所有传感器的特征使用一组数据的组合特征集

3）高层融合或决策级融合（图 2.29）是指在高层次推理的过程中，每个传感器独立提供推断（有时，一组传感器可以进行联合检测）。因此，各子系统的决策以及传感器和推理本身的可靠性决定了最终决策的准确性。这些技术的典型例子通常是投票方案、决策树、贝叶斯推理等。

以下是几个典型案例：Premebida 等人（Premebida 等，2007）应用 Adaboost 算法，采用视觉和高斯混合模型分类器（Gaussian Mixture Model，GMM）进行基于激光扫描器的行人检测。最后，使用贝叶斯决策器将两个子系统的检测结果结合起来。Spinello 和 Siegwart（Spinello and Siegwart，2008）用激光扫描仪采集行人的多

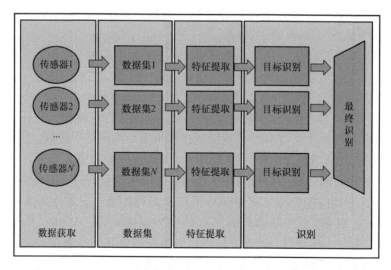

图 2.29 高层融合对每个传感器进行推理,并根据它们的确定性程度进行组合

维特征,从而进行行人检测。其使用方向梯度直方图(Histograms of Oriented Gradients,HOG)特征和支持向量机(Support Vector Machine,SVM)进行检测,最后使用贝叶斯模型方法进行数据融合。Premebida 等人(Premebida 等,2009b)也使用了类似的方法,在一些其他的中间层次融合中也有所应用。在 Floudas 等人的论文中(Floudas 等,2007)中,使用激光扫描仪、视觉以及长程和短程雷达,实现了无须进行分类的障碍物跟踪及融合跟踪。Garcıet 等人(Garcıet 等,2014)也使用相同的传感器实现了语义增强的行人检测与跟踪。Garcia 等人(Garcia 等,2017)和 Anaya 等人(Anaya 等,2017)也使用相同的方法对车辆和摩托车进行识别和跟踪。

这些方法的使用都与数据融合的性质有关。它们都有着各自的优缺点,使用时必须先考虑再做选择。

4)底层融合的过程比较复杂抽象。创建新的数据集旨在提供更复杂的信息,这使得它的估计效果可能会更加准确,但是同时也会在数据对齐等方向耗费更多的工作成本。因此,低层次融合给系统增加了更多的信息的同时,也增加了系统的复杂性。考虑到这些系统完全依赖使用的传感器,在向系统添加新传感器时,需要对流程进行彻底修改。因此,在拓展系统时会变得非常麻烦。

5)特征级融合的优势是处于中间级别,允许系统拥有不同来源的额外信息,并且能够保持中等级别的复杂性。不同传感器的特性使系统能够充分利用每个传感器独立提供的信息。尽管特征级融合的优势很明显,它也有着明显的劣势。在训练过程中,若要向系统添加新传感器会变得尤为复杂,因为它必须使用新传感器特性进行训练。

6)高层融合只需要较少的复杂性,因为它是基于不同预先建立的子系统。高层融合的任务是结合每个子系统提供的最终信息,增加不同子系统检测和估计增加可靠性和确定性。这种方法虽然不具备信息融合的大部分优点,但由于信息只在过程的最后进行融合,因此高层融合更容易实现。此外,系统的拓展也较为容易,一种新的传感器的加入不仅能够增加检测的可靠性和确定性,而且一般不会增加复杂性。

2. 集中式和分布式数据融合

由于通信技术和信息技术的进步,数据融合的移动性在现代应用中变得尤为重要。通信方式不同,相应的拓扑结构也会有所不同。这些拓扑结构被划分为一个个节点,每个节点由一个或多个传感器组成,且与其他节点相连。此外,每个节点还有相应的处理单元。上述架构主要是依据进行数据融合的位置进行划分的:

1)集中式融合是指每个节点将所有信息发送到执行融合的中心节点进行数据融合的系统。通过这种方式,中央节点获得了来自不同传感器的所有信息,可以更加稳定地完成数据融合。

2)分布式融合是指每个节点利用本地节点和邻近节点的信息进行局部融合。没有进行全局融合的中心节点,节点没有全局拓扑结构的信息。这种方法下,系统的可拓展性很强,因为可以很容易地添加或删除新节点。但是由于缺乏全局信息,实际的融合效果通常不如集中方案。

一些学者试图将这两种数据融合的拓扑方案与之前提出的数据融合分层相联系,因为分布式的数据融合通常涉及高层融合,而低层和高层融合大多只使用集中式方案。分布式融合的子系统能够独立执行一个决策,没有中心节点,而低层和中层的融合方案都需要唯一的中心节点。

2.5.3 智能交通系统中的数据融合

道路安全技术中的数据融合是一个新课题,试图通过结合多种传感器技术来提高现有传感器的检测能力。这些研究是最前沿的,而且主要集中于道路环境中可能发现的各种物体的检测和分类。因此在智能交通系统应用中采用的数据融合技术通常包括以下环节:

数据对齐:在数据融合中,传感器一般不会共用同一个坐标系统,这意味着它们使用不同的单位和旋转矩阵。这些传感器必须重新统一到同一个框架下,以便它们提供的信息能进行结合。这是一项非常困难的任务,通常依赖于应用和传感器本身去实现。尽管如此,许多作者已经提出了自动外部标定技术,如 Rodriguez – Garavito 等人(Rodriguez – Garavito 等,2014),他们为立体摄像头和多层激光扫描仪的校准提供了一种新的算法。又如 Debattisti 等人(Debattisti 等,2013)提出使用一种三角立体标靶来进行外部标定,该方法可以同时为摄像头和多层激光扫描仪提供坐标系关联。

数据/对象关联:先前的检测结果应该与最新的检测相关联,以便对检测对象进行长期跟踪。此外,不同传感器和子系统的检测结果也必须相互关联。这一方面,有很多可供选择的方法，如使用最近邻法，根据给定的距离阈值将最接近的点进行关联；或在时间上使用多假设跟踪，这是一种延迟最佳选择的检测以进一步检测序列的方法；或使用概率方法（例如联合概率方法）。Garcia 等人对相关用于检测和跟踪行人（Snidaro 等，2015）和车辆（Garcia 等，2017）的所有方法进行了介绍。

位置/运动估计：预测技术早期用来预测检测中目标的未来移动，以便对它们进行长期跟踪。此外，这种预测不仅可以用于未来的关联，也可以用于高层评估目标的行为。常见的预测技术包括：卡尔曼滤波器（Fan 等，2013），无迹卡尔曼滤波器（Wan 和 Van Der Merwe，2000），粒子滤波器（Shao 等，2008），还有最近几年 Garcia 和 Meissner 等使用概率假设粒子滤波器（Vo 和 Ma，2006）进行车辆跟踪和十字路口的跟踪（Garcia 等，2014；Meissner 等，2013）。

对象/身份估计：给出有关检测的最终结果及预测的置信度。

其他方法

在智能汽车的研究中，还有一些其他的数据融合方法。如用激光扫描仪的数据来检测图像中的感兴趣区（Regions of Interest，RoI），并使用计算机视觉对这些 ROI 中的不同障碍物进行分类。Hwang 等人（Hwang 等，2007）使用基于原始图像的 SVM 机器学习方法。Szarvas 和 Sakai（Szarvas 和 Sakai，2006）使用了卷积神经网络。Ludwig 等人（Ludwig 等，2011）使用 HOG 特征和 SVM 分类方法。以及，Perez Grassi 等人（Perez Grassi 等，2010）使用不变特征和支持向量机进行基于视觉的行人检测。这些方法利用了激光扫描器的高置信度来检测障碍物，但是由于仅采用了 ROI 实现加速及鲁棒性提升，融合过程增加的信息量有限，很难被认为是真正的数据融合。

还有一些融合方法以不同的方式利用了各种传感器的特性，并难以归属到上述的任意一类：

Labayrade 等人（Labayrade 等，2005）结合了来自立体视觉摄像头和激光扫描仪的信息。首先使用立体视觉信息定位道路，然后利用这些信息来清除那些与实际应用无关的障碍（例如，在道路之外的障碍物），最后结合两个传感器的信息生成障碍物集合，并采用卡尔曼滤波的方法进行跟踪。

Broggi 等人（Broggi 等，2008）利用激光扫描器提供的信息，搜索低可见区域内行人可能存在的环境区域（如两辆车之间的空间），并使用视觉方法进行检测。

Cheng 等人（Cheng 等，2007）使用激光扫描仪和雷达方法进行障碍物检测和跟踪，并使用摄像头显示结果。在进行障碍物分类时，仅通过激光扫描器信息，以马氏距离进行聚类，来区分移动和非移动障碍物。

一些作者还提出了基于网格的融合方法。其将检测空间划分为网格空间，基于传感器的精度和检测的确定性对信息进行融合（Floudas 等，2007；Aycard 等，2006 年）。

基于最近的深度学习技术的现代技术提供了光学和激光雷达数据融合（Floudas 等，2007；Aycard 等，2006）。

参 考 文 献

Akatsuka, H., Imai, S., 1987. Road signpost recognition system. SAE Veh. Highway Infrastructure Safety Compatibility, 189−196. Available from: http://dx.doi.org/10.4271/870239.

Aliane, N., Fernandez, J., Bemposta, S., Mata, M., 2014. A system for traffic violation detection. Sensors 14 (11), 22113−22127.

Alvarez, J.M., Lopez, A.M., 2011. Road detection based on illuminant invariance. IEEE Trans. Intell. Transp. Syst. 12 (1), 184−193.

Aly, M., 2008. Real time detection of lane markers in urban streets. In: Proceedings of the IEEE Intelligent Vehicles Symposium, Eindhoven, June 4−6, 2008, pp. 7−12.

Amemiya, M., Ishikawa, K., Kobayashi, K., Watanabe, K., 2004, Lane detection for intelligent vehicle employing omni-directional camera. In: Proceedings SICE 2004 Annual Conference, Sapporo, August 4−6, 2004, pp. 2166−2170.

Anaya, J.J., Ponz, A., García, F., Talavera, E., 2017. Motorcycle Detection for ADAS through Camera and V2V Communication, a Comparative Analysis of two Modern Technologies. Expert Syst. Appl.

Arshad, N., Moon, K.S., Park, S.S., Kim, J.N., 2011. Lane detection with moving vehicles using color information. In: Proceedings of the World Congress on Engineering and Computer Science, WCECS 2011, San Francisco, USA, October 19−21, 2011.

Assidiq, A.A., Khalifa, O.O., Islam, M.R., Khan, S., 2008. Real time lane detection for autonomous vehicles. In: Proceedings of Conference on Computer and Communication Engineering, Kuala Lumpur, May 13−15, 2008, pp. 82−88.

Asvadi, A., Premebida, C., Peixoto, P., Nunes, U., 2016. 3D Lidar-based static and moving obstacle detection in driving environments: an approach based on voxels and multi-region ground planes. Rob. Auton. Syst. 83, 299−311.

Aycard, O., Spalanzani, A., Burlet, J., Fulgenzi, C., Vu, D., Raulo, D., et al., 2006. Grid based fusion and tracking. IEEE Intelligent Transportation Systems Conference ITSC 2−7.

Ballard, D.H., 1981. Generalizing the Hough transform to detect arbitrary shapes. Pattern. Recognit. 13 (2), 111−122.

Badrinarayanan, V., Kendall, A., Cipolla, R., 2015. SegNet: A Deep Convolutional Encoder-Decoder Architecture for Image Segmentation. arXiv:1511.00561.

Bar Hillel, A., Lerner, R., Levi, D., Raz, G., 2012. Recent progress in road and lane detection: a survey. Mach. Vis. Appl. 25 (3), 727−745.

Barnes, N., Zelinsky, A., 2004. Real-time radial symmetry for speed sign detection. In: Proceedings of IEEE Intelligent Vehicles Symposium, June 14−17, 2004, pp. 566−571.

BENDIX, <http://www.bendix.com/en/products/autovue/AutoVue.jsp> (retrieved 10.01.17).

Benenson, R., Mathias, M., Timofte, R., Van Gool, L., 2012. Pedestrian detection at 100 frames per second. IEEE Conference on Computer Vision and Pattern Recognition.

Bertozzi, M., Broggi, A., Felisa, M., Ghidoni, S., Grisleri, P., Vezzoni, G., et al., 2009. Multi stereo-based pedestrian detection by means of daylight and far infrared cameras. In: Hammoud, R.I. (Ed.), Object Tracking and Classification Beyond the Visible Spectrum, Lecture Notes in Computer Science. Springer-Verlag, pp. 371−401.

Bila, C., Sivrikaya, F., Khan, M.A., Albayrak, S., 2016. Vehicles of the future: a survey of research on safety issues. IEEE Trans. Intell. Transp. Syst.1−20. Available from: http://dx.doi.org/10.1109/TITS.2016.2600300.

Borkar, A., Hayes, M., Smith, M., Pankanti, S., 2009. A layered approach to robust lane detection at night. In: Proceedings of the IEEE Workshop on Computational Intelligence in Vehicles and Vehicular Systems, Nashville, TN, April 1−2, 2009, pp. 51−57.

BOSH-1, <http://products.bosch-mobility-solutions.com/en/de/_technik/component/

SF_PC_DA_Lane-Departure-Warning_SF_PC_Driver-Assistance-Systems_17856. html?compId = 2880> (retrieved 10.0117).

BOSH-2 <https://appcenter.bosch.com/details/-/app/myDriveAssist> (retrieved 10.01.17).

Broggi, A., Cerri, P., Ghidoni, S., Grisleri, P., Jung, H.G., 2008. Localization and analysis of critical areas in urban scenarios. In: IEEE Intelligent Vehicles Symposium, pp. 1074−1079.

Brostow, G.J., Fauqueur, J., Cipolla, R., 2009. Semantic object classes in video: a high-definition ground truth database. Pattern Recognit. Lett. 30 (20), 88−89.

Burns, J.B., Hanson, A.R., Riseman, E.M., 1986. Extracting straight lines. IEEE Trans. Pattern Anal. Mach. Intell. 8 (4), 425−455.

Canny, J., 1986. A computational approach to edge detection. IEEE Trans. Pattern Anal. Mach. Intell. PAMI 8 (6), 679−698.

Chen, C., Seff, A., Kornhauser, A., Xiao, J., 2015. Deep driving: learning affordance for direct perception in autonomous driving. International Conference on Computer Vision.

Cheng, H., Zheng, N., Zhang, X., Qin, J., Van De Wetering, H., 2007. Interactive road situation analysis for driver assistance and safety warning systems: framework and algorithms. IEEE Trans. Intell. Transp. Syst. 8, 157−167.

CONTINENTAL, <http://www.continental-automotive.com/www/automotive_de_en/themes/passenger_cars/chassis_safety/adas/ProductInfo_CMArticleslm_en.html> (retrieved 10.01.17).

Dalal, N., Triggs, B., 2005. Histograms of oriented gradients for human detection. In: Proceedings of IEEE international conference on Computer Vision and Pattern Recognition, San Diego, CA, June 20−25, 2005, pp. 886−893.

DELPHI, <http://www.autonomoustuff.com/product/delphi-ifv250/> (retrieved 10.01.17).

Debattisti, S., Mazzei, L., Panciroli, M., 2013. Automated extrinsic laser and camera inter-calibration using triangular targets. In: Intelligent Vehicles Symposium (IV), 2013 IEEE. pp. 696−701.

Dollar, P., Tu, Z., Perona, P., Belongie, S., 2009. Integral channel features. In: Proceedings of the British Machine Conference, September 2009, 91.(1-11), BMVA Press. doi:10.5244/C.23.91.

Dollar, P., Wojek, C., Schiele, B., Perona, P., 2012. Pedestrian detection: an evaluation of the state of the art. IEEE Trans. Pattern Anal. Mach. Intell. 34 (4), 743−761.

Dosovitskiy, A., Koltun, V., 2017. Learning to act by predicting the future. International Conference on Learning Representations.

Enzweiler, M., Gavrila, D.M., 2009. Monocular pedestrian detection: survey and experiments. Trans. Pattern Recognit. Mach. Anal. 31 (12), 2179−2195.

Everingham, M., Van Gool, L., Williams, C.K.I., Winn, J., Zisserman, A., 2010. The PASCAL visual object classes (VOC) challenge. Int. J. Comput. Vis. 88 (2), 303−338.

Fan, R., Prokhorov, V., Dahnoun, N., 2016. Faster-than-real-time linear lane detection implementation using SoC DSP TMS320C6678. In: Proceeding of the IEEE International Conference on Imaging Systems and Techniques, China, October 4−6, 2016, pp. 306−311.

Fan, X., Mittal, S., Prasad, T., Saurabh, S., Shin, H., 2013. Pedestrain detection and tracking using deformable part models and kalman filtering. J. Commun. Comput. 10, 960−966.

Felzenszwalb, P., Girshick, R., McAllester, D., Ramanan, D., 2010. Object detection with discriminatively trained part based models. IEEE Trans. Pattern Anal. Mach. Intell. 32 (9), 1627−1645.

Fernandes, L.A.F., Oliveira, M.M., 2008. Real-time line detection through an improved Hough transform voting scheme. Pattern. Recognit. 41 (1), 299−314.

Finlayson, G.D., Hordley, S.D., Lu, C., Drew, M.S., 2006. On the removal of shadows from images. IEEE. Trans. Pattern. Anal. Mach. Intell. 28 (1), 59−68.

Fischler, M.A., Bolles, R.C., 1981. Random sample consensus: a paradigm for model fit-

ting with applications to image analysis and automated cartography. Commun. ACM 24 (6), 381−395.
Floudas, N., Polychronopoulos, A., Aycard, O., Burlet, J., Ahrholdt, M., 2007. High level sensor data fusion approaches for object recognition in road. Environ. 2007 IEEE Intell. Veh. Symp136−141.
Franke, U., 2017. Autonomous Driving. In Computer Vision in Vehicle Technology: Land, Sea, & Air, Chapter 2, Edited by Lopez, A.M., Pajdla, T., Imiya, A., Alvarez, J.M.
Gavrila, D.M., 1998. Multi-feature hierarchical template matching using distance transforms. In: Proceedings of the 14th International Conference on Pattern Recognition, Brisbane, Qld, August 20-20, 1998, 439-444.
Gavrila, D.M., 1999. Traffic sign recognition revisited. 21st DAGM Symposium fuer Mustererkennung, pp. 86−93. Springer Verlag, Bonn, Germany.
García, F., García, J., Ponz, A., de la Escalera, A., Armingol, J.M., 2014. Context aided pedestrian detection for danger estimation based on laser scanner and computer vision. Expert Syst. Appl. 41, 6646−6661.
Garcia, F., Martin, D., de la Escalera, A., Armingol, J.M., 2017. Sensor fusion methodology for vehicle detection. IEEE Intell. Transp. Syst. Mag. 9, 123−133.
Garcia, F., Prioletti, A., Cerri, P., Broggi, A., Escalera, A. de la, Armingol, J.M., 2014. Visual feature tracking based on PHD filter for vehicle detection. In: Proceedings of IEEE International Conference on Information Fusion, pp. 1−6.
Geiger, A., Lenz, P., Stiller, C., Urtasun, R., 2016. Vision meets robotics: The KITTI dataset. Int. J. Robot. Res. 32 (11), 1231−1237.
Geronimo, D., Sappa, A.D., Ponsa, D., López, A.M., 2010. 2D−3D-based on-board pedestrian detection system. Comput. Vis. Image Understanding 114 (5), 583−595.
Geronimo, D., Lopez, A.M., 2014a. Vision-based pedestrian protection systems for intelligent vehicles. Springer Briefs in Computer Science. Springer, Chapter 1.
Geronimo, D., Lopez, A.M., 2014b. Vision-based pedestrian protection systems for intelligent vehicles. Springer Briefs in Computer Science. Springer, Chapter 3.
Geronimo, D., Vazquez, D., Escalera, A., 2017. Vision-based advanced driver assistance systems. computer vision in vehicle. In: Lopez, A.M., Pajdla, T., Imiya, A., Alvarez, J. M. (Eds.), Technology: Land, Sea, & Air. Chapter 5.
Gidel, S., Checchin, P., Blanc, C., Chateau, T., Trassoudaine, L., 2010. Pedestrian detection and tracking in an urban environment using a multilayer laser scanner. IEEE Trans. Intell. Transp. Syst. 11, 579−588.
Girshick, R., 2015. Fast R-CNN. International Conference on Computer Vision.
Girshick, R., Donahue, J., Darrell, T., Malik, J., 2016. Region-based convolutional networks for accurate object detection and segmentation. IEEE. Trans. Pattern. Anal. Mach. Intell. 38 (1), 142−158.
González, A., Fang, Z., Socarras, Y., Serrat, J., Vázquez, D., Xu, J., et al., 2016. Pedestrian detection at day/night time with visible and FIR cameras: a comparison. Sensors 16 (6), 820.
Goodfellow, I., Bengio, Y., Courville, A., 2016. Deep Learning. MIT Press.
Hall, D.L., Llinas, J., 2001. Handbook of multisensor data fusion, America. The Electrical Engineering and Applied Signal Processing Series. CRC Press.
Han, J., Dong, Y., Kim, H., Park, S.K., 2015. A new lane detection method based on vanishing point estimation with probabilistic voting. In: Proceedings of the IEEE Int. Conference on Consumer Electronics (ICCE), Las Vegas, NV, January 9−12, 2015, pp. 204−205.
Han, J., Kim, D., Lee, M., Sunwoo, M., 2012. Enhanced road boundary and obstacle detection using a downward-looking LIDAR sensor. IEEE Trans. Veh. Technol. 61, 971−985.
Hariharan, B., Arbeláez, P., Girshick, R., Malik, J., 2015. Hypercolumns for object segmentation and fine-grained localization. In: Conference on Computer Vision and Pattern Recognition.
Hilario, C., Collado, J., Armingol, J., La Escalera, A., 2005. Pedestrian detection for intelligent vehicles based on active contour models and stereo vision. Computer Aided

System Theory â€"EUROCAST 2005.

Hoang, T., Hong, H., Vokhidov, H., Park, K., 2016. Road lane detection by discriminating dashed and solid road lanes using a visible light camera sensor. Sensors 16 (8), 1313−1336.

Hsiao, P.Y., Yeh, C.W., Huang, S.S., Fu, L.C., 2009. A portable vision-based real-time lane departure warning system: day and night. IEEE Trans. Veh. Technol. 58 (4), 2089−2094.

Huang, Z., Yu, Y., Gu, J., Liu, H., 2016. An efficient method for traffic sign recognition based on extreme learning machine. IEEE Trans. Cybern.1−14. Available from: http://dx.doi.org/10.1109/TCYB.2016.2533424.

Hwang, S. Lee, Y., 2016. FPGA-based real-time lane detection for advanced driver assistance systems. In: Proceeding of the IEEE Asia Pacific Conference on Circuits and Systems (APCCAS), Jeju, South Korea, October, 25−28, 2016, pp. 218−219.

Hwang, J.P., Cho, S.E., Ryu, K.J., Park, S., Kim, E., 2007. Multi-classifier based LIDAR and camera fusion. IEEE Intell. Transp. Syst. Conf. ITSC467−472.

Jiang, Y., Gao, F., Xu, G., 2010. Computer vision-based multiple-lane detection on straight road and in a curve. In: Proceeding of the International Conference on Image Analysis and Signal Processing, Zhejiang, April, 9−11, 2010, 114−117.

Jung, C.R., Kelber, C.R., 2005. Lane following and lane departure using a linear parabolic model. Image Vis. Comput. 23, 1192−1202.

Jung, S., Youn, J., Sull, S., 2016. Efficient lane detection based on Spatio-temporal images. IEEE Trans. Intell. Transp. Syst. 17 (1), 289−295.

Kang, D.J., Jung, M.H., 2003. Road lane segmentation using dynamic programming for active safety vehicles. Pattern Recogn. Lett. 24 (16), 3177−3185.

Kaur, G., Kumar, D., 2014. Performance evaluation of modified Hough transformation for lane detection. international. J. Eng. Innovat. Technol. (IJEIT) 4 (2), 74−79.

Kim, T., Ghosh, J., 2016. Robust detection of non-motorized road users using deep learning on optical and LIDAR data. In: 2016 IEEE 19th International Conference on Intelligent Transportation Systems (ITSC), pp. 271−276.

Kim, J., Lee, M., 2014. Robust lane detection based on convolutional neural network and random sample consensus. Neural Information Processing, ICONIP 2014. Lecture Notes in Computer Science. Springer, pp. 454−461.

Kim, Z., 2008. Robust lane detection and tracking in challenging scenarios. IEEE Trans. Intell. Transp. Syst. 9 (1), 16−26.

Klein, L.A., Mills, M.K., Gibson, D.R.P., 2006. Traffic detector handbook. McLean, VA, U.S. Dept. of Transportation, Federal Highway Administration, Research, Development and Technology, Turner-Fairbank Highway Research Center. <http://purl.access.gpo.gov/GPO/LPS91983>.

Kressel, U., Lindner, F., Woehler, C., Linz, A., 1999. Hypothesis verification based on classification at unequal error rates. In: Proceedings of the 9th International Conference on Artificial Neural Networks, Edinburgh, September 7−10, 1999, pp. 874-879.

Krizhevsky, A., Sutskever, I., Hinton, G., 2012. ImageNet classification with deep convolutional neural networks. In: Conference on Neural Information Processing Systems.

Kuk, J.G., An, J.H., Ki, H., Cho, N.I., 2010. Fast lane detection & tracking based on Hough transform with reduced memory requirement. In: Proceedings of the 13th International IEEE Conference on Intelligent Transportation Systems, Funchal, Portugal, September 19−22, 2010, 1344−1349.

Labayrade, R., Royere, C., Gruyer, D., Aubert, D., 2005. Cooperative fusion for multi-obstacles detection with use of stereovision and laser scanner. Auton. Robots. 19, 117−140.

Larson, J., Trivedi, M., 2011. Lidar based off-road negative obstacle detection and analysis. In: IEEE Conference on Intelligent Transportation System Proceedings, ITSC 192−197.

Laurent, J., Hérbert, J.F., Lefebvre, D., Savard, Y., 2009. Using 3D laser profiling sensors for the automated measurement of road surface conditions (ruts, macro-texture, raveling, cracks), pp. 1−8.

Lee, J.W., 2002. A machine vision system for lane-departure detection. Comput. Vis. Image Understanding 86 (1), 52−78. <http://yann.lecun.com/exdb/lenet/>.

Li, C., Dai, B., Wang, R., Fang, Y., Yuan, X., Wu, T., 2016. Multi-lane detection based on omnidirectional camera using anisotropic steerable filters. IET Intell. Transp. Syst. 10 (5), 298−307.

Li, Q., Chen, L., Li, M., Shaw, S.-L., Nuchter, A., 2014. A sensor-fusion drivable-region and lane-detection system for autonomous vehicle navigation in challenging road scenarios. IEEE Trans. Veh. Technol. 63 (2), 540−555.

Li, Q., Yao, M., Yao, X., Xu, B., 2009. A real-time 3D scanning system for pavement distortion inspection. Meas. Sci. Technol. 21, 15702.

Lin, C.W., Wang, H.Y., Tseng, D.C., 2009. A robust lane detection and verification method for intelligent vehicles. In: Proceedings of Third International Symposium on Intelligent Information Technology Application, IITA-2009, November 21−22, 2009, pp. 521−524.

Lin, T-Y., Maire, M., Belongie, S., Hays, J., Perona, P., Ramanan, D., et al., 2014. Microsoft COCO: Common Objects in Context. In: European Conference on Computer Vision.

Lindner, P., Richter, E., Wanielik, G., Takagi, K., Isogai, A., 2009. Multi-channel lidar processing for lane detection and estimation. In: Proceedings of 12th International IEEE Conference on Intelligent Transportation Systems ITSC-09, St Louis, MO, October 4−7, 2009, 1−6.

Liu, W., Anguelov, D., Erhan, D., Szegedy, C., Reed, S., Fu, C.-Y., et al., 2016. SSD: Single Shot MultiBox Detector. European Conference on Computer Vision.

Long, J., Shelhamer, E., Darrell, T., 2015. Fully convolutional networks for semantic segmentation. In: Conference on Computer Vision and Pattern Recognition.

Lu, W., Zheng, Y., Ma, Y.Q., Liu, T., 2008. An integrated approach to recognition of lane marking and road boundary. In: Proceedings of the Workshop on Knowledge Discovery and Data Mining, Adelaide, SA, January 23−24, 2008, pp. 649−653.

Lu, X., Song, L., Shen, S., He, K., Yu, S., Ling, N., 2013. Parallel Hough transform-based straight line detection and its FPGA implementation in embedded vision. Sensors 13 (7), 9223−9247.

Ludwig, O., Premebida, C., Nunes, U., Ara, R., 2011. Evaluation of boosting-SVM and SRM-SVM cascade classifiers in laser and vision-based pedestrian detection. In: IEEE Intelligent Transportation Systems Conference ITSC, pp. 1574−1579.

Maier, G., Pangerl, S., Schindler, A., 2011. Real-time detection and classification of arrow markings using curve-based prototype fitting. Proceedings of the IEEE Intelligent Vehicles Symposium, Baden-Baden, June 5−9, 2011, pp. 442−447.

Maldonado, B.S., La-fuente, A.S., Gil, J.P., Gomez, M.H., Lopez, F.F., 2007. Road-sign detection and recognition based on support vector machines. IEEE Trans. Intell. Transp. Syst. 8 (2), 264−278.

Mallot, H.A., Bülthoff, H.H., Little, J.J., Bohrer, S., 1991. Inverse perspective mapping simplifies optical flow computation and obstacle detection. Biol. Cybern. 64 (3), 177−185.

Martí, E.D., Martín, D., García, J., de la Escalera, A., Molina, J.M., Armingol, J.M., 2012. Context-aided sensor fusion for enhanced urban navigation. Sensors (Basel) 12, 16802−16837.

Mathias, M., Timofte, R., Benenson, R., Gool, L.V., 2013. Traffic sign recognition-How far are we from the solution? In: Proceedings of the IEEE International Joint Conference on Neural Networks, Dallas, TX, August 4−9, 2013, pp. 1−8.

McCall, J.C., Trivedi, M.M., 2006. Video-based lane estimation and tracking for driver assistance: survey, system, and evaluation. IEEE Trans. Intell. Transp. Syst. 7 (1), 20−37.

Meissner, D., Reuter, S., Dietmayer, K., 2013. Road user tracking at intersections using a multiple-model PHD filter. In: Intelligent Vehicles Symposium (IV), 2013 IEEE.

Miller, T.R., 1993. Benefit-cost analysis of lane marking. Public Roads 56 (4), 153−163.
Montemerlo, M., Becker, J., Bhat, S., Dahlkamp, H., Dolgov, D., Ettinger, S., et al., 2009. Junior: the stanford entry in the urban challenge. Springer Tracts Adv. Robot. 56, 91−123.
Mori, R., Kobayashi, K., Watanabe, K., 2004. Hough-based robust lane boundary detection for the omni-directional camera. In: Proceedings SICE 2004 Annual Conference, Sapporo, August 4−6, 2004, pp. 2113−2117.
Noh, H., Hong, S., Han, B., 2015. Learning deconvolution network for semantic segmentation. In: International Conference on Computer Vision.
Oniga, F., Nedevschi, S., 2010. Processing dense stereo data using elevation maps: road surface, traffic isle, and obstacle detection. IEEE Trans. Veh. Technol. 59, 1172−1182.
Ozgunalp, U., Fan, R., Ai, X., Dahnoun, N., 2016. Multiple lane detection algorithm based on novel dense vanishing point estimation. IEEE Trans. Intell. Transp. Syst.1−12. Available from: http://dx.doi.org/10.1109/TITS.2016.2586187.
Park, D., Ramanan, D., Fowlkes, C., 2010. Multiresolution models for object detection. European Conference on Computer Vision.
Paula, M.B., Jung, C.R., 2013. Real-time detection and classification of road lane markings. In: Proceeding of the XXVI Conference on Graphics, Patterns and Images, Arequipa, August, 5−8, 2013, pp. 83−90.
Pérez Grassi, A., Frolov, V., Puente León, F., 2010. Information fusion to detect and classify pedestrians using invariant features. Inf. Fusion 12, 284−292.
Pratt, W.K., 2001. Digital Image Processing, 3ed ed. John Wiley & Sons, New York.
Petrovskaya, A., Thrun, S., 2009. Model based vehicle detection and tracking for autonomous urban driving. Auton. Robots. 26, 123−139.
Ponsa, D., Lopez, A., Lumbreras, F., Serrat, J., Graf, T., 2005. 3D vehicle sensor based on monocular vision. In: IEEE Intelligent Transportation Systems Conference.
Premebida, C., Ludwig, O., Nunes, U., 2009a. LIDAR and vision-based pedestrian detection system. J. F. Robot 26, 696−711.
Premebida, C., Ludwig, O., Nunes, U., 2009b. Exploiting LIDAR-based features on pedestrian detection in urban scenarios. In: IEEE Intelligent Transportation Systems Conference ITSC, IEEE, pp. 1−6.
Premebida, C., Ludwig, O., Silva, M., Nunes, U., 2010. A cascade classifier applied in pedestrian detection using laser and image-based features. In: IEEE Intelligent Transportation Systems Conference ITSC, pp. 1153−1159.
Premebida, C., Monteiro, G., Nunes, U., Peixoto, P., 2007. A lidar and vision-based approach for pedestrian and vehicle detection and tracking. In: IEEE International Conference on Intelligent Transportation Systems ITSC, pp. 1044−1049.
Razavian, A.S., Azizpour, H., Sullivan, J., Carlsson, S., 2014. CNN features off-the-shelf: an astounding baseline for recognition. In: Conference on Computer Vision and Pattern Recognition.
Redmon, J., Farhadi, A., 2016. YOLO9000: Better, Faster, Stronger. arXiv:1612.0824.
Ren, S., He, K., Girshick, R., Sun, J., 2015. Faster R-CNN: towards real-time object detection with region proposal networks. In: Conference on Neural Information Processing Systems.
Revilloud, M., Gruyer, D., Rahal, M.C., 2016. A lane marker estimation method for improving lane detection. In: Proceeding of the 19th IEEE International Conference on Intelligent Transportation Systems, Rio de Janeiro, Brazil, November 1−4, 2016, pp. 289−295.
Rodriguez-Garavito, C.H., Ponz, A., Garcia, F., Martin, D., de la Escalera, A., Armingol, J.M., 2014. Automatic laser and camera extrinsic calibration for data fusion using road plane. In: Information Fusion (FUSION), 2014 17th International Conference on, pp. 1−6.
Ros, G., Ramos, S., Granados, M., Bakhtiary, A., Vazquez, D., Lopez, A.M., 2015. Vision-based offline-online perception paradigm for autonomous driving. In: IEEE Winter Conference on Applications of Computer Vision.
Sermanet, P., Eigen, D., Zhang, X., Mathieu, M., Fergus, R., LeCun. Y., 2014.

OverFeat: integrated recognition, localization and detection using convolutional networks. In: International Conference on Learning Representations.

Schreiber, D., Alefs, B., Clabian, M., 2005. Single camera lane detection and tracking. In: Proceedings IEEE Intelligent Transportation Systems, September 16, 2005, pp. 302−307.

Srivastava, S., Singal, R., Lumba, M., 2014. Efficient lane detection algorithm using different filtering techniques. Int. J. Comput. Appl. 88 (3), 6−11.

Schneider, L., Cordts, M., Rehfeld, T., Pfeiffer, D., Enzweiler, M., Franke, U., et al., 2016. Semantic stixels: depth is not enough. IEEE Intell. Veh. Symp.

Shang, E., An, X., Wu, T., Hu, T., Yuan, Q., He, H., 2016. LiDAR based negative obstacle detection for field autonomous land vehicles. J. F. Robot 33, 591−617.

Shao, X.S.X., Katabira, K., Shibasaki, R., Zhao, H.Z.H., Nakagawa, Y., 2008. Tracking a variable number of pedestrians in crowded scenes by using laser range scanners. In: IEEE International Conference on System Man Cybernatics.

Stallkamp, J., Schlipsing, M., Salmen, J., Igel, C., 2012. Man versus computer: benchmarking machine learning algorithms for traffic sign recognition. Neural Networks 32, 323−332.

Snidaro, L., García, J., Llinas, J., 2015. Context-based information fusion: a survey and discussion. Inf. Fusion 25, 16−31.

Spinello, L., Siegwart, R., 2008. Human detection using multimodal and multidimensional features. 2008 IEEE Int. Conf. Robot. Autom3264−3269.

Steinberg, A.N., Bowman, C.L., White, F.E., 1999. Revisions to the JDL Model. In: Proceedings of the SPIE Conference on Architectures Algorithms and Applications.

Szarvas, M., Sakai, U., 2006. Real-time Pedestrian Detection Using LIDAR and Convolutional Neural Networks. In: EEE Intelligent Vehicles Symposium, pp. 213−218.

Takahashi, A., Ninomiya, Y., Ohta, M., Nishida, M., Takayama, M., 2002. Rear view lane detection by wide angle camera. In: Proceedings of the 2002 IEEE Intelligent Vehicle Symposium, Versailles, France, June 17−21, pp. 148−153.

Teichmann, M., Weber, M., Zoellner, M., 2016. MultiNet: real-time joint semantic reasoning for autonomous driving. Roberto Cipolla, Raquel Urtasun.

Tuohy, S., O'Cualain, D., Jones, E., Glavin, M., 2010. Distance determination for an automobile environment using inverse perspective mapping in OpenCV. In: Proceedings of IET Irish Irish Signals and Systems Conference, Cork, June 23−24, 2010, pp. 100−105.

Uhrig, J., Cordts, M., Franke, U., Brox, T., 2016. Pixel-level encoding and depth layering for instance-level semantic labeling. In: German Conference on Pattern Recognition.

Uijlings, J., Van De Sande, K., Gevers, T., Smeulders, A., 2013. Selective search for object recognition. Int. J. Comput. Vis. 104 (2), 154−171.

Vaisala web. <http://www.vaisala.com> (accessed 03.2017).

Viola, P., Jones, M.J., 2001. Robust real-time object detection: Technical Report CRL 2001/01, Cambridge Research Laboratory. On-line <http://www.hpl.hp.com/tech-reports/Compaq-DEC/CRL-2001-1.pdf> (Retrieved 10.01.17).

Vo, B.-N., Ma, W.-K., 2006. The Gaussian mixture probability hypothesis density filter. IEEE Trans. Signal Process.54.

Wan, E.A., Van Der Merwe, R., 2000. The unscented Kalman filter for nonlinear estimation. Technology v153−158.

Wang, Y., Teoh, E., Shen, D., 2004. Lane detection and tracking using B-snake. Image Vis. Comput. 22 (4), 269−280.

Wang, W., Yan, X., Huang, H., Chu, X., Abdel-Aty, M., 2011. Design and verification of a laser based device for pavement macrotexture measurement. Transp. Res. Part C Emerg. Technol 19, 682−694.

Wu, Z., Shen, C., van den Hengel, A., 2016. Wider or deeper: revisiting the resnet model for visual recognition. arXiv:1611.10080.

Xu, J., Ramos, S., Vazquez, D., Lopez, A.M., 2016. Hierarchical adaptive structural SVM for domain adaptation. Int. J. Comput. Vis. 119 (2), 159−178.

Yu, F., Koltun, V., 2016. Multi-scale context aggregation by dilated convolutions.

International Conference on Learning Representations.

Zhang, L., Lin, L., Liang, X., He, K., 2016. Is faster R-CNN doing well for pedestrian detection? In: European Conference on Computer Vision.

Zhang, F., Stahle, H., Chen, C., Buckl, C., Knoll, A., 2013. A lane marking extraction approach based on random finite set statistics. In: Proceedings of the IEEE Intelligent Vehicles Symposium, Gold Coast, June 23−26, 2013, pp. 1143−1148.

Zhou, H., Alvarez, J.M., Porikli, F., 2016. Less is more: towards compact CNNs. In: European Conference on Computer Vision.

Zhu, Z., Liang, D., Zhang, S., Huang, X., Li, B., Hu, S., 2016. Traffic-sign detection and classification in the wild. In: Proceedings of the 2016 IEEE Conference on Computer Vision and Pattern Recognition, Las Vegas, NV, June 27−30, 2016, pp. 2110−2118.

延 伸 阅 读

Bishop, R., 2005a. Arizona I-19 Wi-Fi Corridor: Assessment of Opportunities for Probe Data Operations. Report TRQS-02, prepared for Arizona Department of Transportation, in cooperation with U.S. Department of Transportation, Federal Highway Administration.

Bishop, R., 2005b. Intelligent Vehicle Technology and Trends. Artech House.

CEN EN 12253: 2004. Road transport and traffic telematics; Dedicated Short Range Communication; Physycal layer using microwave at 5.8 GHz.

Gidel, S., Blanc, C., Chateau, T., Checchin, P., Trassoudaine, L., 2009. Non-parametric laser and video data fusion: Application to pedestrian detection in urban environment. 12th International Conference on Information Fusion, pp. 623−632.

Global Water Instrumentation, inc. <http://www.globalw.com> (accessed 03.2017).

Gossen web. <http://www.gossen-photo.de/english/> (accessed 03.2017).

Zhao, H., Cui, J., Zha, H., Katabira, K., Shao, X., Shibasaki, R., 2009. Sensing an intersection using a network of laser scanners and video cameras. IEEE Intell. Transp. Syst. Mag. 1 (2), 31−37.

Kämpchen, N., 2007. Feature-level fusion of laser scanner and video data for advanced driver assistance systems. PhD dissertation, Universität Ulm, Hannover, Germany. <https://oparu.uni-ulm.de/xmlui/bitstream/handle/123456789/409/vts_5958_7991.pdf?sequence=1>.

Klein, L.A., 2001. Sensor Technologies and Data Requirements for ITS. Artech House, Boston.

Maerivoet, S., Logghe, S., 2007. Validation of travel times based on cellular floating vehicle data. In: Proceedings of the 6th European Congress and Exhibition on Intelligent Transport Systems and Services. Aalborg, Denmark.

Satzoda, R.K., Trivedi, M.M., 2013. Vision-based lane analysis: exploration of issues and approaches for embedded realization. In: Proceedings of International IEEE Conference on Computer Vision and Pattern Recognition Workshops, Portland, OR, June 23−28, 2013, pp. 604−609.

Sensys Networks web. <http://www.sensysnetworks.com/home> (accessed 3.2017).

Sifuentes, E., Casas, O., Pallas-Areny, R., 2011. Wireless magnetic sensor node for vehicle detection with optical wake-up. IEEE. Sens. J. 11 (8), 1669−1676.

TRB, 2000. Highway Capacity Manual. Transportation Research Board, Washington, DC. ISBN 0-309-06681-6.

Turner, S., 1998. Travel time data collection handbook. Washington, DC, Office of Highway Information Management, Federal Highway Administration, U.S. Dept. of Transportation.

第3章 车辆通信

传统上，车辆被视为道路基础设施中的独立个体，无论技术水平如何，它都完全依赖于驾驶员在视野范围中感知的信息以及自身配备的传感器提供的信息。这意味着车辆所在道路的视野范围直接影响驾驶员的感知信息、车辆所配备的能源效率或安全系统。同时，道路类型、天气状况、道路环境、交通状况等因素亦会对其产生影响。因此，在任何情况下都无法保证所感知的环境信息足以避免事故的发生或优化交通效率。

无线通信技术允许配备有通信单元的实体间进行实时的数据交换，其在交通运输领域的应用成为解决上述问题的有效方法。较传统汽车而言，使用该方法具有两大显著优势：一方面，在规划车辆行为时，打破车辆的视野限制，提高交通运输安全；另一方面，提高与他车协作或遵循基础设施指示的可能性，提高了交通运输效率。无论如何，将无线通信系统应用于交通运输中需要启用一套新的系统和服务，以提高交通的安全性和效率，从而最终实现协同自动驾驶。

因此，车辆通信是智能交通系统的关键之一，是将其与信息通信技术（Information Communication Technologies，ICT）应用于交通环境的综合理论，涉及数据收集、处理、通信和用户服务有关的各个方面，并产生多种服务类型，例如：安全性服务、交通效率服务、信息娱乐服务、道路收费服务。这些服务对数据收集、处理和存储方法、支持服务之间进行数据交换的底层通信方式，以及以何种方式将信息提供给用户提出了诸多要求。

车辆通信旨在为高移动速度、低时延的场景提供技术支持，包括车车通信（Vehicle – to – Vehicle，V2V）或车路通信（Vehicle – to – Infrastructure，V2I）。

近年来，各大机构纷纷投身于车辆通信的研究，从设计到应用各种技术与机制使移动实体与不同层的基础设施进行通信，包括通信协议栈的访问层（如车载设备天线与其对应的基础天线之间的无线电链路、启用了光学功能的CCTV摄像头和附近的光学开关之间的光纤）；通信协议栈的网络层（端到端的数据包发送机制）；应用服务之间或应用服务与用户之间的信息交互（部分信息交互和服务是ITS服务开发的重点）。同时，将上述技术集成到通用架构或参考体系是ITS研究的另一个重点，其最终组件集成规范尚未完成。隐私和安全是通信领域中的两个开放性议题,至今还没有一个能被整个行业广泛接受的明确解决方案。此外,通信服务提供商是车辆通信得以应用的另一不确定因素。目前,交通通信服务是车辆和道路基础设施的一部分,其运营本身是免费的,故无须支付任何费用,便可访问各种信息服务。换句话说,每辆车(和基础设施中的接入点)都是分散式通信网络的一个节点。然而,随着5G时代的到来,这种运营模式正在发生根本性的变化,出现了网络运营商、通信服务提供商,他们将以与分散式系统相同的性能特征提供对车辆网络的接入,类似于移动通信。本章将对上述问题展开深入讨论。

随着车辆通信的全方位发展,其部署阶段即将到来,诸如互操作性和可扩展性等也愈加重要。与此同时,不同地方和国际标准化、认证、审批组织也开始为车载通信制定全球框架及通用标准。因此,本章将首先介绍车载通信标准,包括主要的标准化组织及其取得的重大进展和建立的参考体系结构,然后重点介绍其相关技术的具体内容。

3.1 车辆通信标准

3.1.1 引言

车辆通信标准主要有两种:一种是行业标准;另一种是标准化组织,例如国际标准化组织(International Organization for Standardization,ISO)、欧洲电信标准协会(European Telecommunication Standards Institute,ETSI)、Internet 工程任务组(Internet Engineering Task Force,IETF)、电气和电子工程师协会(Institute of Electrical and Electronics Engineers,IEEE)或欧洲标准化委员会(European Committee for Standardization,CEN)制定的开放标准。

- ISO:ISO 是由多个成员组成的独立非政府组织,拥有多个技术委员会,其中 ISO/TC 204 与车载通信相关,主要负责城市和郊外地面运输的信息、通信和控制系统的标准化,包括智能交通系统(Intelligent Transport Systems,ITS)的多式联运、旅客信息、交通管理、公共交通、商业运输、应急服务和商业服务。
- CEN:CEN 是一个公共标准化组织,其任务是通过提供有效的基础架构来制定和推行国际标准与规范,从而提升欧盟在全球贸易中的经济、欧洲公民的福利和生活环境水平。它由多个技术委员会组成,其中 ISO/TC278 与车辆通信有关,主要职责与 ISO/TC204 相似。
- IEEE:IEEE 成立于 1963 年,拥有 39 个技术委员会,是致力于提高电气电子工程、电信、计算机工程及相关学科的教育和技术水平的专业组织。IEEE 既是标准的制定者,也是科学期刊的主要发行者以及会议、研讨会和专题讨论会的组织者,其中 IEEE 标准协会是世界领先的产业标准制定机构。
- IETF:IETF 是民间互联网技术标准化组织,主要负责研发和推广互联网推荐性标准,尤其是互联网协议(Internet Protocol,IP)标准。IETF 最初是在美国联邦政府的支持下开展的一项活动,但自 1993 年以来,它一直在国际互联网协会(非营利组织)的主持下负责标准的制定工作。

• ETSI:ETSI 是一个非营利组织,主要负责制定适用于欧洲的电信标准。ETSI 智能交通系统技术委员会(Technical Committee on Intelligent Transportation Systems,TC ITS)成立于 2007 年,是 ETSI 技术委员会之一,其工作包括专用短距离通信(Dedicated Short Range Communications,DSRC)、地面移动通信接入(Communications Access for Land Mobiles,CALM)、体系架构及安全性。

由于 CEN 和 ISO 的部分职责相似,其于 1991 年签署的《维也纳协定》,避免了重复的工作和组织机构建设。因此,在过去几年中,两个组织协同工作制定标准已成为常态。

政府机构和公共机构也是标准化工作的参与者,它们积极推动标准化组织的相关工作,整合和支持 ITS 解决方案的部署。多年来,欧盟委员会和美国交通部开展了一系列工作,以确保不同组织的标准化工作保持一致,并产生有益于公众和社会的成果。就欧盟委员会而言,这些工作通常以针对特定应用领域的指令或授权的形式,提供指导方针、目标以及应参与活动的具体标准化组织。

3.1.2 ISO CALM 架构

3.1.2.1 ISO CALM 通信参考体系架构

ISO CALM 是地面移动通信接入的最新定义,其架构如图 3.1 所示,ISO CALM 与最新的 ISO 21217 ITS 参考架构一致,是与车辆通信相关的不同技术的多层架构。

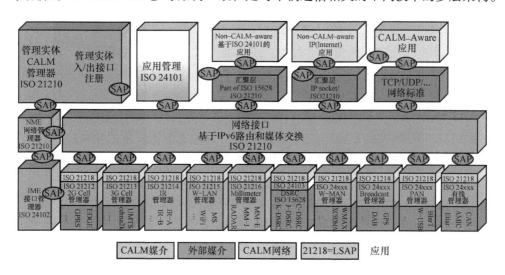

图 3.1 CALM 体系架构

分层描述大致遵循简化的 OSI 标准，物理（访问）层位于底部，而越来越多的面向应用的组件位于该架构的上层。

需要注意的是，CALM 体系架构标准是模块化的（组件在其所基于的技术预期目标和范围方面有明确标准），有助于标准的互操作性，并且随着技术的发展，组件的更换也将更加便捷。然而，在某些情况下却十分困难，例如，指定了来自应用的数据和信息流控制的组件，或与通信安全性相关的组件。

ISO 21217:2014 抽象地描述了为部署 ITS 通信网络而设计的"ITS Station Units"节点的通信参考架构。尽管 ISO 21217:2014 描述的许多 ITS 组成部分，但其是否在"ITS Station Units"中实施取决于具体通信需求。因此，该标准定义了 ITS 部署框架，包括对不同层中最重要技术的规定，以便为更多的具体部署提供工具。

同时，ISO 21217:2014 还描述了 ITS 通信节点之间通过各种网络进行点对点通信的各种通信模式。这些节点可以是 ISO 21217:2014 中所述的"ITS Station Units"，也可以是其他任何可达节点。

此外，ISO 21217:2014 规定了基于有界安全托管域原则的 ITS 工作站物理实例化的最低标准要求。

由于通信架构中的接入技术和网络技术提供了 ITS 实体间的第一链路，并分别为 ITS 服务和应用提供了基本的端到端能力，因此下面将对其进行重点介绍。本节将介绍上述技术及其参考技术标准，3.2 节将更详细地介绍相关的技术规范。

3.1.2.2　ISO CALM 访问介质

3.1.2.2.1　IEEE WAVE

车载环境无线接入（Wireless Access in Vehicular Environments，WAVE）标准旨在确保汽车制造商之间通信的一致性。该标准定义了 WAVE 体系架构、服务和接口，共同支持安全的 V2V 和 V2I 无线通信。作为一个完整的体系架构，它涵盖了完整的通信协议栈，并解决了诸如安全性和管理等问题。

WAVE 体系架构标准由 IEEE 标准化组织以 IEEE 1609 的名义制定。对于访问介质，IEEE 1609 WAVE 标准依赖于 IEEE 802.11p 通信协议栈的物理层和介质访问层（OSI 协议栈的两个底层），如图 3.2 所示。

3.1.2.2.2　CEN DSRC

CEN 专用短距离通信（Dedicated Short Range Communications，DSRC）是欧洲短距离通信系统，也是一种传统的电子收费技术。与美国 WAVE 类似，CEN DSRC 规定了整个 DSRC 协议栈的一系列标准，包括物理层（PHY）、数据链路层（DLL）和应用层，并考虑了管理问题。CEN DSRC 允许同时并行多个道路运输和交通远程信息处理应用（Road Transport and Traffic Telematics，RTTT），但由于 DSRC 应用场景的特殊限制，特别是在低延迟要求方面，使得 CEN 采用了如图 3.3 所示的 DSRC

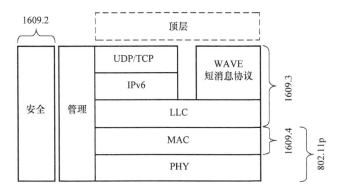

图 3.2　IEEE WAVE 标准和 802.11p 标准范围

图 3.3　CEN DSRC 协议栈

简化架构。

3.1.2.2.3　ETSI ITS G5

ETSI ITS G5 包括提供通信的功能规范，该规范以 5GHz 频段为基础，重点关注 ETSI 对 ITS 服务和体系结构的定义。随着 ISO CALM M5 的发展，ETSI ITS G5 基于 IEEE 802.11p 所做的工作，采用了 IEEE 802.11p 中在不同层上的简化服务。

ITS G5 标准还明确了不同频段的具体要求，作为对欧盟关于 5.9GHz 频段协调频谱分配指令的直接响应。

ETSI ITS G5 标准规定了 ITS 工作站参考体系架构的几个方面，以及相应的服务接入点（Service Access Points，SAP），特别是对基础 IEEE 802.11p 等效部分所做的修改（图 3.4）。

3.1.2.2.4　ISO CALM M5

5GHz 微波频段内 CALM 体系架构的开发基于 IEEE 802.11p，并与 IEEE 1609 WAVE 并行进行。

CALM M5 通信接口能够与 CEN DSRC 集成，以确保已部署的支付解决方案（要求 CEN DSRC 设备符合 CEN EN 12253:2004，CEN EN 12795:2003 和 CEN EN 12834:2003 多个 DSRC 标准）。

M5 标准依赖于通信接口（Communication Interface，CI）的概念，该概念与 ETSI ITS G5 描述实体的方式类似，包括 PHY、MAC 和整个 ISO CALM 架构管理层

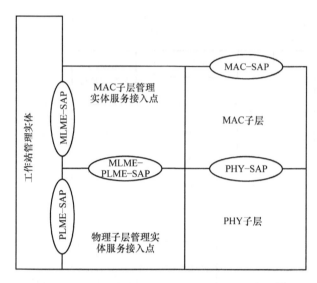

图 3.4　ETSI ITS GS 标准的范围与规范　改编自 ETSI ES 202663v1.1.0

的各个方面并定义了与此实体对应的 SPA 以及 SAP 的合规要求（图 3.5）。

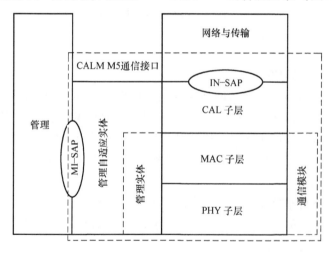

图 3.5　ISO CALM M5 CL 体系架构　改编自 ISO 21215:2070

M5 CI 规范性要求非常广泛，包括其他 CALM 标准和 IEEE 802.11 标准等。M5 CI 的全球概念是通过使用通信适配层（将特定接入技术与上层数据传输隔离）以及 CM 和 CI 管理实体，实现网络和传输层的互操作性，进而使整个 CALM 系统获取给定的 CI 功能。

3.1.2.2.5　IEEE 802.11

IEEE 802.11 系列标准一般规定了局域和城域网中无线局域网（Local Area Network，LAN）通信的底层特性。1999 年发布第一个 802.11 标准已经考虑了

802.11a（5GHz）和802.11b（2.45GHz）两种不同的实现方式。从那时起，原始802.11标准一直在制定中，并且IEEE也持续发布了许多修正案。尽管部分标准还未商业化，但802.11a、802.11b、802.11g、802.11n和802.11p已经得到了广泛应用，其在802.11标准的IEEE附录中有详细说明，现在已经被整合到主文档中，因此目前只有一个IEEE 802.11参考标准。基于清晰和对现有文档的支持考虑，本书将保留附件中的后缀。

3.1.2.2.6 IEEE 802.11p

IEEE 802.11p接入标准明确了WAVE无线链路的技术特性，反过来又可以视为IEEE对ASTM E2213-03规范的验证，用于使用5GHz频段的路侧设施和车辆系统之间的通信和信息交换。需要注意的是，802.11p修正案也同样适用于从5GHz开始的频段，但规定了5.85~5.925GHz频段的特定无线电要求（最大发射功率、频谱模板等），这可能是与欧洲标准化共同发展的结果。该共同发展模式旨在确保互操作性以及美国联邦通信委员会（Federal Communications Commission，FCC）分配给ITS的服务，例如交通信号灯控制、交通监控、自动收费、交通拥堵检测、紧急车辆信号抢占交通灯以及路侧设施通过数据传输对行驶中的货车进行电子检查。

从标准的规范和部署来看，在WAVE环境中，符合IEEE 802.11p标准的5.9GHz设备，因具有高速（27Mbit/s）、短距离（最大1000m）和低时延等特点，主要用于提供ITS服务。通过实施IEEE 802.11p标准中规定的相应频谱掩码，可以与现有的CEN DSRC PHY 5.8GHz应用集成避免发生干扰。实际上，难以正确实现功率屏蔽延缓了符合IEEE 802.11p标准的商用设备的发展速度，因此，这可能是与所使用的设备相关的一个需要考虑的因素。

截至2009年9月，IEEE 1609电子收费方法（Electronic Fee Collection，EFC）被认为是电子支付服务（Electronic Payment Service，EPS）的一部分，并尽可能使用已有标准（在更高级别，例如基于CEN/ISO 14906 DSRC的EFC应用接口定义），并与已建立的IEEE 1609 WAVE标准一致（例如，可能以应用配置文件的形式）。

3.1.2.2.7 IEEE 802.16 WiMAX

全球微波互联接入（Worldwide Interoperability for Microwave Access，WiMAX）是一种旨在填补3G和WLAN标准之间差距的通信技术，符合城域网（Metropolitan Area Network，MAN）的概念。WiMAX实际上是IEEE 802.16无线宽带标准的商业名称。

与IEEE 802.11 WiFi标准一样，802.16的部署也随时间的推移而发展。该标准的第一版于2001年发布，规定了在10~66GHz频段内仅具有直接视距功能的点对多点宽带无线传输。2003年发布的IEEE 802.16a扩展了2~11GHz频段标准。然而，802.16e与移动环境的适用性最为相关。

3.1.2.3 ISO CALM 网络层

3.1.2.3.1 IETF IPv4

IPv4 是互联网协议（Internet Protocol，IP）开发过程中的第四个修订版本，也是该协议第一个被广泛部署的版本。与 IPv6 一样，IPv4 是基于标准的互联网互联方法的核心，并在 1981 年发布的 IETF RFC 791 中进行了描述。

IPv4 是一种用于分组交换的链路层网络（如以太网）无连接协议。它以"尽最大努力交付"模式运行，既不能保证交付，也不能保证适当的顺序或避免重复交付。诸如此类的不确定性包括数据完整性，由上层传输协议解决，如传输控制协议（Transmission Control Protocol，TCP）。

作为协议的关键之一，IPv4 使用 32 位地址，其中一些地址被保留用于特殊用途，例如专用网络和多播地址。随着地址不断被分配给终端用户，IPv4 地址枯竭问题也随之产生，这促使了网络寻址机制和 IPv6 的发展，并最终使该问题得以解决。

IPv4 地址可以用表示 32 位整数值的任何表示法编写，但为方便起见，它们通常以点十进制表示法编写。IPv4 地址由 4 个 8 位地址组成，分别用十进制表示并用点分隔，如 192.0.2.235。

3.1.2.3.2 IETF/ISO IPv6 网络和移动性

互联网协议第 6 版（Internet Protocol Version 6，IPv6）是 IP 的当前版本，正在与现有 IPv4 一起部署，以最终实现全 IPv6 的网络方案。

可以说，IPv6 发展最为重要的原因是由 IPv4 相对较小的地址空间引起的地址耗尽问题，但随着人们对 IPv6 所面临的网络场景的认识不断深入，其设计和标准包括了一些重大改进。

- 扩展寻址能力

IPv6 将 IP 地址的大小从 32 位增加到 128 位，以支持更高级别的寻址层次结构、更多数量的可寻址节点以及简单的地址自动配置。通过在组播中添加一个"scope"字段，提高了组播路由的可扩展性，并定义了一种称为"选播地址"的新型地址，用于将数据包发送到一组节点中的任何一个。例如完整的 IPv6 地址为 2001:0DB8:C003:0001:0000:0000:0000:F00D

- 报头格式简化

一些 IPv4 报头已被删除或设置为可选报头，以降低数据包处理常见情况的成本并限制 IPv6 报头的带宽成本。

- 改进了对扩展和选项的支持

IP 报头选项编码方式的改变允许更高效的转发，对选项长度的限制更加严格，并且在将来引入新选项时有更大的灵活性。

- 流标记功能

IPv6 添加了这一新功能，以支持对属于发送方请求特殊处理（例如非缺省服务质量或实时服务）的特定"流量"的数据包进行标记。
- 身份认证和隐私功能。

为 IPv6 指定了支持身份认证、数据完整性和可选数据机密性的扩展。

尽管 IPv6 规范已于 1998 年正式发布，但其实际部署缓慢，其原因可能有多种，本书不做描述。实际上，IPv6 服务部署场景将很可能同时包括 IPv4 和 IPv6 设备，因此，有必要引入有关 IPv4 和 IPv6 共存的解决方案。

IPv4 和 IPv6 之间的差异超出了 IPv6 的扩展寻址空间，包括与节点（固定和移动）的自我配置、多播、网络级安全性和移动性设施有关的改进和增加的功能。为 IPv4 与 IPv6 共存而设计的解决方案可减少更改的影响，以保持与旧版 IPv4 协议的兼容性。

3.1.2.3.3 IPv6 网络的移动性

IP 网络的移动性是指节点可以在基于 IP 的网络中移动时保持可达性。

不管移动节点的当前附着点是什么，其均由本地地址标识。当移动节点远离其本地网络时，它还与一个转交地址（Care-of Address, CoA）相关联，CoA 提供有关移动节点当前位置的信息。移动性扩展实现了必要的协议，以便 IP 节点缓存移动节点的本地地址与其 CoA 绑定，将发往移动节点的数据包发送到此 CoA，而发送方仅知道移动节点的本地地址。

需要注意的是，移动 IP 协议专门解决与网络层协议移动性有关的问题，并试图为上层提供与目标设备特定网络位置无关的单个目标 IP 地址。移动 IP 无法解决底层的移动性问题，例如接入技术的更改或蜂窝网络之间的切换。

此外，还需要支持完整网络的移动，改变其与固定基础设施的附着点，维护网络中每个设备的会话。这基本上是由 IETF 开发的 NEMO IP 网络移动性的概念。

移动网络是可以移动并连接到路由基础架构中任意点的网段或子网，只能通过管理移动的特定网关（移动路由器）对其进行访问。移动网络至少有一个为其服务的移动路由器。移动路由器不会在其连接点（即在访问的网络中）将移动网络路由分发到基础设施，而是维护到本地代理的双向隧道，该双向隧道向基础架构通告移动网络的聚合。同时，移动路由器还是移动网络的默认网关（图 3.6）。

3.1.2.3.4 IEEE 1609.3 WAVE WSMP

WAVE 开发的主要目标之一是提供一种针对车载环境特定要求而优化的实施架构，主要侧重于空中接口效率和低时延。虽然 WAVE 兼容的网络服务实现可以基于 IPv6/TCP/UDP，但是 WAVE 的潜力取决于其 WAVE 特定的 WAVE 短消息协议。

空中接口的效率与信号传输参数密切相关，尽管这属于协议栈底层的问题，但 WAVE 利用通信链路的特定实施环境，并指定了与网络相关的数据包传输中的一些物理参数。即使在基于 IP 的协议中，WAVE 也会使用包含这些数据的发射器配置文件。WSMP 基于许多允许高层实体发送和接收 WSM 的原语。

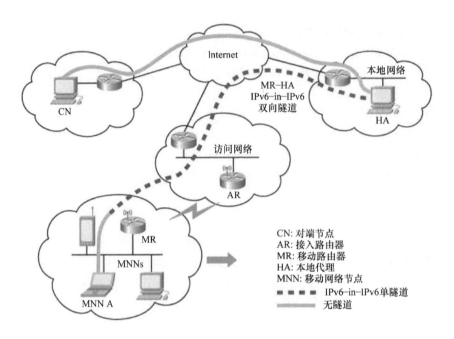

图 3.6　NEMO 基础支持协议

3.1.2.3.5　GeoNetworking（地理位置网络）

GeoNetworking 是网络概念的一项应用实例，能够通过网络节点的标识、已知地址以及地理信息访问网络节点。通过 GeoNetworking 网络，可以请求或发送信息给"目标车辆同车道方向后方 200m 内的车辆""目标车辆前方接近交叉路口的车辆"或"给定地理区域内的所有重型货车（Heavy Goods Vehicle，HGV）"。

GeoNetworking 的通信模式有：
- 在给定地理位置的单个实体和已标识的目的地实体之间的单播通信。
- 单个任意实体与地理区域内预定义组中的单个任意实体之间的选播通信。
- 单个实体与给定地理区域内的所有实体之间的广播通信。

结合 IPv6 单播、多播和选播模式，GeoNetworking + IPv6 可以为固定或移动场景集成任何通信连接模式。

GeoNetworking 概念的发展由 C2C-CC 联盟发起，此后其主要工作由 GeoNet 项目完成，最终结果已作为一系列标准纳入 ETSI 和 ISO 中，这些标准定义了如何将 GeoNetworking 概念集成到现有 ITS 框架中。

在通用规范中，GeoNetworking 是通过位于接入层之上并服务于基础传输协议的 C2CNet 网络子层来实现的。然而，在实践中，GeoNet 和标准化工作均致力于利用 IPv6 的高级寻址能力和可预见的未来对基于 IPv6 应用的广泛支持，以推动地理网络概念与 IPv6/TCP – UDP 通信的集成。

在此集成架构内，可以将地理网络视为较大的基于 IP 环境的 ad hoc 子网，并且仅在必要时根据应用需求在通信链路（C2CNet 域）上调用 GeoNetworking 功能。

3.1.3 移动通信场景中的车辆通信

车辆通信，特别是本节中描述的以 ITS 为中心的方法，主要考虑了中程访问技术。它们的低延迟性能，尤其是延迟管理功能，特别适用于车辆通信。然而，不容忽视的是，近年来信息通信技术（Information and Communication Technology，ICT）、物联网（Internet of Things，IoT）和云计算等概念以及未来互联网（Future Internet，FI）的迅速发展使其越来越被用户和产业所接受。

当前 ITS 的发展与部署存在一些问题，其中一些问题与实现不同 ITS 参考架构完全互操作性的组件有关，另一些则是因为 ITS 服务没有正确使用与交通管理目标和 ITS 服务相关的大量数据。通常 ITS 应该利用包括来自移动应用和 FI 数据在内的所有可用数据源。然而，关于如何将其集成到 ITS 中，还没有任何详细的方法。Alfonso 等人探讨了这种集成的潜在优势及实施方法。

ITS 参考体系架构的主要特征之一是其作为安全有界环境的设计，从而促进 ITS 安全关键服务的设计和开发。其次，FI 的优势在于无处不在的基于设备和传感器连接以及与用户的扩展连接的思想，从而创建可以以不同方式访问的虚拟数据和服务池。将上述两种方法结合的关键在于认识到每种方法对不同级别数据交换的限制和约束，以及对这些限制和约束处理的重要性。

由于 FI 架构有助于不同系统和网络的集成，并且协同式 ITS（Cooperative Intelligent Transport Systems，C – ITS）应用对数据和处理过程均有严格的要求，故将 C – ITS 和更严格的 ITS 参考架构的实施作为 FI 实施的特殊情况可能是一种有效的方法。因此，集成方案是基于对这些要求及其在 FI 架构的网络和设备接口（Interfaces To Networks and Devices，I2ND）中的实现。具体而言，必须在服务能力、连接和控制（Service Capability，Connectivity and Control，S3C）组件中作出规定，从而扩展流管理和应用接口功能，以包括 ITS 需求和资源处理（图 3.7）。

集成第一步的关键是 ITS 应用的数据收集阶段，实现高质量元数据管理和控制子系统，该子系统将处理数据质量度量和分配、安全性以及高级流控制过程。后续步骤可以包括处理服务数据并将其呈现给用户，尤其是利用分布式数据和处理资源。

反过来，整合 FI 和 C – ITS 资源又可以促进对 ITS 服务质量要求的管理，包括经验质量和服务质量，并得到与数据质量相关的统一概念和技术框架的支持。从利益、技术和目标的综合观点来看，其是发展"移动即服务"（Mobility as a Service，

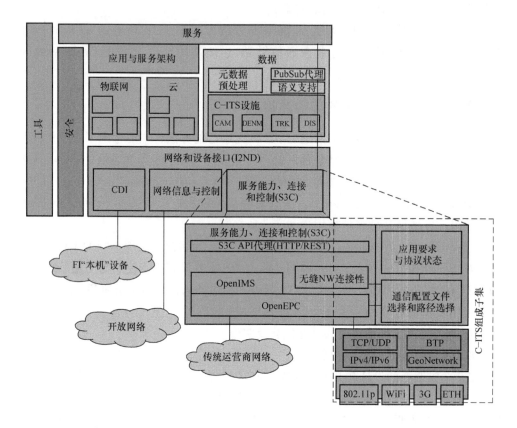

图 3.7 协同式 ITS 与 FI 融合示例

MaaS）概念的一个重要思想。

3.1.4 总结

本节主要介绍了国际标准中与车辆通信相关的内容。车辆通信标准的基本思想之一是模块化设计总体支持框架和体系结构。随着技术的发展，每当市场上出现新的 WiFi 标准或定义新的网络协议附件时，最小化对已部署的移动车载应用及服务架构的影响至关重要，其是确保道路上现有部署能够满足未来需求，同时能够发展现有技术的一种方法。

此外还需要考虑日益提高的远程移动技术的重要性及性能。在未来几年中，安全关键型车载应用将依赖于诸如 802.11p 之类的中程技术，但有必要在支持架构中考虑与移动性相关的车辆通信计划。QoS 管理和延迟控制使未来的移动通信在交通中变得更加重要，其与现有和正在开发的 ITS 的互操作性，使解决该领域的标准化问题依旧十分必要。

3.2 通信技术

3.2.1 引言

本章上一节介绍了车辆通信标准化的一些相关工作及主要参与者,侧重于标准化工作以及不同车辆通信技术的技术标准。3.2节将简要介绍这些技术的详细内容。

3.2.2 参考架构

车辆环境中的无线通信通常被称为车载自组织网络(Vehicular ad hoc Network,VANET)。VANET 由 ad hoc 无线网络组成,其节点可以是道路、车辆(小汽车、货车、公交车等)和基础设施中的接入点或道路使用者。这些节点构成了高移动性通信网络(例如,当在高速公路上行驶时),故该网络由一组任意移动的节点组成,并以分散的方式相互通信。在没有数据管理中心机构的情况下,数据能够直接在网络的各个节点之间传输。因此,车辆网络如同一个网状网络,网络中每个节点都是网络的接入点,并可充当路由器转发消息(多跳功能)。从而,消息能够从起点通过一组中间节点(中间节点可以将消息路由到其目的地或下一个节点)中的多个跃点传输到目的地,进而将消息从发送方发送到无法到达的一个或一组接收方。这种网络结构和节点会根据不同车辆的位置自动重新配置,从而具有很高的移动性,并保证了信息的可访问性和可用性。

就命名而言,VANET 是移动自组织网络(Mobile ad hoc Network,MANET)的一种,MANET 描述的是一个学术研究领域,VANET 则侧重于 MANET 的具体应用。

目前,所有涉及 VANET 的内容均在研究中。事实上,由于诸多的应用均能支持 VANET 的使用,故高校、政府以及产业界对其均展开了研究。

为实施 VANET 网络,其所有节点必须彼此兼容并使用相同的语言,以便共享信息并获得协同服务。因此,其必须遵循两种标准化类型,即低级和高级。在低级层面上,必须对通信协议层的协议栈进行标准化,使用于数据交换的操作是兼容且可互操作的(详细内容见 3.2.3 节)。在高级层面上,必须在全球架构的基础上通信,以保证提供协同服务和数据访问,包括所有可用的技术。该参考体系架构是上文所述的 CALM 体系架构。

CALM 由一系列国际标准组成,并且通过不同的物理接口和介质支持应用的连续性,例如 IEEE 802.11、IEEE 802.11p、IEEE 802.15、IEEE 802.16e、IEEE 802.20、2G/3G/4G 移动电话或国家 ITS 项目的专有系统。用于支持 CALM 体系架构的主要物理方法为:

- ISO 21212:2G 蜂窝(GSM)

- ISO 21213：3G 蜂窝（UMTS）
- ISO 21214：红外线
- ISO 21215：M5（802.11p）
- ISO 25112：WiMAX（802.16e）
- ISO 25113：HC－SDMA（802.20）
- 蓝牙（IEEE 802.15）
- 以太网（IEEE 802.3）
- DSRC

CALM 的基本应用是支持移动环境中互联网服务、支持国家 ITS 应用以及支持下一代 ITS 应用，即基于高带宽和宽范围能力的车辆安全通信系统和新的商业应用。

此外，该体系架构还定义了一系列与不同的接口和通信需求相关联的协同服务，以支持整个设计周期。

CALM 体系架构的巨大贡献在于，交通运输领域的所有参与者（汽车制造商、基础设施建设公司、社会代理、公共行政机构等）首次合作建立了一个涵盖了交通运输通信所有方面的体系架构，包括物理方法以及接口应用。然而，CALM 是一种基于物理介质和服务标准的体系架构，其中一些标准尚未完全实现，并且在某些情况下，对于采用的特定技术尚未达成共识。因此，确保不同制造商的车辆之间、车辆与不同类型的基础设施之间的通信具有绝对的互操作性是车辆通信面临的主要问题之一。此外，许多非技术性障碍，例如用户接受度、数据安全和隐私、系统访问和互操作性、风险和责任、公共秩序要求、成本/收益和商业模式以及实施部署。

此外，在欧洲安装这样的一系列通信网络和服务还面临着更严重问题，例如不同欧盟成员国难以接受和统一法规，从而在交通运输和基础设施方面保持竞争优势，甚至在某些情况下有相互矛盾的内容，导致无法将其投入运营。

3.2.3 实施技术

将无线通信用于交通运输的信息传输架构，就必须确定当前的可用技术以及每种应用最合适的技术。与交通运输相关的所有服务都需要特定的通信系统，以满足诸如实时性、隐私性、车辆与基础设施之间的连通性等要求。这些技术是从现有的无线通信技术（不论其是否具有高移动性）中优化而来的非全新技术。这就是为什么现有的一些不是为车辆专门设计的无线技术能够很好地应用于车辆中，但在某些情况下也会出现不兼容等问题需要对其改进。因此在大多数情况下，有必要综合多个系统来满足所有需求，即使是为了在任何情况下具有冗余以及保证数据的访问。

根据覆盖范围，无线通信网络可以分为四种类型：

个人局域网（Personal Area Network，PAN），用于满足本地通信需求，最大范围 10m，主要支持 V2P 服务。PAN 最具特色的应用是我们熟知的免提设备（即与手机通话），然而其在汽车产业并未得到广泛应用，例如，无线 GPS 设备、音乐复制设备、电子支付、交通信号识别以及作为已安装的汽车电子设备一部分的通信设备。由于 PAN 替代现有的有线通信总线，在保证与有线总线相同的安全性和可靠性的同时降低了车辆成本及重量，故在未来几年中，PAN 的应用将会增加。可用于此类应用的技术有蓝牙（IEEE 802.15）、ZigBee（IEEE 802.15.4）和 RFID 识别系统（ISO/IEC 10536 系列标准）。

局域网（Local Area Network，LAN）能够连接高达 1000m 范围的数个设备。在车辆和无线通信环境中，最常用的网络类型是无线局域网（Wireless Local Area Network，WLAN），它允许车内不同设备之间、车辆之间以及宽带道路基础设施和网络中移动的节点之间进行信息交换。尽管这些网络类型最初并不是为移动性而设计的（仅为避免在办公室中安装网线而设计），但其已经演变为支持嵌入式短距离通信系统。移动 WLAN 的物理层和 MAC 层基于 IEEE 802.11p（欧洲 ETSI – ITS G5），是 DSRC 设备的基础。与此类网络相关的服务是与智能汽车领域相关的服务，例如用于传输安全信息、道路事故、紧急情况或危险演习等的 V2V 和 V2I 通信。这种类型的连接像 PAM 一样是 ad hoc 网络，不存在连接提供者，因此数据交换不会给用户带来任何费用，并且除了逻辑上适当的协同服务提供者之外，不存在第三方依赖性。

随着网络范围的扩大，城域网（Metropolitan Area Networks，MAN）被定义为具有可满足宽带（70Mbit/s）服务需求的高速网络，该网络覆盖了较大的地理区域（约 48km），可通过传输数据、语音和视频提供多种服务。MAN 主要用于车辆领域中基础设施中的互联和没有高速电缆的区域，例如在许多公路上，通过传感器（如监控摄像头或雷达）无线传输信息是必要的，但没有有线传输方式。用于支持此类服务的技术主要是基于 IEEE 802.16 WiMAX，它是原始协议 IEEE 802.16e 的扩展，用于高达 200km/h 的高移动性应用。然而，由于部署 WiMAX 技术需要特定的通信基础架构，故其发展缓慢，并且其功能已经被 UMTS（3G）技术的移动电话网络所超越。

广域网（Wide Area Network，WAN）是覆盖范围最大的网络，已覆盖发达国家 99% 的领土。WAN 覆盖范围不限并可以在任何物理位置提供宽带互联网访问。就车辆而言，现有的 WAN 是基于移动通信、3G 和 4G 以及 5G。鉴于 WAN 的全球覆盖范围，其非常适合在车辆与基础设施之间、车辆与车辆之间传输信息。然而，它的基本局限性在于传输和建立连接的延迟和成本等。上述所有内容均由接入提供商提供，用于紧急服务，例如 e – Call 或 OnStar。

考虑到本节所述技术的重要性，下面将对其进行详细描述，以便根据每个应用的要求将其通信功能与它们启用的协同服务相关联。

3.2.3.1 DSRC

DSRC 是分布式 ad hoc 短程和中程数据传输系统，支持 V2I 和 V2V 通信环境中的公共和隐私安全服务，反之亦然。DSRC 标准化可以确保其互操作性独立于媒体访问设备的制造商，并遵循 ISO 协议栈，包括 5 层（物理层、MAC 层与链路层、GeoNetwork 层、传输层与应用层）。不同之处在于：①物理层和 MAC 层遵循 IEEE 802.11p 标准（欧洲 ITS G5），允许在专用 5.9GHz 信道中通过扩频技术传输数据，并发送至 MAC 层广播；②网络层根据通信设备处理的信息的地理位置启用 GeoNetworking；③传输层使用多跳功能转发和路由车载网络数据包。

DSRC 能够最小化信道建立的延迟，并且在通信区域较小以及与其他宽带接入隔离的场景下，提供较高的数据传输速率。静止或移动车辆与道路上的固定设备之间的数据通信用于涉及支付和信息传输的安全或监控服务，其中最重要的服务是协同感知消息（Cooperative Awareness Message，CAM）、分散环境通知消息（Decentralized Environmental Notification Message，DENM）、道路拓扑（MAP）、信号相位和定时（Signal Phase And Timing，SPAT）以及服务公告消息（Service Announcement Message，SAM），这些消息均由 ISO 标准化，用于 ITS 通信，包括道路施工预警、碰撞预警、道路结冰预警、紧急车辆预警、电子制动灯（CAM/DENM）以及其他与交通标志状态（SPAT/MAP）、车辆标志和车辆探测数据相关的信息（Santa 等，2014）。

这些消息根据需求及其性质以广播（地理广播）或多跳的方式向 300m~1km 范围内的特定用户发送消息。附近的所有车辆能以最短的时间整合到同一网络中并不产生信息访问延迟，进而快速可靠地交换信息。具体来说，基于 DSRC 的网络在源和目标之间提供的最大包传输时间小于 5ms，端到端延迟小于 100ms，包括安全性（Festag 等，2008）。DSRC 的使用及标准化涉及多家汽车制造商，包括大众、沃尔沃。

DSRC 技术说明：

DSRC 允许 V2V 和 V2I 通信。

1）V2V 通信：包括多跳地理路由，使用其他车辆作为消息传递的中继。

① 地理单播（GeoUnicast）：通过多跳从发送车辆向位于固定地理位置的接收车辆发送数据包。

② 地理选播（GeoAnycast）：根据设置条件（如较近），将数据包发送到特定区域内的车辆（节点）。

③ 地理广播（GeoBroadcast）：以广播的方式向固定地理区域内的所有车辆发送数据包。

④ 拓扑范围广播（Topollogically – Scoped Broadcast，TSB）：将数据包发送到距发送车辆 n 跳范围内的每个车辆。

2）V2I（上行链路）和 I2V（下行链路）通信：与 V2V 相同，但涉及安装在路边的 DSRC 模块：
① 单车到信标（地理单播）。
② 信标到单车（地理单播）。
③ 信标到多车（地理单播、TSB）。
④ 信标到目标车辆（地理选播）。

3.2.3.2　3/4G 移动通信

美国移动电话系统（American Mobile Phone System，AMPS）满足欧洲要求之后，第一代移动通信系统（1G）于 1985 年在欧洲出现，并被命名为"Total Access Communications System，TACS"。TACS 涵盖了所有模拟移动通信技术，可以传输语音，但不能传输数据。

由于 1G 的单一性和局限性，全球移动通信系统（Global System for Mobile Communications system，GSM）得以启用，这标志着 2G 的开始。2G 的主要特点是能够以 9.6kbit/s 的速度传输语音以外的数据。

2001 年，2G 和 2.5G 在美国和欧洲出现，包括了允许更大数据传输容量的技术，其中通用分组无线系统（General Packet Radio System，GPRS）能够与 GSM 共存，是公认的最不理想的技术，但其为访问 IP 网络（例如 Internet 等）提供更有效的服务。GPRS 的最大传输速度为 171.2kbit/s。在日本，由于实现了从 2G 到 3G 的直接跳跃，因此不存在 2.5G。

2005 年，3G 得以部署。3G 属于国际电信联盟（International Telecommunication Union，ITU）标准国际移动通信 - 2000（International Mobile Telecommunications - 2000，IM T - 2000），该标准保证了所有 3G 网络之间的互操作性独立于通信运营商和技术提供商。应用最广泛的 3G 技术是通用移动通信系统（Universal Mobile Telecommunication System，UMTS）。3G 提供的服务有互联网访问、宽带服务、国际漫游和互操作性，其允许开发用于实时传输视频和图像的多媒体环境，从而促进新应用和服务的出现，例如视频会议或电子商务。3G 在最佳条件下（如室内）的最大速度为 2Mbit/s。

2007 年，与 3.5G 相对应的高速下行链路分组接入（High Speed Downlink Packet Access，HSDPA）技术可供用户使用，允许通过高速 UMTS 进行无线宽带访问，最大带宽为 14.4Mbit/s。

2010 年，HSDPA 被长期演进技术（Long Term Evolution，LTE）所超越，实现了第四代移动通信系统（4G）。LTE 是用于手机和数据终端的高速无线数据通信标准，高移动性（200km/h）的传输速度高达 75Mbit/s，低移动性的传输速度高达 300Mbit/s，延迟在 50~150ms 之间。2014 年，开发了 LTE 的演进版本——Long-Term Evolution Advanced（LTE - A），使高移动性（200km/h）和低移动性的传输速度分别达到 500Mbit/s 和 1Gbit/s，延迟在 10~20ms 之间。

目前，除 DSRC 网络外，应用于车辆环境的移动通信技术是唯一的已完全开发、可运行且可用于所有类型应用的技术。虽然 DSRC 网络主要侧重于短/中距离 V2V 通信，但是当 DSRC 网络不可用时，通过移动通信进行数据交换可以与基础设施甚至其他车辆进行操作。较其他技术而言，移动通信技术已广泛地部署在道路和汽车环境中，并且在某些情况下，被用作所有通信类型的唯一系统。然而，在车辆环境中使用基于移动通信技术的通信有两个明显问题：一方面，考虑到蜂窝通信的特点，车辆中的大规模部署可能导致基础设施中节点很少的区域通信饱和；另一方面，由于服务是由通信提供商提供，必须付费使用，从而增加了用户的成本，即使在为安全应用提供服务的情况下，用户也可能不愿承担相应的费用。除此之外，连接的建立可能存在一定的延迟，故其在某些关键系统中无法使用。另一个重要因素是某些路段缺乏质量保障，主要是在农村或山区道路上，其是事故发生率较高的地区。最常用的基于移动的系统是 e – Call 和 OnStar，它们已经分别在多个欧洲国家和美国实施。然而，当今的总趋势不是在 DSRC 和 3G/4G 之间进行选择，而是在混合通信系统中综合运用其优势。这样，DSRC 将完全致力于 V2V 通信的安全性和效率，而 3G/4G 则用于对信息娱乐带宽要求高的 V2I 通信和应用。

3.2.3.3　5G 移动通信

新一代移动通信系统（5G）于 2021 年推出（Kljaic 等，2016）。它基于早期研发的欧洲 FP7 METIS "Mobile andwireless communications Enablers for the Twenty – twenty Information，2012 – 15" 项目，该项目强调了作为汽车制造商的宝马公司在交通运输需求定义上做出的贡献。基于该项目的初步结果，欧盟委员会在 H2020 项目中确定了 5G 公私合营伙伴关系（Public Private Partnership，PPP），其目的是研发 5G 技术和未来互联网。5G 技术有望成为 3G、4G 和 WiFi – WLAN 技术的混合体，当其应用于交通运输领域时，它将兼顾移动通信和 DSRC 的优势，包括多跳设备与设备间的直接通信（CENTICO，2015）。

5G 的初步性能有：

- 容量：达到 4G 的 50 ~ 100 倍。
- 服务质量：适用于许多关键应用的超可靠通信。
- 传输时间：比 4G LTE 快 50 ~ 100 倍。
- 时延：1ms。
- 双向：设备之间的直接通信（Device to Device，D2D）。交通运输中的 V2V。
- 广播：可用。

3.2.3.4　射频识别

射频识别（Radio Frequency Identification，RFID）是一种使用标签、读写器或 RFID 标签的数据存储和检索系统，其目的是使用无线数据传输技术来传输对象的身份（类似于唯一的序列号）。

RFID 标签是一种小型设备，类似于可以粘贴在产品、动物或人身上的标签，其内部天线能够接收和响应来自 RFID 读写器的射频请求。无须直接接触是 RFID

读写器使用射频的优势之一。

标签可以是主动的、半被动的（或半主动的、电池辅助的）或被动的。被动式标签不需要任何内部电源，是纯粹的无源设备（只有在附近有读写器为其提供所需电源时才会被激活），另外两种类型需要电源（通常是一个小电池）。

根据 RFID 系统的使用频率、成本和范围，其应用会有所不同。低频 RFID 系统使用成本低，但使用距离也短，而高频 RFID 设备可提供更长的读取距离和更快的读取速度。因此，前者通常用于动物识别、货物追踪、汽车钥匙、托盘追踪和包装以及货运中货车和拖车的追踪。

电子收费系统是 RFID 在交通运输中的一个重要应用，已在西班牙、墨西哥、美国、法国和德国等国家使用。当车辆驶入高速公路匝道时，安装在车辆上的 RFID 标签会与基础设施进行连接并交换信息，从而自动收取费用。

RFID 的另一常见应用是众多车型所配备的智能钥匙，该智能钥匙配备了有源 RFID 电路卡，使汽车能够在传感器 1m 范围内对其进行识别。

此外，将 RFID 用于道路交通信号（道路信标系统）具有良好的应用前景。该应用基于能够被车载单元（On Board Unit，OBU）读取信号的地面嵌入式 RFID 读写器（无线信标），并由 OBU 处理各种交通信号，必要时警告驾驶员。

3.2.3.5 蓝牙

蓝牙（Bluetooth，2016）是无线个人局域网（Personal Area Wireless Networks，WPAN）标准，通过 2.4GHz 频段的射频链路在不同设备之间进行数据传输，旨在开发低成本、低功率、短距离通信设备（最大 100m）。

蓝牙的创建是为了得到单数字无线协议，通过该协议可以简单地将多个设备互联并解决诸如设备之间同步等经典问题。与 WiFi 类似，蓝牙使用跳频扩频（Frequency Hopping Spread Spectrum，FHSS）技术在 2.4GHz 频段进行数据传输。

蓝牙网络在基本传输模式下支持高达 1Mbit/s 的带宽速率，在增强型数据传输模式下支持 3Mbit/s 的带宽。

蓝牙网络的正常运行遵循主从方案。网络中的主设备为连接提供参考值，例如同步和跳频序列。网络中的从设备（除主设备之外的其他设备）与主设备交换数据。微微网（μNet）由短程设备组成，其基本特征之一是信息可以在主机和任何其他设备之间传播，并且设备能够根据支持通信的应用的需求在主/从设备之间转换角色，例如主设备可以转换为从设备。

蓝牙还允许两个或多个微微网互联形成一个散射网，其中一些从设备充当两个网络之间的网关（在一个网络中是主设备，在另一个网络中是从设备）。

目前，蓝牙通信被广泛地应用于汽车领域中的许多使用车辆不同设备与移动电话、MP3 播放器或 GPS 之间连接应用和系统中。这些应用的共同特点是蓝牙针对的是娱乐系统，而不是安全系统。然而，蓝牙的主从式方案与车载多路复用总线方案非常相似，并且很可能在不久的将来出现并取代有线网络。

3.2.4 混合通信

C – ITS 消息在不同的交通运输环境中传递给各种服务。终端用户并不关心用于传输 C – ITS 消息的具体通信技术,而是希望能够无缝接收关于交通和安全状况的所有信息,其只能通过混合通信方法实现,例如与互补通信技术结合。

正如"A European strategy on Cooperative Intelligent TransportSystems, a milestone towards cooperative, connected and automated mobility"中所述,为支持所有 C – ITS 服务,OBU 和路侧单元(Road – Side Units,RSU)都必须符合标准。车辆需要全混合通信,而基础设施需要根据位置、服务类型和成本效益选择合适的通信技术,然而其并不影响 C – ITS 消息,因此可以灵活地使用通信技术,以便于未来技术的加入(例如 5G 和卫星通信)。

目前,IEEE 802.11p/ETSI ITS G5 与 5G 结合是混合通信的最佳选择,它可以确保为所有 Day 1 C – ITS 服务的部署提供最佳支持。该方法结合了用于高覆盖范围、实时、安全 C – ITS 消息的低延迟 ETSI ITS G5 和现有大型用户群访问的蜂窝网络。

3.2.5 服务

交通运输的创新与关键技术和合适的商业模式的发展紧密相连。这一转变将为社会经济创造机会,我们应当抓住这一机遇并从中受益。

一些道路测试表明,CALM 能够提供服务,并且这些服务能够高效地在真实的车载环境中实现。表 3.1 根据 CALM 体系架构阐述了部分车载服务,例如 5G 作为 WAN 的支持技术、DSRC 作为 VANET 的支持技术、RFID 和蓝牙作为 PAN 的支持技术。

表 3.1 真实车辆环境中的典型通信服务

服务	支持技术	参考项目
路线时间采集系统	蓝牙	Chitturi, M. V., et al., 2014. Validation of Origin – DestinationData from BluetoothRe – Identification and AerialObservation. TRB 2014 Annual Meeting
电子收费系统	RFID	Salunke, P., et al., 2013. Automatedtoll collection system using RFID. IOSR J. Comput. Eng. (IOSRJCE)
位置数据卸载服务	混合通信(IEEE 802.11p – 5G)	Katsaros, K., et al., 2013. Effectiveimplementation of location services for VANETs in hybridnetwork infrastructures. IEEE ICC2013 Workshop on Emerging Vehicular Networks, Budapest; 9 – 13 June 2013.

数字技术是该过程最强大的推动者。在参与者之间交换实时数据:
- 使资源得到更有效的利用(例如共享汽车、集装箱、铁路网)。
- 便于预测,减少人为错误,从而减少交通中的最大事故源。

● 促进多模式交通运输系统的创建，使人们可以使用各种各样的交通工具到达目的地。

● 促进社会创新和合作经济解决方案的出现。

欧盟 C – ITS 平台从终端用户的角度确定了在基础设施和车辆上提供连续服务（来源：*Final Report of the C – ITS Platform*）的 C – ITS 服务部署方案。因此，将需要对部署的 ITS 服务进行优先化处理：Day 1 C – ITS 服务和 1.5 C – ITS 服务。

根据 2018—2030 年的累计成本收益，如果以互操作方式部署欧洲 Day 1 C – ITS 服务，能够产生高达 3∶1 的收益成本比。网络效应（初始使用缓慢导致周期相对较长，而收益很少）使得快速部署尽可能多的服务以更快达到收支平衡，并带来更高的总体收益。

虽然 Day 1.5 C – ITS 服务标准已基本成熟，但其大规模部署在 2019 年才完成。第 7 章协同系统介绍了关于 Day 1.5 C – ITS 服务的详细内容。

信息娱乐是支持基于车辆通信服务架构的另一个关键因素，其支持与安全性或效率没有直接关系的所有服务，主要提供基于移动宽带互联网访问资源和应用。这套服务具有双重意义。首先，从用户（驾驶员和乘客）的角度出发，提供舒适、导航、音频/视频流媒体和互联网应用。其次，从网络运营商和数字内容提供商的角度出发，为与道路运输相关的新业务创造了可能。移动应用、车载嵌入式应用和通过移动通信的车载互联网访问是信息娱乐的基础。

3.2.6 安全与隐私

C – ITS 安全部署的方法依赖于数字化传输系统，该系统更易受到黑客攻击和网络攻击。网络安全至关重要，零散的安全解决方案使互操作性和终端用户的安全受到威胁，因此需要在全球范围内明确其标准以加快 C – ITS 的部署。

此外，制定用于 C – ITS 部署的通用安全和认证策略（如欧盟委员会提出的策略）是十分必要的。同时需要政策支持，以便为协同互联车辆制定统一且广泛接受的安全解决方案。

从技术角度讲，基于公钥基础设施技术的安全架构，是软件、非对称加密技术、处理和服务的组合，能够保护 C – ITS 通信安全。在组织及产业层面建立涉及主要利益相关者的治理政策是安全架构的关键问题，包括公共权威机构、道路运营商、车辆制造商、C – ITS 服务提供商和运营商。

最后，用户必须意识到隐私和数据保护的重要性。他们必须了解个人信息不是商品，以及如何有效地控制个人信息的使用方式和用途。

与安全相关的 CAM 和 DENM 数据流由 C – ITS 架构和车辆进行广播。原则上，来自车辆的数据流将被视为个人数据。因此，实施 C – ITS 需要遵守的数据保护法律体系。只有根据所列出的法律之一（例如，用户同意），才能对此类数据进行处理。

数据保护原则和数据保护影响评估是基础 C-ITS 系统设计,尤其是在应用通信安全方案中。当满足这些条件时,终端用户同意广播数据,特别是如果要将数据用于增强道路安全或改善交通管理时。

3.2.7 互操作性

为了拥有一个综合的交通运输系统,其组成部分必须具有互操作性。换言之,系统需要能够跨边界并考虑不同的交通方式进行交互,并且这种互操作性在基础架构、数据、服务、应用和网络上都是十分必要的。尽管标准化很重要,但其不足以确保互操作性。因此,必须商定 EU 和全球部署标准。

为此,C-ITS 部署计划应定义并发布确保 Day 1 C-ITS 服务互操作性所需技术的 C-ITS 通信配置文件,并开发测试程序对其互操作性进行测试,允许相互访问通信配置文件,以共享从实际操作中获得的最佳实践和经验教训。

此外,还应将配置文件进行融合,为互操作性创造条件,进而使基于通用通信配置文件的 C-ITS 服务建立统一市场,同时为将来的创新服务留出空间。

2016 年,成员国和欧盟委员会启动了 C-Roads 平台,以联合 C-ITS 部署议案共同制定和共享技术标准,并通过跨站点测试来验证互操作性。C-Roads 的初衷是创建欧盟共同资助的 C-ITS 部署计划,其对所有部署议案开放以测试其互操作性。

参 考 文 献

Alfonso, J., Sánchez, N., Menéndez, J.M., Cacheiro, E., 2014. Cooperative ITS architecture – the FOTsis Project and beyond. IET Intell. Transport Syst. http://dx.doi.org/10.1049/iet-its.2014.0205, Online ISSN 1751-9578.
Bluetooth Special Interest Group, 2016. Specification of the Bluetooth System.
ERTICO, 2015. Guide about technologies for future C-ITS service scenarios.
Festag, A., Baldessari, R., Zhang, W., Le, L., Sarma, A., Fukukawa, M., 2008. CAR-2-X communication for safety and infotainment in Europe. NEC Tech. J. 3 (1), 21−26.
Kljaić, Z., Škorput, P., Amin, N., 2016. The challenge of cellular cooperative ITS services based on 5G communications technology, 39th International Convention on Information and Communication Technology, Electronics and Microelectronics (MIPRO), Opatija, 2016, pp. 587−594.
OCDE, 2015. Automated and Autonomous Driving Regulation under uncertainty, International Transport Forum, Corporate Partnership Board Report.
Santa, J., Pereñíguez, F., Moragón, A., Skarmeta, A.F., 2014. Experimental evaluation of CAM and DENM messaging services in vehicular communications. Transp. Res. Part C Emerg. Technol. 46, 98−120.

相 关 标 准

A European strategy on cooperative, intelligent transport systems, a milestone towards cooperative, connected and automated mobility (http://ec.europa.eu/energy/sites/ener/files/documents/1_en_act_part1_v5.pdf).
CEN EN 12253:2004: "Road transport and traffic telematics; Dedicated Short Range Communication; Physical layer using microwave at 5.8 GHz."
CEN EN 12795:2003: "Road transport and traffic telematics; Dedicated Short Range Communication (DSRC); DSRC data link layer; medium access and logical link

control."

CEN EN 12834:2003: "Road transport and traffic telematics; Dedicated Short Range Communication (DSRC); DSRC application layer."

ETSI TS 102 636-3 (V1.1.1): "Intelligent Transport Systems (ITS); Vehicular Communications; GeoNetworking; Part 3: Network architecture," 2010-03.

ETSI TS 102 637-1 (V1.1.1): "Intelligent Transport Systems (ITS); Vehicular Communications; Basic Set of Applications; Part 1: Functional Requirements," 2010-09.

ETSI ES 202 663 (V1.1.0): "Intelligent Transport Systems (ITS); European profile standard for the physical and medium access control layer of Intelligent Transport Systems operating in the 5 GHz frequency band," 2009-11.

ETSI EN 302 571 (V1.1.1): "Intelligent Transport Systems (ITS); Radiocommunications equipment operating in the 5 855 MHz to 5 925 MHz frequency band; Harmonized EN covering the essential requirements of article 3.2 of the R&TTE Directive," 2008-09.

ETSI EN 302 665 (V1.1.1): "Intelligent Transport Systems (ITS); Communications Architecture," 2010-09.

Final Report of the C-ITS Platform (January 2016): http://ec.europa.eu/transport/themes/its/c-its_en.

IEEE Std 802.11-2007 (Revision of IEEE Std 802.11-1999): "IEEE Standard for Information technology; Telecommunications and information exchange between systems; Local and metropolitan area networks; Specific requirements; Part 11: Wireless LAN Medium Access Control (MAC) and Physical Layer (PHY) Specifications," 2007-06.

IEEE Std 802.11p-2010: "IEEE Standard for Information technology; Telecommunications and information exchange between systems; Local and metropolitan area networks; Specific requirements; Part 11: Wireless LAN Medium Access Control (MAC) and Physical Layer (PHY) Specifications; Amendment 6: Wireless Access in Vehicular Environments," 2010-07.

IEEE Std 1609.2-2006: "IEEE Trial-Use Standard for Wireless Access in Vehicular Environments; Security Services for Applications and Management Messages," 2006-07.

IEEE Std 1609.3-2010 (Revision of IEEE Std 1609.3-2007): "IEEE Standard for Wireless Access in Vehicular Environments (WAVE); Networking Services," 2010-12.

IEEE Std 1609.4-2010 "Revision of IEEE Std 1609.4-2006): "IEEE Standard for Wireless Access in Vehicular Environments (WAVE); Multichannel Operation," 2011-02.

IETF RFC 791: "Internet Protocol DARPA Internet Program Protocol Specification," Information Sciences Institute, University of Southern California, 1981-09.

IETF RFC 2460: "Internet Protocol, Version 6 (IPv6) Specification," IETF Network Working Group, 1998-12.

IETF RFC 2766: "Network Address Translation − Protocol Translation (NAT-PT)," IETF Network Working Group, 2000-02.

IETF RFC 2784: "Generic Routing Encapsulation (GRE)," IETF Network Working Group, 2000-03.

IETF RFC 3024: "Reverse Tunneling for Mobile IP, revised," IETF Network Working Group, 2001-01.

IETF RFC 3315: "Dynamic Host Configuration Protocol for IPv6 (DHCPv6)," IETF Network Working Group, 2003-07.

IETF RFC 3596: "DNS Extensions to Support IP Version 6," IETF Network Working Group, 2003-10.

IETF RFC 3775bis: "Mobility Support in IPv6," IETF Mobile IP Working Group, 2011-09 (Expiring date for approval).

IETF RFC 3963: "Network Mobility (NEMO) Basic Support Protocol," IETF Network Working Group, 2005-01.

IETF RFC 4213: "Basic Transition Mechanisms for IPv6 Hosts and Routers," IETF Network Working Group, 2005-10.

IETF RFC 5177: "Network Mobility (NEMO) Extensions for Mobile IPv4," IETF

Network Working Group, 2008-04.

IETF RFC 5454: "Dual-Stack Mobile IPv4," IETF Network Working Group, 2009-03.

IETF RFC 5555: "Mobile IPv6 Support for Dual Stack Hosts and Routers," IETF Networking Group, 2009-06.

IETF RFC 5944: "IP Mobility Support for IPv4, Revised," IETF Standards Track, 2010-11.

In Europe: Respecting the Radio Equipment Directive 2014/53/EU (http://eur-lex.europa.eu/legal-content/EN/TXT/?uri = celex:32014L0053).

In Europe: COM(2016)588: 5G for Europe: An Action Plan and accompanying Staff Working Document SWD(2016)306 (http://eur-lex.europa.eu/legal-content/EN/TXT/?qid = 1479301654220&uri =CELEX:52016DC0588).

ISO/DIS 21210.2: "Intelligent Transport Systems; Communications access for land mobiles (CALM); IPv6 Networking," 2011-03 (Final Draft to be formally voted and approved).

ISO 21215:2010: "Intelligent Transport Systems; Communications access for land mobiles (CALM); M5," 2010-11.

ISO/DIS 21217: "Intelligent Transport Systems; Communications access for land mobiles (CALM); Architecture" (2010, currently under revision).

ISO 21218:2008: "Intelligent Transport Systems; Communications access for land mobiles (CALM); Medium service access points," 2008-08.

ISO 24102:2010: "Intelligent Transport Systems; Communications access for land mobiles (CALM); Management," 2010-11.

ISO 29281:2011: "Intelligent Transport Systems; Communications access for land mobiles (CALM); Non-IP networking," 2011-03.

The common security and certificate policy documents will for instance define the European C-ITS Trust model based on Public Key Infrastructure. They will, amongst others define legal, organizational and technical requirements for the management of public key certificates for C-ITS services based on the structures identified in (IETF) RFC 3647.

The C-Roads Platform is cofunded under the Connecting Europe Facility (CEF)—https://www.c-roads.eu/platform.html.

第4章 定位和数字地图

4.1 智能车辆定位系统

定位是交通运输中的一个基本要素,因为如果不知道车辆的位置,就无法实现运输,除非驾驶员知道这片区域并且有相关的路标,或者是依靠导航系统。将定位技术应用于制造更智能的汽车时,其有三重好处——智能车辆既有利于行人又有利于良好的交通环境:

1)对于驾驶安全性,部署高级驾驶员辅助系统(Advanced Driver Assistance Systems,ADAS)可以避免碰撞或减轻碰撞。

2)对于出行效率,缩短导航时间或降低燃料消耗都可对道路交通状况产生积极影响。

3)对于乘坐舒适性,定位系统在许多基于位置的服务(Location – Based Services,LBS)中是必不可少的,这些服务使驾驶体验更加愉悦。

当今用于车辆定位的全球导航卫星系统(Global Navigation Satellite System,GNSS)中首先投入应用的是美国全球定位系统(Global Positioning System,GPS)。然而,卫星定位本身存在一些缺陷,这些缺陷也一直存在于目前基于定位的应用和服务中,尤其是影响安全性和责任性应用的发展。安全性应用指该应用的使用过程中必须保障人类生命安全,责任性应用是指使用该系统的前提是必须保证其性能(如基于全球导航卫星系统的收费系统)。对于目前的 GNSS 而言,如果没有其他信息来源的支持,可能无法解决其一些性能缺陷,例如覆盖面不足、多路径误差、信号干扰或欺骗等。为此,本章将介绍 GPS 辅助定位的关键技术(以及如何使用这些技术)。

此外,GNSS 提供基于全球坐标的绝对定位服务(例如,WGS84,代表"1984 世界大地测量系统"),尽管这在某些应用程序和服务中是有用的,但在大多数情况下,需要一个本地位置参考,即地图。实际上,对于大多数 ADAS 和 LBS 系统,定位系统扮演了地图的功能。数字地图的基本原理以及地图与定位输出的匹配过程将在后面章节具体讨论。

4.1.1 术语的定义

本节旨在列出本章中使用的关键术语词汇表。这些术语定义只针对智能车辆这一特定领域,既没有遵循任何标准,也不与它们原本含义相抵触,可将表4.1简单地理解为方便使用的描述性列表,主要用于本节之后的相关技术讨论。

表4.1 定位和数字地图关键术语定义

术语	定义
位置	车辆的空间位置
定位性能	定位系统输出信息的质量
轨迹	基于时间序列的车辆位置坐标
定位信息可用性	在给定时间和地点提供定位解决方案的能力 注:定位的可用性并不意味着其位置坐标是正确的
定位精度	位置坐标输出值与实际值的差值
定位完好性	对位置解决方案的信任级别
数字地图	道路的几何形状和拓扑结构的数字化描述
智能交通系统(Intelligent Transportation Systems, ITS)	ITS:信息技术在交通领域的应用
地图匹配	将位置坐标匹配到地图参考系中的算法
数据融合	将来自不同来源(传感器、地图等)的信息融合到一个有利于整体定位性能的解决方案中的过程
惯性传感器	提供加速度和转动速率测量的运动传感器
里程计	根据车轮旋转角度估算行驶距离
PVT(Position Velocity Time)	位置、速度、时间
V2X 通信	车与外界的信息交换(它车、基础设施、行人)
IEEE 802.11p	车辆通信物理层标准(移动 WiFi)
混合通信	兼用移动 WiFi 和蜂窝通信的混合通信方式
GeoNetworking	在数据包路由中包含 GPS 位置信息的车载通信
路侧单元(Road Side Unit, RSU)	V2X 系统的每个路边基础设施组件
车载单元(On-Board Unit, OBU)	V2X 系统的每个车内部件
开放系统互联(Open Systems Interconnection, OSI)	异种系统互联的标准框架
ISO	国际标准化组织
专用短程通信	Dedicated Short Range Communications, DSRC
码分多址,IEEE 802.11p 通信的基础	CDMA, Code Division Multiple Access
三边测量法	利用三角形确定物体相对位置的一种方法
星历表	特定时间天体和人造卫星在天空中的位置的信息
城市峡谷	城市街道两边都是建筑物的地方形成类似峡谷般的环境
LOS, Line-Of-Sight	视距无线传输(卫星和接收器天线之间)
NLOS, Non-Line-Of-Sight	非视距无线传输(卫星和接收器天线之间)

4.1.2　基于位置的服务和基于定位的应用

基于车辆位置的服务可用于改善驾车体验，这类服务的数量可以是无限多的，因为每天都会出现新的应用程序（App），它们会利用我们智能手机的位置来提供与用户相关的信息。下面是几个例子：
- 导航
- 出行规划
- 事故报警
- 车队管理
- 紧急求救
- 智能车速控制
- 障碍物避让
- 车道偏离预警
- 位置共享
- 等等

4.2　基于 GNSS 的定位

4.2.1　全球定位系统的由来、使用要求和工作原理

GNSS 是为用户提供确定其在全球范围内三维位置服务的系统。它包括一系列卫星，这些卫星在距地球表面约 20000km 的高度上运行，并不断发送定位、导航和授时信号。至 2017 年，已有两个全球导航卫星系统全面投入运行：美国全球定位系统（GPS）和俄罗全球卫星导航系统（GLONASS）（European Space Agency，2017）。

4.2.1.1　全球定位系统的由来

GPS 是目前世界上使用最广泛的 GNSS 系统，于 1993 年全面投入使用。它最初是由美国军方为美国的国防和国土安全开发的，主要为美国军方在全球范围内提供定位服务。尽管 GPS 也开放了民用服务，但作民用时美国政府人为在卫星信号上增加了衰减，这种衰减被称为选择可用性技术（selective availability）。这种人工降级限制于 2000 年 5 月关闭，使民众、商业用户和科研机构都能够充分利用该系统的定位性能。GPS 目前提供两个级别的服务，不同级别使用不同的代码来传输信息。民用服务级别被称为标准定位服务（Standard Positioning Service，SPS），并且在全球范围内持续向所有用户提供，不收取任何直接费用。受限制的级别称为精密定位服务（Precise Positioning Service，PPS），该种服务被限制由美国武装部队、美国联邦机构以及美国的部分盟军和政府通过密码访问使用。

2001年，俄罗斯联邦政府提出GLONASS是国家首要发展的技术，之后GLONASS于2011年开始全面运营。

欧洲伽利略（Galileo）系统是欧洲计划建设的民用GNSS，提供高精度和有保证的全球定位服务，它可与其他的GNSS系统（GPS和GLONASS）兼容互动。于2016年12月15日首次提供其服务，那时处于"早期运营能力"的阶段，Galileo有望在2019年达到"全面运营能力"阶段。Galileo由30颗卫星组成，其中27颗卫星为工作卫星，3颗为候补卫星，预计将于2020年部署全面并运行（European Space Agency, 2016; European Commission, 2015）。图4.1所示为GPS、Galileo和GLONASS的卫星空间位置示意图。

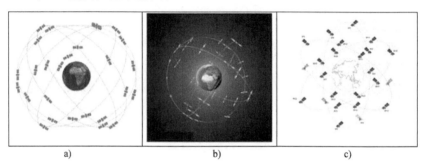

图4.1 卫星空间位置示意图
a) GPS b) Galileo c) GLONASS

4.2.1.2 全球定位系统的使用要求

目前存在的四个全球导航卫星系统都基于相似的架构和相同的工作原理。一个完整的GNSS系统由以下几部分组成（European Space Agency, 2003）：

1）空间段，指分布在外太空不同轨道面上的卫星。

2）地面控制系统，负责GNSS系统正常运行。

3）用户设备部分，通过由无线电接收机接收卫星信号并通过接收的信息和内部处理器计算得到导航数据（例如，经度、纬度、高度、方向、速度）。无线电接收器一般由处理器和天线组成。

表4.2所示为GPS（美国）、GLONASS（俄罗斯）、Galileo（欧盟）和北斗（中国）这四个GNSS系统空间段的主要区别。

表4.2 不同GNSS的空间段差异

卫星空间段	GPS	GLONASS	Galileo	北斗
卫星数量	32	24	27+3	35（数量仍在增加）
轨道平面	6	3	3	7
轨道倾角/(°)	55	64.8	56	55
高度/km	20180	19140	23222	35786/21500
运行周期	12h	11.25h	14.08h	23.93h/12.85h

4.2.1.3 全球定位系统的工作原理

定位的基本原理实际上是解决一个几何问题的过程。若 GNSS 系统中有四颗或更多的卫星，那么理论上接收机就能够计算出自身在地球上的坐标位置。这一原理被称为三边测量，它假设接收机能够高精度地知道它与可见卫星的距离。但是由于卫星一直在绕地球轨道上运行，所以在某个特定的地点，并非所有卫星发射的信号在每一时刻都能被接收机接收到。利用到一颗卫星的距离信息，接收机只能确定自己是位于一个球面上，这个球面的半径就是接收机到卫星的距离。若再利用第二颗卫星的信息，两个球体的交点将形成一个圆环，而再加上第三颗卫星的距离信息，接收机在空间中的位置将减少到两个可能的交点。其中一个交点通常落在远离地球的太空中，可以将其从计算结果中删除，另一个交点就是接收机在地球上的位置。上述的定位过程只有当知道三颗卫星的精确坐标时才能实现，但由于卫星和接收机存在时间不统一（卫星钟差）的问题，所以必须引入标准时间。接收机的可见范围内需要第四颗 GNSS 卫星，才进行准确的定位计算。另外，为了保证定位计算的正确性，还需要建立一个统一的地面参考系统。例如，GPS 使用的是美国国防部开发的世界大地测量系统 WGS–84。

GNSS 接收机通过解析接收到的每个卫星发送信号所用传播时间来计算自身到卫星的距离。一旦检测并跟踪到该信号，接收机便可将导航信息解码并估算出用户位置。卫星发送的导航信息包括：

- 星历参数，用来计算卫星的坐标。
- 时间参数和精确的时钟校正，甚至需要考虑到相对论效应，用于计算卫星时钟偏移和地空时间转换。
- 卫星健康信息。
- 单频接收机所需的电离层参数模型。GNSS 信号在穿越地球电离层时会发生衰减，这些模型有助于重建原始信号。
- 用于计算所有卫星位置的年历，精度低于卫星星历。

利用接收到的信息和附加物理信息（可观测量），接收机可以求解导航方程并获得卫星的坐标，还可知道高精度的时间信息。GNSS 系统中一个基本的可观测量为信号从卫星（发射器）传播到接收机所需的时间，该时间乘以光速可以计算出两者之间的相对距离或视距。该相对距离被称为伪距，因为它是卫星和接收机之间的"视距"。除其他因素外，由于接收机和卫星时钟之间的同步误差，这个距离值与它在几何上的实际距离不完全相符。为了给接收机提供精确的时钟信息，全球导航卫星系统的卫星都配备了原子振荡器，以确保时钟稳定性。原子振荡器是 GNSS 系统最关键的组件之一，具有很高的时间精度和日常稳定性。地面段会不断估算随时间累积的微小卫星时钟偏移，并在导航信息中将其传输给用户以校正测量值。另一方面，接收机配备了石英时钟，虽然经济性更好，但稳定性较差，实际运作时可以在估算接收机坐标的同时估算时钟偏移。

有关全球导航卫星系统工作原理的更多信息，请参阅 European Space Agency (2017)。

4.2.2 性能指标

导航系统的性能通常是通过定位精度和系统的可用性来衡量的。在给定时间估计或测量车辆、飞机或船舶位置的精度是指该位置与移动设备真实的位置、速度和/或时间的符合程度。准确度是衡量导航系统性能的一种统计方法，若导航精度的说明中不包括不同应用场景下定位的不确定性，那么这样的导航精度说明是没有意义的。例如，GPS 可为 SPS 提供 5~10m 的定位精度，为 PPS 提供 2~9m 或更高的定位精度。GLONASS 能够提供大约 5m 以内的定位精度，Galileo 预计将提供 1~4m 范围内的定位精度，具体取决于接收机的位置。北斗的设计目标是在全球范围内实现低于 10m 的定位误差，在中国的定位精度会更高。

导航系统的可用性是导航器可以使用系统的服务并将其用于预期应用程序的时间百分比。可用性表示系统在指定覆盖范围内提供可用服务的能力。信号可用性是指从外部来源发送的导航信号可供使用的时间百分比，它既取决于环境的物理特性，又取决于发射机设施的技术能力。

目前导航系统在准确性和可用性方面的性能足以满足当今智能交通系统中大多数的非关键型应用。但是，对于某些关键应用程序，附加性能参数是非常重要的。例如，当导航系统用于空中或海上导航时，或在用于不久的将来用于在道路上行驶的自动驾驶车辆时，无预警的大的解算错误会急剧增加事故风险。即使在不超出精度范围的情况下，也可能出现此类错误，这就是为什么定义了完整性概念。完整性是对导航系统所提供信息的正确性的信任度的度量，它包括系统在不应用于导航时向用户提供及时警告的能力。

第四个重要的性能参数被称为连续性，其表示导航系统必须在特定的导航关键期内保持可用而不中断，例如在进近和着陆飞行阶段。系统的连续性是指整个系统（包括在规定地域内解算移动设备位置所需的全部元件）在预定操作期间不中断地执行其功能的能力。更具体地说，假设系统在某一运行阶段开始时可用，连续性是指在一个操作阶段的持续时间内保持系统性能的概率。

除了这些一般性能指标，接收机性能还可能受到诸如以下因素的影响：

- 用户位置：用户在不同的位置有不同的导航性能，因为不同位置上可见卫星的数量不同。
- 一天中的时间：尽管在一天中的不同时间可以看到不同的卫星群，但有些误差（例如电离层延迟引起的误差）在一天中的不同时段是存在差别的。
- 周围环境：周围建筑物和植被可能导致天空遮蔽，可见卫星数减少，引发信号衰减效应，或 GNSS 信号在建筑物或其他标志物上的反射引起多径效应。

有关 GNSS 性能参数的其他信息，请参见 Federal Aviation Administration（2011）和 GPS. gov（2008，2007）。

4.2.3　ITS 领域卫星定位及其应用

智能交通系统（Intelligent Transport Systems，ITS）因其改善交通问题（如减少交通事故、交通拥堵和排放）而越来越受到社会的欢迎。ITS 利用现有的信息和通信技术，并通过传感器、执行器和其他控制技术来实现车辆的正确操纵。这是汽车制造商对现代汽车的发展方向的探索，他们正在不断改进车载 ITS 技术。

ITS 中包括使用 GNSS 实现其功能的一类应用程序。GNSS 接收机可以收集 ITS 应用程序要使用的位置、速度和时间信息，不仅可以用于运输系统中的定位服务，还可以用于越来越多的 ITS 应用程序。如今 GNSS 已嵌入到各种移动设备中，例如智能手机、智能手表或远足定位系统。这也为行人或货物提供了无限制的可用定位服务，并且在某些救援行动中起着至关重要的作用。

当前的 GNSS 定位精度非常适合一些 ITS 应用，如车队管理和车辆跟踪、车辆调度和控制，以及改进的货物"准时"交付和追踪过程。然而，目前 GNSS 的性能对于未来几年 ITS 应用可能还不够。例如，自动驾驶和网联车辆需要非常准确地知道它们的位置、速度和方向，这不仅是为了让车辆保持在正确的车道上，而且也是在车辆上接入具有强空间指向性的 V2V 无线通信技术（如毫米波）的隐含要求。GNSS 信息可为智能车辆控制算法提供输入，并在车辆操纵完成后向控制算法提供反馈，从而对智能车辆的控制环路做出积极贡献。如果位置信息可在汽车之间共享，则 GNSS 可以成为道路上其他车辆避障识别系统的一部分。

4.2.4　GNSS 在 ITS 的前景

随着 ITS 的发展，未来几年对获取车辆更准确位置、位姿和速度的需求愈加强烈。如今，自动驾驶汽车已开始尝试使用差分 GPS（Differential GPS，DGPS），差分 GPS 通过地面基准站对 GNSS 卫星信号进行修正，它可以将差分（校正）信息广播到接收机，以提高其位置信息的准确性。为了提供更高的定位精度，甚至将定位误差限制到厘米范围内，也出现了其他几种定位技术。例如经典的 DGPS、载波相位差分技术（Real – Time Kinematic，RTK）、广域 RTK（WARTK）、精确点定位（Precise Point Positioning，PPP），或诸如基于星基增强系统（Satellite Based Augmentation Systems，SBAS）的增强定位服务。在差分模式下使用 GPS 时，民用代码的定位精度为 $0.7 \sim 3m$，受限代码的精度为 $0.5 \sim 2m$，而使用 RTK 可以将定位精度提高到 $2cm$。

与今天在航空或海事部门的关键飞行阶段或复杂机动（即进近或着陆阶段）的情况类似，GNSS 的可用性、完整性和连续性性能参数在未来对自动驾驶的某些关键应用将变得越来越重要。在城市峡谷、隧道或其他复杂环境中，地面接收机由于无法接收 GNSS 信号而导致导航定位系统无法正常工作，此时可以通过传感器融合技术、地图匹配技术、惯性导航技术和其他可用的传感器和信息技术来解决。融合不同来源的信息，包括作为定位传感器的 GNSS，将为车载 ITS 提供连续、准确的定位信息。

由于 GNSS 最常用的信号频段开始变得拥挤（导航系统数量增加），因此未来可能会出现与 GNSS 所用无线电频率有关的一些问题。即使是那些尚未被广泛使用的频段资源，将来也肯定会被 ITS 系统使用和共享，因此在未来几年中必须开发其他可用频率资源。此外，不同 GNSS 的全球互操作性将为其带来全球利益并促进其自身的发展，例如 Galileo 从一开始就与 GPS 完全兼容。还有，新的 GLONASS 计划除了目前使用的信号，还将传输与 GPS 和 Galileo 兼容的信号。这意味着，在不同 GNSS 之间兼容性越来越高的情况下，一旦所有 GNSS 全部部署完毕，用户可能会极大受益，因为他们可以使用总共有 100 多颗活动卫星的多卫星接收机。这将大大改善 GNSS 及 ITS 服务的性能，即使在城市峡谷中也能体验这些服务。

4.3 GNSS 辅助和混合定位系统

如前一节所述，仅通过 GNSS 无法在任何时候和任何情况下都提供精确的定位服务，实际上是有办法弥补 GNSS 缺陷的。在本节中，我们将介绍改善 GNSS 定位的两个关键技术：惯性导航和里程计。本节还将介绍将不同来源的信息进行融合以解决单一系统定位的问题。

4.3.1 GNSS 辅助定位和导航技术

目前可以通过许多不同的技术来辅助 GNSS 定位，如传感器、里程表、磁力计等可以提供有关车辆运动的信息，将其与 GNSS 结合能获得更好的定位效果。

里程计通过计算车轮转动的次数，并结合与车轮直径相关的转换率，可将转动次数转换为行驶距离信息。在转向编码器中采用了类似的概念来提供转向盘转角信息，此信息可用于计算前轮偏转角度，进而转换为航向角速度。另外，通过运用适当的模型，可以将转向盘信息与里程表测量的前轮速度相结合，来预测车辆的下一时刻的位置（Toledo-Moreo 等，2007）。每个车轮都可以有其专用的计数码盘，车辆航向角也可以根据两个前轮的速度差来来计算（Carlson 等，2004）。

加速度计也可以提供有关车辆纵向运动的有用信息，但与编码器和里程计不同的是，该信息不受车轮滑移和打滑的影响，也不受车轮直径变化的影响。惯性传感器的另一种形式——陀螺仪，可用于测量车辆横摆速率。目前精度较高的陀螺仪的种类有：微机电（Micro Electro Mechanical，MEM）陀螺仪、光纤陀螺仪和激光陀螺仪。

估算车辆航向的传统方法是使用罗盘。但是由于电子罗盘在暴露于变化的磁场时会受到影响,所以在智能车辆上电子罗盘并没有被视为一种可靠的技术(Abbott 和 Powell,1999)。

在视觉里程计通过信标检测,或通过存储在数字地图中道路的几何形状和拓扑结构,也能得到车辆的相对位置。

上述传感器中,里程计和惯性传感器是当今制造的所有汽车都可用且最常用于辅助 GNSS 的技术。因此,我们将重点放在这两者与 GNSS 的结合上,而视觉里程计、激光雷达、无线网络和 RFID 技术的可用性将在第 4.5 节中专门介绍(介绍它们如何替代 GNSS 实现车辆的定位)。另外,第 4.4 节将用一个特定的小节来介绍另一种地图(数字地图)辅助 GNSS 定位技术。

4.3.2 GNSS/DR 定位

4.3.2.1 原理

航位推算(Dead – Reckoning,DR)是在车辆原有姿态(位置和航向)的基础上,综合速度和加速度来计算当前姿态的过程。通常可以使用编码器、加速度计和陀螺仪等测得的信息进行航位推算,它们分别提供行驶距离、加速度和横摆角速度信息。这些传感器提供了姿态的一阶或二阶导数的测量值,这意味着位置和航向估计值可能会受到累积误差的影响。这些误差的大小取决于传感器的精度(噪声和偏差),也取决于 PVT 计算所采用的方法(包括传感器误差模型和车辆模型)。在混合航位推算辅助 GNSS 定位系统中,融合系统的结构和融合算法也会对定位精度产生相应的影响。

使用不同传感器融合 GNSS 定位会带来不同的好处,对于 GNSS 结合编码器和惯性传感器这种常规配置,最重要的特点如下:

1) 由于惯性导航的特性,可以不受 GNSS 固有问题(例如信号阻塞、干扰、天气状况等)的影响。

2) 提供更高的 PVT,因为惯性传感器通常比 GNSS 接收器快 1 个或 2 个数量级。

3) 补充更多信息,例如加速度和姿态(侧倾、俯仰和横摆)。

4) 提供来自不同传感器源的定位冗余估计。

特征 1 支持车辆定位的可用性和连续性,尤其是当 GNSS 卫星的能见度降低时。特征 2 和 3 的组合使导航系统可以跟踪车辆动力学状态。第 4 项提供了冗余,为同时提高定位准确性和完整性创造了可能。

4.3.2.2 车辆模型

车辆模型提供了融合 DR 传感器信息的基础。假设忽略滑移时,车辆的运动可被视为非完整约束系统,因此车辆航向角等于航迹角,如图 4.2 所示。文献中列举了许多实例,说明如何正确选择航位推算系统的车辆模型,从而显著降低定位误差(Julier 和 Durrant – Whyte,2003,Toledo – Moreo 等,2007,Sukkarieh 等,1999)。当系统中存在低成本传感器的情况下,车辆模型就变得尤为重要,因为传感器性能越差，通过约束以避免定位误差的快速累积就越方便（Goodall 等，2006）。

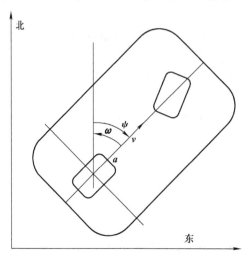

图 4.2　简化后的单车模型

注：图中假定速度（v）和加速度（a）方向一致；ψ 为车速与正北方向的夹角，ω 为横摆角速度。

4.3.2.3　数据融合结构

数据融合的目的是将所有导航信息组合成一个混合输出，这得益于不同传感器源［例如 GNSS 和 DR（GNSS/DR）］信息的互补性。为此有必要选择一种融合架构，并在此基础上应用特定的融合技术。尽管存在数不胜数的可用的数据融合体系结构，但通常可以根据具体的融合算法将它们分为两类：松散耦合和紧密耦合。

1）在松耦合融合架构中，GNSS 修正过程与系统位置估算是同时进行的。最简单的车辆状态向量由位置和航向角组成，观测向量为 GNSS 修正值，它们是在同一导航框架中定义的变量。在这种情况下，状态协方差矩阵表示算法对姿态估计的置信度。

2）在紧耦合结构中，融合不是通过定位变量（松耦合结构）来实现的，而是通过 GNSS 伪距和多普勒计算来实现的。此方法以较高的系统结构复杂性为代价，具有三个显著的好处：

① 与计算定位变量的误差相比，GNSS 伪距测量误差因素之间的相关性较低，这与最常见的滤波技术（例如卡尔曼滤波器）的假设更吻合（Goodallet 等，2006）。

② 即使无法计算 GNSS 修正量（当可见卫星少于 4 颗时），它也可提高 GNSS 定位精度。

③ 它使得利用航位推算来检测卫星测量误差成为可能，增强了定位系统的完整性（Le Marchand 等，2008）。

4.3.2.4　融合技术

该领域的文献介绍了大量不同的 GNSS/DR 融合技术，其中最常见的算法是扩展卡尔曼滤波（Extended Kalman Filter，EFK）。利用 EKF，将非线性模型在状态估计值附近作泰勒级数展开从而实现线性化。当误差源不相关且均值为零时，EKF 可以给出线性化问题的最优（最小均方误差）解。EKF 算法流程总结如下：

1）通过状态转移模型预测状态向量。
2）考虑系统建模误差和传感器噪声特性，预测状态向量误差的协方差。
3）在考虑测量值的误差特性的基础上计算观测值的变化及其协方差。
4）卡尔曼增益的计算。每一项增益（权重）都用于预测值或观测值的修正，具体取决于每一项的置信度。
5）使用步骤 4）中计算的增益更新状态估计值及其协方差。
6）返回步骤 1）。

但是，当将其应用于 GNSS 定位问题时，上述 EKF 策略具有以下缺点：

1）EKF 最优解代表线性化问题的最优解，而不是原问题的最优解。原问题非线性程度越高，EKF 效果越差。
2）对于某一特定的 GNSS 接收机而言，EKF 对中心噪声和不相关噪声的假设非常简单，尤其是在 GNSS 信号存在多径和衍射误差的城市地区。

由于这两个问题，该领域的文献提出了许多解决方案。通常，这些方法可分为两类：

1）利用融合算法对噪声和误差进行更精确的先验信息估计。
2）通过使用具有学习能力的智能融合技术（例如，神经网络、模糊逻辑）。

在第 1 类中，由于使用了其他传感器信息，因此可以对相关噪声进行整形滤波。值得一提的是，粒子滤波器（Particle Filter，PF）能够处理非高斯误差（例如 GNSS 信号噪声），但会增加计算的复杂度（Carvalho 等，1997）。

4.4 数字地图

4.4.1 重要性和实用性

如前一节所述，仅通过 GNSS 无法在任何时候和任何情况下都提供精确的定位服务，实际上是有办法弥补 GNSS 缺陷的。在本节中，我们将介绍改善 GNSS 定位的两个关键技术：惯性导航和里程计。本节还将介绍将不同来源的信息进行融合以解决单一系统定位的问题。

地理信息系统（Geographic Information System，GIS）是一个有组织的集成，旨在存储、操作、分析和显示地理参考信息。该系统允许在不同的主题层中分离信息。虽然其最初用于导航系统，但数字地图已成为支持众多道路车辆辅助系统的重要工具。有了这些辅助系统，驾驶员的视野就可以扩展到所谓的电子视界（Njord 等，2006）。这种对远离车辆所在位置的道路交通情况的了解，可提高交通的安全性和效率，甚至可以提前预测潜在的风险情况，而不是仅仅在人类肉眼视觉范围内感知风险。同样，对动态变量的更多了解可以优化交通、提高通行效率。

从这个意义上讲，地图成了部署辅助系统的重要部分（McDonald 等，2006），数字地图可以理解为一种附加传感器，其用途可以分为两大类：

- 主传感器，此时地图信息对于系统功能是至关重要的。换句话说，没有该信息就不可能完成类似的任务，但该信息与所需的定位精度是完全独立的。例如智能速度自适应系统、动力总成预测控制系统、拥堵警告、紧急呼叫和几乎所有协作的系统等。

- 辅助传感器，此时地图信息主要用于验证来自其他传感器的数据或使系统的主传感器更有效地检测目标。例如自适应巡航控制、车道保持辅助系统、车道变更辅助系统等。

然而，为了支持之前提及的那些应用，传统的用于导航的数字地图精度是不够的，必须从地图所含信息的细节和精度两个方面进行改进。对安全等级较高的应用往往对这两方面要求更苛刻，而且通常需要将导航地图移转换为所谓的"安全地图"（T'Siobbel 等，2003），这对构建地图的形式产生了显著影响，下文会详细描述。

为了说明数字地图的重要性，目前国际上提出了一些倡议。在欧洲道路运输研究咨询委员会（European Road Transport Research Advisory Council, ERTRAC）制定的战略议程中，确立了数字地图四个主要应用领域（城市出行，能源、资源和气候变化，长途货运，道路运输安全），并确定了"开发综合实时更新导航定位通用数字地图"的优先等级（European Road Transport Research Advisory Council, 2008）。

同样，在电子安全论坛（eSafety Forum, 2006）上提出的战略研究议程中，增强型数字地图和增强型定位系统的开发被视为一项重要的应用开发活动，该会议主要议题是人和货物移动服务、智能车辆系统、协作系统和系统实地测试。会上有专家指出，需要在考虑成本和效益的基础上开发和维护创新型、增强型数字地图，以支持智能车辆系统和服务，主要目标是提高地图的准确性和实时性。该组织还成立了数字地图工作组，以推进数字地图中与安全相关功能的实际可用性。该工作组还表示通过开发此增强型的数字地图，并建立公私伙伴关系，反过来可以改进、维护、验证和丰富地图数据库。

电子地图领域已开展的众多研究项目也证明了地图的重要性。例如，NextMAP 建议在新的驾驶员辅助系统中对数字地图的细节和精度提出强制性要求；HIGHWAY 定义了提供集成安全性和增值服务的体系结构和规范，其中数字地图的作用至关重要；MAPS&ADAS 罗列了数字地图中必须包含的数据，该数字地图可用于当前和将来的智能汽车应用程序以及 EDMAP。

最后，需要指出的是，现已应用或即将应用在车辆上的新应用程序不仅需要更详细和精确的地图，而且还需要这些地图中所标注的位置信息更加精确和可靠。然而在目前许多情况下，若将这些技术布置在普通车辆上，其价格是难以被消费者所接受的。

4.4.2 技术规范

数字地图的技术规范包含两方面的内容：涵盖的信息和数据的准确性。对于精确导航而言，导航系统使用的数据属性包括街道名称、限行区域、特定路段的特殊性（取决于特殊日期或一天的特殊时间段）、热点区域、期望车速等。特别是对安全性要求越高，意味着需要更完整的信息。更具体地说，在欧洲综合项目 PREVENT 的子项目 MAPS&ADAS 中，地图信息被分为四个主要类别（几何、特征、属性和关系）。其中最重要一些信息如下：

- 道路几何特征，包括坡度、超高、半径等数据（几何体的三维信息，精度比当前用于导航的地图高 1~2 个数量级）。
- 固定和可变速度限制。
- 禁止、危险、建议等道路标志。
- 车道的数量、宽度以及界定不同车道的因素，每条车道允许的驾驶行为等方面的信息。
- 交叉口类型、信号规律和允许的驾驶行为。
- 潜在危险区域的特征。
- 可视距离。
- 其他可以改善定位和促进障碍物探测和热点识别的信息。

对于车辆的定位精度方面，目前已经划分了三个精度等级（EDMap Consortium, 2004）：

- 车辆在所处的道路，是指除了在非常不好的信号条件下，采用当前技术达到的水平。
- 车辆所处的车道，预计在未来几年内可实现，目前正在开发许多解决方案。在这种情况下，误差允许范围为 1.5m（1m 是定位误差允许的限值，一般认为数字地图的误差在 0.5m 左右）。
- 车辆所在车道横向上的位置，达到这种等级非常困难，需要更长时间的探索。可以预期此时车辆定位总误差为 0.3~0.5m。

最后，应该认识到这些等级的详细程度和准确性会影响数字地图的构建、改进、维护和丰富。

4.4.3 数字地图的制作

数字地图的构建可以由详细的地形图、航空照片或数字化的常规地图绘制成。然而，以前的建图方法是不够的，智能车辆系统所需新的信息和精度水平意味着必须使用新的方法来构建数字地图。使用信息采集车是一种可行的解决方案，可以达到所需的细节和精度水平。装有信息采集设备的车辆可以获取道路的几何结构并获取道路附加信息。而卫星定位接收机和/或惯性系统通常用于测量道路上的物体，并与视觉系统互补，用于检测交通信号、估计车道宽度等。卫星定位系统将经纬度信息进行相应转换后可直接提供笛卡儿坐标。但是，惯性系统需要先对速度和转角计算才能从转化为笛卡儿坐标系下数据。此外，由于定义了全局坐标系，还要将各类数据进行旋转和平移。

除了路线的笛卡儿坐标，对于一些驾驶辅助系统（如弯道预警系统或智能车速自适应系统）而言，知晓道路曲率半径也是非常必要的。通常该参数可以通过弦线支距法从3个点的位置计算获得。

虽然数字地图还不需要信息路面粗糙度信息，但道路诊断系统对之前的路面测量形成了补充，可以获得路面粗糙度值或识别路面不规则区域。此外，外部信息源或数据库（街道地图、道路地图等）可以与信息采集车获得的信息进行融合。这项工作需要不同来源之间信息的高度互操作性，这些信息可能来自公共或私营部门，甚至私人车辆。

然而，使用信息采集车绘制数字地图也存在一些问题，主要问题如下：

- GNSS定位信号容易丢失或恶化，甚至差分校正也不能保证在所有情况下都满足许多应用要求的精度；这些偏差在垂直方向上更大。
- 惯性系统不能提供绝对的参考值，但是如果通过全局定位系统进行补充，此方面很容易解决；另一方面，惯性系统可以直接提供诸如道路坡度和道路超高等重要信息，这与不能提供或不直接提供这些信息的GNSS接收器相反；此外，惯性测量系统没有信号损失；然而，惯性系统最大的局限性在于累积偏差，即随着行驶距离的增大，累积偏差会越来越显著。
- 为了减少以往系统中存在的一些问题，通常使用传感器融合算法减小误差，例如Kalman滤波器等工具；然而，那些实时工作的校正系统必须与那些在测量完成后进行后处理的系统分开运行；这种后处理在数字地图的制作中是可以接受的，但不适用于车辆的实时定位，例如在那些GNSS信号长时间丢失的关键区域无法实现定位误差的减小。
- 此外，惯性系统在确定道路坡度和超高时除了取决于车辆的轨迹，还受车辆动力学的影响，因此，有一些算法旨在修正这种影响，并分离车辆（主要是簧载质量的旋转）和道路几何结构的各自作用比例。
- 因为使用了高质量的GNSS接收机（如果可能的话还要进行差分校正）和具有小漂移的高性能惯性传感器，设备的成本很高；但是，这种高成本并不是技术发展绝对的阻碍，因为它们是专门为智能车辆设计的传感器，需要将这种情况与必须把成本控制在市场范围内的一般车辆设备区分开来。

另一方面，包含在数字地图中的信息不能被连续存储，通常会使用离散化方法，并且还会对数据进行简化以提高存储效率。从这个意义上讲，用于导航的地图简化算法非常重要，要避免与其他应用程序相关的细节被消除。然而这些简化在许多旨在提高车辆安全性的应用程序中是不可接受的，但是可以接受其他较小的简化以减少必须存储的数据量。因此，在一些文献的工作中，可以看到他们使用样条线近似表达道路，通过离散点表征道路几何特征以此从理论上描绘整个区域。但是，这种解决方案并不完全适用于实际情况，因此某些研究工作在考虑车辆航向角的变化的基础上将道路的直线和曲线分段处理。同样，考虑到道路设计的经典几何元素：直线、圆曲线、缓和曲线、抛物线等，提出了道路几何线形的分段方法。

最后，一旦构建了地图并确定了其所面向的应用程序，就需要对信息不断进行更新。从这个意义上说，静态和动态信息是根据变化发生的时间间隔来区分的。在ACTMap 项目中，定义了更新过程中必须满足的要求：

- 避免数据重复。
- 应能更新部分数字地图。
- 应能够根据各种标准过滤数据。
- 在更新过程中，应接受永久、临时和动态更新。

作为获取可变信息的一种手段，传感器可安装于基础设施（交通设施、气象设施等）或车辆上，无论该传感器是否是特别定制的传感器。

4.4.4 地图质量评估

尽管面向导航类应用时数字地图的精度和效率都不是至关重要的，并且可以接受存在一些偏差，但是对于安全类的应用而言，情况并非如此。在安全类应用中，必须高精度地收集某些属性和变量。实际上，目前的技术手段可以观察到道路几何变量测量中的不确定性是如何产生影响的。例如，弯曲道路的曲率半径或超高坡度会影响安全行驶速度的估算，进一步，半径估计中 10% 的误差会导致安全速度计算中 5% 的误差，这证明有必要量化地图测量的不确定性，尤其是量化地图几何特征的不确定性。

关于数字地图中存储的几何图形精度的评估，人们提出了不同的方法，这些方法基本上取决于用于构建地图的方法。地图精度最常见和最普遍的质量评价方法是按 Transportation Research Board（2002）中所提出的评价流程进行的。该方法中，数字地图上随机点的位置与通过更精确的方法获得的实际点的位置进行比较。

与上述基于笛卡儿坐标比较的方法不同，其他学者建议使用车道宽度测量（测量时对比同一道路上不同车道的宽度）的平均值和标准差作为精度指标，但该方法的主要缺点是信息采集车所行驶路径对评价结果有重要影响。

此外，为了选择合适的方法，还应考虑到惯性系统测量误差与卫星定位系统测量误差性质的不同。因此，基于误差的累积性质，有必要在测量完成之前建立一种考虑误差不确定性的方法。基于不确定性的传播规律，Jimenez 等（2009）提出的方法适用于所有间接获得变量的情况。该方法还允许在无须校正惯性系统测量结果的情况下估算最大可行驶距离，并且累积的误差不会超过驾驶辅助应用程序给出的允许误差范围。

最后，在 EDMap 项目中，由于并非所有系统都需要相同的信息，因此从最终应用方面分析了构建数字地图的相对工作量。研究的结论指出，例如，与具有控制功能的弯道速度辅助或自适应巡航控制相比，停车标志辅助系统所需的工作量要少得多。此外，并非所有路段都要求数字地图具有相同的细节和精度。因此，提出了混合地图的实现方法，其中地图的质量是可变的，并且在关键路段（如岔路和弯道）中提升了地图的详细程度和精度。这种方法对大多数系统都是有效的，并且大大减少了地图构建的开发成本。

另一方面，在数字地图中，还存在不同属性定义的错误：

- 忽略性错误：一个属性存在于现实中，但不在地图上。
- 类别性错误：一个属性在现实中并不存在，但包含在地图中，这通常是由于现实更改后未能更新地图造成的。
- 分类错误：属性被错误识别或分类（例如，交通标志中包含的信息混乱）。
- 位置错误：地图的某个属性未位于地图上的正确位置。

4.4.5 地图匹配

地图匹配算法寻求将车辆中传感器生成的位置与地图的地理信息相关联。实际上，处理数字地图上的不准确信息和定位并不简单。因此，在复杂的环境中，如城市环境、公路交叉口和相互靠近和平行的道路，提供车辆在道路上的特定位置存在困难。此时如果使用其他信号，如惯性传感器提供的信号，并考虑车辆位置在之前的瞬间是如何演变的，可提高车辆定位的精度，但这需要复杂且可靠的匹配算法。

到目前为止，已经开发出了几种地图匹配算法，它们可以被分为四类：

- 几何算法是比较简单的方法，但在道路交叉口、环形交叉口和平行道路上表现不佳。几何算法主要有三种：点到点匹配、点到曲线匹配和曲线到曲线匹配。然而，它们的简单性意味着它们在复杂情况下通常表现不佳。
- 拓扑算法利用数字地图物体之间的关系，如邻接关系、连通关系和包容关系来选择正确的连接。因此，该算法考虑了路线的先前信息，以将车辆定位到路段中，并且该类算法可以保持轨迹的连续性。
- 概率算法是在 GNSS 接收机获取的定位点周围生成一个置信区域，主要用于有交叉口道路的决策。
- 高级算法使用 Kalman 滤波器（KF）、扩展 Kalman 滤波器（EKF）、模糊逻辑模型（Fuzzy Logic，FL）、Dempster – Shafer 证据推理方法论、粒子滤波器或贝叶斯推理，在道路识别的正确性和准确度方面优于其他算法。但是，该类算法需要更多的数据输入，并且在面对实时应用程序时计算速度相对较慢且难以实现。

与上述分类方法不同，Gustafsson 等（2002）将地图匹配算法区分成了简单算法、加权算法和高级算法。最复杂的算法可以达到 85%~99% 的识别率，然而它们的性能还是不足以支持一些对精度要求高的 ITS 应用程序。关于地图匹配算法的最新进展，可以在 Hashemi 和 Karimi（2014）以及 Quddus 等（2007）的论文中找到。

另一方面，大多数算法通过重复计算先前定位结果的方式来检查发生错误的可能性。此解决方案适用于导航应用程序，但不适用于安全相关的应用程序。因此，地图定位中的这些误差增加了在许多 ADAS 应用程序中使用定位的难度和局限性。

最后需要注意实时算法与后处理算法的区别。实时算法，例如那些专注于车内导航系统的算法应该是简单的，而不是计算密集型的。后处理算法使用 GNSS 生成的一系列定位点作为输入，并将其与数字地图数据进行比较，以生成车辆整个路线的准确输出。对于后处理算法，计算速度不是必需的，因此算法更复杂且其计算结果要优于实时计算的结果。

4.4.6 地图辅助的 GNSS 定位

正如现实生活中所见，数字地图数据库是大多数运输和出行系统中的关键组件，因为地图通常是提供最终定位的服务的参考系统。为此，必须对车辆的绝对位置进行地图匹配，因为后者是大多数服务终端用户唯一感兴趣的东西。

然而，对定位系统而言，地图数据也可以直接为定位过程带来好处。地图辅助 GNSS 定位的两个主要原则是：

1）在数据融合中使用 2D 地图数据。在这种情况下，数据融合算法将描述道路形状的地图信息以及路段或车道之间的关系用作数据融合算法的冗余信息源，从而既可以对定位算法的计算结果进行筛选（假设车辆在道路上并遵循地图中存储的交通规则），或者使用航向、限速等信息来支持估算结果［例如 Cui 和 Ge（2003），Toledo – Moreo 等（2010）］。

2）使用 3D 地图数据进行异常卫星数据的故障检测和排除（Fault Detection and Exclusion，FDE），提高了定位方案的整体质量。例如，利用环境知识来分析某颗卫星是否与在接收机的视线（Line – Of – Sight，LOS）范围内，该信息可以用于定位计算，如图 4.3 所示。图 4.3 中，通过比较天线与周围建筑物之间的角度以及天线与卫星 SV3 之间的角度，可以判断 SV3 不在直接可见范围内。因此，地面接收机接收到的伪距测量值是存在偏差的。检测非视线范围（Non – Line – Of – Sight，NLOS）卫星对于多径检测和校正尤为重要（Peyraud 等，2013；Groves 等，2012）。

如 Pinana – Diaz 等（2012）所述，也可以将 2D 和 3D 地图结合起来辅助定位。

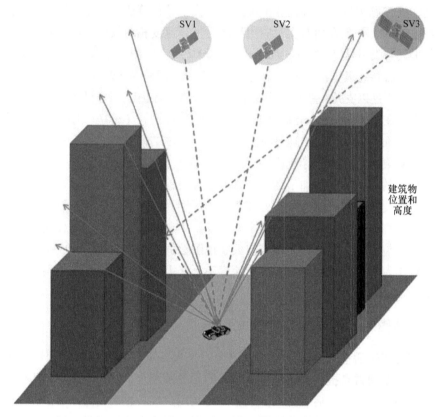

图 4.3 使用 3D 地图检测 NLOS 卫星示意图

4.5 GNSS 定位的替代方案

4.5.1 用于估计车辆运动的视觉里程计

在城市道路环境中，人们对自动或半自动驾驶车辆的需求要求很高，因此在汽车上能够通过多个传感器协同作用来估计车辆运动（速度、加速度和位置）的系统发展迅速。为了实现这一点，近年来计算机视觉和激光雷达算法的使用大大增加，这种方法被称为视觉里程计（Nistér 等，2004）。视觉里程计算法是基于相对运动估计的，借助于安装在车辆或平台上的视觉系统。然而，每一种相对运动估计方法都存在相同的问题：随着时间的推移会出现积分误差，使得车辆位置的估计值偏离实际位置。

如第 4.3 节所述，融合架构和算法允许合并从不同传感器收集的信息，以使定位系统总误差最小。结合第 4.3 节和 4.4 节中介绍的编码器、惯性传感器和地图，当车辆经过GPS无信号的区域（尤其是在城市环境中）而导致GPS信号中断时，摄像头仍可以正常工作（参见图4.4a）。反过来，GPS提供的信息可用于减少基于视觉传感器定位系统积分误差而导致的精度不足（图4.4b）。

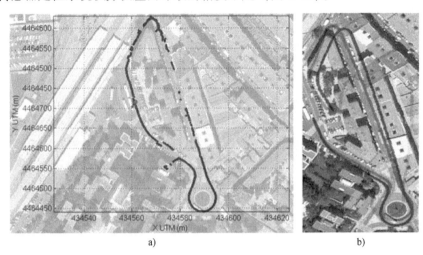

图4.4 城市环境中车辆轨迹示例
a）由差分GPS提供的数据 b）由三种不同的视觉测距算法提供的数据

本节重点介绍用于估计车辆运动的视觉里程计算法。与其他一些系统相比，视觉里程计具有重要的优势，例如与车轮里程计相比，它对车轮滑移具有较高的鲁棒性。此外，视觉里程计一般基于被动传感器，消除了干扰其他车辆传感器的可能性。最后，与提供类似准确率的GPS系统相比，使用视觉传感器的成本相对较低，还增加了将图像信息用于其他任务（如障碍物检测或信号识别）的可能性。目前，激光雷达并没有类似上述摄像头的功能优势，但是激光雷达在智能汽车上也有其特定的用途。

4.5.1.1 基于计算机视觉的视觉里程计算法

视觉里程计这一术语是由Nistér等人于2004年提出，与传统的车轮里程计的概念截然不同。然而，之前已有研究通过从不同角度拍摄的图像集估计摄像头的相对位置，称为利用运动信息恢复三维场景结构（Structure from Motion，SFM）方法。视觉里程计早已被广泛应用，最典型的例子之一是在火星探测器上的应用（Johnson等，2008）。视觉里程计有着广泛的应用范围，从室内、室外机器人到自动驾驶车辆，无论是在结构化环境还是越野驾驶环境中都广泛应用于ADAS。

必须强调的是，视觉里程计是一个更普遍技术［同步定位与地图绘制（Simultaneous Localization and Mapping，SLAM）］的子技术。SLAM包括自车运动估计、定位跟踪并逐步重建未知环境的地图，这个过程可以在没有给出初始姿态信息的情况下完成。借由传感器的观测数据，可在每个时间步长中估计自身位置和环境地图。

由于定位传感器测得的数据存在误差,所以这些数据和所有的环境建模元素都可以被视为概率变量。

视觉里程计方法的常见分类方法是基于所使用的传感器类型。视觉里程计中单目系统的主要问题是缺乏绝对距离信息(Hilsenbeck 等,2012)。然而,该系统的主要优点是不需要像立体投影系统那样复杂的校准过程,而且成本较低。目前绝大多数单目视觉里程计都是基于 Nistér(2004)等人提出的理论实现的。在该研究中,作者利用五点相对位姿(Nistér,2004)和 RANSAC(Fischler 和 Bolles,1981)来避免可能出现的异常值。

尽管在校准阶段复杂度较高且计算成本较高,但使用立体视觉系统代替单目系统可提供更准确的结果。Moravec(1980)建立了基于立体视觉系统的视觉里程计通用方法,其中使用移动摄像头从不同角度捕获 9 幅图像。后来对立体视觉系统的研究取得了更好的结果(Matthies 和 Shafer,1987)。基于立体视觉的视觉里程计算法的缺点之一是深度估计的准确性不足,在三角测量中带来了各向异性性误差(Trucco 和 Verri,1998),并且深度越深误差越大。这就是为什么不建议使用图像中远离车辆所在位置处特征的原因(Otsu 和 Kubota,2014)。立体视觉系统的基线与环境中元素所在位置的深度相差非常小(Scaramuzza 和 Fraundorfer,2011)时,也会增加结果的误差。

视觉里程计的实现方案如图 4.5 所示:第一阶段或首要任务是检测图像(I_{k-1})中易于与下一张图像(I_k)匹配的特征点(P_n)(以及其他图像上与该特征点匹配的点)。此匹配过程构成了算法的第二阶段。一旦计算出两个连续图像(通过立体视觉系统捕获的图像对)上特征点的位置($f_{p_{n,k}}$),就可以估算出车辆

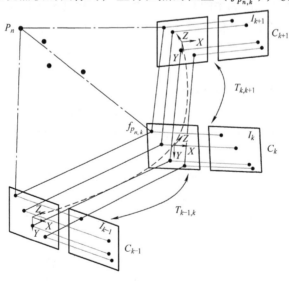

图 4.5 视觉里程计示意图

如何从位置（C_k）运动（$T_{k-1,k}$）到（C_{k-1}）。最后，可以通过优化阶段以减少估计偏差。对于视觉里程计系统的实现流程的更详细描述，可参考（Scaramuzza 和 Fraundorfer，2011；Fraundorfer 和 Scaramuzza，2012）。

4.5.1.2 基于激光雷达的视觉里程计算法

激光雷达也可以用来解决 SLAM 问题。例如，Zhang 和 Singh（2014）提出了一种激光雷达里程计和建图（Lidar Odometry and Mapping，LOAM）算法。该算法是一种视觉 SLAM 应用，仅使用激光雷达数据，就可以估计出 6 自由度车辆的轨迹（可实时估算该轨迹且结果具有低漂移的优点），并且其实时估算准确度与使用最新离线批处理方法计算 KITTI 数据集的水平相当。该算法主要分为两个阶段，第一阶段先进行高频低精度匹配处理，第二阶段是点云的精细匹配和配准。

基于计激光雷达的 SLAM 计算流程与 4.5.1.2 节所述非常相似：

- 特征（标志）提取：这是环境传感器（在本例中为 LiDAR）要执行的第一步。特征点包括线、平面的边缘、平面或相邻但朝向不同的点。通常，需要采用不同的策略来增加点的密度，例如 ICP 算法。用于特征提取的算法可以与用于障碍物检测或估计道路边界提取（例如，RANSAC，几何拟合等）的算法相同。
- 数据关联：一旦完成特征提取，就需要对先前确定的特征进行跟踪。一个时间步长中通过不同传感器检测到的特征和车辆的位置、地图坐标等信息都被存储了起来。通过不同的方式（即不同传感器）可以观测到同一特征，不同传感器信息之间的匹配关系可以用于估计车辆运动状态。为了进行精确的数据匹配，必须提取高质量的特征。如果在多个时间步长中可以重复观察到某一特征，则该特征被认为是高质量的特征。数据关联过程中可能出现的一些问题：由于 LiDAR 数据丢失，在下一时刻未观察到与上一时间步长中相同的特征；或特征距离 LiDAR 较远时，由于特征识别质量不佳而导致关联失效。错误的数据关联会导致发散问题，因为这将导致车辆把错误的位置信息纳入到操纵决策系统中。
- 扩展卡尔曼滤波或粒子滤波：使用扩展卡尔曼滤波器或粒子滤波器上载和整合车辆里程计和数据关联的结果，这是智能车辆使用多个传感器时常用的解决方案。当 GPS/INS 或 IMU 包含在传感器融合中时，SLAM 算法的性能将提高并可减少运动估计漂移（Montemerlo 等，n.d）。

4.5.2 无线网络

无线网络不仅可以用于交换位置信息，而且可以用于估计车辆的位置。这种方法正变得越来越流行，特别是在室内环境中。根据定位计算中使用的测量值，可以基于以下方法进行无线网络定位：

- 功率，如接收信号强度（Received Signal Strength，RSS）。
- 到达角（Angle of Arrival，AoA）。
- 传播时间，如到达时间（Time of Arrival，ToA）、到达时差（Time Difference

of Arrival, TDoA) 或到达时差差分 (Differential Time Difference of Arrival, DTDoA)。

目前，无线网络的发展与车辆定位没有显著的联系（至少，与本节介绍的其他方法相比）。无线网络系统的一些典型复杂性包括：

- RSS 系统需要对信号传播有很好的认知。
- 当无法保证直视时，AoA 下降。
- ToA 技术需要发射机和接收机之间具有出色的同步性。

4.5.3 RFID

4.3 节中介绍的 RFID 也可用于车辆的定位估计，但目前它们在智能车辆上的应用非常有限。RFID 应用的一些典型例子包括电子收费、交通监控，或作为 GNSS 信号丢失区域（如隧道或停车场）的辅助定位系统。

参 考 文 献

Abbott, E., Powell, D., 1999. Land-vehicle navigation using GPS. Proceedings of the IEEE 87, 145−162.

Carlson, R., Gerdes, J., Powell, J., 2004. Error sources when land vehicle dead reckoning with differential wheelspeeds. Navigation 51, 13−27.

Carvalho, H., Del Moral, P., Monin, A., Salut, G., 1997. Optimal nonlinear filtering in GPS/INS integration. IEEE. Trans. Aerosp. Electron. Syst. 33.3, 835−850.

Cui, Y., Ge, S.S., 2003. Autonomous vehicle positioning with GPS in urban canyon environments. IEEE Trans. Robot. Autom. 19, 15−25.

EDMap Consortium, 2004. Enhanced digital mapping project. Final report. EDMap Consortium, Washington.

eSafety Forum, 2006. Strategic Research Agenda. ICT for Mobility. European Commission, Brussels.

European Commission, 2015. Galileo's contribution to the MEOSAR system. <http://ec.europa.eu/growth/sectors/space/galileo/sar/meosar-contribution> (accessed 17.03.03).

European Road Transport Research Advisory Council, 2008. ERTRAC Research Framework. 'Steps to Implementation'.

European Space Agency, 2003. Galileo System Requirement Document (GSRD), Issue 3.0, ESA-APPNS-REQ-00011 [Ref.3] Space System Engineering Standard (ECSS-E-10-A).

European Space Agency, 2016. Galileo begins serving the globe <http://www.esa.int/Our_Activities/Navigation/Galileo_begins_serving_the_globe> (accessed 17.03.03).

European Space Agency, 2017. Navipedia. <http://navipedia.net> (accessed 17.03.03).

Federal Aviation Administration, 2011. FAA Global Positioning System (GPS) Standard Positioning Service (SPS) Performance Analysis Report. <http://www.nstb.tc.faa.gov/reports/PAN72_0111.pdf> (accessed 17.03.03).

Fischler, M.A., Bolles, R.C., 1981. Random sample consensus: a paradigm for model fitting with applications to image analysis and automated cartography. Commun. ACM. 24 (6), 381−395.

Fraundorfer, F., Scaramuzza, D., 2012. Visual odometry: Part II: Matching, robustness, optimization, and applications. IEEE Robot. Autom. Mag. 19 (2), 78−90.

Goodall, C., Syed, Z., El-Sheimy, N., 2006. Improving INS/GPS navigation accuracy through compensation of kalman filter errors. IEEE Veh. Technol. Conf. 1−5.

GPS.gov, 2007. Performance Standards & Specifications, GPS Precision Positioning Service (PPS) Performance Standard, first ed. <http://www.gps.gov/technical/ps/2007-PPS-performance-standard.pdf> (accessed 17.03.03).

GPS.gov, 2008. Performance Standards & Specifications, GPS Standard Positioning Service (SPS) Performance Standard, fourth ed. <http://www.gps.gov/technical/ps/2008-SPS-performance-standard.pdf> (accessed 17.03.03).

Groves P., Wang L., Ziebart M., 2012. Shadow matching: Improved GNSS accuracy in urban canyons. GPS World. Available online: <http://gpsworld.com/wirelesspersonal-navigationshadow-matching-12550/>.

Gustafsson, F., Gunnarsson, F., Bergman, N., Forssell, U., Jansson, J., Karlsson, R., et al., 2002. Particle filters for positioning, navigation, and tracking. IEEE Trans. Signal Process. 50, 425−435.

Hashemi, M., Karimi, H.A., 2014. A critical review of real-time map-matching algorithms: current issues and future directions. Comput. Environ. Urban. Syst. 48, 153−165.

Hilsenbeck, S., Möller, A., Huitl, R., Schroth, G., Kranz, M., Steinbach, E., 2012. Scale-preserving long-term visual odometry for indoor navigation. Int. Conf. Indoor Positioning Indoor Navigat. 1−10.

Jiménez, F., Aparicio, F., Estrada, G., 2009. Measurement uncertainty determination and curve fitting algorithms for development of accurate digital maps for Advanced Driver Assistance Systems. Transp. Res. Part C Emerg. Technol. 17 (3), 225−239.

Johnson, A.E., Goldberg, S.B., Cheng, Y., Matthies, L.H., 2008. Robust and efficient stereo feature tracking for visual odometry. IEEE Int. Conf. Robot. Autom. 39−46.

Julier, S., Durrant-Whyte, H., 2003. On the role of process models in autonomous land vehichle navigation systems. IEEE Trans. Robot. Autom. 19, 1−14.

Le Marchand O., Bonnifait P., Bañez-Guzman J., Peyret F., Betaille D., 2008. Performance evaluation of fault detection algorithms as applied to automotive localisation. In: European Navigation Conference - GNSS 2008, Apr 2008, Toulouse, France <hal-00445170>.

Matthies, L., Shafer, S., 1987. Error modeling in stereo navigation. IEEE J. Robot. Autom. 3 (3), 239−248.

McDonald, M., Keller, H., Klijnhout, J., Mauro, V., Hall, R., Spence, A., et al., 2006. Intelligent Transport Systems in Europe. Opportunities for Future Research. World Scientific.

Montemerlo, M., Thrun, S., Koller, D., Wegbreit, B., n.d. FastSLAM: a factored solution to the simultaneous localization and mapping problem.

Moravec, H.P., 1980. Obstacle avoidance and navigation in the real world by a seeing robot rover (No. STAN-CS-80-813). STANFORD UNIV CA Department of Computer Science.

Nistér, D., 2004. An efficient solution to the five-point relative pose problem. IEEE. Trans. Pattern. Anal. Mach. Intell. 26 (6), 756−770.

Nistér, D., Naroditsky, O., Bergen, J., 2004. Visual odometry. Proc. 2004 IEEE Comput. Soc. Conf. Comput. Vis. Pattern Recognit. (1), 652−659.

Njord, J., Peters, J., Freitas, M., Warner, B., Allred, K.C., Bertini, R., et al., 2006. Safety applications of intelligent transportation systems in Europe and Japan. Federal Highway Administration, Department of Transportation, U.S.

Otsu, K., Kubota, T., 2014. A two-point algorithm for stereo visual odometry in open outdoor environments. IEEE Int. Conf. Robot. Autom. 1042−1047.

Peyraud, S., Bétaille, D., Renault, S., Ortiz, M., Mougel, F., Meizel, D., et al., 2013. About Non-Line-Of-Sight satellite detection and exclusion in a 3D map-aided localization algorithm. Sensors (Basel) 13 (1), 829−847.

Piñana-Díaz, C., Toledo-Moreo, R., Toledo-Moreo, F.J., Skarmeta, A., 2012. A two-layers based approach of an enhanced-map for urban positioning support. Sensors (Basel) 12 (11), 14508−14524.

Quddus, M.A., Ochieng, W.Y., Noland, R.B., 2007. Current map-matching algorithms for transport applications: state-of-the art and future research directions. Transp. Res. Part C Emerg. Technol. 15, 312−328.

Scaramuzza, D., Fraundorfer, F., 2011. Visual odometry. IEEE Robot. Autom. Mag. 18

(4), 80−92.

Sukkarieh, S., Nebot, E., Durrant-Whyte, H., 1999. A high integrity IMU/GPS navigation loop for autonomous land vehicle applications. IEEE Trans. Robot. Autom. 15, 572−578.

T'Siobbel, S. 2003. The road to safety maps. In: Proceedings of 10th World Congress and Exhibition on Intelligent Transport Systems and Services. Madrid.

Toledo-Moreo, R., Bétaille, D., Peyret, F., 2010. Lane-level integrity provision for navigation and map matching with GNSS, dead reckoning, and enhanced maps. IEEE Trans. Intell. Transp. Syst. 11, 100−112.

Toledo-Moreo, R., Zamora-Izquierdo, M., Ubeda-Minarro, B., Gómez-Skarmeta, A., 2007. High-integrity IMM-EKF-based road vehicle navigation with low-cost GPS/SBAS/INS. IEEE Trans. Intell. Transp. Syst. 8, 491−511.

Transportation Research Board, 2002. Collecting, Processing and Integrating GPS Data into GIS. Transportation Research Board, Washington D.C.

Trucco, E., Verri, A., 1998. Introductory Techniques for 3-D Computer Vision, 201. Prentice Hall, Englewood Cliffs.

Zhang, J., Singh, S., 2014. LOAM: Lidar odometry and mapping in real-time. Robot. Sci. Syst.

第5章 道路运输和移动出行研究中的大数据

无处不在的移动设备改变了对移动数据的获取，主要原因为高普及率（90%的人口拥有智能手机，2016年有150亿用户）和它们连续获取和共享信息的能力。这些信息包括地理位置信息、GPS定位、与互联网频繁交互的手机运营数据，以及社交网络众包信息。

此外，在物联网（Internet of Things, IoT）发展趋势下，借由先进的V2X通信，为网联车辆（或将汽车看作一个传感器）实现和应用提供了大量数据。这些数据都是带有地理位置信息的，为分析和预测个体和群体聚集的流动模式提供了前所未有的机会。这一切使交通管理部门能够丰富现有的交通和移动传感器基础设施，部署更可靠的用于管理决策的工具，提高服务质量或优化运营。此外，网联汽车还可以为公民提供先进的个性化信息和服务，如"Google Now"。

上述场景催生了新技术的需求，这些新技术能够捕获、存储和详细描述大量彼此相关但结构相异的移动数据。大数据表明，由于这些数据捕获、记录和存储技术的最新进展，可用和潜在数据的数量（包括质量）出现了爆炸式增长。

本章将回顾与大数据最相关的传感器和数据知识，介绍支持大数据的底层技术，最后本章还列出运输和移动领域的一些相关问题。

5.1 数据和信息来源

与以前的方法（例如数据分析、海量处理和并行计算）相比，大数据的一个关键特点是多样性和异构性，包括结构化数据和非结构化数据。

目前，存在各种各样可用于获取道路当前状态信息的传感技术。事实上，新的车辆和行人检测和监测技术正在不断改进和发展，这有助于对行人和车辆运动进行表征。

可以得出几个结论：

- 每种检测设备都有其适用范围和具体用途，这使得它们获得的数据的可靠性和准确性都存在差异，也都有其各自的优缺点。

- 没有满足所有需求的检测设备。
- 通常将传感器分为两类:"路侧"和"车载"。
- "路侧"对应于直接安装在基础设施上的传感器。
- 侵入式传感器:需要在调试之前就进行安装的传感器。这些传感器直接安装在路面上,需要在路面上开槽:

  - 磁环:这是收集交通数据的经典技术,收集到的信息被中继到计数设备中。
  - 被动式磁环:它可以计算车辆数目、类型和速度。然而在实际环境中,若车辆距离非常近时,用它进行分类存在困难。
  - 气动管道:位于道路沿线的管道,可根据压力变化检测车辆。这项技术的主要缺点是道路覆盖范围有限,其可靠性严重依赖于天气、温度和交通状况。该系统在测量低速流量和滞留量方面效率低下。
  - 压电传感器和 WIM(压电传感器)系统:基本原理是将机械能转换为电能。该系统可用于测量重量和速度,这是车辆分类时常用的变量。

- 非侵入式传感器:传感器不会侵入车辆行驶的交通区域,而是安装在车道或路边,在安装和维护过程中可将对交通的影响降到最低。
- 主动和被动红外传感器:通过检测区域发出的红外线检测车辆是否存在、车辆速度和类型。
- 微波雷达:该技术可检测移动车辆和速度(多普勒雷达)。它可以记录车辆数量、速度并进行分类(近似值),且不受天气条件的影响。
- 车辆速度传感器和被动声音传感器:可记录车辆数量、速度和分类,可能受到恶劣天气条件(例如低温、雪、冰)的影响。
- 视频图像检测(Video Image Detection,VID)/视频视觉检测:摄像机通过视频技术记录车辆数量、类型和速度、路线并进行轨迹跟踪。该系统对天气条件敏感。
- 测光仪,一种用于测量车辆移动速度的装置。测光仪有不同的类型,但都是基于时间的测量:雷达、激光、激光雷达(光探测和测距)、激光屏障和基于图像识别。
- "车载"(非道路安装)技术,从车辆和/或其乘员处收集信息,并将其发送到安装在道路的设备中或接收中心进行处理。
- 手机信息。智能手机移动时会产生两种事件:网络触发的自动通信操作和事件触发的相关用户活动。
- 车流数据(Floating Car Data,FCD)。GPS 信息包含描述个体移动的详细时空轨迹,而所有的智能手机通常都配有 GPS 传感器,能够通过三边测量法计算位置。
- 自动票价收集系统通过使用不同的技术(RFID,磁卡,车牌识别等)为每次公共运输旅行收集交易数据。在所有情况下，收费或运输班次信息与每位用户都是一一对应的，不同的票价还会带来不同的数据信息（例如上车和下车信息）。

需要注意的是，对于众包数据（GPS、手机数据、电子交易、社交网络）的处理，主要挑战是提取具有语义含义的单个序列数据过程中稀疏数据的鲁棒性和噪声的处理（Widhalm 等，2015）。对于这些信息来源，需要提取一个关键参数——"空间轨迹"，空间轨迹是由一系列按时间顺序排列的点组成的轨迹，其中每个点均由对象/用户/旅行者 ID 的地理坐标、时间戳和其他信息组成（例如速度、语义标签、高度、方向、数据准确性、航向）。根据轨迹的类别，分别有特定技术来处理和挖掘轨迹数据（Feng 和 Zhu，2016；Zheng，2015），包括：预处理、数据管理、查询处理、数据挖掘和隐私保护。

此外，从开放数据的角度来看，为了提高交通信息和实现服务的可交互性必须考虑以下数据标准格式：DATEX II、SIRI、地理标记语言（Geography Markup Language，GML）、GTFS 以及其他相关的特殊标准（5.3.2 节）。

5.2 数据预处理

5.2.1 特征工程

机器学习技术依赖于大量的数据集，在许多情况下，这些数据集由数百个甚至数千个属性组成。丰富的特征可以为模型提供丰富的信息，以更好地适应每个具有不同特点的问题。然而，过多的属性也会带来两个主要问题：过拟合和计算时间太长（Blum 和 Langley，1997）。当数据属性与训练集数量的比率太高时，会发生过拟合。过拟合会在训练过程中创建一个超空间，该超空间可以很好地适应训练数据，但无法适应未在该数据集中的其他数据，从而导致较差的泛化性能。合理地选择特性以及其他技术有助于缓解这个问题。大量的特征通常会增加机器学习建模的时间，因为特征代表解超空间的维数。因此，在高维问题中减少特征集的大小是一种常见的做法，但这一问题有时不能轻易被解决。特征选取和工程应用于高维数据集的一个典型例子是文本分类和文档分类，其中每个实例都由一个文档的所有单词组成（Yang 和 Pedersen，1997）。其他典型例子有：针对某一状态的多种传感器数据，或描述各种生物的物理和化学特征等。大数据问题也属于相似的情况，尽管每个问题都可以在文献中找到具体的解决方案，但每个问题都有其特殊之处。特征选择和特征工程不是互斥的（从某种意义上说，特征选择是特征工程的一种），它们通常在处理过程中迭代结合使用，以完善和增强机器学习建模的能力。

特征选择：特征选择技术被用来修剪特征向量的维数。降维的基本原理是去除那些与目标函数没有太多关联的特征，或者换句话说选择更相关的特征。为此，多年来出现了许多技术，其中最重要的是（Kohavi 和 Jhon，1997）：

- 手动预处理：了解模型应用领域是数据科学的一个关键问题，并在初始预处理过程中起到很强的决定作用。数据集的目标特征若包含其他不相关特征子集时可被移除；或者数据科学家知道与问题无关的特征（或者更糟的是，该特征可能具有虚假相关性）通常可以被删除。计算数据集中特征的无效百分比，该比值很高的特征也是可被移除的。
- 主成分分析（Uguz，2011）：主成分分析是一种将目标变量表示为输入变量线性组合的统计方法，该方法可以识别与目标变量最相关的输入变量。
- 启发式方法：启发式方法是通过不同的方法（穷举法、过滤器等）搜索变量的组合，以寻求更好的性能。一个著名的启发式技术是 RELIEF 算法（Kirak 和 Rendell，1992）。该方法根据变量对特征的影响力对变量赋予权重，是一种简单有效的特征选择方法。在该理论框架下，在过去的十年里基于进化计算演变出一系列强大的工具，这些工具允许数据科学家构建特征优化包装器，它可以在几次迭代中获得最优特征子集。

上述为特征选取方法的一些例子，特征选取是在目前大数据时代再次受到关注的研究领域之一。

特征工程：特征工程的含义是修改现有特征或创建新特征以获得更有效的模型。虽然创建新特征看起来可能与上述特征选择的过程相反，但这两种技术通常是互补的，并且新特征通常可以替换先前的特征子集，或者使它们更易于处理，例如将文本属性更改为数值属性。此外，有时会发现与特征太多相反的情况，即机器学习模型可用的特征太少（或现有特征与模型不匹配）。在这种情况下，创建一些变量可以帮助算法适应数据。下面列出了一些最常见的转换：

- 标准化或其他类型的数值预处理：当特征的数值范围不一致时使用（Schadt 等，2001），特别是用于在不同特征集之间进行比较的机器学习方法。
- 变量的域变换，将连续变量转换为离散变量，或将文本变量转换为数值变量。对于机器学习方法来说，处理数字比处理文本更容易，因为数字变量更易操作，可在欧几里得空间中表示它们。例如，像"月"这样的字段可以很容易被转换，我们可以将"九月"转换为9。
- 通过特征的组合或等效物替换特征。当存在大量特征时，将它们的子集合并为单个特征是一种常见的做法。这种预处理针对不同问题处理方式也不同：文本分类问题通常用短语替换具有相同含义的独立单词或同义词，但是图像处理问题可能会将表示像素的特征与相似值结合起来。
- 生成原始数据集中不存在的新变量可能会增加每组数据的解释能力。该生成可以是手动的，此时需要基于对问题的了解；也可以是自动化的，这通常依赖于对现有变量的组合和替换进行启发式搜索。

特征预处理是机器学习系统开发的关键要素。一组优化的特征可以增强学习性能和速度,因此在数据建模时应关注该环节。

5.2.2 数据降维

如今,数据集的数量在不断增加,单个数据集中的数据量在几十 TB 到几 PB 之间。Morais(2015)研究表明目前 80% 的数据是地理数据。随着数据集本身数据量和数据属性数量的激增,出现了许多大数据平台,推动了并行数据分析算法的发展。同时,这也推动了数据降维算法的发展。

以下是最常见的降维技术(Kdnuggets,2017):

- 缺失值比率。缺失值数量大于给定阈值的数据列可以被删除。
- 低方差滤波器。数据中变化不大的数据列携带的信息很少,方差小于给定阈值的数据列被删除。
- 高相关滤波器。趋势非常相似的数据列可能携带非常相似的信息,可以通过计算相关系数(例如皮尔逊系数),将相关系数高于阈值的数据列减少到只有一个。
- 主成分分析(Principal Component Analysis,PCA)可将数据集的原始 n 个坐标正交变换为一组新的 n 个坐标,称为主成分。变换的结果是,第一主成分具有最大方差;在与前面的成分正交(即不相关)的约束下,每一个后主成分具有最大方差。只保留前 $m \cdot n$ 个分量,减少了数据的维数,同时保留了大部分数据信息。
- 随机森林。决策树集合,也称为随机森林,除了是一种有效的分类器外,还可用于特征选择。
- 反向特征消除。在这种方法中,首先在给定的迭代次数和 n 个输入特征情况下,通过分类算法训练模型。然后我们一次删除一个输入特征,并在 $n-1$ 个输入特征上训练同一个模型 n 次。下一步删去错误率增加最小的输入特征,剩下 $n-1$ 个输入特征。然后使用 $n-2$ 个特征重复分类,依此类推。每一次迭代(迭代步数为 k)产生一个基于 $n-k$ 个特征和错误率为 $e(k)$ 的模型。选择最大可容忍的错误率,这样就可以通过所选机器学习算法获得该分类性能所需的最少特征数。
- 正向特征构造。这是反向特征消除的逆过程。我们只从一个特征开始,逐步地一次添加一个特征,也就是说,每次都增加性能提高最多的那个特征。反向特征消除和正向特征构造这两种算法的计算时间和计算量都很高。它们实际上只适用于输入数量相对较少的数据集。

本节使用 2009 年 KDD 挑战赛中一个较小的数据集,在维度缩减率、精度降低程度和速度方面对这些技术进行了比较,比较结果见表 5.1。

表 5.1　降维技术比较

降维技术	降维比例（%）	验证集的准确性（%）	最佳阈值	AuC（%）	说明
基准模型	0	73	—	81	建立基准模型时使用所有输入特征
缺失值比率	71	76	0.4	82	—
低方差滤波器	73	82	0.03	82	仅适用于数据集中数字列
高相关滤波器	74	79	0.2	82	数值量和标量之间没有相关性
PCA	62	74	—	72	仅适用于数据集中数字列
随机森林	86	76	—	82	—
反向特征消除（特征消除+缺失值比率）	99	94	—	78	高维数据的正向和反向特征的消除速度慢。只有使用其他维度缩减技术做前处理后，才可以使用它们
正向特征构造（特征构造+缺失值比率）	91	83	—	63	

在大数据这一背景下，有大量的工作涉及数据集的降维处理，从而使后续的分析成为可能。最相关的研究如下：Xu 等（2014）的研究，除了介绍了大数据挖掘的相关技术外，还提出了减少了大数据量维度的方法。Snášel 等（2017）的研究表明可用几何和拓扑方法分析高度复杂的数据并降低其维度；Maier 等（2017）提出智能工厂环境下的大数据特定降维技术；Huang 等（2016）提出了交通大数据降维新技术。

5.3　数据规范化

数据规范化过程根据使用的领域具有不同的定义：

- 在数据库中，指的是负责细化表、关键字、列和关系以创建有效数据库的过程（Beeri 等，1978）。规范化不仅适用于关系文件，而且是索引文件的常见处理方式。
- 在统计学中，Lévy Leduc 和 Roueff（2009）的研究定义，通过将具有某种分布的随机变量转换为具有正态或近似正态分布的新随机变量的过程，可以理解为规范化，也被称为定型或标准化。在实际应用中，对研究对象进行简单的计算，可得到算术平均值为 0、标准差为 1 的标准化分布数据。
- 在机器学习方面，Lakhina 等（2005）认为它通常与被称为"特征缩放"的概念联系在一起，这是一种用于标准化数据自变量范围的方法。在数据处理中称为归一化，是数据分析前预处理的一个非常重要的阶段。

在本节中，我们将重点关注大数据的规范化，并将其与预处理阶段相关联。在这个阶段，数据清理和修复以及集成和建模的概念起着关键作用，在下面的小节中将重点介绍。

5.3.1 数据清洗

它是从记录集、表或数据库中检测和纠正（或删除）损坏或不准确记录的过程，主要识别数据不完整、不正确、不准确或不相关的部分，然后更换、修改或删除存在噪声或错误的数据（Wu，2013）。该技术领域包括以下子方法：数据解析、数据转换、重复消除、数据集成、数据编辑、数据挖掘、记录链接和数据管理（Lord 等，2004）。例如，在获得用户 GPS 传感器数据后，地图匹配等算法负责将有效定位数据调整到路网中。

5.3.2 格式和标准

格式和标准是在不同系统之间共享模型、数据的一种方式。本节重点介绍交通信息和 ITS 系统中涉及的主要格式和标准。下面列举了最重要的一些格式和标准，以及 IBM（2017）发起的欧洲项目和计划：

- ASTM E2665 – 08，ITS 生成的交通监控数据归档标准规范（http://www.astm.org/Standards/E2665.htm）：ASTM（美国标准化组织）交通监测数据格式规范的标准。
- DATEX（http://www.datex2.eu/）：允许在不同系统之间以标准格式交换交通信息的规范集。
- IFOPT（公共交通中固定物体的识别）（http://www.dft.gov.uk/naptan/ifopt/）：它允许定义模型并识别与公共交通相关的主要对象（停靠站、车站、服务区、互连区、入口等）的特征。
- GDF（地理数据文件）（http://www.iso.org/iso/catalogue_detail.htm?csnumber530763）：这是一个欧洲标准，用于描述和传输与道路网相关的数据。
- 高级旅行信息系统（Advanced Travel Information system，ATIS）（http://www.standards.its.dot.gov/）：先进的旅行者信息系统旨在为交通用户提供更多的信息，以便他们做出有关路线选择、估计出行时间和避免拥堵的决策。
- 高级流量管理（Advanced Traffic Management，ATM）（http://www.standards.its.dot.gov/）：将智能交通技术集成到城市环境中，以减少交通拥挤、提高道路安全性和改善车辆交通流为目的的系统。这些系统通过部署简单可靠的传感器、通信和数据处理技术来解决拥塞问题。
- 运输工程师协会（Institute of Transportation Engineers，ITE）（http://www.ite.org/）：一个由交通专业人员组成的国际教育和科学协会，包括工程师、交通规划师、顾问、教育工作者和研究人员。ITE 成立于 1930 年，致力于将技术和科学原理应用于任何地面运输方式的研究、规划、功能设计、实施、运营、政策制定和管理。更多的信息可以在协会网站上找到。

- 位置参考消息规范（Location Referencing Message Specification，LRMS）（http://www.standards.its.dot.gov/）：描述用于在不同智能交通系统（ITS）组件之间传输位置信息的一组标准接口。LRMS方便了ITS数据在网络中的传输，为不同组件之间的位置表达提供了一种通用语言。LRMS接口定义了位置参考信息的标准含义和在应用软件中表示位置参考信息的标准格式。

- 国家交通通信智能交通系统（ITS）协议（National Transportation Communications for Intelligent Transportation System Protocol，NTCIP）（http://www.ntcip.org/）：用于智能交通系统中的计算机系统之间传输数据和信息的一系列通信标准。NTCIP提供了通信规则并允许不同制造商的电子交通控制设备相互操作。NTCIP是交通行业的第一套标准，允许使用不同制造商的设备通过"混合匹配"的方法来构建交通控制系统。因此，NTCIP标准减少了对特定设备供应商和定制类软件的依赖。

- TRANSMODEL 5.0版（http://www.transmodel.org/en/cadre1.html）：TRANSMODEL是几个欧洲项目开发的公共交通运营参考数据模型。它主要满足城市公交运营、无轨电车、有轨电车和轻轨的需求。

- 用于中心到中心通信的TMDD交通管理数据字典（http://www.ite.org/standards/tmdd/）：交通行业用于定义和支持中心到中心接口的通信标准，是智能交通系统（ITS）区域部署的一部分。TMDD提供对话框、消息集、数据帧和数据元素，以管理这些设备的共享以及数据的区域分布和事件管理。TMDD是国家交通通信智能交通系统协议（NTCIP）标准系列中的一个。

- SIRI（实时信息服务器接口）（Daly等，2013）：这是欧洲接口标准，允许在公共交通运营方面进行实时信息交换。

5.3.3 本体

Gruber最初将本体的概念定义为"概念化的显式规范"。1997年，Borst将本体定义为"共享概念体系的形式化规范"。基于这些原因，我们认为这是表示交通和出行等研究领域的最佳选择。但据我们所知，这方面的研究很少。

到目前为止，我们在智能城市和交通领域只能找到很少的一些关于本体论的参考文献，最引人注目的包括：交通网络本体论（OTN）（REWERSE，2017），它扩展了OWL中的GDF形式；城市规划过程本体（OUPP）；Kaza和Hopkins（2007）基于调查数据的CityGML模型；LinkedGeoData（OSM）（LinkedGeoData，2017）；以及城市本体COST倡议（Townontology，2008）等。

虽然目前已经取得了一些成果（Metral等，2005；Malgundkar等，2012），但经过深入分析可知：这些解决方案彼此不兼容，仅能满足智能移动环境下的部分需求，因此有必要扩展和协调这些方案。另一方面，本体论和语义的潜力通常最适用于非结构化、文本和多媒体数据的场景，或者旨在解决诸如动态服务组合和语义推理等问题。在某些情况下，应该优先考虑信息获取和访问过程的效率，此时建议使用传统的数据模型结构，并在需要时与本体模型配合使用。

以下是关于交通、出行和物流领域的最重要的本体模型：
- SCRIBE – IBM。这个由 IBM 资助的项目正在探索如何构建一组模块化的本体论、编译标准，以对智能城市的基础设施和流程进行建模。
- Rewerse – 运输网络本体论。OTN 本体是欧洲 Rewerse 项目的一个创举，它试图在 GDF 标准中（以及扩展）对本体进行建模。
- DATEX II 本体。瓦伦西亚大学一个研究小组试图从 DATEX II 中创建一个本体论。
- Townontology（http://www.towntology.net/）。为城市布局建模的一组本体论。
- iCargo/e – Freight Ontology。欧洲项目 iCargo 和 e – Freight 的本体论，其重点是对关于运输和商业物流事件的建模。iCargo 本体比 e – Freight 本体更优越、更完善。两者都来自相同的物流框架（http://www.its.sintef9013.com/CF/v01/）。
- LinkedGeoDat。这些数据集采用 RDF 格式，遵循 LinkedData 的原则，来自 OpenStreetMap 收集的信息。

5.4 监督学习

监督学习是机器学习（ML）方法的一大分支。监督学习的主要特征是，在模型学习的过程中，我们可以为每个训练集提供对应的正确结果。因此，监督学习方法基本上是对响应距离到预期响应的反馈进行迭代，直到结果收敛。

在该强化学习领域，可根据以下情况进行分类：
- 训练模型的目的（预测性或描述性）。
- 模型训练的结果（回归模型或分类模型）。
- 模型中使用的算法类型（决策树、人工神经网络、支持向量机、基于贝叶斯的算法）。
- 用于模型训练的数据是否是实时的（离线与在线）。
- 最后，在在线学习中，我们可能有增量学习和批处理学习；在增量学习中，还可以分为考虑概念漂移和假设概念稳定的这两类不同方法。

我们将就上面的每一类监督学习算法提供一些它们在智能交通领域应用的例子。

5.4.1 预测性与描述性

一般来说，知识发现和数据挖掘（Knowledge Discovery and Datamining，KDD）中的所有方法都可以用来观察和分析隐藏在特定数据集中过去或将来的关联。在这类方法中，基本原则就是试图提取有用的知识。它可能包括数据可视化（Al-Dohuki 等，2017）、数据集维度缩减（Bleha 和 Obaidat，1991）、频繁模式挖掘（Giannotti 等，2007）、异常检测（如 Xiao 和 Liu，2012），所有这些都使我们人类能够更好地理解隐藏在数据集中事物变化的过程。

当 KDD 的目的是生成能够预测未来数据的模型时，即所谓的预测。在智能交通中，它可能有助于预测交通量和排放量（Groot 等，2013）、行人意图（Keller 和 Gavrila，2014）。此外，在交通领域也有许多研究工作将建模和预测相结合，例如著名的计划行为理论（Forward，2009）。

5.4.2 分类与回归

监督学习所建立的模型最终可以将未经训练的数据作为输入，输出与实际结果相符合的输出。所建模型的输出通常有两种形式：可以是先前设置的几个类别，也可以是一个连续的值（通常是一个实数）。第一种称为分类，它用先前训练过的分类器"标记"每个新出现的实例，这意味着新实例被认为属于一个特定的类。有很多关于运输分类的例子。Bolbol 等（2012）对行人是否穿过街道的意图进行了分类，Kirak 和 Rendell（1992）基于 GPS 样本训练了一个分类器用来检测交通模式，Shin 等（2006）对车辆类型进行了分类。

在第二种监督学习中，向训练后的模型提供一组输入后，模型输出与实际相符的数值，这个过程就是所谓的回归模型。目标是当出现训练集中没有的输入时，模型能够输出合理的值。回归监督学习的目标是建立一个函数（在大多数情况下是非线性的），它能够产生与新输入值相对应的输出值。Celikoglu 和 Cigizoglu（2007）提供了回归模型的一个很好的例子。

5.4.3 机器学习方法

本节将介绍在监督学习中尤其是在智能交通应用方面最受欢迎的一些机器学习方法。决策树（Decision Trees，DT）已成为解决监督学习问题的最流行方法之一。原因有几个：首先，DT 很容易被理解和实现，它的算法基础非常简单易懂。简而言之，决策树是从根节点到叶节点（从上到下）按层次结构组织在一起的一组节点。每个节点都包含一个测试，每个新实例每次都会以逻辑问题的形式通过对它的一个或多个属性的测试。最后，每一个新的观察结果（实例）都会出现在决策树的一片叶子上，每片叶子都会被分配一个类别。

经过训练后，得到的模型是人类可读的，这意味着可以从模型结构本身获取有用的知识。DT 应用于智能交通的例子很多，最受欢迎的决策树模型之一是 C4.5，这是 Shin 等（2006）结合其他机器学习技术提出的。

人工神经网络（Artificial Neural Networks，ANN）也是最受欢迎的方法之一，可能是因为有大量与之相关的文献，可以说 ANN 是过去几十年最流行的机器学习技术。因此，它的理论和实验基础都是非常坚实的。从单层感知器到深度学习或递归神经网络，ANN 有相当多种类的分支，但它们都来自同样简单的、受生物启发的原理：在受到一个刺激（一个新的观察）之后，刺激通过一个节点或神经元向网络传播。这种刺激在传播中经过两个相连节点时，会在链路上加上权值。另外，每个神经元通常对应一个激活函数，激活函数可以被理解成刺激信号在向前传播之前的一个平滑阈值处理。通过比较整个网络的预期输出和实际输出对网络节点链路权重逐步调整，有时还对其他参数逐个调整。人工神经网络在智能交通中的应用有很多例子，如 Celikoglu 和 Cigizoglu（2007），其中公共交通流量模型是用广义回归神经网络建立的。

支持向量机（Support Vector Machine，SVM）作为一种监督学习技术也是被普遍应用的。该技术的目的是通过使用高度非线性的模型，在分成的每一类之间创建尽可能好的分离边界，最大化实例之间边界的距离。因此，与许多其他机器学习方法相比，SVM 所得到的边界相当平滑。SVM 最常用于分类，但也可用于回归问题。这种学习策略的一个很好的例子发表在 Bolbol 等（2012）以及 Xiao 和 Liu（2012）的文章中。贝叶斯和其他概率方法也很流行。这种学习方法的一个例子发表在 Keller 和 Gavrila（2014）的研究中。

这节的最后介绍一种更通常的方法——所谓的集成，即机器学习方法的组合。组合过程中有时它们都是同一类型的方法［bagging（套袋法）或 boosting（提升法）］，有时它们可能是不同类型（多层 stacking）机器学习方法的组合，其背后的思想是几个方法的优势互补，在理想情况下多个模型之间甚至可以几乎没有重叠和交叉。Wu（2013）是一个很好的例子，其中使用 SVM 集成算法检测交通事件。

5.4.4 实时应用

在考虑是否需要实时建立模型时，可以发现机器学习方法明显出现差别。有些应用程序不需要实时运行（离线 KDD）。一些应用程序需要在过程中实时生成可用的模型（在线 KDD）。在实时应用程序中，人们可以通过逐步迭代离线 KDD 来实现，将其应用于数据块，这被称为批学习。

另一方面，在一些应用中，随着新数据的输入，模型会随着时间的推移逐步构建。这就是所谓的增量学习、数据流挖掘等。这可能是 KDD 中最新的分支，因此与以下各节所述的问题相比，它的挑战难度更大。

5.4.5 概念漂移的处理

最后，这些增量学习方法可以分为两类，取决于它们是否假设建模过程具有统计学稳定性。换句话说，建模过程是否是一个平稳的随机过程。例如，可以通过检查其平均值、方差和协方差在时间上保持不变来确定。

尽管有足够的挑战性，但对于许多运输过程和应用来说，非平稳过程是相当常见的。许多国家的统计数据呈现出一种漂移,即所谓的概念漂移。我们可以根据他们的模型是否能够处理概念漂移来划分有监督的在线学习。当然,拥有这种超能力的方法的数量、跟踪概念漂移的能力、区分何时是实际概念漂移和何时仅仅是噪声,以及模型不需要改变太多就能实现跟踪的,都是相当稀缺的。一个很好的在公共交通情况下处理概念漂移的例子是 Moreira – Matias 等(2014)的研究。

5.5 无监督学习

从一般的角度来看,无监督学习是指源自机器学习和计算智能的所有相关技术,旨在从数据集中推断知识,而无须明确知道输入数据的标签。与有监督的学习相反,无监督学习在数据集中寻找隐藏的结构,这样数据样本就可以按组(特征)进行排列和分类,甚至可以预先不知道这些特征的数量。尽管所谓的聚类方法是迄今为止最具代表性的技术,但根据其预期目的,许多其他方法也可被归类为无监督学习(Hastie 等,2009)。

接下来,我们将展示无监督学习模型的一般分类,重点介绍它们在运输和出行领域的应用情况:

1)聚类,根据相似性度量将对象(即未标记的数据实例或样本)分组到多个类别或组中,这种相似性度量用数字量化了一个样本与另一个样本的相似程度。在第一类中,能够对数据进行聚类的算法数量很多,主要取决于它们如何定义相似性和如何在算法上对组进行划分,但它们都有一个共同的原则,即同一个类别中的样本应该彼此非常相似,或者至少与其他类别中的样本相比与本组中样本更相似。因此,需要在每一类的样本密度(簇内距离)和所有样本的可分性(簇间距离,不同簇间距离计算方法是区分不同聚类方法的特征)之间进行折中。

首先,根据样本是否被允许隶属于多个簇,聚类算法可以被分为划区聚类(硬)或模糊聚类(软)。根据这一显著区别,可以采用不同的标准对聚类技术进行分类:该分类技术寻找每一类的核心思想基于质心的概念(即该数据集中每一类的虚拟中心不一定为数据集的某一个样本,例如 K – Means、K – Medoids 或 CLARANS);簇间的连通性(产生聚集或分裂的层次聚类算法,如 BIRCH);样本之间密度和邻域的定义(例如,DBSCAN、OPTICS、MeanSHIFT 和 SUBCLU);对手边数据集标准统计模型的混合假设(即期望最大化算法);以及其他各种策略和算法,如样本对之间的消息传递(如近邻传播算法,也称为亲和力传播算法)和相似图在分割之前的分解和降维(如谱聚类)。

在所有上述技术中,分类算法本身确定了样本之间的相似性度量,而后通过内部(无监督学习)和外部(监督学习)评估指标评估分类的质量。前者旨在通过算法评估聚类结果的结构质量而无须了解数据的真实分布,而后者则需要根据已知的样本标记来进行计算。因此,内部度量方法可以用作适应度函数,从而可以将聚类算法转化为优化问题，目前的文献中已对启发式方法开展了广泛的研究。

Xu 和 Wunch（2005）对近期提出的广泛使用的聚类方法做了全面调查。对于交通和出行领域，聚类是一种常用的算法，下面为一些最近的案例：熟路和兴趣点的检测（Gong 等，2015；Hong 等，2016；Kim 和 Mahmassani，2015），拥堵点的识别（Galba 等，2013），分析行程时间及其随天气的变化（Hans 等，2014；Kwon 等，2016），交通识别与规划（Rao 等，2016；Hu 和 Yan，2004；Higgs 和 Abbas，2013），交通系统设计（Salavati 等，2016），需求模型的内在含义（Anand 等，2014；Davis 等，2016），以及驾驶风格识别（Hodge 和 Austin，2004）。

2）离群点检测是指从数据集中找出与其余部分分布不相符的样本。对于给定的一组数据，没有一个确定的关于离群点的定义，因为样本的稀有性在不同的领域可以有不同的表现，比如振幅、时间、与先前假设的数据集其余部分相匹配的可能性，或任何其他类似的特征（Hodge 和 Austin，2004）。

监督学习算法，如神经网络（Munoz 和 Muruzábal，1998）和决策树（John，1995）可用于通过学习训练集中的特征空间、样本和异常值之间的关系来检测异常值。相反，无监督（无标记）学习算法通过假设所有训练数据都被标记为正常来检测离群点。与聚类的情况一样，这些技术可以根据距离、统计分布或定义样本相对于训练集异常所采用的标准进行粗略分类：其中值得一提的是那些与统计有关的方法，从对手边数据样本统计分布的简单近似假设，到基于密度（例如，局部离群因子）、深度和特征空间偏差等概念的近似。基于聚类的方法作为一种直观、简单而有效的离群点检测方法也得到了广泛的应用，离群点检测主要分为基于密度和基于质心的方法。

离群点检测算法最近在 ITS 领域得到了应用，主要用于交通预测模型之前的数据预处理和清理（Abdullatif 等，2016；Wang 等，2016），但也用于事故和交通堵塞的检测（Sun 等，2016；Wang 等，2013），驾驶行为的评估和表征（Zheng 和 Hansen，2016；Zhou 等，2016），以及从 GPS 轨迹异常路线的检测（Chen 等，2016）。

3）矩阵分解技术，是指所有旨在将数据集分解为另一个替代数据集的技术，其中数据集中涉及的变量之间的统计关系可以用"更具洞察力的方式"进行解释（Liu，2016）。有几种技术属于这一宽泛的定义，例如在最大方差准则（即 PCA 及其变形）下使用线性投影提取主成分，然后将多元数据分解为相加的独立成分（ICA）；当然还有其他技术，如非负矩阵分解、因子分析、潜在 dirichlet 分配和奇异值分解等。尽管上述方法相对简单，但这一系列技术已被证明是有效的辅助处理步骤，用于揭示时空数据中的隐藏关系（Yang 等，2013；Li 等，2013）和插补缺失条目（Asif 等，2014），在 Demšar 等中有一篇出色的评论（2013 年）。

4）降维：最后一类涵盖了所有旨在转换高维数据集的方法和工具，以便可以在转换后的数据集中直观地检查样本之间的相似性（Hou，2007）。例如在文献中被称为流形学习的方法,这类无监督学习技术所包含方法之间的差异主要体现在输入数据转换所采用的不同标准:一种是多维尺度下(MDS)原始空间和变换空间中样本对距离的保持,另一种是将距离保护概念延伸到相邻数据之间(如局部线性嵌入,LLE)。与这类技术相关的文献并不像以前的案例那样丰富,但是最近有一些有趣的应用被用于物流异常检测的非传统方法(Agovic 等,2009)和人群运动模式的推断(Yand 和 Zhou,2011)。

5.6 数据处理结构

目前对大规模并行处理(MPP)已出现一些新兴的技术,以解决在这种情况下需要解决的一些问题。

- 存储技术。我们需要能够存储包含大量数据的分布特性、可伸缩性和性能特征的存储库。NoSQL 数据库提供了一种简单、轻量级的数据存储和检索机制,在加载和查询时间方面提供了更高的可伸缩性/可用性、分布等性能。我们可以根据列、图等找到不同的结构。
- 批处理/分析。需要能够并行化管理大量数据分布的编程模型。Map Reduce 是由谷歌提出的一种用于处理大数据集的编程模型。Map Reduce(Hadoop)通常用于在计算机集群上进行分布式计算。
- 实时分析。在这里,我们可以找到能够处理有时间限制的数据分析过程和存储解决方案。在此种情况下,数据处理必须实时完成。三个主要方案为:复杂事件处理(Complex Event Processing, CEP)、内存数据网格(In-Memory-Data Grids, IMDG)和特定的实时数据分析平台。CEP 从消息流、数据库或应用程序实时捕获信息,还对相关事件进行分类,支持它们的自动识别和自动报警。目前市场上有几种解决方案(例如,Esper、Drools Fusion 等),具有不同的处理过程。同时,近年来,我们在内存数据网格(IMDG)中发现了一个新的概念,它能够以系统主存作为存储,实时处理海量数据集。对于本地和易失性数据,可以作为参考应用程序服务器的插件或库进行分发。

最后,还存在一些专门用于实时数据分析的平台,例如:Teradata,一个基于"shared nothing"架构的并行海量处理的系统;Storm & Kafka 具有高容错性和可扩展性,处理数据流的步骤包括:采集、传输和处理;最后,Spark&Shark(和 Spark 流模型)和 Storm & Kafka 具有类似的功能,但是前一种提供了功能开发能力。

另一方面,当我们在城市环境中分析提供实时移动服务的平台时,还出现了基于云的解决方案:

- 数据量:实时系统,尤其是 ITS 和移动出行需要处理和存储大量的数据。结合了 NoSQL 的混合解决方案不仅具有深度可扩展性和数据采集能力,还有更好的编程能力且查询更容易。

- 应用程序负载波动：这将通过从基础设施的可扩展性、应用程序和数据级别等方面来解决。负载平衡是另一个关键问题。
- 信息处理的实时性要求：尽管每个城市或公司都有一个独立的引擎，但事实是它们都将共享相同的资源。这种特性称为多重租赁。
- 高可用性：云计算的主要优势之一是高可用性。云通过节点复制提供高可用率，并能实现按需负载平衡。

最后，在分析移动出行需求持续增加的背景下，我们发现思科、西门子、印度德拉等系统集成商推出了许多商业产品。欧洲也出现了相关项目，如 Superub (2016)，该项目集成了多式联运规划、旅程资源和购票；Co Cities (2016)，它主要针对最终用户反馈的处理；MoveUs (2016)，将上述功能与能效方面相结合：测量、预测和节能相结合；以及 R&D European 中的其他几个平台。

5.7 应用

移动出行和交通海量数据的可用性为提供智能出行管理和高级服务创造可能性。本节将简要介绍一些具体的实际问题和现有基于数据的解决方法。

5.7.1 运输需求建模

识别、表示和预测出行需求是运输决策的必备条件，而决策可以分为三个层次：战略、基础设施长期改善策略的评估、可持续城市出行计划（SUMP）的制定；战术上的，包括管理和计划；最后是可操作层面，包括短期拥塞管理策略。运输需求模型是数学模型，可根据当前情况和未来推断预测长期的出行需求。这类模型具有特定的分析功能，例如交通需求的预测、日常路线的选择、路线的选择以及路网中交通流量的表示。这些系统预测所得参数（例如速度、延迟和队列）（Anda 等，2016）的精度受数据采集过程、模型结构的不确定性和初始假设等因素的影响。

因此，有研究首次尝试利用移动电话 CDR 数据生成 O/D 矩阵，该方法的原理是基于移动电话的运动和车辆位移之间的相关性。瞬态 O/D 矩阵的概念是，对于一个路段假设没有观察到 CDR 数据，可以简单地通过计算在一个时间范围内每对连续调用的次数就能推断使用模式，而大部分的 O/D 数据可以通过路由算法来识别（Devillaine 等，2012）。这种瞬态 O/D 矩阵首先必须通过优化算法以匹配实际统计流量，然后根据智能手机普及率导入校正因子。

交易数据的利用始于对下车站点的估计，通常是基于 Trip-Chaining 算法，假设往返行程和车站之间存在相关性。下一步是识别多级行程（例如中转）。公共交通信息还为行程提供语义含义（Williams 和 Hoel, 2003）。在任何情况下，此数据的价值都取决于城市及其车票使用规则（例如，在上车和到达目的地时在车票上盖上标记）。

GPS 由一个时空轨迹组成，用于基于位置的移动应用程序、导航和路线规划等。最有前途的应用之一是从 GPS 数据中提取语义（Huang 等，2010），其中可以使用不同的方法和算法：基于距离的、基于概率的、基于 HMMs 生成等。

5.7.2　短期交通状态预测

文献中与交通状态预测相关的大部分工作通常是针对短期交通状态的；对于较精确的预测模型，它们一般使用所获得的最新输入值对未来交通状态做出预测，这使得模型的预测有效性较短。上述文献中的模型也可以是长期的预测，虽然不那么精确，但还是可以被认为是有效的。对于交通状况的短期预测，最有效的方法可能是通过使用交通微观模拟器（例如 Aimsun、SUMO）。

另一方面，上述方法的计算成本是非常高的，因为需要求解所有的微观动力学模型，同时为了得到一个统计上相关的解，需要获得多个 Montecarlo 解。此外，为了保证这些解的精确度，需要对路网进行完整的描述，包括每个交叉口的转弯概率和路网边缘的边界条件。另一类也可用于预测交通状况的技术属于特定时间序列预测算法。对于这种算法，最常见的预测特征是交通流量，以每小时的车辆数为单位；也有研究人员，如 Mai 等（2012），考虑其他特征，如平均速度或道路占用率等。自回归滑动平均（ARIMA）和 Kalman 滤波模型都是基于历史平均算法的预测模型，它们都假设交通流量数据是存在季节性的。了解一周中某一天的典型交通状况就可以预测其他任何一天的交通状况，只要它是一周中的同一天。这些算法在正常运行条件下运行良好，但对系统外部变化（如天气、特殊事件或变化的交通控制策略）的响应不好。季节性 ARIMA（Seasonal ARIMA，SARIMA）（Vashanta Kumar 和 Vanajakshi，2015）模型可用于处理上述具有季节性特征的时间序列问题。

非参数（例如，ANNs）和机器学习（Machine Learning，ML）模型是完全不同原理的另一类方法（eCompass，2017）；虽然通常时间序列分析技术是最精确的方法，但它们通常是高计算密集型的，需要更快的计算方法来实现实时估计。

在大多数文献中，预测都是针对不久的将来做出的，没有考虑外部变量，如事件、天气、交通事故或变化。这些方法的主要问题（Zarei 等，2013）是预测的计算成本很高，并且预测仅在计算完之后的几分钟内有效。交通动力学的松弛时间，即交通状态不依赖于先前值的时间，取决于网络的大小、密度和车流量值。

5.7.3　路径规划/路径选择

在道路网中从给定的起点到给定的目标位置确定最优路径是日常生活中经常要解决的问题。还有一些应用程序和算法中，如物流规划和交通模拟器，需要解决大量这样的路线查询问题。在过去的几年里，路线规划技术在效率和准确性方面发展迅速。最早提出的两种路径滚动算法考虑了路线网络中每个节点之间的距离（Dijkstra 和 Bellman - Ford 都使用了预定义的距离度量）。

经典的 A* 算法通过附加信息和贪婪策略来迭代计算，逐步改进规划结果。元启发式方法也被成功地用于最短路径的计算。然而，当我们处理现实的道路网络时，这些解决方案的计算时间会非常长，这一事实阻碍了它们在实时或交互式应用程序中的使用（Geisberger，2011；Schultes，2008）。另一方面，使用贪婪启发式算法并不总能找到准确的结果。道路网络具有支持不同加速技术的结构特性（例如，网络是稀疏的、分层的、几乎是平面的、呈现层次结构）。这些技术都基于一个预处理步骤，在预处理步骤中首先获取和注释有关网络的辅助信息，然后用这些信息加速后续的路径规划。加速技术可分为：目标导向搜索技术，包括几何搜索、基于距离估计的启发式 A* 搜索、基于路标的 A* 搜索、路标、几何容器或边缘标志等不同算法；以及层次化方法，利用网络的拓扑特性（例如，基于分隔符的多级方法或非常流行的收缩层次结构）。

另一方面，公共交通网络的结构与道路略有不同。与道路网区别的关键属性是公共交通网络包含非常强的时间依赖性，即每个公共交通服务都受一个时刻表的约束。

eCOMPASS 项目（2017）提出了对当前问题、算法和基本方法的最新深入分析。基本上，有两种不同的方法可以解决时刻表问题：时间消耗和时间依赖，两者都优先考虑在不断变化的约束或内存需求和响应时间下的灵活性（Schultes，2008）。道路路线规划的加速技术是复杂的，并且没有明确的指导性方法。在多模式路径规划中，多准则方法是一种合适的方法。

此外，在处理公共交通时，必须考虑各种不确定性，如服务的意外中断、取消、延误，所有这些都是由不同的原因造成的：天气、故障、群体性事件、需求增加、罢工等。服务延迟的传播可能是灾难性的，必须通过延迟传播的鲁棒性和实时旅行重新规划能力来避免用户的不信任。在设计阶段，随机敏感性分析部分解决了这一问题；但模型调整（如果可以）必须由专家手动完成。European EU 项目 PETRA（2017）开发了一个多式联运网络，同时考虑了不确定性，提供了稳健的出行计划，同时通过模拟预测了合理稳健的未来状态。

参 考 文 献

Abdullatif, A., Rovetta, S., Masulli, F., 2016. Layered ensemble model for short-term traffic flow forecasting with outlier detection. In: 2016 IEEE 2nd International Forum on Research and Technologies for Society and Industry Leveraging a Better Tomorrow (RTSI). IEEE, pp. 1−6.

Agovic, A., Banerjee, A., Ganguly, A., Protopopescu, V., 2009. Anomaly detection using manifold embedding and its applications in transportation corridors. Intell. Data Anal. 13 (3), 435−455.

Al-Dohuki, S., Wu, Y., Kamw, F., Yang, J.L., Zhao, Y., Wang, F., 2017. SemanticTraj: a new approach to interacting with massive taxi trajectories. IEEE. Trans. Vis. Comput. Graph. 23 (1), 11−20.

Anand, S., Padmanabham, P., Govardhan, A., 2014. Application of factor analysis to k-means clustering algorithm on transportation data. Int. J. Comput. Appl. 95, 15.

Anda, C., Fourie, P., Erath, A., 2016. Transport modelling in the age of big data. Work Report. (FCL) Future Cities Laboratory. Subgapore-ETH Centre (SEC).

Asif, M.T., Dauwels, J., Goh, C.Y., Oran, A., Fathi, E., Xu, M., et al., 2014. Spatiotemporal patterns in large-scale traffic speed prediction. IEEE Trans. Intell. Transp. Syst. 15 (2), 794−804.

Beeri, C., Bernstein, P.A., Goodman, N., 1978. A sophisticate's introduction to database normalization theory. Proceedings of the Fourth International Conference on Very Large Data Bases (vol. 4, pp. 113−124), VLDB Endowment.

Bleha, S.A., Obaidat, M.S., 1991. Dimensionality reduction and feature extraction applications in identifying computer users. IEEE. Trans. Syst. Man. Cybern. 21 (2), 452−456.

Blum, A.L., Langley, P., 1997. Selection of relevant features and examples in machine learning. Artif. Intell. 97 (1), 245−271.

Bolbol, A., Cheng, T., Tsapakis, I., Haworth, J., 2012. Inferring hybrid transportation modes from sparse GPS data using a moving window SVM classification. Comput. Environ. Urban. Syst. 36 (6), 526−537.

Celikoglu, H.B., Cigizoglu, H.K., 2007. Public transportation trip flow modeling with generalized regression neural networks. Adv. Eng. Softw. 38 (2), 71−79.

Chen, X., Cui, T., Fu, J., Peng, J., Shan, J., 2016. Trend-residual dual modeling for detection of outliers in low-cost GPS trajectories. Sensors 16 (12), 2036.

Co-Cities, 2016. "Co-Cities project. Cooperative Cities." [Online]. Available: <www.co-cities.eu/> (01.02.17).

Daly, E.M., Lecue, F., Bicer, V., 2013. Westland row why so slow?: fusing social media and linked data sources for understanding real-time traffic conditions. In: Proceedings of the 2013 International Conference on Intelligent user interfaces. ACM, pp. 203−212.

Davis, N., Raina, G., Jagannathan, K., 2016. A multi-level clustering approach for forecasting taxi travel demand. In: 2016 IEEE 19th International Conference on Intelligent Transportation Systems (ITSC). IEEE, pp. 223−228.

Demšar, U., Harris, P., Brunsdon, C., Fotheringham, A.S., McLoone, S., 2013. Principal component analysis on spatial data: an overview. Ann. Assoc. Am. Geogr. 103 (1), 106−128.

Devillaine, F., Munizaga, M., Trépanier, M., 2012. Detection of activities of public transport users by analyzing smart card data. Transp. Res. Rec.: J. Transp. Res. Board 2276, 48−55 December 2012, ISSN 0361 -1981.

eCompass, 2017. eCompass- eco-fiendly urban multi-modal route planning services for mobile users project [Online]. Available: <http://www.ecompass-project.eu/> (01.02.17).

Feng, Z., Zhu, Y., 2016. Survey on trajectory data mining: techniques and application. IEEE Access Digital Object Identifier 10.1109/ACCESS.2016.2553681.

Forward, S.E., 2009. The theory of planned behaviour: The role of descriptive norms and past behaviour in the prediction of drivers' intentions to violate. Transp. Res. Part F Traffic Psychol. Behav. 12 (3), 198−207.

Galba, T., Balkić, Z., Martinović, G., 2013. Public transportation BigData clustering. Int. J. Electr. Comput. Eng. Syst. 4 (1), 21−26.

Geisberger, R., 2011. "Advanced route planning in transportation networks," Ph.D. dissertation, Karlsruher Instituts für Technologie.

Giannotti, F., Nanni, M., Pinelli, F., Pedreschi, D., 2007. Trajectory pattern mining. In: Proceedings of the 13th ACM SIGKDD International Conference on Knowledge Discovery and Data Mining. ACM, pp. 330-339.

Gong, L., Sato, H., Yamamoto, T., Miwa, T., Morikawa, T., 2015. Identification of activity stop locations in GPS trajectories by density-based clustering method combined with support vector machines. J. Mod. Transp. 23 (3), 202—213.

Groot, N., De Schutter, B., Hellendoorn, H., 2013. Integrated model predictive traffic and emission control using a piecewise-affine approach. IEEE Trans. Intell. Transp. Syst. 14 (2), 587—598.

Hans, E., Chiabaut, N., Leclercq, L., 2014. Clustering approach for assessing the travel time variability of arterials. Transp. Res. Rec.: J. Transp. Res. Board 2422, 42—49.

Hastie, T., Tibshirani, R., Friedman, J., 2009. Unsupervised learning. The Elements of Statistical Learning. Springer, New York, pp. 485—585.

Higgs, B., Abbas, M., 2013. A two-step segmentation algorithm for behavioral clustering of naturalistic driving styles. In: 16th International IEEE Conference on Intelligent Transportation Systems (ITSC 2013). IEEE, pp. 857—862.

Hodge, V.J., Austin, J., 2004. A survey of outlier detection methodologies. Artif. Intell. Rev. 22 (2), 85—126.

Hong, Z., Chen, Y., Mahmassani, H.S., Xu, S., 2016. Spatial trajectory clustering for potential route identification and participation analysis for carpool commuters. In: Transportation Research Board 95th Annual Meeting (No. 16-7013).

Hu, D.W., Yan, G.H., 2004. Application of clustering analysis in macroscopic planning of highway transportation hub. J. Highway Transp. Res. Dev. 9, 035.

Huang, L., Li, Q., Yue, Y., 2010. Activity identification from GPS trajectories using spatial temporal POIs' attractiveness. In: Proceedings of the 2nd ACM SIGSPATIAL International Workshop on Location Based Social Networks, pp. 27—30.

Huang, T., Sethu, H., Kandasamy, N., 2016. A new approach to dimensionality reduction for anomaly detection in data traffic. IEEE Trans. Netw. Serv. Manage. 13 (3), 651—665.

Huo, X., Ni, X.S., Smith, A.K., 2007. A survey of manifold-based learning methods. Recent Adv. Data Mining Enterprise Data 691—745.

IBM, 2017. IBM traffic standards <http://www.ibm.com/support/knowledgecenter/es/SSTMV4_1.6.1/transport/ref_itsstandards.html> (13.01.17).

John, G.H., 1995. Robust decision trees: removing outliers from databases. KDD 174—179.

Kaza, N., Hopkins, L.D., 2007. Ontology for land development decisions and plans. Stud. Comput. Intell. (SCI) 61, 47—59.

Kdnuggets, 2017. Seven Techniques for Data Dimensionality Reduction, <http://www.kdnuggets.com/2015/05/7-methods-data-dimensionality-reduction.html> by Rosaria Silipo (13.01.17).

Keller, C.G., Gavrila, D.M., 2014. Will the pedestrian cross? A study on pedestrian path prediction. IEEE Trans. Intell. Transp. Syst. 15 (2), 494—506.

Kim, J., Mahmassani, H.S., 2015. Trajectory clustering for discovering spatial traffic flow patterns in road networks. In: Transportation Research Board 94th Annual Meeting (No. 15-5443).

Kirak, K., Rendell, L.A., 1992. A practical approach to feature selection. In: Proceedings of the Ninth International Workshop on Machine Learning, pp. 249—256.

Kohavi, R., John, G.H., 1997. Wrappers for feature subset selection. Artif. Intell. 97, 273—324.

Kwon, O.H., Park, S.H., 2016. Identification of influential weather factors on traffic safety using K-means clustering and random forest. Advanced Multimedia and Ubiquitous Engineering. Springer, Singapore, pp. 593—599.

Lakhina, A., Crovella, M., Diot, C., 2005. Mining anomalies using traffic feature distributions. ACM SIGCOMM Comput. Commun. Rev. 35 (4), 217—228, ACM.

Leather, H., Bonilla, E., O'Boyle, M., 2009. Automatic feature generation for machine learning based optimizing compilation. In: International Symposium on Code Generation and Optimization. CGO 2009. IEEE, pp. 81—91.

Lévy-Leduc, C., Roueff, F., 2009. Detection and localization of change-points in high-dimensional network traffic data. Ann. Appl. Stat. 637—662.

Li, L., Li, Y., Li, Z., 2013. Efficient missing data imputing for traffic flow by considering temporal and spatial dependence. Transp. Res. Part C: Emerg. Technol. 34,

108—120.

LinkedGeoData, 2017. <www.linkedgeodata.org> (01.01.17).

Liu, X., Liu, X., Wang, Y., Pu, J., Zhang, X., 2016. Detecting anomaly in traffic flow from road similarity analysis. International Conference on Web-Age Information Management. Springer International Publishing, pp. 92—104.

Lord, P., Macdonald, A., Lyon, L., Giaretta, D., 2004. From data deluge to data curation. In: Proceedings of the UK e-science All Hands Meeting, pp. 371—375.

Mai, T., Ghosh, B., Wilson, S., 2012. Miltivariate Short-term traffic flow forecasting using Bayesian vector autoregressive moving average model. In: Proceedings of the 91st transportation Research Board Annual Meeting.

Maier, A., Schriegel, S., Niggemann, O., 2017. Big data and machine learning for the smart factory—solutions for condition monitoring, diagnosis and optimization. Industrial Internet of Things. Springer International Publishing, pp. 473—485.

Malgundkar, T., Rao, M., Mantha, S.S., 2012. GIS Driven urban traffic analysis based on ontology. Int. J. Managing Inform. Technol. (IJMIT) 4 (1), February.

Metral, G., Falquet, G., Karatzas, K., 2005. Ontologies for the integration of Air Quality Models and 3D City Models. Institut d'Architecture. University of Geneva.

Morais, C.D., 2015. Where is the Phrase "80% of Data is Geographic" From? Retrieved May 2.

Moreira-Matias, L., Gama, J., Mendes-Moreira, J., de Sousa, J.F., 2014. An incremental probabilistic model to predict bus bunching in real-time. International Symposium on Intelligent Data Analysis. Springer International Publishing, pp. 227—238.

MoveUs, 2016. MoveUs project. ICT Cloud-based Platform and Mobility Services available, Universal and Safe for all Users. [Online]. Available: <www.superhub-project.eu/> (01.02.17).

Munoz, A., Muruzábal, J., 1998. Self-organizing maps for outlier detection. Neurocomputing 18 (1), 33—60.

Petra, 2017. "Petra project. personal transport advisor: an integrated platform of mobility patterns for smart cities to enable demand-adaptive transportation system." [Online]. Available: <http://petraproject.eu/> (01.02.17).

Rao, W., Xia, J., Lyu, W., Lu, Z., 2016. A K-means clustering method to urban intersection traffic state identification using interval data. In: Transportation Research Board 95th Annual Meeting (No. 16-4769).

REWERSE, 2017. REWERSE Project. Reasoning on the web. A1.D1. Ontology of Transportation Networks. <http://rewerse.net/deliverables/m18/a1-d4.pdf> (01.01.17).

Salavati, A., Haghshenas, H., Ghadirifaraz, B., Laghaei, J., Eftekhari, G., 2016. Applying AHP and clustering approaches for public transportation decision making: a case study of Isfahan City. J. Public Transp. 19 (4), 3.

Schadt, E.E., Li, C., Ellis, B., Wong, W.H., 2001. Feature extraction and normalization algorithms for high-density oligonucleotide gene expression array data. J. Cell. Biochem. 84 (S37), 120—125.

Schultes, D., 2008. Route planning in road networks, Ph.D. dissertation, Karlsruher Instituts für Technologie.

Shin, W.S., Song, D.H., Lee, C.H., 2006. Vehicle classification by road lane detection and model fitting using a surveillance camera. JIPS 2 (1), 52—57.

Snášel, V., Nowaková, J., Xhafa, F., Barolli, L., 2017. Geometrical and topological approaches to big data. Future Gener. Comput. Syst. 67, 286—296.

Sun, C., Hao, J., Pei, X., Zhang, Z., Zhang, Y., 2016. A data-driven approach for duration evaluation of accident impacts on urban intersection traffic flow. In: 2016 IEEE 19th International Conference on Intelligent Transportation Systems (ITSC). IEEE, pp. 1354—1359.

Sun, D.J., Liu, X., Ni, A., Peng, C., 2016. Traffic congestion evaluation method for urban traffic congestion evaluation method for urban arterials. Transportation Research Record 2461, 9—15.

TOWNONTOLOGY, 2008. COST ACTION C21 – TOWNONTOLOGY, 2008.

Urban Ontologies for an Improved Communication in Urban Civil Engineering Projects.

Uguz, H., 2011. A two-stage feature selection method for text categorization by using information gain, principal component analysis and genetic algorithm. Knowledge-Based Syst. 24 (7), 1024−1032.

Vashanta Kumar, S., Vanajakshi, L., 2015. Short-Term Traffic Flow Prediction Using Season ARIMA Model With Limited Input Data. Springer.

Wang, Y., Xu, J., Xu, M., Zheng, N., Jiang, J., Kong, K., 2016. A feature-based method for traffic anomaly detection. In: Proceedings of the 2nd ACM SIGSPATIAL Workshop on Smart Cities and Urban Analytics. ACM, p. 5.

Wang, Z., Lu, M., Yuan, X., Zhang, J., Van De Wetering, H., 2013. Visual traffic jam analysis based on trajectory data. IEEE. Trans. Vis. Comput. Graph 19 (12), 2159−2168.

Widhalm, P., Yang, Y., Ulm, M., Athavale, S., González, M.C., 2015. Discovering urban activity patterns in cell phone data. Transportation 42 (4), 597−623.

Williams, B.M., Hoel, L.A., 2003. Modeling and forecasting vehicular traffic FLor as a seasonal ARIMA process: theoretical basis and empirical result. J. Transp. Eng. 664−672.

Wu, S., 2013. A review on coarse warranty data and analysis. Reliab. Eng. Syst. 114, 1−11. Available from: http://dx.doi.org/10.1016/j.ress.2012.12.021.

Xiao, J., Liu, Y., 2012. Traffic incident detection by multiple kernel support vector machine ensemble. In: 2012 15th International IEEE Conference on Intelligent Transportation Systems. IEEE, pp. 1669−1673.

Xu, R., Wunsch, D., 2005. Survey of clustering algorithms. IEEE Transactions Neural Netw. 16 (3), 645−678.

Xu, Z., Li, W., Niu, L., Xu, D., 2014. Exploiting lowrank structure from latent domains for domain generalization. In: Proceedings of European Conference on Computer Vision (ECCV), pp. 628−643.

Yang S., Kalpakis K., Biem A., 2013. Spatio-temporal coupled bayesian robust principal component analysis for road traffic event detection. In: 16th International IEEE Conference on Intelligent Transportation Systems (ITSC 2013). IEEE, pp. 392−398.

Yang, S., Zhou, W., 2011. Anomaly detection on collective moving patterns: Manifold learning based analysis of traffic streams. In: 2011 IEEE Third International Conference on Privacy, Security, Risk and Trust (PASSAT) and 2011 IEEE Third Inernational Conference on Social Computing (SocialCom). IEEE, pp. 704−707.

Yang, Y., Pedersen, J.O., 1997. A comparative study on feature selection in text categorization. ICML 412−420.

Zarei, N., Ali Ghayour, M., Hashemi, S., 2013. Road traffic prediction using context-aware random forest based on volatility nature of traffic flows. ACIIDS 196−205.

Zheng, Y., 2015. Trajectory Data Mining: An Overview. ACM Transactions on Intelligent Systems and Technology, Vol. 6, No. 3, Article 29, Publication date: May 2015. doi: <http://dx.doi.org/10.1145/2743025>.

Zheng, Y., Hansen, J.H., 2016. Unsupervised driving performance assessment using free-positioned smartphones in vehicles. In: 2016 IEEE 19th International Conference on Intelligent Transportation Systems (ITSC). IEEE, pp. 1598−1603.

Zhou, Z., Dou, W., Jia, G., Hu, C., Xu, X., Wu, X., et al., 2016. A method for real-time trajectory monitoring to improve taxi service using GPS big data. Inform. Manage. 53 (8), 964−977.

延伸阅读

Aggarwal, C.C., Reddy, C.K. (Eds.), 2013. Data Clustering: Algorithms and Applications. CRC Press.

Brodesser, M., 2013. Multi-modal route planning, Ph.D. dissertation, niversity of Freiburg Faculty of Engineering Department for Computer-Scien.

Wang, P., Hunter, T., Bayen, A.M., Schechtner, K., González, M.C., 2012. Understanding Road Usage Patterns in Urban Areas, Scientific Reports, 2, December 2012, ISSN 2045-2322.

Superhub, 2017. SupeHub project. SUstainable and PERsuasive Human Users moBility in future cities. [Online]. Available: <www.superhub-project.eu/> (01.02.17).

Wu, X., Zhu, X., Wu, G.Q., Ding, W., 2014. Data mining with big data. IEEE Trans. Knowl. Data Eng. 26 (1), 97−107.

第二部分 应 用

第6章 驾驶员辅助系统和安全系统

6.1 综合安全模型

多年来,"零伤亡愿景"旨在长期消除交通事故造成的死亡和重伤(Corben 等,2009)。另外,也追求零排放和零交通拥堵。这种新方法意味着责任不再完全以用户为中心,还应包括直接或间接干预交通的其他参与者,例如政府、基础设施管理员、车辆制造商、警察等。新技术在实现这个目标上起到了重要的作用(Organisation for Economic Co – operation and Development,2003)。

就车辆而言,一般按照其目的将车辆安全系统划分为:避免事故(主动或主要安全系统)或减少后果(被动或次要安全系统)(例如 Elvik 和 Vaa,2004)。

目前,集成安全系统的概念非常普遍(Aparicio 等,2008),通过减少事故发生的可能性(传统上称为主动安全),或者通过减少已发生事故的破坏性(传统意义上的被动安全性)来为车辆乘员、行人和财产提供最佳保护。此外,这样的安全模型涵盖的范围更广,因此可以扩展到三级安全系统(除了事故及其直接后果之外)。这样,所有安全模型尽管存在差异,但是在显示安全系统之间的相互关系,消除一级、二级和三级安全系统的经典区别以及呈现通过系统之间共享信息而实现的重叠方面都是一致的。

这样,区分和定义如下:
- 驾驶员辅助系统:该系统的开发旨在避免因驾驶员疲劳或注意力不集中或驾驶活动中的不良决策而发生危险。
- 一级安全系统:通过在事故发生前对车辆进行干预操作,有助于避免或减少容易引起事故的驾驶员行为和车辆本身的不安全行为。
- 防撞系统:使用传感器提供的信息,在碰撞前和碰撞阶段协调车辆控制系统的动作并进行乘员保护,以减少或消除碰撞引起的乘员或行人受伤。
- 二级安全系统:旨在在事故发生时,使得对车辆中运输的人员或物品或与之接触的人员或物品造成的损害最小化的系统。
- 三级安全系统:旨在事故发生后降低事故后果的系统。

图 6.1 显示了这几种系统之间的不同,也显示了系统之间的功能重叠。当距离发生事故的情况很远时,辅助系统通知驾驶员相关信息从而使得驾驶员获得一个更加舒适放松的驾驶环境。当检测到即将发生事故时,需要向驾驶员发出警报,并且当距离发生碰撞的时间降至某个阈值以下时,需要采取一些措施帮助驾驶员改善驾驶行为或者缩短反应时间。在事故发生后,需要尽可能降低造成的影响,即考虑一些情况,如事故的严重程度及事故双方的特征。因此,在每个阶段,对安全系统的要求都是不同的(表 6.1)。

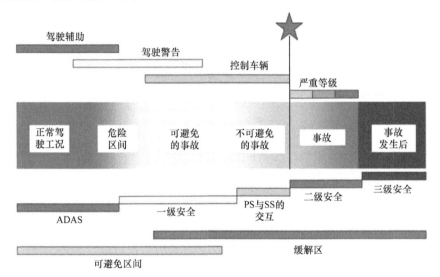

图 6.1 综合安全模型(Aparicio 等,2008)

表 6.1 综合安全模式中的状态

状态	目标
正常驾驶	增加舒适度,减少错误
警告	检测危险状况
可避免碰撞	执行操作,避免碰撞
不可避免碰撞	降低碰撞的影响
碰撞后	降低碰撞后果

在未来几年中,驾驶员辅助系统以及一级安全系统具有巨大的潜力。另一方面,与之相反的情况是二级安全系统出现得较早,产生了显著的影响,并在今天得到了更好的发展,除了以下三个特定领域外,预计不会取得重大进展:针对特定人群(老年人,儿童,残疾人),用于事故发生后的系统以及保护弱势用户(行人,骑自行车的人等)的措施。图 6.2 中展示了其发展趋势:自动驾驶及互联驾驶。

由于单项功能的改善,功能的高度集成导致安全性的提高优于其每个功能的总

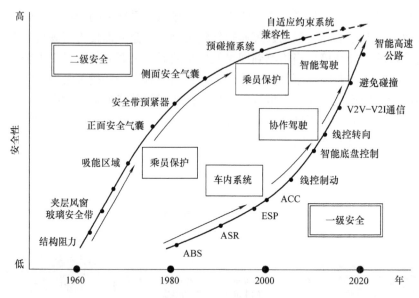

图 6.2 主要和次要安全系统潜力的演变

和。因此,新措施的开发仅受大量可用技术的推动。在这种情况下,所有技术都将集成在一起进行整体评估。这样,该技术的价值和质量越高,假设中的辅助系统接近现实的可能性就越大。另外,信息处理的效率将更高。如果考虑到在非结构化的环境中驾驶需要在接下来的几秒内对可能的事件进行假设以进行预测,则这一点非常重要。目前,正在进行研究以评估这种信息融合的潜力,特别是针对以下方面:

- 通过确认多个信号相同的信息来提高可靠性。
- 持续报告危险情况。
- 通过整合信息来减少歧义并减少信号解释中的假设。
- 在使用其他系统时改善检测准确性。
- 增强鲁棒性,确保始终有某个传感器能够发送有用的信息。
- 避免发出错误警报,以免做出干扰交通的不正确的行为,从而导致驾驶员对系统失去信心。
- 增加时空覆盖范围。
- 通过使用低性能传感器降低成本,并依靠其他传感器的互补来弥补缺陷。
- 系统必须能够与用户交互。

6.2 改善驾驶行为的系统

6.2.1 辅助系统的目标

尽管在大多数情况下,驾驶过程是人类执行的一项相对容易的活动,但仍需要一定的能力。另外，在某些情况下，系统的需求可能会超出驾驶员的能力，或者驾驶员未能执行正确的驾驶行为。因此，超过90%的事故都是由人为因素造成的，并且单纯的人为因素是三分之二事故的原因（Hobbs，1989）。这是由于或多或少有意识地采用了危险行为或由于在危急情况下的行为不当所致。这些失误可能是由于缺乏有效的信息或缺乏在有限时间内处理突发事件并正确操作的能力所致。另一方面，错误的驾驶员反应可能意味着车辆系统在接近其物理极限的情况下工作，甚至超出物理极限。

"改善驾驶行为"的定义很模糊，涉及舒适性、信息、安全性和效率等概念，但它们并不是完全独立的。

高级驾驶员辅助系统（ADAS）旨在缓解这些缺陷，减轻驾驶员的精神压力，提供更多信息用于促进安全驾驶而不会出错，并在车辆控制方面获得更好的响应。ADAS系统的操作及其与驾驶员的交互必须并行，驾驶员必须了解系统能够实现的功能，以加深对系统的接受程度，并且在即使没有建议驾驶员做出正确反应的情况下，不会危及安全。

一级安全系统旨在减少交通事故的数量。它和ADAS系统的功能差异是模糊的。从另一方面来看，可以认为辅助系统着重于正常驾驶条件，并与它们一起，旨在减轻驾驶负担，以便它们可以专注于更重要的问题。相反，一级安全系统在危险情况时而不是正常驾驶情况时起作用，例如紧急制动和在接近物理极限的条件下转弯时对车辆进行稳定性控制等。这种差异的一个例子可以在速度控制系统中找到。因此，保持驾驶员所设定的预定速度的巡航控制系统是驾驶辅助系统的一部分，因为它可以替代驾驶员完成驾驶任务，但对安全性没有直接影响。另一方面，自适应巡航控制（ACC）系统和智能ISA对安全性有直接影响，系统通过在第一种情况下控制车速来保持与前一辆车辆的距离限制（根据法律或技术，预设的或计算得出的车距限制）。

此外，一些辅助系统仅用于提供信息（McQueen等，2002）或使驾驶任务更轻松，例如，通过传感器甚至自动操作帮助驾驶员进行停车操作。在大多数情况下，不存在风险，但是在其他情况下，此系统可能至关重要。例如，大型车辆中的后置摄像头就是这种情况，在这种情况下，车辆后方周围环境的可见性受到限制。

在一级安全系统内，对警告驾驶员的警告和对车辆起作用的警告有所区别。鉴于车辆响应时间比驾驶员的反应时间短，后者可以取得良好的结果，但必须确保系统能够获得足够的驾驶条件和环境相关的信息，才能做出正确的决策。

另一方面，除了旨在改善安全性的系统之外，已经将其他系统并入车辆中提高效率来减少燃料消耗。从这个意义上说，有些系统考虑车辆的运行状况的改善，而其他更先进的系统也考虑了道路的坡度以利用正斜率和负斜率。最后，对交通状况、交通信号灯等信息的获取也可以更好地调整系统给出的决策。

一些辅助系统只是为了使驾驶过程更加舒适。这可以直接影响驾驶行为的安全性，因为辅助系统帮助负责这些重复动作，从而使得驾驶员处于更好的状态来处理驾驶过程中更重要的事情。从这个意义上讲，应该注意的是，当今的车辆在踏板、方向盘和动力总成响应等操作功能以及舒适性功能方面都提供了几种个性化性能以供选择，使其对驾驶员更加友好，例如座椅、后视镜、头枕和方向盘位置的调节。

这些系统可以带来积极的作用，例如减少驾驶员的精神负担，提示人们注意最重要的信息以及改善驾驶员的决策和表现，还需要分析许多不确定因素，以评估其真正的效能以及这些系统在驾驶员中的接受程度。主要的潜在限制在于用户难以预测系统将如何自动运行、完全不适应系统的介入或因使用它们而导致的驾驶能力的损失以及信息过多所带来的驾驶员注意力的部分丧失。在克服系统限制的方式上，辅助系统和一级安全系统的集成是车辆自动化的第一步（SAE，2016）。

6.2.2 分类

通常，理解辅助系统和一级安全系统的一种常用方法是将驾驶任务中可能出现的错误或问题与可以减轻这些错误或问题的系统相关联（避免它们、促进动作发生、降低其影响等）。尽管要对系统的最终目标（舒适度、信息、安全性或效率）进行分类并不容易，但表6.2列出了按同类组分组的系统列表，并将它们与在可能的情况下这些系统可以最小化的驾驶员错误相关联。

表6.2 系统分类

系统分类	举例	舒适性	信息	安全性	效率	驾驶问题或错误
一般信息	导航系统（相关的地点，事件等）		×		×	沿着错误的车道行驶 路线选择错误 在十字路口附近由于缺乏预见性而突然机动
	交通信息系统		×		×	由于异常的交通、道路或天气状况而导致的不当行为
	路面状况		×	×		由于交通，道路或天气状况异常而导致的不当操作
	交通标志自动识别		×			对信号的误解
动态响应控制	防抱死制动系统（ABS）			×		某种路况下的过度制动力
	紧急制动辅助系统			×		制动力不足
	自动制动			×		制动力不足
	电子稳定控制系统（ESP）			×		车辆失控
	侧翻预警			×		弯道速度过快或突然动作
	主动悬架控制			×		不平衡的垂直方向的动态力
	牵引力控制			×		过度的牵引力

第6章 驾驶员辅助系统和安全系统

（续）

系统分类	举例	舒适性	信息	安全性	效率	驾驶问题或错误
能见度	灯自动激活	×		×		由于能见度不佳而导致障碍物感知不正确 能见度条件突然改变 灯光使用不足
	曲线自适应灯			×		晚上开车时弯道上有盲点
	灯控	×		×		灯光使用不足 让对向驾驶员失去能见度
	刮水器自动激活	×		×		由于能见度不佳而导致障碍物感知不正确 刮水器使用不当
	平视显示器		×			看仪表板的时间过多
速度控制	限速器			×		超速
	巡航控制	×				重复性任务
	智能速度自适应系统			×		不安全车速
	自适应巡航控制	×		×		与前车之间保持不安全车速及距离
	拥塞辅助	×				重复性任务
	驾驶辅助		×		×	由于不正确的驾驶行为导致的过高油耗
车道保持	车道偏离预警			×		偏离车道时的危险场景
	自动行车辅助	×				重复性任务
	车辆前方的障碍物检测			×		在障碍物、车辆、行人前的不正确行为
	盲点监控			×		车辆周围障碍物的错误认知
	交叉口辅助			×		车辆周围障碍物的错误认知
	夜视障碍物检测			×		夜晚情况下的低能见度
辅助停车	距离传感器		×			车辆周围障碍物的错误认知
	后置摄像头		×			车辆周围障碍物的错误认知
	自动泊车辅助	×				重复性任务
驾驶员监测	疲劳或嗜睡检测			×		不合理的驾驶员生理和心理状态
	酒精锁系统			×		喝酒后在不良状况下驾驶的驾驶员
车辆状态监测	远程诊断		×			受损的车辆系统
	胎压监测			×		胎压不足

(续)

系统分类	举例	舒适性	信息	安全性	效率	驾驶问题或错误
连通性	燃油水平，行驶距离		×			
	保养程序		×			
	位置		×			
	舒适系统遥控器（气候控制）	×				
	连接到智能手机应用程序		×			
	车队管理应用程序		×			
舒适性	气候控制	×				
	座椅加热	×				
	座椅和头枕位置配置	×				
增值业务	无线上网	×	×			
	多媒体	×	×			
	语音识别功能	×				

通用信息系统旨在为驾驶员提供在旅途中可能有用的信息。传统的导航仪只能使用定期更新的静态数字地图，因此它们倾向于结合新的动态信息（例如天气和交通状况），这些信息可以提供驾驶员不可预见的情况并重新计算路线以优化每种情况下的时间、距离、油耗等。另外，使用计算机视觉系统，可以识别交通信号，从而即使驾驶员没有察觉或忘记了交通信号，也可以随时向驾驶员提供信息（McQueen 等，2002）。

在动态控制方面，辅助系统旨在优化车辆在牵引、制动、横向和垂直动态方面的性能，以便充分利用车辆动力学所受的物理限制（例如 Burton 等，2004；Paine，2005）。因此，辅助系统在避免车轮锁死，打滑，转向失效或单个车轮上的垂直载荷的骤降上做了很多努力（E – IMPACT 欧洲项目）。

改善可见性至关重要，以便驾驶员可以获得有关环境的完整而可靠的信息。尽管该组中的许多系统都非常专注于自动执行重复的简单任务以减少驾驶员动作，例如最先进的车辆照明系统，能够根据道路特征自适应地改变光柱效果，特别是在交叉路口或者是弯道；同样地，在车辆照明系统中也引入了自适应灯光调节系统以检测对向来车并改变光柱以避免对向驾驶员看不清道路。

在正常条件下有关驾驶速度和轨迹控制的任务方面，新系统尝试实现高度重复功能的自动化执行。因此，从简单的限速器开始，这些系统已发展为仅保持目标速度的巡航控制系统（CC）、与前车保持安全距离的自适应巡航控制系统（ACC）或智能速度自适应系统（ISA），它可以根据道路状况、其几何形状、交通状况、车辆类型等评估最佳速度（Aparicio 等，2005；Carsten 和 Tate，2005）。利用数字地图中可用的信息，某些系统能够给出在预定义的行驶时间内能够得到最佳燃油消耗的行驶速度。其他系统还包括评估驾驶员的行为是否有效，并发出警告以遵循生态驾驶模式（Hellström 等，2009）。关于保持车道的任务，如果第一个系统未激活转向信号灯，则当驾驶员超过或即将越过划定车道的线时会警告驾驶员（Visvikis 等，2008）。目前，许多新车辆都装有自动车道保持系统。

早期障碍物检测是自动驾驶的关键方面，但辅助系统已提供该功能，以警告驾驶员其行驶轨迹上其他车辆或行人的存在，并在驾驶员没有相应响应的情况下直接接手控制车辆（Jiménez 等，2012；Jiménez 等，2015）。障碍物的这种检测扩展到驾驶员视野内车辆前方的检测，使得前方视野的盲点也得到监控。为了改善夜间条件下的可见性，还针对这些情况设计了专门的系统，因为在这些情况下常规的感知系统或驾驶员自身的视力都会受到限制。

辅助系统也存在于简单的特殊操作中，例如对于停车操作，其功能涵盖了从障碍物靠近警告到完全自动执行泊车操作（Endo 等，2003）。

辅助系统还能够监视驾驶员的状态，尝试检测驾驶员是否处于适当的驾驶条件，例如驾驶员是否存在疲劳、注意力或视觉分散或困倦。为此，最先进的系统会融合来自各种信息源的信息，例如驾驶参数，使用计算机视觉跟踪头部和眼睛等（Bergasa 等，2006）。

另一方面，所有电子系统的协同需要定期验证其是否能够正常运行，这是一项必不可少的工作以使车辆始终确保其动力总成，安全等系统能够令人满意地工作。诊断工作分为几个级别。最基本的方法包括检测系统或传感器的故障并向驾驶员提供警告。为了进行更深入的诊断，需要在车间中使用专用设备。最先进的系统可远程执行深度诊断，从而使车辆将操作信息发送到中央单元（Mazo 等，2005）。

最后，当前的车辆配备了专门针对舒适性改善和连接性应用的各种功能，驾驶员可以通过它与车辆连接并交换信息，下达订单，了解其位置或维护程序等。一种特殊例子是基于此架构的实现信息交换的车队管理系统（Bieli 等，2011）。

应当指出的是，此处未谈及从车对车和车对基础设施通信派生的系统和服务（在第 7 章中对此进行了描述），但是它们无疑扩展了新应用的潜力，并且兼容基于车载传感器的一些系统（Jiménez 等，2013；Anaya 等，2015）。因为将在第 8 章中更详细地讨论自动驾驶，此处仅谈及了自动化程度最低的系统。

6.3 减少事故的电子辅助系统

6.3.1 二级安全系统

被动安全系统（例如安全带和安全气囊）在被正确使用且按照规范乘坐时将非常有效。但是，在乘员违反安全规范或将此类系统的作用推广到所有类型的乘员，而不管其体重、身高等情况下，被动安全系统都会产生问题。就乘员而言，其年龄和人体测量学特征构成不同保护要求，因此，二级安全系统会根据乘员、碰撞类型、严重性等（Chute，2001年）将主要工作集中在特定人群（弱势用户、老年人、儿童等）上。

自适应约束系统与常规约束系统的不同之处在于，自适应约束系统通过传感器评估车辆当前状况，以便在发生事故时，安全系统能以最有效的方式应对。因此，为了正确操作，需要使用合适的传感器监视必需的车辆信息。

根据这一原则，自适应保持系统能够使其特征和动作适应不同碰撞类型和乘员的系统（MacLennan等，2008）。它们的目标是减少任何情况下对乘员造成的伤害。通过调整使得安全气囊根据碰撞的严重程度和乘员的身高来控制展开的力量，或者如果气囊弹出时，乘员距离气囊太近，则会自动切断气囊的连接。

因此，为了实现这些目的，自适应系统必须由电子系统控制，该电子系统必须获取乘员、位置以及撞击的特征，继而决定系统的激活顺序以及撞击期间和撞击之后的响应。

6.3.2 一级安全系统与二级安全系统之间的交互

由于车辆系统之间的信息流的存在，加快了当前一级和二级安全措施整合在一起的趋势，如有必要，此信息可供所有系统使用（EEVC - WG 19，2004）。将功能进行高度集成将使得整体的安全性高于它们各自分开时的安全性的总和，因为它加强了单个系统的功能，并减少了误报。因为当功能分散独立时经常由单个传感器进行检测，而由于单一传感器固有的局限性，可能会产生误报。但是，当多个信息源进行组合时，可以增强数据抗干扰能力并提供新的数据。

一级和二级安全系统之间的交互作用基于的一个事实是：从发现风险到发生碰撞之间的时间通常比大多数保护系统的反应时间长，因此可以有充足的时间进行响应。如它们获得必要的信息，则可以从"舒适模式"更改为"安全模式"。

表6.3显示了根据系统的最终方向进行分组的预碰撞系统，区分了那些旨在降低碰撞严重性、增加兼容性的系统（主要是在适应高度和刚度的几何或结构问题上，因为质量问题难以解决），或提高保留系统的性能（及早激活）。

表 6.3 预碰撞系统的分类

系统	作用
旨在减轻事故严重性的措施	降低碰撞车速
	改变碰撞区域
	改变碰撞方向
几何和结构	可扩展的前保险杠
修改以增加兼容性	车辆高度修改
	发动机舱盖高度

(续)

系统	作用
约束系统性能的优化	安全带预紧力
	适应碰撞和乘员的安全气囊展开
	座椅位置调整
其他系统	伸缩式转向柱
	天窗自动关闭
	车门自动解锁系统
	外部安全气囊

6.3.3 三级安全系统

第三级安全系统旨在减轻事故后果。最常见的案例是紧急呼叫或 eCall，它在急救、疏散以及即时的专业协助中提供对受害者的最佳支持。该系统可以由车辆的乘客激活，也可以根据车载传感器的信号自动执行。因此，在发生事故的情况下，车辆可以联系辅助服务（通过驾驶员或车辆本身），并提供在救援阶段有用的信息。其重要性在于，目前基础设施运营商和救援部门通过电话（固定和移动）或摄像机、雷达或其他类似设备的数据来获知事故。然而，在使用电话获知事故时，经常出现无法准确确定事故或事件位置的特殊情况。尽管基本配置主要集中在传输位置上，但为了提供更快、更有效的信息，发生事故的车辆应该能够根据车辆可用传感器发出以下信息：

- 事故的位置（通过卫星定位）。
- 事故发生时的车辆方向（在高等级公路和高速公路上很重要）。
- 事故发生的时间。
- 车辆数据，例如制造商、型号、版本。
- 车辆状况：起火、燃油泄漏、被淹。
- 呼叫激活模式规范。
- 乘员身份：乘员人数、特征、乘员状况。
- 通过先进的生物识别传感器监测生命体征。
- 受伤严重程度：碰撞类型和严重程度、撞击速度、方向和轨迹，以及使用安全带。

因此，如果这些信息是由特定的数据中心（注意需要过滤虚假警报）和紧急服务收集的，则可以缩短服务的响应时间，并可以根据事故分别调动必要的资源。通过这种快速响应，可以减少伤害的严重性，增加生存的可能性并改善事故管理。

三级安全中包含的另一个系统是数据记录,这些信息对制造商、事故重建和紧急服务具有较大帮助。从这种意义上讲,可以采用仅存储车辆信息的系统,也可以采用考虑了如视频记录等功能的系统。此外,还有旨在减少事故负面影响的其他系统,以减少连续事故或避免因车辆状态带来更大风险的情况。例如,可以突出显示燃油切断、电池电源切断、自动门解锁或自动激活的紧急信号。

6.4　辅助与安全系统的未来发展

车辆的发展趋向于采集越来越多的信息,并且通过车载传感器、GPS定位以及无线通信等获得的融合信息具有更高的质量和精度。这一情况提高了系统通知驾驶员甚至自动决策的能力。通过这种方式,这些系统的发展推进了驾驶自动化的发展(Meyer和Beiker,2014;Kala,2016),相关驾驶自动化的内容在下一章中将有更进一步的阐述。然而,应当理解,自主驾驶的引入,要经过一个个互相支持的辅助系统的相继应用来实现。因此,所有信息通道与车辆的处理和决策单元之间的协同作用将实现对环境的更精确了解和更可靠的决策。可以通过提高这种可靠性,以应对动态情况和更复杂的情况。具体而言,在以下各章中提出的概念比较先进,称为辅助系统的系统将分为辅助驾驶1级和2级(分别为驾驶员辅助和部分自动化),而更高级的自动驾驶功能为3级、4级或5级(分别为有条件的自动化,高度自动化和全自动化)(SAE,2016)。

协作系统在考虑不同车辆彼此之间以及与道路之间的相互作用方面也将发挥重要作用,这将导致更高的信息流,将"视觉范围"扩展到更大的"电子范围"(Jiménez和Aparicio,2008)。每辆车都接收、处理和发送信息。在安全性、环境保护和运输效率领域中可以更有效地发挥这些优点。通过这种方式,车辆除了拥有自己的数据并通过车载传感器感知周围环境外,还可以从其他车辆、基础设施或交通中心接收信息,并进行精确的定位。另外,每一辆车都是信息来源,可以传输到外界(基础设施、其他车辆、控制中心等)。车辆之间的通信使每个用户都可以预测某些风险情况,从而为驾驶员提供了更多的时间来适应新情况。可以通过这些通信解决的常见情况有防撞系统、智能交叉路口等。请注意,这些协作系统可以对上述集成安全模型的所有阶段的需求做出响应。它们已经被认为是实施自动驾驶的有力推动者(Gill等,2015)。目前已经证明,没有外部通信并且仅使用车载传感器提供信息的自动驾驶功能在复杂的驾驶场景下是无效的(有时是无能为力的)。

当前的趋势是在考虑撞击、乘员和车辆特征的情况下寻求系统响应的优化,因此,车辆中应考虑使用新传感器,并且通过主动安全系统来获取信息。

参 考 文 献

Anaya, J.J., Talavera, E., Jiménez, F., Serradilla, F., Naranjo, J.E., 2015. Vehicle to vehicle geonetworking using wireless sensor networks. Ad Hoc Netw. 27, 133—146.

Aparicio, F., Arenas, B., Gómez, A., Jiménez, F., López, J.M., Martínez, L., et al., 2008. Ingeniería del Transporte. Ed: Dossat. Madrid (in Spanish).

Aparicio, F., Páez, J., Moreno, F., Jiménez, F., López, A., 2005. Discussion of a new adaptive speed control system incorporating the geometric characteristics of the roadway. Int. J. Veh. Autonom. Syst. 3 (1), 47—64.

Bergasa, L.M., Nuevo, J., Sotelo, M.A., Barea, R., Lopez, M.E., 2006. Real-time system for monitoring driver vigilance. IEEE Trans. Intell. Transp. Syst. 7 (1), 63—77.

Bielli, M., Bielli, A., Rossi, R., 2011. Trends in models and algorithms for fleet management. Proc. Soc. Behav. Sci. 20, 4—18.

Burton, D., Delaney, A., Newstead, S., Logan, D., Fildes, B., 2004. Evaluation of antilock braking systems effectiveness. 04/01. Noble Park North, Victoria: Royal Automobile Club of Victoria (RACV) Ltd.

Carsten, O., Tate, F., 2005. Intelligent speed adaptation: accident savings and costbenefit analysis. Acc. Anal. Prevent. 37 (3), 407—416.

Clute, G., 2001. Potentials of adaptive load limitation presentation and system validation of the adaptive load limiter. In: Proceedings of the 17th International Technical Conference on the Enhanced Safety of Vehicles, Amsterdam, Holland.

Corben, B., Logan, D., Fanciulli, L., Farley, R., Cameron, I., 2009. Strengthening road safety strategy development "Towards Zero" 2008-2020 - Western Australia's experience scientific research on road safety management SWOV workshop 16 and 17 November 2009. Saf. Sci. 48, 2010, 1085—1097.

EEVC—WG 19, 2004. Primary and secondary interaction. Final report.

Elvik, R., Vaa, T., 2004. The Handbook of Road Safety Measures. Elsevier.

Endo, T., Iwazaki, K., Tanaka, Y., 2003. Development of reverse parking assist with automatic steering. In Proceedings of 10th World Congress and Exhibition on Intelligent Transport Systems and Services, Madrid, Spain, 16—20 November 2003.

European Technology Platform on Smart Systems Integration — EPoSS. 2015. European Roadmap Smart Systems for Automated Driving. Berlin: EPoSS.

Gill, V., Kirk, B., Godsmark, P., Flemming, B., 2015. Automated Vehicles: The Coming of the Next Disruptive Technology. The Conference Board of Canada, Ottawa.

Hellström, E., Ivarsson, M., Åslund, J., Nielsen, L., 2009. Look-ahead control for heavy trucks to minimize trip time and fuel consumption. Control Eng. Pract. 17, 245—254.

Hobbs, F.D., 1989. Traffic Planning and Engineering. Pergamon Press, Oxford.

Jiménez, F., 2013. Libro verde de los Sistemas Cooperativos, ITS España- Universidad Politécnica de Madrid (in Spanish).

Jiménez, F., Aparicio, F., 2008. Aportación de los ITS a la sostenibilidad y mejora del transporte por carretera. Dyna Ingeniería e Industria 83 (7), 434—439.

Jiménez, F., Naranjo, J.E., Gómez, O., 2012. Autonomous manoeuvrings for collision avoidance on single carriageway roads. Sensors 12 (12), 16498—16521.

Jiménez, F., Naranjo, J.E., Gómez, O., 2015. Autonomous collision avoidance system based on an accurate knowledge of the vehicle surroundings. IET Intell. Transp. Syst. 9 (1), 105—117.

Kala, R., 2016. On-Road Intelligent Vehicles. Motion Planning for Intelligent Transportation Systems. Elsevier.

MacLennan, P.A., Ashwander, W.S., Griffin, R., McGwin Jr., G., Loring, L.W., 2008. Injury risks between first- and second-generation airbags in frontal motor vehicle collisions. Acc. Anal. Prevent. 40, 1371—1374.

Mazo, M., Espinosa, F., Awawdeh, A.M.H., Gardel, A., 2005. Diagnosis electrónica del automóvil. Estado actual y tendencias futuras. Fundación Instituto Tecnológico para la seguridad del automóvil (FITSA), Madrid, in Spanish.

McQueen, B., Schuman, R., Chen, K., 2002. Advanced Traveller Information Systems. Artech House.

Meyer, G., Beiker, S., 2014. Road Vehicle Automation. Springer, Switzerland.

Organisation for Economic Co-operation and Development, 2003. Road safety. Impact of new technologies. OECD.

Paine, M., 2005. Electronic Stability Control: Review of Research and Regulations. Vehicle Design and Research Pty Limited, Beacon Hill, New South Wales, p. G248.

SAE, 2016. Taxonomy and Definitions for Terms Related to On-Road Motor Vehicle Automated Driving Systems, s.l. SAE International.

Visvikis, C., Smith, T.L., Pitcher, M., Smith, R., 2008. Study of lane departure warning and lane change assistant systems. Transp. Res. Lab.

第7章 协同交通系统

7.1 引言

协同系统可以使得车与车（V2V）以及车与道路基础设施（V2I）之间进行信息交互，这显然是提升交通安全和效率最有效的方案之一。

早在20世纪80年代末到90年代初，PROMETHEUS European 项目研究人员已经发现并开始在 COPDRIVE，PRO–COM 和 PRO–NET 等子项目中研究这种技术。但是就定位、通信、计算、嵌入式安全系统、车载网络以及标准化过程等领域而言，还存在着较大的局限性和技术限制，这些都是当时发展基础技术所必需的，这在当时给项目的研究进展带来了很大的阻力（图7.1与图7.2）。

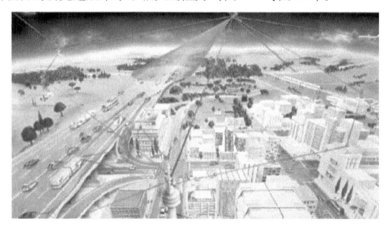

图7.1 PROMETHEUS European 项目中协同交互下的视界

20多年后的现代，所有这些领域都经历了足以克服旧的技术障碍的变化，协同系统的概念已在许多欧洲项目、试点和场地测试（FOTs）中成功得到了评估，例如 CVIS，SafeSpot，Coopers，DRIVE–C2X，FOTsis，COMPASS4D，CO–GISTICS，SCOOP@F，除此以外，这还应用于协同应用程序中。（IEEE 802.11p）COMeSafety，Car2Car Communication Consortium，C–ITS Platform 以及 C–ROADS 等不同的倡议

图 7.2　PROMETHEUS European 项目中协同交互测试

者和机构为发展和应用协同系统建立了一个共同框架，欧盟指定了 5.875～5.905GHz 的频段专门用于协同系统（IEEE 802.11p）。

在通往 5G 时代的道路上，移动互联技术的进步使得 LTE/V 技术得到了发展，并成为协同服务中通信技术的潜在解决方案。在目前这样的背景下，许多研究项目和活动在研究和分析每种技术的可能性、局限性以及功能性的同时，也在探索混合通信的方案。

然而，独立于技术方法（IEEE 802.11p，3G/4G，LTE – V2X，5G）的选择，C2X 系统部署的合适时机似乎已经到来。目前城市和城际环境中的几个协同移动试点正在大力推动这一部署，7.5.1 和 7.5.2 小节对其进行了总结。此外，第 7.5.3 小节介绍了支持协同系统部署相关的协同方案和平台。

最后，值得一提的是，C2X 通信服务对于改善即将到来的智能汽车的性能和表现，在不久的将来会有十分重要的意义。

7.2　C – ITS 框架

7.2.1　整体架构

一个 ITS 站就是一个功能实体，它专为交通场景提供拥有通信能力的智能交通系统（ITS）。

车辆之间以及车辆与道路基础设施之间的协同行为是基于不同的通信技术的，并且可以分别在车辆之间、车辆与道路基础设施之间以及车辆和后台应用程序之间进行信息交互，这就是通常所说的 C – ITS。

基于 ETSI 对其通信架构的考虑，C – ITS 系统架构应包括以下基本组件：

1. 车载 ITS 站（VIS）［又名车载单元（OBU）］

VIS 配备有通信硬件，用于本车与其他车辆或道路基础设施之间进行信息交换。通信硬件连接到车载网络，以采集本车数据，因此，车辆数据可以在不同车辆之间交换。通信硬件还可以支持无线网络接入，以便与中央站进行通信，从而将来自车辆的信息实时发送到中央系统。

2. 道路 ITS 站（RIS）[又称道路单元（RSU）]

最典型的 RIS 是配备了通信硬件的可变信息标志或红绿灯，从而 RIS 可以与车辆通信。例如，向车辆发送信息或充当车辆之间（多跳）通信的中继站。此外，RIS 还可以连接到因特网，这使得 RIS 能够与中央站通信，并将从车辆接收到的信息转发给中央站。

3. 中央 ITS 站（CIS）

CIS 通常是一个拥有管理功能的实体，在这里集中管理应用程序和各类服务。例如控制道路基础站点的交通管理中心、车队管理中心或向车辆分发区域广告的广告公司（通过道路站点）。车辆或道路基础站点可向中央站发送信息，而中央站可反过来向车辆或道路基础站点发送信息。

4. 个人 ITS 站（PIS）

PIS 代表个人移动设备，例如移动电话或导航设备，它们可以提供许多 ITS 应用程序。这些设备通常是个人的，并且具有合适的通信硬件。这些设备还可以支持基于与其他道路用户或道路基础设施通信的 ITS 应用程序的协同交互，后台应用程序的通信也可能催生出各种各样的应用程序。从结构角度来看，集成在车身中或与车身连接的 PIS 设备应视为车辆设备的一部分，在这种情况下，个人设备可以提供内部生成的附加信息（如导航数据），或通过其通信设施（如 HMI 设备）从其他来源接收信息。此外，车辆可以直接调用其所连接个人设备的通信设施，也可以通过所连接个人设备的输出设施与其持有者交流。

一般来说，协同系统不一定包括所有组件，但可能包括组件的一个子集（取决于部署场景和功能）。上述的四个组件能够使用多个通信网络相互通信，根据不同场合的需求，可以在同一通信网络内直接进行通信，也可以在多个通信网络之间间接地进行通信，在任何情况下对各种相关的功能提供全面的支持，以提升交通安全和效率。

7.2.2 主要技术

假设无线通信是 C–ITS 部署的一个关键的促成因素，基于这一概念将会有许多接入技术支持 C–ITS 应用。

此外，预计新的接入技术将会出现，其中任何一种技术都应能够满足：
- 在传输者和接收者之间具有较高相对速度的动态环境中工作。
- 在安全相关应用场景中支持极低的延迟。
- 能够承受多个参与者周期性地传输多个消息所产生的高负载，以及有高密度的拥堵交通场景。
- 考虑到部分 V2X 消息（尤其是 V2V）本质上是本地的，这意味着它们对范围内的接收者十分重要。

根据这些原则，目前预测到有两种技术可以满足 C–ITS 的需求：

- 临时广播 V2X 技术（ITS 5G 小范围无线网）。
- 移动宽带（3G/4G/5G 蜂窝网络）。

这两种技术符合 ISO 和 ETSI 对其站点参考体系结构的通用方法，在其各自的标准 ISO/IEC 21217 和 ETSI EN 302 665 中进行了描述，这成为协同 ITS 标准的核心，并将智能交通系统分为前面提到的四种不同类型的 ITS 子系统。

ITS 站点架构考虑了 ITS 站点的多样性，并提供了多种通信手段和技术。该体系结构统一了各种技术，因此它可以为通信技术的各种应用（道路安全、交通效率和舒适性/移动性）过程中未知的差异性带来益处。

该体系结构的定义是这样的：只要开发出符合 ITS 站标准的接口，就可以根据任何现有和即将到来的接入技术来部署协同 ITS 标准，这样就可以在不改变现有协同 ITS 标准的情况下添加这些标准。它的应用反过来也将受益于新出现的接入技术，因为通信配置文件是根据 ITS 应用程序的通信需求（以不可知技术的方式表示）和 ITS 站的当前能力来定义的。

这里提供了上述两种技术的大体描述，描述了与其交互方式最相关的考虑因素。

7.2.3 公用移动网络（蜂窝网络）

1. C-ITS 支持技术的概述和考虑因素

移动电话系统已经从语音/SMS/GPRS 发展到现代智能手机支持的移动宽带，3G-WCDMA 是第一代移动宽带，在人口稠密地区具有良好的覆盖率，它具有低延迟的优点，在许多应用 C-ITS 的情况下，可以用于车辆之间的消息交换。

从 ITS 的角度来看，WCDMA 和 LTE 的延迟改进是一个值得关注的问题。研究项目表明，使用 WCDMA 的车辆其信息和警告可以通过移动网络在 350~500ms 内传输，使用 LTE 的车辆在 50~150ms 内传输。现有的基础设施可以继续使用，不需要对网络进行任何更改，并且随着附加要求的出现，可以在移动网络和/或互联网级别上添加新的应用服务器，以实现地理寻址（地理广播）并优化蜂窝分布信道的消息流。此外，即将到来的 LTE 广播系统也可以用于消息的发送。

4G-LTE 是目前正在部署的一种改进的移动宽带，随着具有良好传播特性的新频谱的部署和现有频谱许可证的"技术中立"，移动宽带的覆盖范围将迅速扩大，这意味着现有的 2G GSM 塔和频谱可以继续使用，这将大大加快网络转型。4G-LTE-Advanced 是国际电信联盟（ITU-R）制定的全球 4G 的新版标准。

5G 是下一代移动网络技术，它现在仍在定义中，预计在 2020 年左右部署。其性能目标是使其在许多方面（包括延迟和可靠性）比 4G "好十倍"，并且它的设计目的是满足"物联网"的各种需求。

至于轿车和货车，越来越多的人通过移动网络连接到许多不同的服务中。从 C-ITS 售后市场的角度来看，这意味着许多 C-ITS 的应用场景可以通过智能应用程序（至少可以接收消息和警告）来支持，C-ITS 在移动网络和智能手机大众市场的基础设施投资方面有着巨大的潜力。

移动网络的核心部分正从电路交换技术发展到使用互联网协议的分组交换技术。这使得在多媒体通信、安全通信和加密、设置服务质量和差异化计费方面有了一系列新的可能性。

然而，构成移动网络的不仅仅是基站和天线，还有许多交互层执行服务。从 ITS 的角度来看，需要一个高效的多服务平台，所有利益相关者、服务提供商和需要交通系统信息的人都可以通过简单的接口进行访问，从而形成一个具有规模经济和效率的通用技术平台。其网络具有的功能包括：连接口（"SIM 卡"）、移动设备中的软件、服务和信息以及与或多或少的集成服务和提供商的接口。必须正确处理对数据和媒体的权利，还需要一个成本效益高的支付和清算系统。

2. 部署和成本的组成结构

根据蜂窝运营商、技术、国家和地区的选择，覆盖范围会有所不同。在几乎每一辆车上，驾驶员现在都有一部手机，拥有导航功能和 ITS 应用，目前还没有为其应用程序部署后台服务器系统，但某些国家正在部署 V2X 的其他基础设施。

对于移动通信来说，协同功能的标准化是必要的。后台架构由于不同的后台提供商、不同的流量管理中心、不同的 OEM 后端的安全性等因素，到目前为止仍是缺失的。

汽车联网服务的市场发展很可能会为用户和价值链的利益相关者带来富有吸引力的服务，这导致了在未来几年内，内置蜂窝连接（或紧密集成的智能手机）在新车中的渗透率将达到接近 100%，这些车辆可以根据 DENM 消息支持 V2X 服务。

频谱、无线网络硬件/软件的投资、运营成本和维护成本由订阅费和基于交易的费用或移动系统的常规（智能电话）固定费用支付。对于新的其他 V2V、V2I 和 I2V 应用程序，将具有类似于智能手机的订阅费用和通信费用，以涵盖投资和运营。但是请注意，系统功能可以实现许多不同的业务模型，从而将通信成本灵活地捆绑到完整的安全或效率服务中，与目前智能手机上使用的常见应用程序相比，V2X 所需的数据速率（最大 1MB/s）相对较小。

7.2.4 ITS-G5（车载 WiFi）

1. C-ITS 支持技术综述和考虑因素

ITS-G5 技术，也被称为 IEEE 802.11p（在美国是 DSRC）是一种短程无线局域网标准，用于车辆之间和道路基础设施之间的即时广播通信。该规范源于著名的 Wi-Fi 规范（IEEE 802.11），特别适用于车辆环境，支持高行驶速度和低延迟要求，它在 5.9GHz 的专用频谱中工作。在美国，这种技术被称为车辆环境中的无线接入（WAVE），在欧洲称为 ITS-G5。目前，5GHz 范围内的无线电通信系统可以提供高数据速率的通信，范围通常为 300~500m，直接服务水平可达 1000m，对天气的依赖性很低,其通信具有全球兼容性和互操作性。

2. 应用程序所需的连接性可概括为:

1) 车辆间通信(V2V)(包括涉及多个车辆的多跳路由)。

2) 车辆至道路(上行)V2I 和道路至车辆 I2V(下行)。

ITS – G5 旨在支持短时间的道路安全应用,在这些应用中需要快速可靠的信息交换。ITS – G5 通信是目前最能满足实时性要求的通信技术,因为在一个高度动态的临时网络(15~100ms)中进行的直接通信具有非常低的延迟,因为它已经在过去 10 年中在城市和城市间环境中应用了(例如 COMPASS4D、DRIVE C2X、SCOOP@ F,…)。

在不同的提供商之间不发生漫游或转换是非常有必要的,此外,物理上的"优先级划分"被构建到任何直接通信中,因为通信对象越近,通信中出错的概率越快、越小,此模式非常适合安全应用程序。

短程临时网络没有"服务器"或类似的设备来跟踪车辆的位置,以便在 V2V 和 V2I 模式下将通信路由到附近的接收。但对于交通管理中心来说,需要一个后台,并且在许多地方需要跨境和跨公路运营商的协调。

3. 部署和成本结构

不同的欧洲汽车原始设备制造商表示,他们将为自己的汽车配备这项技术,目标是在未来 15~20 年内实现机动车 100% 的普及率。

车辆买方提供 G5 车载设备的前期成本预计为零,但无数据传输或频谱成本,在车辆软件/数据供应和更新以及定期技术检查方面,寿命周期成本很小。

对道路 ITS 站(HW1SW)的投资是必要的,且有可能与现有基础设施系统进行集成,这样可以减少土建工程、电力、互联网连接、后端服务器的投资以及运营和维护成本,这些投资都将由道路运营商承担。

R – ITS – S 的数量很大程度上取决于使用情况,对于道路工程警告,只有警告拖车需要 R – ITS – S 设备,使用移动网络与交通管理中心的回程通信,但这需要有可用的电源。预计现有的交通中心可以处理传入的数据,因此不需要新的后台基础设施,传统的交通中心任务由探测车辆数据支持,因此随着设备率的上升,对经典交通流检测器的需求将下降,因此,如果设备率达到 0.30%,甚至可能会出现返利。

总的固定成本按照每个道路站每年的 Wi – Fi 承载和维护成本来预算,且预计路侧站的平均使用寿命为 10 年左右。

7.2.5 标准化分级

欧盟委员会通过 M/453 号授权,邀请了欧洲标准化组织(ESO,如 CEN、ISO、ETSI 等)制定一套一致的标准、规范和指南,以支持欧洲共同体范围内协同智能交通系统(C – ITS)的实施和部署,通过定义数据、定义共同政策以及安全和隐私方面的共同框架来保证互通性。

这套标准填补了ISO/OSI参考模型的空缺，其中四个水平协议层和两个垂直层从协议栈的角度描述了一个C-ITS站的体系结构。

1. 水平层

- ITS接入技术涵盖了物理层和数据链路层的各种通信介质和相关协议。尽管大多数接入技术基于无线通信（例如，ITS 5G、蜂窝网络……）。
- ITS网络和传输包括其站点之间以及从其站点到其他网络节点（如互联网）的数据传输协议，特别是它的网络协议包括通过中间节点将数据从源路由到目的地，以及在地理区域（例如，地理网络）有效地传播数据。它的传输协议提供端到端的数据传输，并根据其设施和应用的要求提供附加服务，如可靠的数据传输、流量控制和避免拥塞。其网络和传输的一项特殊任务是使用因特网协议IP版本6，这包括IPv6与特定网络协议的集成，站点间通信的动态选择和切换，以及IPv6和IPv4的互通性问题。
- ITS设施是支持各种任务应用程序的功能集合，这些设施提供数据结构来存储、汇总和维护不同类型和来源的数据（例如来自各种车辆传感器和来自通信的接收数据，如CAM、DENM、MAP、SPAT等）。在通信方面，它的设施可以为应用程序提供各种类型的寻址模式，提供其特定的消息处理，并支持通信会话的建立和维护。服务管理是其一个非常重要的设施，其内容是从ITS应用服务系统中发现和下载作为软件模块的服务，并在ITS站进行管理。
- ITS应用指不同的应用和功能。

2. 垂直层

- ITS管理层负责ITS站的配置和不同层之间的跨层信息交换。
- ITS安全提供安全和隐私服务，包括通信堆栈不同层的安全消息格式、身份和安全凭证的管理，以及安全平台（防火墙、安全网关和防篡改硬件）的各个部分。

从部署的角度来看，关于C-ITS标准化主题的一般需求是：

- 需要细化测试标准。
- 需要对标准进行分析，以确保实施过程中的互通性。
- 从实际执行的角度出发，需要制定合适的维护标准。

为了满足上述需求，欧共体推出的C-ITS平台迈出了第一步：收集C-ITS在欧洲部署计划中使用的标准概述，本次的重点是目前正在实施或将在未来二三年内部署的C-ITS部署，而不是在5年甚至更长的时间内，因此它们在这段时间的工作重点是欧洲内的互通性。下一步应该通过建立必要的基础，进一步讨论如何通过分析实际配置标准和测试标准的详细说明，来为将来在欧盟范围内的互通C-ITS部署定义配置文件，但这并不是这项工作目前的主要目标。

7.3 服务

7.3.1 引言

协同系统的目的是通过车辆、基础设施和控制中心之间的信息交换,实现广泛的应用和服务,以提高安全性、效率、舒适性,并减少运输对环境的影响,这些信息使我们能够扩大视野,以便采取行动。然而,必须区分连接驾驶(数据可用于决策)和协同驾驶(车辆通过通信共同做出决策),毫无疑问,第一步对于第二步是必不可少的,后面将要介绍的许多系统都是在第一组框架中的。

这些系统可以大大改善目前的状况,近年来,基于上述通信开发了一些服务和系统,其中一些是原型级的,另一些已经在现实中实现了。这些服务和系统已经被证明是有效的,但即便如此,也很难得到一个全球化的解决方法,目前仅有部分方法实施于服务实施。

传统车辆(包括它自己的系统)与协同环境中连接的车辆之间,最主要的提升是,除了拥有自己的数据和通过车载传感器感知周围环境之外,它还可以从其他车辆、基础设施或交通中心接收信息。

因此,在车辆之间或车辆与基础设施之间的协同系统中,可以建立三个层次的协同:

- 车辆接收来自道路或其他车辆的信息,通过这些信息可以预测驾驶员无法感知的情况(滞留、工作区域、恶劣天气等)。
- 基础设施从车辆接收信息,使其能够了解交通情况变化并更有效地管理网络。
- 信息双向交换,因为车辆和基础设施是信息来源,这增加了信息并且提高了信息质量,使双方受益。

协同系统(C‐ITS)被认为是车辆技术的下一个质的飞跃,这是目前优先考虑的发展方向。为了促进这些 C‐ITS 的使用,欧盟委员会(DG‐MOVE)于 2014 年 11 月创建了协同智能交通系统部署平台(C‐ITS 平台),目的是在欧洲层面上对该技术产生的服务提供统一的背景。因此,在 2016 年 1 月的报告(C‐ITS 平台,2016 年)中,C‐ITS 平台定义了欧洲协同系统的实施路线图,首先是一系列称为 C‐ITS 第 1 级的基本服务(表 7.1),然后是第 1.5 级服务(表 7.2),最后是 2030 年的协同自主驾驶(经合组织,2015 年)。因此,C‐ITS 被欧盟委员会视为自主车辆部署的催化剂,也是实现自主协同驾驶的第一步,促进了与自动控制系统的集成。

在接下来的小节中,将简要描述第 1 级或第 1.5 级中包含的最具代表性的服务,以及这些列表中未提及的系统,更详细的描述可以在 Jiménez 等人(2012)的文章中找到。

表 7.1 C-ITS 1 级

服务内容	交互类型	应用场合
紧急电子制动灯	V2V	安全
紧急车辆接近	V2V	安全
慢速或静止车辆	V2V	安全
交通堵塞预警	V2V	安全
危险位置预警	V2I	高速公路
施工路段预警	V2I	高速公路
天气条件	V2I	高速公路
车内标牌	V2I	高速公路
自车限速	V2I	高速公路
探测车辆数据	V2I	高速公路
冲击波阻尼	V2I	高速公路
GLOSA/绿色时间（TTG）	V2I	城市
信号违规/交叉口安全	V2I	城市
指定车辆的交通信号优先请求	V2I	城市

表 7.2 C-ITS 1.5 级

服务内容	交互类型	应用场合
街道外停车信息	V2I	停车
街道停车信息与管理	V2I	停车
停车换乘信息	V2I	停车
加油站和充电站的位置信息	V2I	智能规划
交通信息与路径规划	V2I	智能规划
城市区域出入控制	V2I	智能规划
装卸区管理	V2I	货运
弱势道路使用者保护（行人和骑车人）	V2X	VRU
协同碰撞风险预警	V2V	碰撞
摩托车接近指示	V2V	碰撞
错路行驶	V2I	错行

7.3.2 旨在提供信息的系统

这类服务可以带来许多好处，例如间接提高安全性或效率，因为它们试图警告驾驶员道路上的特殊情况，以便提醒驾驶员并通知驾驶员，并采取相应的行动。此外，其中一些还可以被视为额外的好处，比如可以使驾驶感受变得更加舒适，下面对其部分服务内容进行介绍。

1. 出行前给驾驶员提供的信息

出行前提供给驾驶员的信息使驾驶员能够以更有效的方式计划行程，在该规划中，可以考虑的问题有路线选择、时间表选择、站点规划等。为了使得选择更加正确，必须有准确和及时的信息，且必须在旅行过程中随时补充这些信息，因为这些变化的信息（交通状况、天气等）是初始规划的依据。除此之外，还可以提供有关附近景点、酒店、餐厅、加油站、停车场以及公共交通等各种信息。

2. 在行程中给驾驶员提供的信息

沿途接收到的信息可以使驾驶员在出行前随时更改计划，这些信息随时会发生变化，因此需要随时更新这些信息，并且传播的速度也十分重要。

虽然这被认为是保证驾驶过程中信息获取的系统，但其也具有保证安全高效驾驶的功能。例如，它的目的是提醒驾驶员注意一些特殊情况，如交通堵塞（防止到达这些路段时发生事故）、恶劣天气条件（降低车速）、事故、道路工程，例如，一些研究表明，在恶劣天气条件下部署这些系统可以减少事故。其他研究表明，在相当大比例的情况下，信息系统实现了用户所遵循的路径的修改。

基础设施中的可变信息面板是一种信息传播的方式，并且已经进行了多年，可变信息由车辆直接提供，并且允许每辆车根据具体环境进行修改。

下述的应用场景是这类服务的典型情况：

- 信息提供：虽然有通过车载传感器收集交通信号的系统，但也提供了一种向用户提供该信息的方式，用户可以根据环境的动态条件进行调整。
- 特别的道路区域信息：当驾驶员接近发生特殊情况的路段时，系统会向驾驶员发出警报。通过这种方式，驾驶员可以在感知到这种情况之前做好准备，并能够根据情况调整驾驶行为，同时也提高了他的警戒级别。所有接近该路段的车辆都会收到通知，这些信息可以通过区域内的车辆或控制中心或基础设施传播。
- 湿滑道路和天气状况警告：这是旧系统内的典型路况，在这基础上，车辆或基础设施中的传感器可以检测出路面的特征或天气状况，如果观察到可能影响安全的异常情况，它们会将该信息传输给接近该路段的其他车辆。此外，这些信息会被传输到基础设施中的存储单元，或者传输到可变信息面板以及控制中心里，从而可根据车辆类型提出新的速度限制。
- 交通拥挤警告：这个系统自带实时路线规划功能，还包括对短期交通状况的预测，可以帮助缩短行程时间。因此，动态导航是一种在抵达预定目标前实时计算路径的导航。

3. 浮动车辆

新式动态应用场景意味着数据必须不断更新，必须实时捕捉和处理这些即时事件。在交通管理中，事件发生的位置至关重要，延迟传输此类信息可能会导致其价值的损失。基础设施中传感器的替代方案是车辆（"浮动车辆"），这些车辆将诸如位置、速度、特定车辆系统活跃状态等信息传输到控制中心，控制中心负责在适当处理后将其分发给其他用户。当车辆接近某一路段时，也可以在车辆之间传输准时数据，尽管在信息延迟和部分道路车辆密集度较低等方面仍存在问题，但与基础设施中的解决方案相比使用这些浮动车辆是确定出行时间的有效解决方案。

4. 开车时下载的应用软件或多媒体内容

在驾驶过程中，可以下载信息、应用程序或多媒体内容。

5. 数字地图更新下载

这项服务考虑到数字地图更新的下载，由于基础设施没有包括在地图中，因此它的精度和详细程度以及更新程度越来越重要，此服务使得信息访问的频率提高了。

6. 社交网络

这种系统的主要思想是鼓励用户协同报告事件、指令错误、基础设施问题或数字地图错误，通过这种方式，可以创建一个操作更加便捷的系统。

7. 车辆定位

这项服务应用于不同领域，如车队管理、被盗车辆追踪、货物追踪等。

8. 远程诊断和协助

诊断技术与汽车技术同步发展，车间内有专门的设备，能够从车辆内部通信总线的连接处识别车辆故障。除了这种传统的诊断，无线通信使得车辆可以与控制中心或车间进行远程信息交换（Mazo 等，2005）。远程诊断的概念包括了车辆与控制中心之间的无线连接，该中心将处理错误代码，提供要执行的操作，并在必要时向车间指示要执行的任务。毫无疑问，这将导致使车辆故障更快得到响应。

7.3.3 旨在提高安全性的系统

在综合安全模型的每个阶段几乎都可以发现提供更高安全性的协同服务和系统，因此，虽然主要定位是面向辅助和基本安全的，但也有一些应用在一级一二级交互系统和三级安全中，例如紧急呼叫。

这个区块内的一些协同系统也在通过使用车载传感器来实现，然而通过使用通信来增加感知范围，也有可能增加这些系统的潜力。

1. 速度控制

该系统的基本思想是能够根据道路、交通、天气和车辆本身的特性提供最合适的交通速度信息，与传统系统相比，其改进之处在于能够定制信息，并以灵活、快速的方式调整信息，使得车辆通过基础设施或控制中心的信息交互了解到的实时情况。

2. 异常驾驶情况警告

当车辆执行异常行动，例如突然转向机动或紧急制动时，表明可能存在导致事故的路况，甚至行为本身可能存在着对其他道路使用者的威胁。这样，当车辆检测到该行为时，它向接近该机动的所有车辆发出警告，以便它们得到提醒。

如果车辆以异常低速行驶或在道路上或者停在路上，则会出现类似情况，它会向接近该路段的车辆发出信号，以便在车辆看到之前就得到提醒。这样，他们可以提前得知路况，避免潜在的危险情况，提高道路的通行能力，因为这可以在事故路段前重新组织交通流。

3. 检测车辆或其他障碍物

可以通过车载传感器检测障碍物、车辆、行人或其他物体，协同系统也提供了避免车辆碰撞的解决方案，为了达到这一目的，必须将车辆定位在详细的数字地图上，即理论上可以得知任何自由驾驶的区域内的位置，如果获取了其他车辆的位置和运动学，就可以确定其中任何车辆是否存在风险。

这些基于车载传感器的系统的优点是其操作独立于安装在其他车辆上的系统，并允许检测（和识别）非车辆的障碍物，这使得环境监测范围变得更大并能够提前发出警报和做出决定，如果行人或骑自行车的人像车辆一样发出自己的位置，该系统也能够检测到行人的定位。但是此项优势并没有通过车载通信系统共享出去，因为一方面这些系统需要在市场上具有一定的渗透性才能发挥作用；另一方面，在一些特定场合下为了避免误报，所需的安全精度要求也非常高。

涉及两辆车的系统的具体情况如下：

● 安全距离警示：系统规定了，同一车道、同一方向行驶的两辆车之间的安全距离不小于一定值则视为安全。因此，通过传输车辆的位置和速度，可以确定车辆之间的安全距离，并且，如果检测到安全距离低于定值，将向驾驶员发出警告或自动执行操作以保持安全距离。

● 盲点监控：该系统涉及在执行变道操作之前，确定是否存在驾驶员视野以外的车辆、行人或障碍物。通过协同系统，车辆发出自己的位置和速度，其他车辆可以用这些信息来评估它们是否处于驾驶员未察觉到的区域。这种系统对易受伤害的群体特别有用，例如自行车或摩托车，因为它们的尺寸更难被大型车辆的驾驶员察觉，因此，该系统在变道行为或大型车辆转向时非常有用。

● 协同灯光控制：该系统允许车辆在另一辆可能被遮挡的车辆面前自动从前照灯切换到近光灯，为了确定切换灯光的时间，车辆必须上传其位置等信息。一旦车辆通过，系统可以返回到前照灯的初始状态。

● 反方向车辆警告：如果车辆正朝相反方向行驶，该系统将向该车辆提供信息，并向朝正确方向靠近的车辆提供信息，以便它们在看到该车辆之前发现危险，并对控制中心的基础设施发出信息，使其采取适当的行动。

其他应用场景也基于车辆检测，但由于涉及更多用户，因此可能涉及更多的协同操作，具体如下所示：

● 安全超车辅助：该系统分析车辆的相对速度及其位置，评估是否可以安全超车。因此，系统可以观察并考虑到车辆的性能和其他车辆的运动特性，是否有可能在安全条件下通过，并有足够的空间以进行超车，这种超车动作不仅要考虑反方向行驶的车辆，还要考虑同一方向行驶的车辆。基于通信的系统可以更全面地了解在一段道路上行驶的车辆，并且不限于车载传感器的范围，也不限于地形，以及大型车辆可能造成的堵塞。

- 岔路口防撞：该系统评估岔路口或附近车辆的位置，并估计可能的轨迹，使岔路口更安全，包括以下一些方面：
- 提前警告前方岔路口发生的事故，以便更好地通知驾驶员使其采取适当的行动。
- 对紧急车辆的接近及其轨迹发出警告，并向其他驾驶员提供建议，说明他们应如何应对。
- 红灯警告或停车标志。
- 警告在没有优先权的路线上行驶的车辆，因为其速度和位置信息不会尊重其他车辆的优先权。
- 岔路口前需要停车或减速的警告。
- 协助合并高容量道路，该系统寻找空闲道路，使车辆可以合并到现有的车流中。它还可以辅助协商将车辆引入车流，提醒其他车辆，它们应该为被引入车辆提供引入空间和速度。

4. 红灯和绿灯剩余时间提示

通过红绿灯和车辆之间的通信，可以将红灯或者绿灯的剩余时间告知驾驶员。这样，驾驶就更加顺畅，避免了红绿灯时不必要的加速，并鼓励车辆提前减速，从而帮助减少油耗以及污染物排放。同样的，当一辆车即将通过红灯时，系统可以提醒岔路口的其他车辆。

7.3.4 旨在提高效率的系统

提高交通效率可以从两个方面着手：全球统一的交通管理和个体车辆的驾驶行为。

城市间交通的效率包括事故的检测和管理、可变信息信号的管理、车道使用的管理以及速度管理等，道路状况和导航系统的信息（例如，实时使用交通和天气信息的系统，调整车辆的行程）也包括在这一类中。

优化交通流可以提升城市交通的效率，例如通过交通灯的管理、事故的检测、交通延误的最小化、特定车辆的优先权以及速度和车道的管理，此外还包括了停车服务。

从车辆本身的角度来看，主要由改善驾驶行为来提高效率，以尽量减少对环境的影响和消耗，并且这些行为通常也能够提高安全性和舒适性。在可用的交通信息足够多的情况下，适当使用这些信息就可以鼓励驾驶员采取更多提升交通效率的行为。

1. 支持交通管理的系统

交通管理意味着在旅行者的需求和网络容量之间实现一个有效的平衡，同时考虑到许多不同交通工具的用户共享有限的基础设施空间，交通管理是一个非常广泛的领域，它收集了不同的服务，能够将这些服务与城市和城市间道路区分开来。尽管从概念的角度来看，已经有许多常见的应用场合，以下对一些具有代表性的服务进行介绍：

• 交通管理：在 ITS 服务中，最典型的是基于探测器、红绿灯和信号灯的交通管理，以及信息处理和发送的系统。该系统能够实时响应岔路口交通的具体特征。从交通监控的角度出发，建立了交通灯控制下的岔路口优化算法，以使得网络中的总延误、停车次数、行程时间等变量最小化。为此，从路网模型出发，模拟交通行为，这种管理也可以应用到公交车或应急车辆的优先安排上去。

• 出入管理：通知车辆，它们正在接近无法通行或只有某些类型的车辆可以通行的限制交通区域。这对于危险品货车来说意义很大，它还可以用于限制超过一定污染水平的车辆进入市中心。出入控制还可以用来调节一些地区的交通，减少拥堵程度，限制进入某条道路的车辆，从这个意义上说，高通行能力道路通行控制的效率已经得到验证（美国交通部，2003 年）。

• 车道管理：准确获取每条车道的交通情况和每辆车在每条车道上的位置，可以更有效地管理此类车道，比如路牙的使用、公交专用车道或其他类型的专用车道以及可逆车道。另一方面，车辆的定位可以方便车辆在靠近事故路段时获取警告。

• 事件管理：在这一领域，涵盖了不同的事件类别，例如事件的检测以及资源管理问题，以便尽可能快速高效地采取行动，并且将事件信息分发给其他用户，以解决安全和效率问题。

2. 车辆优先权

车辆优先考虑两类车辆：应急车辆和公共交通工具。在第一种情况下，急救车警告附近正在接近的车辆注意避让，并指示它们应该移动到哪里，以促进这一行动。这些警告使 V2V 通信减少了不确定性与停滞，并允许其他驾驶员以更高的预期和安全性开始行动。除此以外，还包含了这些车辆与基础设施之间的通信，以形成"绿色走廊"，比如使得红绿灯变绿或保持在绿色阶段，以方便其通行。

绿色走廊的理念同样适用于公共交通，主要应用于其中一辆车相对于最初预期的时间的累计延误时间（Furth, 2005）。除此以外，还有必要研究这些措施对交通流的影响，这就使得有必要对更大范围的区域进行管理，这就不止是本地区域的交通控制了。

3. 停车场的信息、管理和预订

寻找一个停车的地方意味着更久的行车时间，并且在某些地区，这种搜索会导致更严重的拥堵，为了解决这一问题，协同系统提包含了几个阶段的行动：

• 搜索特定区域内可用停车场或该区域停车场的信息。
• 通过导航系统引导至免费停车场。
• 选定区域与到达时间后预订停车场。

最后一种状态是最先进的，它包括在临时窗口中预定一个停车场，并向驾驶员提供有关预约的信息，如有必要，将其引导到该地点。如果由于交通原因，到达预定地点的时间出现延迟，系统可以修改该预约，通知驾驶员时间和地点的变化。

同样，也可以提供针对送货车辆的服务，保留装卸区域，优化这些车辆的行车路线，减轻驾驶员的压力，并避免违规行为，如在指定区域外完成这些任务导致交通阻塞。

4. 有助于环境保护的系统

据估计，提高车辆效率可使乘用车的二氧化碳排放量减少40%，商用车减少10%。有助于环保的驾驶技术可减少10%~25%的排放量（Hiraoka等，2009），而改善基础设施、使用最有效的交通方式和实施信息技术系统可节省10%~20%。

在此范围内，目标是为驾驶员提供信息，使他们的驾驶风格适应道路条件。因此，尽管许多系统基于静态信息，如数字地图中包含的信息（根据道路地形调整速度），但使用通信可使得其快速适应城市环境中的交通条件或红绿灯循环。

基于驱动方式显著降低油耗、使得消费最小化的主要思想在于使用比"视觉视界"更广泛的"电子视界"，使用驾驶员视野外的交通信息来辅助调整车速。为了做出决策，系统必须识别和对交通中发生的不同情况分类。这些情况可以是固定位置（信号）或变量（保留），并涉及固定限制（常规固定信号）或变量（可变信号）。

7.4 实际部署面临的挑战

以欧盟委员会于2016年1月发布的协同智能交通系统（C-ITS）的详细报告为参考，以下总结了几个部署C-ITS系统时所面临的主要问题。

7.4.1 技术问题

1. 车辆数据的获取

旨在提高车辆互联和数字化的各种技术逐渐增加并且改变着当今汽车工业的格局。如今，通过远程方式（如车辆制造商服务器，C-ITS系统，eCall系统，ICT平台等）便可轻松访问一些之前仅能通过与车辆的实际物理连接（FMS标准系统，ODB接口等）才可访问的车辆运行数据。除了提供获取车辆运行数据的解决方案，C-ITS平台更主要的目标应该是满足客户的特殊需求，给予客户个性化选择所需服务的自由。

2. 去中心化的信道拥堵控制

对于近距离无线通信，协同智能交通系统采用点对点的网络拓扑结构，运行在5.9GHz的无线频率，这意味着不需要中央调度设备（如通信基站和无线接入点）来授予各终端接入无线通信的权限。当有信息需要传递时，所有终端共享同一无线信道，但是当许多终端同时连接到无线网络时，由于延迟的存在，此系统的性能便会大幅下降。为解决此问题，采用去中心化的信道拥堵控制（DCC）是很有必要的。对于低到中密度的ITS基站，DCC在单信道上的初步应用早已就位并且各个性能参数都令人满意，但是对于多信道的高级应用场景，在一些需要较大数据吞吐量和频谱效率的场景（如自动驾驶场景和在考虑弱势道路使用者时），还略显不足。

3. 通信融合技术

考虑到已有的各种接入技术，第五代ITS技术早已能够覆盖C-ITS的大部分相关应用场景，另外，不可否认的是，蜂窝通信技术也正逐步加强对这些技术的支持以满足C-ITS的需求（例如D2D）。

基于以上假设，在未来一段时间内，从技术的角度来看应该同时发展这两种技术以使它们的作用相互补充，因此，在一些没有网络或者网络覆盖不到的区域和对行车安全要求十分严格的区域，通信技术的融合能够同时发挥两种技术方案的优点。

因此，确保C-ITS的信息传递独立于底层的通信接入技术并不受其影响是很有必要的。另外，还可能存在多个不同信息源（如车用传感器）同时提供相似信息的情况，这会引起信息接收端验证失效的问题，即信息接收端难以判断出哪个才是更精确、更有时效性的理想数据。因此，在使用不同信道进行C-ITS的信息收发时要考虑信息的时效性、精确性和相关性的验证问题。

总之，互联协同ITS的自动化应用在通信的功能要求和技术要求上具有明显差异，对于不同的使用场景和目的应该选择与之相对应的合适的接入方式和通信方案。涵盖了无线电和多种通信技术（包括未来一段时间内的技术升级）的融合通信技术是唯一能够为现在和未来ITS的持续发展提供通信支持的方案。

4. 其他技术问题

如今越来越多的车辆装备了C-ITS系统，另外还有为弱势道路使用者引入的C-ITS系统，这都使无线通信信道负载剧增，特别是在城市环境下。毫无疑问，为弱势道路使用者提供更好的保护是一个很重要的安全目标。因此，C-ITS系统的部署需要克服的障碍有：如何建立精准可靠的行人检测技术（如检测人行道上是否有人，行人是否要穿过马路或者是否已经穿过马路）；另外还要考虑为其他（或将来会出现的）一些C-ITS应用留出一定频率的可用空闲信道。

7.4.2 实施问题

1. 人机交互

C-ITS服务的大量部署要求更加复杂的驾驶员与车的人机交互操作，这会对道路安全产生负面影响。实际上，车辆的人机界面原本就有复杂化的趋势，这一做法在一定程度上分散了驾驶员的注意力，因此需要采取一些特别的措施来避免这个问题，修订的《欧洲人机界面准则》就应该涵盖C-ITS的这部分内容。

2. 未装备 C – ITS 的用户

装备 C – ITS 的用户会与其他未装备 C – ITS 的用户在相当长的未来一段时间内共存，带来潜在的道路安全问题。对于不同 C – ITS 服务，可能会对用户的行为产生不同的影响，不管他们是乘员还是行人。同样的问题也出现在其他种类的高级辅助驾驶技术中，但是，问题在于是否需要将 C – ITS 区别于其他技术来对待。另一方面，政府通过立法加快 C – ITS 的部署，在解决未来道路安全问题中扮演着重要的角色。

3. 系统配置与用户培训

C – ITS 的部署使得用户能够在车内获得更多的信息和服务，即使错过一些必要的信息也不会影响行驶安全，但在一些情况下，对此系统的错误认知、对系统服务的过度依赖和对由于车辆或基础设施不完备而导致的系统工作不连续的忽视，都会导致潜在的危险。为了避免这些危险情况，必须单独对驾驶辅助系统或者信息系统进行优化配置，并且让用户了解这些新技术的功能和局限性。

4. 其他实施问题

尽管长期以来部署 C – ITS 被视为提升道路安全和交通效率的关键环节，但其成本问题和商业模式的实现问题仍未解决，这就需要一个优秀的商业案例来展示其优于现有其他系统的成本效益和性能。因此，将 C – ITS 的部署决策整合到长期投资计划中、分析如何将 C – ITS 整合到已有的投资项目中是非常重要的。另外，还必须解决一些法律和追责问题，例如，谁来为技术故障导致的事故负责。

确保 C – ITS 系统的信息互通性是另一个必须解决的问题，同时还要明确并制定一些相关领域空白的标准文件。在未来一段时间里，多种通信技术并存的混合通信方式似乎是 C – ITS 最现实的方案。

7.5 欧洲的相关举措

在过去的几十年里，欧盟委员会通过了几项旨在通过开发协同智能交通系统来提高道路安全和交通效率的示范项目。实际上，在欧盟的第六个框架计划下启动的一些项目就迈出了发展协同车对车系统和车对基础设施系统的第一步，这些项目包括 COMeSAFETY、CVIS、SAFESPOT 和 COOPERS，这些合作项目从各方面为 C – ITS 的发展奠定了基础。

COMeSAFETY（道路运输电子安全协作系统）项目旨在为政府和企业交通信息互通提供一个综合平台，协调各利益相关方。该项目通过参与相关标准的制定，积极助力欧洲 C – ITS 的频谱分配进程。

智能道路安全合作系统（COOPERS）项目深入分析了基础设施运营商的作用。该项目专注于提供基于实时本地情况的、与安全相关的交通和道路设施状态信息，并通过专用 I2V 通信链路分发。图 7.3 展示了该项目成果在四种高密度交通路段上的实现。

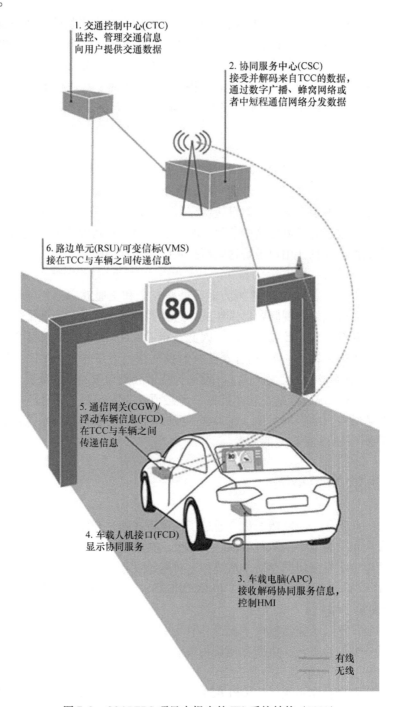

图 7.3　COOPERS 项目中提出的 ITS 系统结构（2009）

协同车辆对基础设施系统（CVIS）为协同系统基本通信标准（CALM）的发展基础做出了重大贡献。CVIS 的目标是创建一个统一的技术解决方案，使所有车辆和基础设施个体间能够连续、透明地通信。该项目提出了一个开放的系统架构，并首次纳入信息互用性问题，它需要汽车制造商们协商制定一个统一的标准规范，以确保 C‐ITS 的应用能正常工作。

最后，SAFESPOT（道路安全协作系统，或"智能道路上的智能车辆"），专注于为高安全级别的道路交通提供车载设备和协作系统的使能技术。该项目规划了一个"安全边界助理"，以向驾驶员提供更多可用信息，例如通过向正在接近的车辆发出警告，为驾驶员提供更多的反应时间，阻止交通事故发生。

一些试点对上述三个项目开展了大量试验，以提高公众对 C‐ITS 系统的认识，并为其今后的发展奠定基础。从这个意义上讲，在斯德哥尔摩举行的世界 ITS 大会（2009 年）期间，就 C‐ITS 如何提高交通安全和效率进行了公开示范，并演示了它的若干应用。

从这些开创性的项目开始，欧盟一直在支持新的项目和举措，其中涉及城市和市郊方案、标准化和试点的提前部署等方面。其中许多项目的重点是通过在城市或市郊场景下设立专门的试点，在实际应用环境中测试 C‐ITS 系统。城市和市郊地区在 C‐ITS 方面的差别与人为因素有关，但是 C‐ITS 的实施上许多问题并不与具体的地理位置有关。为了更好地介绍 C‐ITS 领域的发展，以下部分介绍了在市区和市郊两种场景下开展的相关项目。此外还介绍了欧洲支持和部署 C‐ITS 的相关决议。

7.5.1 城际交通试点

7.5.1.1 DRIVE C2X DRIVing——C2X 通信技术在欧洲的应用及评估

DRIVE C2X 是在第七框架方案下发起的一个项目，其目标是建立一个全欧洲统一的测试环境来评估智能交通系统，并助力其未来的发展。该项目侧重于车对车通信（C2C）以及车对路边和后端基础设施系统通信（C2I）。

之前的项目如 PReVENT、CVIS、SAFESPOT、COOPERS、PRE‐DRIVE C2X 等都证实了一些基于 C2X 通信的应用在安全和效率方面的可行性。DRIVE C2X 项目甚至超出了其概念中提出的设想，相关场地试验已在欧洲多个国家实际应用试点环境下大规模开展（Sánchez 等，2011）。

被测系统是根据 COMeSafety 项目定义的欧洲协同驾驶系统通用架构建立的，从而保证了与即将出台的欧洲 ITS 标准的一致性。

DRIVE C2X 在场地试验中研究了在正常驾驶员的操作下，协同驾驶功能带来的影响。原则上，以下两个不同的应用领域都有协同驾驶的特点：

- C2C 通信中，车辆交换与安全有关的信息或其他有用信息。
- C2I 通信中，车辆与交通信号灯系统或道路管理员等后端系统交换信息。

该项目研究了驾驶员对合作系统提供的不同应用的反应。在今后市场引入协同驾驶系统时，驾驶员的意见、态度和反应是最重要的。

DRIVE C2X 的结构如图 7.4 所示。

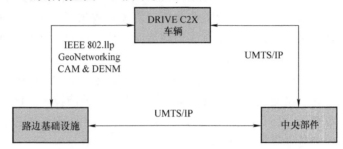

图 7.4　DRIVE C2X 中包含的各部件

- DRIVE C2X 在车辆上配置了基于 IEEE 802.11p 和 UMTS 的无线电通信硬件，用于与其他车辆或路边基础设施进行数据交换。其协议栈支持基于 GeoNetworking 的点对点通信，实现了在采用单跳和多跳通信方式的车辆间进行快速高效的信息交换。该系统与 CAN 总线连接时，采集车辆内部的数据，因此。车辆之间可以交换各自的车辆运行数据。

- 路边基础设施（DRIVE C2X 路边单元）完全接入了点对点通信网络，可以向车辆发送信息或作为多跳通信的中继站。此外，路边基础设施单元还可接入互联网连接以便与中央调度系统通信。

- 控制路边基础设施的交通管理中心、车队管理中心等都被称为中央调度系统。车辆或路边基础设施能向中央系统发送信息，而后者又可以向车辆或路边基础设施发送信息。

DRIVE C2X 中的大规模测试是按照 FESTA 方法进行的，（Sawade 等，2012）将该方法扩展到了 C－ITS 中，包括数据收集和数据处理等问题。项目中还通过与不同供应商的几次协商和一致性测试来解决了互操作性问题。

最后，共有 750 多名驾驶员、262 辆汽车参加了实际场地测试，在位于 Helmond（荷兰）、Gothenburg（瑞典）、Tampere（芬兰）、Frankfurt（德国）、Brennero－Trento（意大利）、Yvelines（法国）和 Vigo（西班牙）等 7 个不同的测试点进行了 180 万公里的测试（图 7.5）。

7.5.1.2　FOTsis——欧洲安全、智能和可扩展性实地道路操作测试

FOTsis 对七种接近市场需求的 I2V、V2I 和 I2I 技术所需的道路基础设施管理系统进行了大规模实地测试，以详细评估其有效性及其在欧洲道路上全面部署的潜力。该项目旨在应对欧洲道路运输系统所面临的安全、移动性和发展性问题。

这个项目也是由第七框架计划资助的，但使用了与 DRIVE C2X 不同的方案，注重基础设施提供不同协同服务的能力。为此，它涵盖了与安全和可扩展性相关的基础设施管理工具、基础设施与用户之间的通信、通信网络或监管框架等方面。FOTsis 以 COMeSAFETY 项目提出的开放架构为基础建立了新的集成平台，也能同

图 7.5　DRIVE C2X 用于协同驾驶的例子 西班牙 Vigo 测试点（SISCOGA）

时支持其他服务。

FOTSIS 所提出的通信网络架构能够实现所有固定和移动设备（路边单元、车辆等）的互联。基础设施间通信（I2I）主要依靠现有技术来实现所期望的功能：基于以太网的 IP 网络协议或更加先进的协议，如能够保证服务质量（QoS）和安全性的多协议标签交换（MPLS）技术。通信信道则是由物理层的光纤提供的。此外，数字媒体广播（DMB）和数字视频广播（DVB-H）技术提供广播和组播方案，用于向可变信息标识（VMS）或传感器等基础设施单元传播信息或控制命令（图 7.6）。

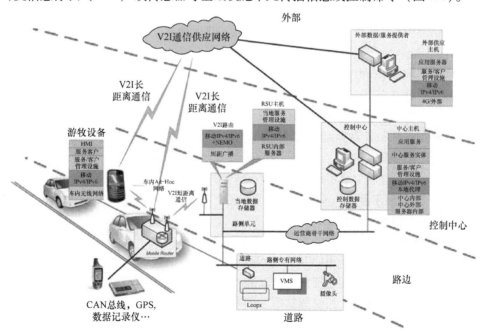

图 7.6　FOTSIS 集成平台

FOTsis 在四个国家（西班牙、葡萄牙、德国和希腊）建立了九个测试点，测试了以下应用：
- 突发事件管理。
- 安全事故管理。
- 智能拥塞控制。
- 动态路径规划。
- 特殊车辆跟踪。
- 后端执行。
- 基础设施安全评估。

结果显示，FOTsis 项目证明了从基础设施的角度部署 C-ITS 服务的可行性，从而补充了在车辆端已经完成的重要工作。从政治角度来看，FOTsis 项目证明了为道路用户部署 C-ITS 解决方案的可能性，而与车辆种类和车辆的智能化水平无关，这在向全面互联和自动驾驶过渡的这段时期将是至关重要的。从这个意义上说，C-ITS 在欧洲的渗透程度将取决于政府是否有能力提供考虑到所有驾驶员需求的混合解决方案。FOTsis 项目意义重大，依靠它提供的交通控制中心与用户车辆终端的通信，道路管理者可以向传统车辆用户提供 C-ITS 服务。

7.5.2 城市交通试点

7.5.2.1 COMPASS4D——安全和可持续性合作流动试点

COMPASS4D 项目于 2013 年在第七框架计划下启动，目的是促进 C-ITS 服务在城市场景中就近部署，通过减少道路事故和交通堵塞，提高驾驶员的安全和舒适度，并对当地环境产生积极影响。该方案确定了三个主要目标：
- 确定评估 COMPASS4D 服务的方法。
- 开发评测方案，用来评估安全性、效率、可持续性、维护难易程度、交通管理效果和特定的驾驶员指标。
- 评价各项服务对提高旅程准时性、降低事故率、提高能源效率、减少碳排放和提高用户体验的作用。

该项目在欧洲七个城市测试三种不同的 C-ITS 服务：波尔多（法国）、哥本哈根（丹麦）、赫尔蒙德（荷兰）、纽卡斯尔（英国）、塞萨洛尼基（希腊）、维罗纳（意大利）和维戈（西班牙）。

选择的三种协同驾驶服务为：
- 违规闯红灯警告（RLVW）：这项功能能够在信号灯控制的交叉路口向驾驶员发出提示来提高驾驶员的警觉性，以减少碰撞事故的数量及其严重程度。这项服务还能够处理特殊情况，如提醒其他车辆突然有车辆接近或闯红灯警告。
- 道路危险警告（RHW）：旨在通过向接近危险（障碍物、道路事故等）的驾驶员发出警告信息，减少道路碰撞事故的数量和严重程度。发送能够提高驾驶员注意力的警告,并提示驾驶员一些特定情况下适当的操作,如在道路盲点后排队。

- 十字路口节能(EFI):这项功能用以减少信号灯路口的能源消耗和车辆排放。特定车辆(重型货车、应急车辆、公共运输车辆)在驶近路口时,会亮起绿灯以避免停车和延误。这项功能还将为其他驾驶员提供信息,让他们获取当前正在靠近的路口的交通灯信号,并相应地调整其速度(GLOSA)(图7.7)。

图 7.7　Vigo 试验点 COMPASS4D 功能验证(SISCOGA)

这些功能的实现离不开现有技术和现有预商用方案的结合。首先需要按照欧洲标准(ETSI TC ITS),部署专用短程通信网络(ITS-G5)和蜂窝网络(3G/LTE)。此外,COMPASS4D 还明确了解决部署障碍的办法,并确定了相应的商业模式,使其服务能够自我维持,实现广泛的商业化。这项工作包括与标准化组织和全球伙伴合作,以实现功能和互用性的统一。

共有1215名驾驶员和650多辆车参加了实地运行测试,试验配置了134个路边功能单元(RSU)。在对获取的数据进行分析后,得出了以下结论:

- 轻型车装备协同系统和相关功能的优势主要在于节省通行时间,但在提高能源效率方面的作用通常很小。
- 重型货车装备协同驾驶系统后能源效率大幅提升(高达5%~10%)。
- 公交车装备该系统后节约了高达10%的能量,这取决于行驶路线,特别是与公交车站相对于道路前方最近的装备有智能信号灯的十字路口的位置。
- 对于多种类型车辆同时行驶的情况,配置优先级功能比速度推荐功能有更多积极作用。

COMPASS4D 展示了城市环境中协同交通系统的巨大潜力,无论是在安全方面,还是在减少车辆的二氧化碳排放和燃料消耗方面,都为许多已经部署了一些协同系统的城市提供了范例。

7.5.2.2　CO-GISTICS 促进货物可持续流动的合作物流系统

CO-GISTICS 是欧洲第一个完全致力于部署以物流为重点的协同智能运输系统的项目。该项目支持方包括物流系统的利益攸关方和其他财团,目的是促进协同物流系统的实际应用,将协同交通系统的相关功能和智能货物系统在现实的物流方面结合起来。

该项目涵盖了以下几个协同服务：
- 货车智能停泊和运输区域管理：优化交通路线，减少停车。
- 货物运输优化：优化、提高货物运输效率。
- 碳足迹监控与评估：使用 GPS 数据与 CAN 总线的相关数据评估油耗。
- 行车优先级与速度规划：使用 C-ITS 技术在十字路口处向驾驶员提供速度建议以减少停车和加速次数。
- 经济驱动支持：使用 C-ITS 技术获取十字路口的红绿灯信息。

这些服务已部署于欧洲的七个物流中心：阿拉德（罗马尼亚）、波尔多（法国）、毕尔巴鄂（西班牙）、法兰克福（德国）、塞萨洛尼基（希腊）、的里雅斯特（意大利）和维戈（西班牙）。共有 315 辆车，包括大型货车和小型货车，参与了不同的测试。

CO-GISTICS 的最终成果将在 2017 年年中举行的终期活动中提出。项目结束时的主要预期成果将包括以下方面：
- 在欧洲物流中心设立试点部署 C-ITS。
- 减少燃料消耗和相应的二氧化碳排放量。
- 提高城市地区的物流效率。
- 统一的测试标准。
- 与物流和货运等公共/私营机构的合作。

7.5.3 协作平台和支持举措

7.5.3.1 Car2Car 通信联盟

Car2Car 通信联盟（C2C-CC）是一个非营利性的、由行业推动的组织，最初由六家欧洲汽车制造商于 2001 年成立，目的是为欧洲的 C2C 通信建立一个开放的行业标准，并通过具体阐述、原型设计和演示 C2C 应用，促进主动安全系统的发展。此决议从一开始就为这类应用分配了免税的全欧洲专属通信频段，最终选定 5.9GHz 无线频谱，与美国、加拿大、墨西哥和澳大利亚的相关频谱分配保持一致，如图 7.8 和图 7.9 所示。

如今，这一举措也得到了设备供应商、研究机构和其他合作伙伴的支持，并继续与欧洲和国际标准化组织密切合作，促进欧洲标准的制定。C2C-CC 开展的其他活动包括分析商业案例、编制道路地图和定制系统部署战略，如图 7.10 所示。

7.5.3.2 C-ITS 平台

协同 ITS 平台（C-ITS）是由 DG MOVE（欧盟委员会）于 2014 年 11 月推动的一个合作框架，该框架涉及国家政府、C-ITS 利益相关方和欧盟委员会，目的是提高协同 ITS 系统在欧盟部署时的互用性。预计它将为欧盟制定 C-ITS 路线图提供战略建议，并寻找与 C-ITS 技术有关的一些关键的跨领域问题的潜在解决办法。

第 7 章 协同交通系统

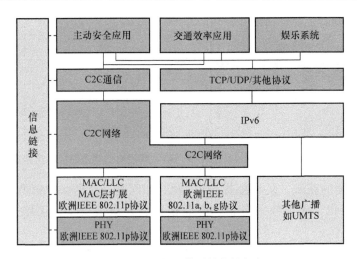

图 7.8 C2C 的通信系统协议框架

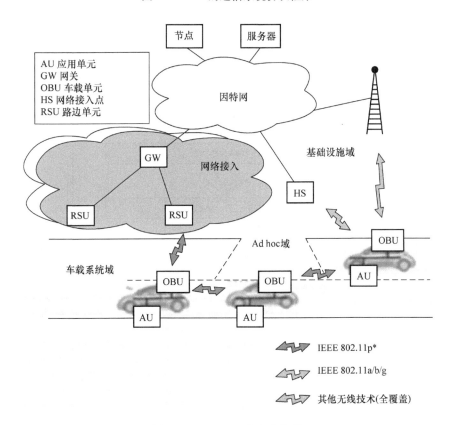

图 7.9 C2C – CC 的参考架构

60 多名成员和专家积极参与平台设立的不同工作组（图 7.11）。总的来说，C – ITS 平台既要解决主要的技术问题，如通信频段、混合通信、安全性（网络方

图 7.10 C2C-CC 应用案例（应急车辆通信、绕过交通堵塞路段、道路施工预警）

面）、车载数据的获取，又要解决法律问题，如问责、数据保护和隐私方面。该平台还涉及标准化、成本效益分析、商业模式、公众接受度、道路安全、国际合作等。

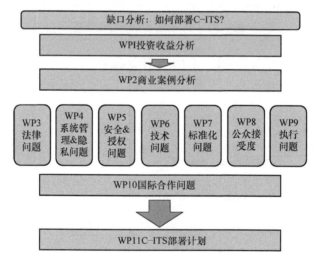

图 7.11 C-ITS 平台工作组

为总结工作成果，工作组于 2016 年 1 月提交了一份最终报告，其中阐述了部署欧盟协同智能运输系统并相互配合的共同愿景。在考虑了 Day 1 应用和 Day 1.5 应用（见第 7.3.1 节）的预期社会效益和技术的成熟度后，最终达成卓有成效的共识。本报告中的其他结论包括：

- 安全评估和认证体系。
- 无线频率和混合通信。
- 去中心化的信道拥塞控制。
- 车内数据与资源的获取。
- 责任划分问题。
- 数据保护和个人隐私问题。
- 道路安全问题。

- 被接受程度和投资意愿。
- 成本及收益。

C-ITS 技术平台目前正专注于互联性和自动化之间的联系，特别是在基础设施和道路安全问题方面，以及为信息和通信技术价值链中的所有相关者提供建议方面。

7.5.3.3 阿姆斯特丹小组

阿姆斯特丹小组是一个由主要利益相关者组成的战略联盟，其目标是促进在欧洲共同部署协同智能交通系统。它提出了在欧洲部署 C-ITS 的第一个方案，该办法将部署过程分为若干阶段，随着配备 ITS 系统车辆的增加和基础设施覆盖范围的扩大，逐步提高系统的复杂性（图 7.12）。

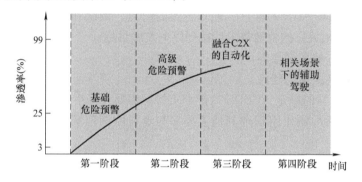

图 7.12 阿姆斯特丹小组制定的部署 C-ITS 系统的几个关键阶段

该小组包括一些重要的参与者，如欧洲公路局长会（CEDR）、欧洲高速公路特许经营权协会（ASECAP）、POLIS 和 C2C-CC。

阿姆斯特丹小组积极促进利益相关者在信息和通信技术方面的交流、讨论，加快制定解决办法。阿姆斯特丹小组的目标主要有：

- 促进参与者之间的对话。
- 综合阿姆斯特丹小组各成员的通信窗口。
- 交换上下级的经验。
- 与欧共体和其他机构（如 ETSI/EN）沟通。
- C-ITS 的功能特性和相关标准的制定。
- 处理其他部署 C-ITS 上的障碍。

作为现有项目的一部分，阿姆斯特丹小组制订了工业和基础设施管理机构在欧洲初步部署 C-ITS 的发展路线。该规划给出了联合部署战略所需的几个步骤，以及未决的公共问题和解决这些问题的计划表。

7.5.3.4 CODECS——协同智能交通系统部署协调与支持

CODECS 是由地平线 2020 项目资助的一项协调和支持程序，旨在支持欧洲初步部署的交通协同系统及相关服务。该项目联结了利益攸关方，加快透明信息流动，反馈初步部署中获得的经验教训。CODECS 通过网络研讨会、个人咨询等方式，对早期部署项目中的现状和实施办法、不同利益相关方的责任和义务划分、战略问题的决策等方面进行了综合阐述。CODECS 综合了各方面的程序规范、利益、偏好和要求，并将其反馈到整个项目中。通过各方的互动交流，它的主要成果有：

- V2I/I2V 标准配置文件。
- 弥补相关的标准化方面空白的白皮书。
- 大规模部署的规划。

CODECS 的这些成果延续了早期部署试点阶段系统和服务的互用性，使终端用户能够亲身体验到道路协同交通带来的好处，进而增加其市场渗透率。CODECS 向广大目标用户宣传道路交通协同的概念以方便其大规模部署。

为了给未来 C-ITS 的推广、创新阶段的研究、测试和标准化提供指导，CODECS 综合利益相关方的特殊需求后得到以下发展目标：

- 制定统一的发展规划。
- 制定战略决策的建议。

通过以上目标的制定，CODECS 能够支持阿姆斯特丹小组、欧盟委员会部署的 C-ITS 平台、标准制定组织和其他主要参与者在欧洲范围内共同协调 C-ITS 的部署。

7.5.3.5 C-Roads 平台

C-Roads 平台是由连接欧洲设施计划（CEF）资助的一个项目，其基础是各成员国与其公路管理机构之间的合作，致力于在欧洲部署统一且相互兼容的 C-ITS 服务。它采取了一种自下而上的方案，包括分享国家试点建设过程中的经验和知识，以便查明并解决在欧洲范围内部署 C-ITS 的共同障碍。

C-Roads 平台主要目标可概括为以下几点：

- 联结各欧盟成员国的 C-ITS 试点项目。
- 开发、共享和出版公共技术规范（包括公共通信标准文件）。
- 通过跨领域的测试验证互用性。
- 开发基于公共通信标准的系统测试项目，专注于各种通信方式的融合，包括 ETSI ITS-G5 和现有蜂窝网络的融合。

虽然这一项目于 2016 年底正式启动，但参与该平台建设的 C-ITS 供应商和国家试点都早已开始运作。因此，该平台很快为所有参与成员制定了职责范围，使所有成员都能向着实现欧洲层面 C-ITS 服务大规模部署的愿景而努力。

C-Roads 平台建立于一个指导委员会和若干工作组的结构基础上，与地方或国家层面建立的试点协同运行（图 7.13）。

从平台建立初始就建立了以下几个工作组以及其职责：

- WG1 工作组：负责组织层面的任务，明确部署 C-ITS 的法律壁垒和障碍，负责用户参与，以及业务模式的形成和交流。

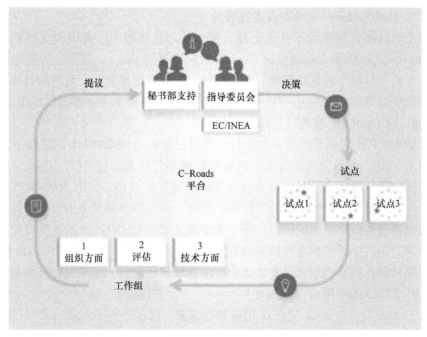

图 7.13　C–Roads 平台结构

- WG2 工作组：负责处理技术层面的问题，决定最终由 C–ITS 服务提供给驾驶员信息，协调当前和未来的 C–ITS 服务，以及制定统一的通信标准。本工作组又分为三支小队，具体负责安全、服务协调和基础设施通信方面的问题。
- WG3 工作组：负责评测，制定用于评测 C–ITS 服务的互用性、可持续性、安全性、效率和环保方面统一的评价标准。

目前有 8 个国家作为核心成员参与了平台建设，一些新成员也为了获取在当地建设的试点的相关经验加入到这个平台。因此，一些相关合作项目的成果已在平台中得到应用，这些项目如下。

7.5.3.6　协同 ITS 试点

这是德国、荷兰和奥地利公路运营商之间的合作项目，目的是开始逐步引入协同交通系统，并以通过车辆和基础设施的互联实现智能、零事故的交通为共同目标。该项目采用跨境方案，一些产业合作伙伴也参与其中，以帮助将车辆基础设施和远程信息处理基础设施推向市场。该项目覆盖了鹿特丹–法兰克福–维也纳路段的几条道路。这个试点上规划的第一个协同交通服务如下：

- 交管中心–路边基础设施–驾驶员的道路施工预警。
- 用车辆运行数据改善交通管理，车辆将运行数据传输给路边的基础设施和交通控制中心。

这一项目为今后的政府与企业的合作关系铺平道路，而这种合作关系是全面部署 C–ITS 技术所必需的。

7.5.3.7 InterCor——北地中海走廊项目

四个成员国参与建设了这条走廊，覆盖荷兰、比利时、英国和法国约968km的公路。InterCor将重点部署欧洲C-ITS平台推荐的Day-1服务，如道路施工预警、基于信号灯的车速优化推荐、车载信标、车辆数据采集等。最终的目标是利用跨境试验所取得的成果为C-ITS寻找一个统一的战略部署方案和通用规范。

7.5.3.8 SCOOP@F项目（法国）

SCOOP@F是法国开展的一个项目，其目的是在大约2000km的道路上测试和预部署C-ITS，包括法兰西岛和布列塔尼的城际公路和高速公路、巴黎-斯特拉斯堡高速公路、波尔多及其绕行路线以及伊塞地区的县道。共有3000辆汽车将参与测试，并与基础设施交换有关其位置、速度、道路障碍和其他细节等信息。

该项目分为两个不同的阶段：第一个阶段是通过ITS-G5技术首先覆盖高优先级的服务，第二个阶段侧重部署新功能和融合通信方案（蜂窝和ITS-G5通信）。此外，项目还扩展至西班牙、葡萄牙和奥地利的其他试点，以便进行跨境测试。

7.5.3.9 SISCOGA项目（西班牙）

SISCOGA项目自2011年在Galicia建立以来，已经开展了多项国家和国际层面的研究、开发和部署活动。该项目覆盖了超过120km的城际道路和Vigo市10km的城市道路。目前有80多个路边单元（使用ITS-G5技术）在运行，可以提供事故或交通堵塞、恶劣天气信息、道路施工信息等协同预警信息（图7.14）。该项目目前正在进行扩展和升级，以融合ITS-G5、LTE和LTE/V等通信技术。

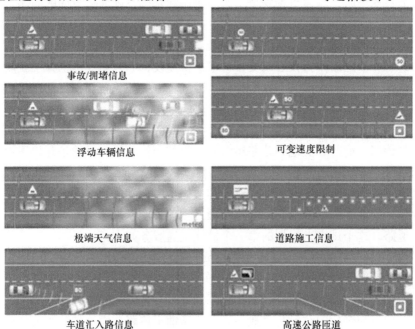

图7.14 SISCOGA项目提供的协同服务举例

7.6 下一步的计划

如上所述,各种不同的项目正在推动协同交通系统 Day-1 和 Day-1.5 应用的大规模部署。从这个意义上讲,第 7.5 节介绍的各种项目将有力地支持协同交通系统在不同地区的部署。用户已经在 DRIVEC2X 或 COMPASS4D 等试点项目中体验到了协同交通系统给交通安全和通行效率带来的好处。然而,现在的主要挑战是如何在全欧洲层面实现 C-ITS 系统的互用性和统一性,处理即将到来的技术问题(新的通信技术与现有技术的融合)、基础设施投资的商业模式,以及随之而来的法律和安全问题。

以下是一些自动化车联网服务的具体案例:
- 支持高速公路入口处自动化车辆的互联功能。
- 支持高速公路出口处自动化车辆的互联功能。
- 电子地平线服务可以告知前方影响自动驾驶汽车路线的危险。
- 提高自动化车辆在城市十字路口场景下的安全和通行效率的互联功能(图 7.15)。

图 7.15　C2C 路口协同辅助

- 协同感知服务,通过来自其他车辆、基础设施单元或云端的信息,扩展车辆终端传感器的感知范围(图 7.16)。
- 丰富的地图数据服务。
- 自动泊车服务。
- 空中软件下载(SOTA)。

目前,一些研究项目和措施旨在应对这些具体的挑战。一个非常有趣的例子是欧洲研发项目——物联网驱动的自动驾驶(AUTOPILOT)。这个项目始于 2017 年 1 月,目的在于将汽车和物联网技术融合在一起,将自动驾驶推向一个新的高度。从

图 7.16　测试协同感知的例子。信号灯正在通知自动驾驶车辆关于信号灯优化车速建议的信息，以及横穿十字路口的行人被公交车挡住的情况

这个意义上说，汽车正在成为物联网生态系统中移动的"物体"，这个生态系统涉及车辆、道路基础设施和周围物体。AUTOPILOT 的目标是在物联网的基础上开发新的基于自动驾驶车辆的服务，比如共享自动驾驶汽车、自动泊车或增强型动态数字地图，以实现完全自动驾驶。AUTOPILOT 将在芬兰、法国、荷兰、意大利和西班牙的 5 个永久性试验场进行真实条件下的测试（图 7.17）。

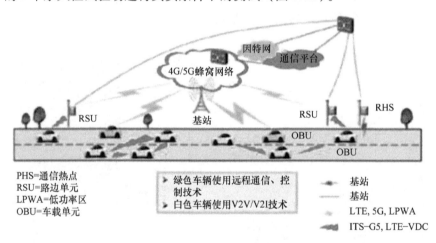

图 7.17　自动驾驶通信概念

参 考 文 献

Alfonso, J., Sánchez, N. Menéndez, J.M., Cacheiro, E., 2013. Cooperative ITS communications architecture: the FOTsis project approach and beyond. IET Intelligent Transport Systems, ISSN 1751-956X, vol. 9, No. 6.

Car 2 Car Communication ConsortiumManifesto, 2007. Available at <https://www.car-2-car.org/>.

C-ITS Platform, 2016. Final report. Available at <http://ec.europa.eu/transport/sites/transport/files/themes/its/doc/c-its-platform-final-report-january-2016.pdf>.

Furth, P.G., 2005. Public Transport Priority for Brussels: Lessons from Zurich, Eindhoven, and Dublin. Report Completed Under Sponsorship of the Brussels Capital Region Program "Research in Brussels".

Hiraoka, T., Terakado, Y., Matsumoto, S., Yamabe, S., 2009. Quantitative evaluation of eco-driving on fuel consumption based on driving simulator experiments. Proceedings of the 16th ITS World Congress. Stockholm, Sweden.

Jiménez, F., et al., 2012. Libro Verde de los Sistemas Cooperativos. ITS Spain and TechnicalUniversity of Madrid.

Mazo, M., Espinosa, F., Awawdeh, A.M.H., Gardel, A., 2005. Diagnosis electrónica del automóvil. Estado actual y tendencias futuras. Fundación Instituto Tecnológico para la seguridad del automóvil (FITSA), Madrid, in Spanish.

OECD, 2015. Automated and Autonomous Driving Regulation under uncertainty. Available at <http://www.itf-oecd.org/sites/default/files/docs/15cpb_autonomous-driving.pdf>.

Sánchez, F. Paúl, A., Sánchez, D., Sáez, M., 2011. SISCOGA – a Field Operational Test in the North West of Spain on future C2X Applications. In: Proceedings of the 13th EAEC European Congress.Valencia.

Sawade, O., Sánchez, D., Radusch, I., 2012. Applying the FESTA Methodology to Cooperative system FOTs. In: Proceedings of the 19th ITS World Congress, Vienna, Austria.

U.S. Department of Transportation, 2003. Intelligent Transportation Systems Benefits and Costs US DOT Washington DC.

延 伸 阅 读

Amsterdam Group, 2016. Available at <https://amsterdamgroup.mett.nl/>.

C-ITS Corridor, 2015. Available at <http://c-its-korridor.de/?menuId=1&sp=en>.

CODECS, 2016. Available at <http://www.codecs-project.eu/>.

COGISTICS, 2016. Available at <http://cogistics.eu/>.

Commission Recommendation, 26 May 2008 on safe and efficient in-vehicle information and communication systems: update of the European Statement of Principles on human machine interface, OJ L 216, 12.8.2008. Available at <http://eur-lex.europa.eu/legal-content/EN/TXT/?uri=CELEX%3A32008H0653>.

COMPASS4D, 2015. Available at <http://www.compass4d.eu/>.

C-Roads Platform, 2016. Available at <https://www.c-roads.eu/platform.html>.

C-Roads Terms of Reference, 2016. Available at <https://www.c-roads.eu/platform/documents.html>.

DRIVEC2X, 2014. Available at <http://www.drive-c2x.eu/project>.

FOTsis, 2013. Available at <http://www.fotsis.com/>.

InterCor, 2016. Available at <https://ec.europa.eu/inea/sites/inea/files/fiche_2015-eu-tm-0159-s_final.pdf>.

Konstantinopoulou, L., Han, Z., Fuchs, S., Bankosegger, D., 2010. Deployment Challenges for Cooperative Systems. CVIS-SafeSpot-COOPERS White Paper. Available at <http://ertico.assetbank-server.com/assetbank-ertico/action/viewHome>.

SCOOP@F, 2014. Available at <https://ec.europa.eu/inea/sites/inea/files/fichenew_2013-fr-92004-s_final.pdf>.

第8章 自动驾驶

8.1 基础知识

根据韦氏词典的定义，无人驾驶汽车"具有自我控制的权利""可以在没有人或其他事物的情况下独立运作""可以在没有外部控制的情况下运行""并作为独立的整体对外界做出响应"。

基于上述定义的字面意思，我们可以发现人们经常犯的一个错误就是将无人驾驶汽车的定义与最近出现在大众媒体中的几乎不需要驾驶员干预的自动驾驶系统相混淆。而实际上，基于上述定义的无人驾驶汽车是否具有人们普遍认为的优点（如提高道路通行能力和通行效率、低碳环保等）仍然存疑。以无人驾驶汽车为核心的新型交通模式将更加需要车辆的网联自动驾驶，只有这样，车辆才能"在较小的车间距下行驶以提高道路通行能力，通过与其他车辆和道路设施通信避免重大交通事故，通过自动驾驶汽车逐个接送乘客以节省或取消停车位"（Holguín，2016）。但是无人驾驶汽车与网联自动驾驶汽车之间有什么不同呢？

自动驾驶汽车可以理解为，其在没有驾驶员直接输入时可以做出一些与安全性相关的重要操作，或者至少可以完成部分驾驶任务。此外具有不同自动化等级的汽车间以及自动驾驶汽车与道路设施、云端的通信将有助于提高交通安全性、减少交通拥堵和环境污染、提高道路通行能力等。相比之下，无人驾驶汽车理论上应在动态交通环境中具有不需要驾驶员干预的独立工作能力，其仅依赖于车辆自身的系统而不需要与其他车辆或道路设施的通信。

主机厂、供应商和新兴巨头在该领域开发的产品并不完全相同，但是他们通常都错误地使用"无人驾驶汽车"或"无人驾驶"这个术语，因此人们很难发现它们产品卖点的区别。

为了解决上述问题，SAE 在 2014 年发布了国际规范 J3016（SAE，2016），该规范对之前 NHTSA 和 SAE 提出的对标准的不同建议进行了整理。为了简化通信并促进技术和政策领域的协作，该规范为自动驾驶技术提供了通用的分类方法，因此该规范可以作为评价自动驾驶汽车技术先进性的通用指南。

从没有自动化到完全自动化，规范 J3016 将自动驾驶分成了 6 个等级（图 8.1）。这些级别是描述性的并以技术为导向，指示了每个等级所具有的最低的系统功能。

最关键的区别在 L2 与 L3 之间，L2 中驾驶员需要执行部分动态驾驶任务，而在 L3 中自动驾驶系统可以执行所有的动态驾驶任务。上述顺序与市场的引入顺序无关。

图 8.1 从不同的方面对 6 个自动驾驶等级进行了区分，以帮助读者理解不同等级的含义。L1～L4 之间的不同点在于其执行、感知和后备性能是通过驾驶员还是基于相关系统而实现。驾驶模式是一个附加方面，当系统可以执行所有的驾驶模式（例如：高速公路道路合并、高速巡航、低速交通拥堵、封闭式校园道路等）时，则系统达到完全自动化等级。

SAE 等级	名称	简述	转向、加/减速执行	驾驶环境监测	应变性能	模式容量
人类驾驶员监测驾驶环境						
0	无自动化	由驾驶员全权操纵汽车，包括在警告和干预系统作用时	人类驾驶员	人类驾驶员	人类驾驶员	不适用
1	驾驶辅助	特定形式环境和驾驶模式下对转向或者加减速其中的某一个动作提供帮助，剩余任务由人类驾驶员完成	人类驾驶员/系统	人类驾驶员	人类驾驶员	某些驾驶模式
2	部分自动化	特定形式环境和驾驶模式下对转向或者加减速其中的多项动作提供帮助，剩余任务由人类驾驶员完成	系统	人类驾驶员	人类驾驶员	某些驾驶模式
自动驾驶/系统监测驾驶环境						
3	有条件的自动化	自动驾驶系统完成所有驾驶任务，人类驾驶员须在必要时介入并应答系统请求	系统	系统	人类驾驶员	某些驾驶模式
4	高度自动化	自动驾驶系统完成所有驾驶任务，人类驾驶员不用必须应答系统请求	系统	系统	系统	某些驾驶模式
5	完全自动化	在所有人类驾驶员可以应对的驾驶环境中均可由自动驾驶系统完成所有驾驶操作	系统	系统	系统	全部驾驶模式

图 8.1　SAE 发布的 J3016 自动驾驶分级标准

已广泛应用于量产汽车的传统 ADAS 系统属于 L1～L2。近年，出现了一些其他的 L2 解决方案，但是 L3～L5 相关产品的量产仍然饱受争议。

尽管新兴车企提出了短时间内（2020 年之前）将自动驾驶系统推向市场的愿景，但隶属于欧洲公路交通研究咨询委员会（European Road Transport Research Advisory Council，ERTRAC）的欧洲整车厂则制定了更为保守的路线图（图 8.2），并针对城市环境和其他环境规划了不同路线。在城市环境中，实现低速和以专用设施为条件的高度自动化；在其他环境中，基于 L0，采用 ADAS 实现 L5 等级的完全自动化。

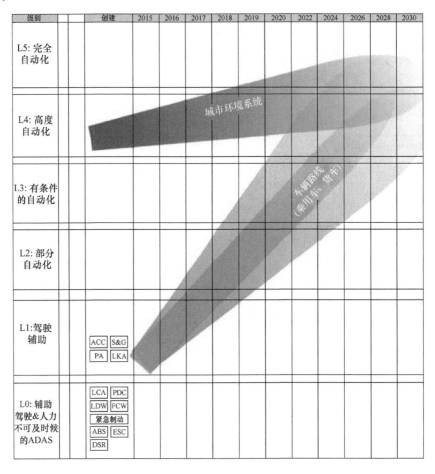

图 8.2　自动驾驶发展路线

本章旨在为自动驾驶汽车的相关研究提供一定的启发，概述了自动驾驶技术的研究现状，重点介绍了当前技术的潜力以及社会经济的不同方面对该复杂技术系统部署的影响。

8.2 节介绍了汽车自动化所需的相关技术模块；8.3 节介绍了协同自动驾驶汽车的相关研究；8.4 节介绍自动驾驶汽车开发中最重要的一环：验证与确认；8.5

节简单介绍了世界范围内的相关项目和自动驾驶原型车的研究；最后，在第 8.6 节简单介绍了社会监管方面。

8.2 关键技术

本节总结了与自动驾驶等级划分相关的关键技术。8.2.1 小节详细介绍了与附加子系统相辅相成并实现闭环控制系统架构的使能技术；8.2.2 小节介绍基于感知系统和定位系统的车辆态势感知和风险评估；其次是不同的决策策略（8.2.3 小节），基于安全考虑的人车交互（8.2.4 小节），以及决策流程的最后一环：基于纵向和横向控制算法（8.2.6 小节）的车辆最优运动控制（8.2.5 小节）。

8.2.1 控制架构

控制系统必须基于功能模块体系结构进行搭建，该功能模块体系结构描述了正确执行控制操作所需的每个必要元素之间的关系和依赖性。复杂的车辆控制任务必须通过逻辑步骤的形式构建，这些步骤相互关联，并且可以通过分解为多个功能模块的方法简化步骤的复杂性。对于无人驾驶汽车，与自动驾驶任务执行相关的所有模块的定义是不可或缺的，此外还需要考虑模块间的关系和共享信息的交换。综上，我们可以将无人驾驶汽车的控制架构定义为，为实现某种设计功能的无人驾驶汽车感知、计算和执行系统之间的组合。

图 8.3 为无人驾驶汽车控制架构的通用结构，其中包括驾驶系统控制的两个基本元素：上层控制/决策算法和下层控制/控制算法。前者基于传感器信息引导无人驾驶汽车，但不考虑具体的车辆类型，导航系统会生成"方向盘转角""停车"或

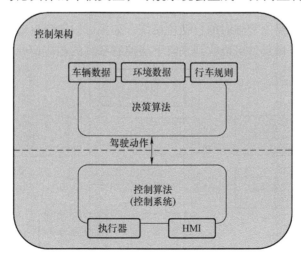

图 8.3　控制架构通用结构

"以xkm/h车速运动"等上层控制命令。下层控制接收上层控制生成命令并与车辆的执行器相连,下层控制通过控制执行器完成来自上层控制的指令。这种功能分离存在于大多数无人驾驶汽车控制系统中,是对传统机器人控制系统的继承。上述结构的优点是,上层控制系统可以独立于所装配的车辆且上层控制系统的执行器是可换的,因此上层控制系统可以在没有任何修改的情况下移植于其他车辆,提高了上层控制系统的通用性。

如图8.4所示,上层控制又可以细分为三个元素。导航系统根据数字地图、传感器信息、受控车辆信息和驾驶规范生成预设跟踪路径,并采用优化算法使车辆准确跟踪该预设路径。导航系统会生成最优决策,并将它们发送给与车辆纵横向控制相关的控制器,这些控制器控制着车辆的运动轨迹和速度,其将输出发送至车辆下层控制器,最后通过执行器实现对车辆的控制。

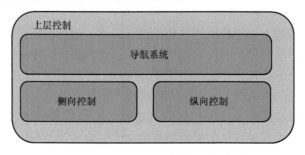

图8.4 上层控制系统图示

无人驾驶汽车控制的通用架构还必须加上4个附加组件,如图8.5所示。首先是执行功能模块,其中包括车辆执行器(加速、制动、转向和变速器)和其他出于考虑便利性考虑的系统(如灯光、警报或安全系统)。如果车辆本身不具备相关的执行模块,就需要安装临时的自动化系统;如果可以实现自动化,还必须保证车辆上所有相关的机械部件可以收到来自下层控制系统的相应指令。

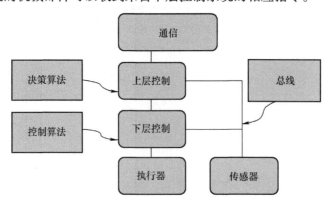

图8.5 具体的通用控制架构

其次是传感器功能模块，该模块涉及控制系统执行导航和环境感知任务时所需的设备。导航任务依赖于 GPS 接收机、惯性系统（速度计、陀螺仪、加速度传感器和罗盘）以及先进的数字地图。近年来，视觉测程法中计算机视觉或激光雷达的信息融合系统进一步丰富了导航系统所接收的信息。环境信息感知使无人驾驶汽车在执行驾驶任务的同时兼顾行驶路线上可能出现的障碍物、交通信号灯、行人和周围车辆的影响。因此，主要有以下两种常用的传感器类型：计算机视觉和 3D 激光雷达。

第三部分是通信系统，通信系统可以超出驾驶员和车辆上传感器的视觉感知范围，使接收的信息达到"电子感知范围"。基于接收到的与周围设施和车辆相关的环境信息，控制系统可以采取适当的决策和必要的动作，以避免交通事故、适应当前道路环境或预测可能发生的任何情况。此外，通信系统为车辆的协同自动驾驶提供了可能，通过无人驾驶汽车间的相互协同合作，可以实现汽车编队控制等高级行为。另外，通信系统允许无人驾驶汽车接收信息并启用协同系统，但如果该协同系统最初是为手动驾驶车辆设计时则必须与自动驾驶技术兼容。

第四部分是数据总线，数据总线连接控制架构中组成功能模块的所有元素，并实现各个元素间数据、感知信息和控制指令的实时交换。这种通信总线主要分为两种：CAN（Controller Area Network）总线和 LAN（Local Area Network）网络。CAN 总线根据信息的优先级传输信息，但由于 CAN 总线的最大传输带宽只有 1Mbit/s，因此 CAN 总线常用于下层控制中物理组件的通信。LAN 网络用于计算机设备间的通信，它的最大带宽可以达到 1Gbit/s，因此具有足够的容量与所有设备和传感器通信。

上文描述了无人驾驶汽车控制的通用架构，但在无人驾驶汽车研究领域，不同的研究团队还提出了一些不同的方法。

8.2.2 态势感知与风险评估

驾驶车辆需要不断地对当前车辆状态（位置、速度、加速度、方向）和环境条件（附近车辆、障碍物、行人等）这两个主要因素进行评估。这两方面评估的准确性与车辆自动驾驶的最优决策密切相关。只有实现通过车辆本身完成评估，我们才能得到以车辆为中心且以车辆安全行驶为主要目标的自动驾驶车辆控制方法（Ibañez-Guzmán et al., 2012）。

本节的主要内容是安装在车辆上的态势感知（Situation Awareness, SA）和风险评估（Risk Assessment, RA）功能的研究现状。

为获得驾驶态势，高度自动化汽车需要具有以下功能（Urmson 等, 2009）：全球定位、车辆跟踪、障碍物探测和在道路模型中的自定位。

全球定位系统（Global Positioning System, GPS）是回答"我在哪?"这个问题的关键技术（Skog 等, 2009）。此外，为了解决 GPS 的性能下降或信号阻塞，通常需要加入惯性传感器，如惯性导航系统（Inertial Navigation Systems，INS）或航位推测（Dead Reckoning，DR）系统（Zhang 和 Xu，2012；Tzoreff 和 Bobrovsky，2012），并结合适用于无人驾驶应用的基于微型机电系统（Micro Electromechanical Systems，MEMS）的低成本惯性传感器。但是也存在一些不足之处，例如基于 MEMS 的传感器中的噪声或集成软件的失效，因此 INS 和 DR 容易产生漂移，从而导致无法准确定位车辆（Bhatt 等，2014）。解决该问题的方法通常是将上述技术与计算机视觉、超声波雷达或激光雷达等传感器技术结合（Jenkins，2007；Conner，2011）。这种与人工智能技术结合的方法已经被推向市场以实现可靠感知，并应用于 SA 和 RA 评估系统。表 8.1 显示了以车辆为中心的自动驾驶方法中常用的各种传感技术的主要特性。

表 8.1 不同感知技术的主要技术特征

	最佳工作距离	空间信息	采样率	速度测量	极端天气下的运行情况	夜间运行情况
视觉	0~25m	2D/3D	高	无	很差	较差
雷达	1~200m	—	高	有	极好	极好
2D 激光雷达	1~20m	2D	中	无	较差	极好
3D 激光雷达	1~100m	3D	中	无	较差	极好

近期，许多公司已布局高性能无人驾驶汽车，其中最杰出的就是谷歌汽车（Google Inc，2015）。谷歌汽车在城市环境中的出色表现并不是完全依赖于它的感知能力，而更依赖于非常准确的道路先验信息（路缘、灯光、信号等所有元素的位置都具有厘米级精度的超精度 3D 地图，且还需要准确探测相关信息，以在线判断当前轨迹的安全性。尽管一些制造商提供了视觉和雷达等不同技术结合的设备 [视觉和超声波雷达（Delphi Inc.，2015）、视觉和激光雷达（Delphi Inc.，2015）]，但公认的事实是，针对以车辆为中心的自动驾驶而言，在上述所有感知技术中，3D 激光雷达的效果是最出色的。

表 8.2 展示了一些可以应用于无人驾驶的 3D 激光雷达设备的主要特性。

表 8.2 一些商业 3D 激光雷达设备

	有效距离	数据类型 数据率	水平视场角 垂直视场角	重量	精度
全功能 3D 激光雷达					
VLP-16	100m	Dist./reflect. 0.3 M 点/s	360°-（0.1°）± 15°-（0.4°）	0.8kg	±3cm
HDL-32	80~100m	Dist./reflect. 0.7 M 点/s	360°-（0.1°） 110°/-30°-（0.4°）	1.3kg	±2cm

(续)

	有效距离	数据类型 数据率	水平视场角 垂直视场角	重量	精度
全功能3D激光雷达					
HDL-64	120m	Dist./reflect. 2.2 M点/s	360°-(0.018°)+ 2.0/-25°-(0.4°)	13.5kg	<2cm
RobotEye	160m	Dist./reflect. 0.5 M点/s	360°-(0.01°) 在线调整 ±35°-(0.01°) 在线调整	2.8kg	±5cm
Minolta SingleBeam	100m	Dist./reflect. 0.3M点/s	180°-(0.01°) 25°-(0.01°)	不适用	不适用
专用3D激光雷达					
DENSO Pedestrian	200m	Dist./reflect. 8k点/s	40°-(0.1°) 2°-(1°)	0.2kg	±6cm
DENSO Lane	120m	Dist./reflect. 16k点/s	36°-(0.1°) -2°/+2°-(0.1°)	0.2kg	±6cm
SRL1 Obstacle	10m	Distance 2.3k点/s	27°-(1°) 11°-(1°)	<0.1kg	±10cm

安全性在自动驾驶中至关重要，因此，在任何特定的场景中，都需要对车辆将可能遭受损坏的风险进行评估。

为此，近期的相关研究提出了预测场景变化的数学运动模型，而对于自动驾驶而言，考虑车辆和行人相互作用的运动模型更加有用，这其中最关键的问题是发现交互和辨识交互，常用的变量是通信、联合动作或社会习惯，常用的工具包括基于规则的系统。结合不同的运动模型，Lefevre等人总结了它们的主要特点（Lefevre等，2014），见表8.3。

表8.3 两种运动模型

	变量	问题	工具
基于物理	运动学和动力学数据	基于传感器误差的状态估计 对初始状态的敏感	卡尔曼滤波 蒙特卡洛采样
基于机动	意图 感知 周围物体和空间	意图行为的复杂程度	聚类 预先规划 隐马尔可夫模型 目标导向的模型学习

8.2.3 决策

人类驾驶员不仅需要根据交通法规正确地操作方向盘、制动踏板和加速踏板，还必须考虑驾驶行为对社会造成的风险、乘员健康、法律后果以及对其他交通参与者的生命威胁（例如，当有行人闯红灯时车辆应该如何操作）。可见，要解决驾驶中的各种问题需要自动驾驶系统具有较高的人类认知水平，因此科学界常用复杂的人工智能系统去模仿人类驾驶员的行为。决策系统的主要任务是将车辆感知系统提供的抽象信息转换成可持续的、安全的执行动作。

为实现在现实环境中的可靠运行，无人驾驶汽车需要通过预测其他交通参与者的意图来评估自己潜在行为的后果并做出决策。无人驾驶汽车领域的第一个决策系统出现在2007年的美国国防部高级研究计划局城市挑战赛（DARPA Urban Challenge）上（Urmson等，2008）。该系统可以使车辆运行在具有掉头、十字路口、停车区域和其他真实交通参与者的城市场景中。早期决策系统采用了诸如计划程序之类的通用元素，决策系统基于有限状态机、决策树和试探法工作。最新的研究通过轨迹优化方法解决自动驾驶决策问题。但是，这些方法没有对车辆间的闭环交互进行建模，因此无法推断其潜在结果（Galceran等，2015）。至今，仍然没有一个系统可以真正地胜过人类驾驶员。决策方面的进步旨在提高与决策相关系统的智能水平。认知系统（Czubenko等，2015）、代理系统（Bo和Cheng，2010）、模糊系统（Abdullah等，2008）、神经网络（Belker等，2002）、进化算法（Chakraborty等，2015）或基于规则方法（Cunningham等，2015）组成了智能决策系统（Intelligent Decision Making Systems，IDMS）（Czubenko等，2015）。图8.6从自动驾驶功能架构的角度给出了IDMS的定位（Behere和Törngren，2015）。

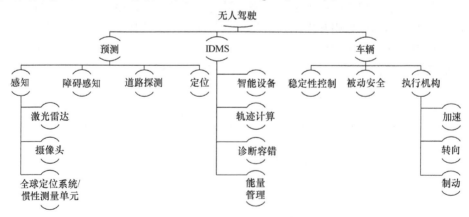

图8.6　自动驾驶功能架构

自动驾驶功能架构中的通用智能系统包含感知系统信息处理单元、世界模型、行为生成和价值判断，其信号流如图8.7所示（Meystel和Albus，2002）。

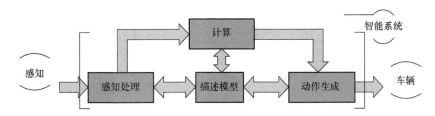

图8.7 通用ANSI系统

在城市地区，多车参与的复杂场景中的自动驾驶难免会给人身安全带来风险，这就需要一个实时的应对策略，该情况下的决策需要一个可靠、安全和容错的系统。围绕这个方向，就必须提到基于快速扩展随机树的实时运动规划算法，该方法由Kuwata等人提出（Kuwata等，2009），是2007 DARPA Urban Challenge中麻省理工团队规划和控制软件的核心。比赛中，麻省理工团队的车辆完成了60miles（1mile≈1.6km）的模拟军事补给任务，并保证了在周围具有无人驾驶车辆和人类驾驶车辆时的安全性。

多目标决策（A Multicriteria Decision Making，MCDM）（Furda和Vlacic，2010）和皮特里网（Furda和Vlacic，2011）用于解决自动驾驶中的实时问题。MCDM主要有以下优点：

- 目标分层结构使车辆具有系统和完整的完成目标规范。
- 可以尝试使用工具函数反映人类驾驶员的决策，或者使用学习方法。
- MCDM可以集成和评估大量的驾驶决策选择。
- 可以根据道路情况定义权重，实现决策的灵活性。
- 可以在不需要较大修改的情况下添加其他目标、属性和代替方案。
- 驾驶操作被建模为确定有限自动机。
- 决策单元可建模为皮特里网。

上述方法基于启发法，但是MCDM在该领域的应用将有利于问题规范、决策的灵活性和可伸缩性。

IDMS仿真和软件工具

IDMS系统测试和实施中的首要任务与软件仿真和实施密切相关。与框架和中间件相关的大量产品都可以用于IDMS的测试开发（Veres等，2011；Behere，2013）。表8.4给出了一组可用于决策系统建模、仿真和实施的软件环境和工具，表中包括环境名称、简短介绍、目的和特点以及可以下载安装包的网址。

表8.4 IDMS开发过程中的分析、仿真与控制器开发工具

软件环境/工具	简介	网站
Charon	Charon HS建模语言，支持层次结构和并发，具有仿真器和Java接口	www.cis.upenn.edu/mobies/charon

（续）

软件环境/工具	简介	网站
Modelica/Dymola	OO HS 多物理场建模语言，具有仿真器和目标库	http：//www.modelica.org/htp：//www.3ds.com/products/catia/portfolio/dymola
HyTech	混合自动机的建模与验证，具有符号模型检查器	http：//embedded.eecs.berkeley.edu/research/hytech/
HyVisual	可视化建模（Plolemy Ⅱ），HS 仿真，支持层次结构	http：//Ptolemy.berkeley.edu/hyvisual/
Scicos/Syndex	HS 的建模与仿真，具有工具箱、实时代码生成和正式验证工具	http：//www.scicos.org/
Shift	具有对混合自动机动态网络建模的独立编程语言，具有对实时控制和 C 代码生成的扩展	http：//path.berkeley.edu/shift/
Simulink/Stateflow	具有分析、仿真功能，配备特定领域的元件库，通过嵌入式 MATLAB™ 和 Real TimeWorkshop 可为嵌入式应用编译 C 代码	http：//www.mathworks.com/
OROCOS	用于先进机械与机器人控制的简单 C++ 库，包括运动链、EKF、粒子滤波、RT 软件部件、状态机等	http：//www.orocos.org/
ROS	用于开发机器人应用的一系列软件库，涵盖从驱动到最先进的控制算法，提供高效的开发工具，非实时架构	http：//www.ros.org/
YARP	用于通信的中间件，或者机器人系统的"通信链路"，支持多种通信方式（tcp, udp, 多播, local, MPI, mjpgover http, XML/RPC, tcpros, 等）	http：//www.yarp.it/
CLARATy	包含为各种子系统提供抽象功能的功能层和对全局资源和任务限制进行上层推导的决策层	http：//ieeexplore.ieee.org/lpdocs/epic03/wrapper.htm?arnumber51249234
BALT &CAST	是进行感知机器人系统开发的中间件	http：//ieeexplore.ieee.org/xpls/abs_all.jsp?arnumber5 4415228；http：//ieeexplore.ieee.org/lpdocs/epic03/wrapper.htm?arnumber5 4415228

8.2.4 人车交互

如图 8.8 所示，根据汽车工业发展中不同时期的已实现系统、可用技术和驾驶员需求，汽车驾驶室在不断增加其复杂性并不断改进。

图 8.8　驾驶室的演变

在 20 世纪 90 年代末和 21 世纪初，随着车载功能和人机交互复杂性的增加，主机厂更加注重驾驶室和驾驶员与车辆之间的人机交互的设计。当时为应对上述趋势，许多汽车制造研发组织引入了新的横向人机交互（HMI）部门。这个部门的主要职责是，针对驾驶员和车辆的交互，综合各个技术领域，从整车的角度引导完成整个车辆驾驶室的开发。

近年来，大量驾驶辅助系统、信息娱乐和车联网技术的引入提高了人机交互设计的重要性。

如今，对于引入自动驾驶功能的下一代车辆而言，HMI 和驾驶员与车辆的交互是其在市场上获得成功的关键。从这个角度来讲，就需要考虑重新设计驾驶舱，"驾驶员"或"车辆管理者"与车辆以及自动、无人驾驶功能的交互方式也需要重新设计。

下面是一些与自动驾驶汽车 HMI 设计相关的关键问题：
- 两种不同驾驶模式如何同时共存。
- 驾驶员将如何选择自动模式。
- 在自动模式下，需要控制哪些功能，以及如何管理这些功能。
- 车辆如何将控制权交还给驾驶员。
- 如何实现不同自动化等级之间的转换。
- 在自动驾驶模式下，车辆应该将哪些信息提供给驾驶员，以使驾驶员感到安全和舒适。
- 当前或将来的哪些技术更加适用于自动驾驶汽车。

为了以一致的方式解决上述问题，下面这些相关问题也必须考虑：
- 遵循系统方法论，这样可以辨识自动驾驶的相关功能和 HMI 参数，设计创新的 HMI 解决方案，并从人类因素的角度评估开发的概念。
- 实施多学科综合研究方法，从一开始就考虑来自不同学科的工程师、专家和技术人员的意见。
- 准备和适应新方法和新的开发评估工具（驾驶模拟器、模型、车辆原型鞯），这样可以和用户一起对人机工程学和相关技术方面做出详细的评测。
- 在开发早期阶段测试驾驶员与车辆的交互，从而在开发早期得到用户的需求。

- 以智能的方式使用可能在将来出现的新兴HMI技术，如增强现实（参见图8.9）、先进的显示器、新的控制元件、手势识别、内部照明、重新配置的可能性等。
- 以安全的方式提高用户乘车体验。

图8.9 自动驾驶原型的增强现实评估研究示例（在CTAG的驾驶模拟器上进行）

8.2.5 运动规划

在过去的几十年中，从移动机器人到自动驾驶汽车，运动规划得到了广泛的研究。相应的控制策略可以在不同的假设条件下满足多种运动学、动力学和环境约束。本节将介绍基于特定方法的路径规划和速度规划，但是也涉及其他方法（详见 Paden 等，2016；Katrakazas 等，2015）。

8.2.5.1 路径规划

获得最佳路径的通用方法可以分为以下两种：间接方法和直接方法。间接方法将状态变量和控制变量离散化处理，并将路径规划问题转化为参数优化问题，该参数优化可以通过非线性规划（Dolgov 等，2010）和随机技术（Haddad 等，2007）解决。后者采用庞特里雅金极大原理，并将优化条件表达为边界值问题，在多种可能性和约束条件下寻找近似解。后续描述将基于随机技术，其中局部规划方法将被封装到通用流程中，以应对复杂场景拓扑和避障。

路径规划系统由多个子系统组成，这些子系统作为相互依赖的独立进程运行。这些子系统有代价地图生成、全局规划和局部规划。代价地图生成子系统用于计算代价地图，全局规划和局部规划根据代价地图，并考虑各种可能情况下（环境中的障碍物以及环境中可能马上发生的变化）的安全性计算运动轨迹；全局规划用于在非结构化的地图中，计算允许车辆从当前位置到目标位置的运动轨迹；局部规划为控制系统提供跟踪机制，其计算下层控制系统指令以控制原型车辆运功。

8.2.5.1.1 代价地图生成

代价地图以占用网格的形式提供地图中占用空间和未占用空间信息，并采用传感器和静态地图信息存储和更新环境中的障碍物信息。障碍物信息会被标记在地图中的相应位置，如果障碍物离开原来的位置，则之前的标记也将会消失。代价地图的计算基于分层代价地图，这样可以将不同的信息资源集成到一个整体代价地图中。分层代价地图的不同层采用不同的观察源作为输入，并以占用网格的形式表示车辆周围的占用和未占用空间信息。基于上述信息，动态障碍物和静态障碍物都会被标记在地图中。假设地图中的每个单元格有255个不同的数值，那么每一层的代价地图可以表示为如下形式：

- 数值255表示没有有关地图中特定单元格的信息。
- 254表示传感器已将单元格标记为已占用，该单元格会被认为是问题单元格，因此车辆不能进入该单元格。
- 其他数值的单元格式被认为是可以进入的，但基于充气法以及与车辆的相对尺寸和与障碍物的相对距离，单元格会有不同的代价数值。

代价数值随着与最近被占用单元格之间距离的增大而减小，其表达式如下：

$$C(i,j) = \exp\left(-1.0 \cdot \alpha \cdot \left(\|c_{ij} - \vec{o}\| - \rho_{\text{inscribed}}\right)\right) \cdot 253 \quad (8.1)$$

式中，α是比例因子，该比例因子可以增大或减小障碍物代价数值的衰减率；$\|c_{ij} - \vec{o}\|$是单元格$c_{ij} \in C$（C是代价地图中单元格的集合）与障碍物之间的距离；$\rho_{\text{inscribed}}$是车辆边界的内切圆半径。

尽管所有这些都是自由单元，但为了在地图中设定不同的危险级别，通常会定义不同的距离阈值，例如可以定义以下四个阈值：

- ζ_{lethal}：单元格中有障碍物，所以车辆将会发生碰撞，该单元格的数值将被表示为254。
- $\zeta_{\text{inscribed}}$：单元格到最近的障碍物的距离小于$\rho_{\text{inscribed}}$，如果车辆的中心在该单元格中，车辆同样会与障碍物发生碰撞，因此车辆应避免进入距离障碍物小于该距离阈值的区域，该单元格的数值表示为253。
- $\zeta_{\text{circumscribed}}$：如果车辆中心在此单元格上，那么车辆就非常可能与障碍物发生碰撞，碰撞主要取决于车辆的方向，虽然并不是一定与障碍物发生碰撞，但是车辆还是应该避免距离障碍物小于该阈值的单元格。
- 其他的单元格被认为是安全的（除了一些无法确定代价数值的单元格，从安全的角度出发，保守地认为这些无法确定数值的单元格都有障碍物）。

在上述方法中，只有当路径穿过的单元格的代价数值都小于$\zeta_{\text{circumscribed}}$时，该路径才会被考虑作为规划路径。代价数值采用公式（8.1）计算，其他影响代价数值的因素将会在下文介绍。当路径穿过的单元格的代价数值大于该阈值时，该路径会在最后的安全点截断。

为了计算代价地图和单元格代价数值，可以使用ROS插件costmap 2d（http://wiki.ros.org/costmap_2d），它可以实现本节中介绍的某些功能。

分层代价地图

当前，分层代价地图通常会考虑以下四层：

- 第一层代表提前获得的静态地图中的障碍物，因此该层代价地图表示的是车辆整个行驶区域内的静态障碍物。基于非初级的轨迹生成不考虑非静态的障碍物，因此该层主要用于基于非初级的全局规划（即非静态的障碍物并不包括在该地图中），此外应该避免在局部规划时使用。
- 第二层同样基于静态地图。该层和以下几层都用于局部规划和局部操作，目标不是更新整个地图，因此为了简化计算，这些层在每次迭代时不会计算整个地图的代价地图，而是更新以当前车辆位置为中心的一定区域内的单元。因为不希望车辆在避撞时通过限制区域，所以局部规划也包括静态障碍物，这样即使是在局部规划层，车辆也知道那个区域禁止通过的。

- 第三层用于表示由不同传感器探测到的动态障碍物信息。基于相关输入，探测路面并将路面移除，仅保留车辆可能会与之发生碰撞的垂直障碍物。相关的参数选择应保证该层障碍物的膨胀应强于第二层中障碍的膨胀。相比于静态地图，该地图中这种实时探测到的障碍物有更高的优先级。
- 最后一层提供动态障碍物未来运动的估计。为此，采用像素网格分割输入点云以减小维度，车辆周围被分割成大小相等的离散化的像素网格，并根据来自附近输入点云的点数为每个像素网格的分配占用概率，此概率可以将有效像素网格（具有较高的占用概率）和噪声像素网格（具有较小的占用概率）区分开来。

上述四层会合成一个代价地图，且通过引入障碍物运动轨迹并避免车辆穿过障碍物的运动轨迹，可以避免车辆与障碍物发生碰撞。

8.2.5.1.2 全局规划

在自动驾驶汽车上使用的全局规划通常有以下两种：基于初级的全局规划和基于非初级的全局规划。这些规划方法旨在寻找一条从车辆当前位置到确定目标的可行路径。

本节将介绍这两种全局规划方法。这两种规划方法的目标是不同的，基于非初级的全局规划方法用于常规导航，而基于初级的全局规划方法用于车辆在一些场景中的复原，这些场景包括障碍物长时间在车辆的运动轨迹上，或是车辆正在执行一些复杂的操作（如停车）。

1. 基于初级的全局规划

基于初级的全局规划可以构建从车辆位置到期望目标的路径，其通过组合车辆的初级运动生成路径。这些初级运动是一些简单的并且在运动学上容易实现的车辆运动，考虑到车辆参数对运动曲率的限制，这些简单运动需基于车辆模型生成。

这些初级运动的计算如下：首先预设一组方向，然后使车辆模型以不同的速度运动到预设方向中的每一个方向。车辆不仅要通过向前运动完成上述操作，还要再通过向后运动完成该操作。之后便可获得一组满足车辆限制的最小轨迹，这些轨迹将作为全局规划的构建模块。

在上述工作的基础上，可实行路径可以通过 ARA 算法获得。在每一个节点扩展处，探索新的位置相关信息 x、y 和 θ，直到找到最佳路径或探索时间结束（这种情况下使用直到结束时所获得路径中的最佳路径）。为了在没有性能衰减的前提下尽可能避免车辆向后运动，在寻找最佳路径时，向后移动的基元的代价要高于向前移动的基元的代价。此外，还可以为车辆向前运动基元和向后运动基元的串联添加惩罚函数，以提高搜寻算法的性能。通过上述方法可以使规划方法生成更加自然的路径。

2. 基于非初级的全局规划

基于非初级的全局规划通常采用 Dijkstra 算法等方法计算从车辆位置到目标的最小代价路径。对于给定的全局规划搜寻算法的速度，基于非初级的全局规划可以粗略地估算出车辆的跟踪路径。代价地图中的静态障碍物将会膨胀，从而使全局规划生成一个对基于 Ackermann 原理的车辆是可以跟踪的光滑路径。

如果没有考虑车辆的非完整性约束来构造规划路径，那么经常会出现车辆方向与全局规划方向的初始夹角大于局部规划生成可行路径时的最大角度。局部规划状态机考虑到了这种情况，并在使用基于 Frenet 的局部规划前重新确定了车辆的方向，因此基于非初级全局规划通常和局部规划状态机一起使用。

8.2.5.1.3 局部规划

确定了全局路径，下一步就需要获得控制车辆跟踪这条路径所需的转向和速度指令，同时还要避免与路径上的障碍物发生碰撞，且对全局路径的跟踪必须保证安全和高效。

生成局部路径的基本思想是确定一组可行的路径，并根据这些路径的代价选择最佳路径。这条最佳路径将被用来确定车辆跟踪路径所需的转向和速度指令。当路径上出现未能预见的障碍物时，之前确定的这组路径将用于重新确定最佳路径。

通常会将当前的欧几里得坐标系转换为基于 Frenet 空间的新坐标系。在 Frenet 空间的计算中，全局规划路径将作为曲线坐标系的基础框架，基于上述基础框架，通过以下方式定义可行的局部路径：

- 将距离主轨迹最近的点（该距离为点与全局路径的垂直距离）作为曲线坐标系的原点。
- 水平轴的方向与全局路径的切线方向相同。
- 垂直轴由垂直于原点的矢量表示，且方向指向全局路径的左侧。

这种模式可以很容易地在曲线空间中计算出车辆轨迹（即生成车辆控制信息），然后再将其转换到初始的欧几里得空间中，再通过为每条路径分配代价的方法添加障碍物信息。

基于此想法，该方法可以分为五个阶段：

1）生成代价地图。利用传感器信息或者上文中介绍的其他方法构建代价地图，其中代价与到障碍物的距离相关。

2）基础框架构建。根据前文构建的全局路径生成曲线坐标系的基础框架。

3）候选路径生成。在曲线空间中生成候选路径，再将其转换到欧几里得空间中。

4）最优路径选择。为每条路径分配代价数值，然后挑选代价数值最小的路径作为最优路径。

5）计算车辆控制指令。根据最优路径的特征计算车辆的速度和转向角。

1. 基础框架构建

该阶段定义了曲线坐标系的基础框架，从而可以将全局规划路径视为一条直线，并在曲线空间中计算车辆轨迹。但由于该阶段并不考虑潜在的可能出现的障碍物以及车辆运动模型的相关限制，因此该阶段仅限于生成车辆轨迹。

曲线坐标系基础框架中的坐标原点是全局规划中距离车辆位置最近的点。

基础框架的弧长为每个点沿全局规划到坐标原点的距离。该距离在曲线坐标系的 x 轴上表示。在 y 轴上用 q 表示相对于全局规划路径的垂直横向距离，左侧为正值，右侧为负值。

欧几里得坐标系和曲线坐标系的转换计算需要用到路径曲率 κ：

$$\kappa = \frac{S}{Q} \cdot \left(\kappa_b \cdot \frac{(1 - q \cdot \kappa_b) \cdot (\partial^2 q / \partial s^2) + \kappa_b \cdot (\partial q / \partial s)^2}{Q^2} \right) \quad (8.2)$$

其中

$$\begin{cases} S = \text{sign}(1 - q \cdot \kappa_b) \\ Q = \sqrt{\left(\frac{\partial q}{\partial s}\right)^2 + (1 - q \cdot \kappa_b)^2} \end{cases} \quad (8.3)$$

如果 $q > \frac{1}{\kappa_b}$，那么生成的路径将会被弃用，因为在这种情况下路径的曲率和方向与坐标系基础框架相反。这种路径不符合车辆运动的非完整性条件，因此车辆进入复原状态。

只有当路径的横向偏移 q 小于或等于坐标系基础框架的曲率半径 $\frac{1}{\kappa_b}$ 时，路径才会被采用。

$q = \frac{1}{\kappa_b}$ 表示路径穿过坐标系基础框架的曲率中心。且车辆的最大转向角会限制其可行路径的最大曲率，如果路径不能满足该限制条件，那么相应的路径将被弃用。曲率与车辆运动直接相关，这可以通过模型描述。

2. 候选路径

在曲线空间中，路径的生成不需要考虑环境中的障碍物，而对障碍物的处理是在暂定轨迹转换到欧几里得空间之后。

- 操控路径生成。

生成路径的曲率由相对于基础框架的偏移量 q 确定。由公式（8.2）和式（8.3）可知，κ 的计算需要用到 q 的一阶和二阶导数，因此需要通过一个横向偏移的函数得到一个光滑的横向变化量。

- 候选路径生成。

在曲线坐标系中计算出路径之后，就可以将其转换到欧几里得空间。在欧几里得空间，对每条路径的相关代价进行评估，并计算在考虑障碍物时每条路径所能到达的最远距离。为此，需检查与路径中的点相关的代价地图的单元格 C_{ij}，如果代价超过相关限制阈值，则路径在该点处截断。

当某条路径与障碍物相冲突时，这条路径并不会被完全移除。因为在某些特定的情况下，每条道路都无法到达最大长度，但是仍然希望路径缓慢地向最大可到达点靠近，并期望阻碍路径的障碍物在下一次迭代中消失。有较多行人的拥挤区域是一个典型的情况：道路被行人挡住，但是当行人看到车辆接近时就可能会移开。但是如果车辆到达无法长时间移动的位置，则会触发复原行为。这个策略也存在问题，即使存在一条经过无障碍物区域的路径，而与障碍物相冲突路径仍有可能在候选路径的竞争中成为最优路径。为避免上述问题，采用基于加权代价函数的方法，从而可以更智能地选择最优路径，该方法将在下一部分解释。

3. 最优路径

该方法通过使用加权代价函数的线性组合 $J[i]$ 来选择候选路径中的最优路径，该线性组合涉及以下参数：阻塞、长度、到全局路径的距离、路径的曲率和一致性。$J[i]$ 的计算过程如下：

$$J[i] = \omega_o C_o[i] + \omega_l C_l[i] + \omega_d C_d[i] + \omega_\kappa C_\kappa[i] + \omega_c C_c[i] \qquad (8.4)$$

式中，i 是路径编号；C_o、C_l、C_d、C_κ 和 C_c 分别是阻塞、长度、到全局路径的距离、路径的曲率和一致性的代价；相关参数 ω_i，$i \in \{o,l,d,\kappa,c\}$ 为权重系数，用于调节每一部分代价对最终代价的影响。对权重系数归一化处理，即

$$\sum_{i \in \{o,l,d,\kappa,c\}} \omega_i = 1.0 \qquad (8.5)$$

通过上述方法可以确定每一部分的影响比例。

4. 阻塞

阻塞代价与路径的安全相关，其用来评估路径的优劣，其中远离障碍物的路径会被作为最佳路径。该方法会沿路径进行迭代，以模仿车辆运动到的每个位置。轨迹点 i 的阻塞代价是车辆在该位置处每一个单元格 $c_{ij} \in C$ 的最大代价，因此阻塞代价为

$$C_o = \frac{\max\{c_i\}}{255}, i = 1,\cdots,L \qquad (8.6)$$

式中，L 是当前评估路径的长度；$\max\{c_i\}$ 是与路径中某点相关的所有代价的最大值，如果最大代价是 255，则除以 255，可将其标准化为 1。

- 长度。

此成本代表当前路径的长度。通过沿路径中的点进行迭代，将点与点之间的距离累加，便可以求欧几里得空间中真实的行进距离。路径长度越长越好，因为假设路径将穿越无障碍区域。因此越长的路径其代价数值应该越小，其计算过程如下：

$$C_l = 1 - \frac{\sum_{i=1}^{L} \|p_i - p_{i-1}\|}{q_{f_{\max}} + s_f} \qquad (8.7)$$

式中，p_i 为被评估路径中的某一点；$q_{f_{max}}$ 是某条路径中 q_f 的最大值。通过一个路径无法到达的长度将路径长度归一化处理，最后需要从 1 中减去归一化数值，从而可以和其他代价数值一起处理，即低的代价数值优于高的代价数值。

- 到全局路径的距离。

当前的方法还考虑了对全局路径的平均横向偏移 o_{set}。代价 C_d 的加入有助于选择那些在避免偶然的障碍物之后可以返回全局路径的路径，其计算过程如下：

$$C_d = \frac{\sum_{i=1}^{L} \| p_i - \text{nearest}(p_i, g) \|}{L \cdot q_{f_{max}}} \quad (8.8)$$

式中，$\text{nearest}(p_i, g)$ 是全局路径 g 中到 p 点距离最近的点。C_d 采用最大预期偏移量 $q_{f_{max}}$ 进行归一化处理。

- 曲率。

曲率代价可以为平滑的路径提供更高的优先级。用 $p(x_i, y_i), i=1, \cdots, L$ 表示路径中的点，可得：

$$C_\kappa = \max \left\{ \frac{\dot{x}_i \cdot \ddot{y}_i - \ddot{x}_i \cdot \dot{y}_i}{(\dot{x}_i \cdot \dot{y}_i)^{3/2}} \right\}, i = 1, \cdots, L \quad (8.9)$$

- 一致性。

一致性代价可以避免迭代过程中最优路径的不断变化。车辆一旦开始运行，通常希望车辆可以在接下来的迭代中一直保持当前的动作。一致性代价通过以下表达式实现：

$$C_c = \frac{1}{s_2 - s_1} \int_{s_1}^{s_2} l_i \mathrm{d}s \quad (8.10)$$

式中，横向代价 $l_i(s)$ 表示在相同纵向位置 s 处当前最优路径和之前最优路径之间的距离。

- 最优路径选择。

求出所有代价之后，就可以用公式（8.4）计算出加权代价函数线性组合 $J[i]$。那些由于附近存在障碍物或车辆没有正确对准全局路径（意味着在这种情况下无法产生有效路径）而无法前进的路径，其代价为负值（无效路径）。从所有路径中，挑选代价最小的路径作为最优路径。如果因为某种原因而不存在有效路径，那么复原操作将会被启动。

8.2.5.2 速度规划

参考速度通常假设是连续可微的，其基于适当的性能指标进行设计（最常见的标准是最小时间，但也会用到最小加速度或最小加加速度）。由于速度规划不使用拓扑语义图，因此需要迭代或优化过程来满足一些与驾驶舒适性相关的约束，如最大速度、纵向和横向加速度、加加速度。下文中的策略解决了这个问题，其用众所周知的基元去近似路径并得到速度曲线。

实际上，借助于路径规划算法，非结构化环境中的任意路径都可以被分解为一系列弯道和直线，其中弯道又可以分为缓和曲线和圆弧。缓和曲线具有变化的曲率，且每个点处的曲率与到该点处的弧长成比例，因此缓和曲线可以为直线和圆曲线提供光滑的连接。缓和曲线常用于道路和铁路的设计：离心力与时间成比例变化，并以恒定的速率从零（沿直线）到最大值（沿曲线）再到零。

路径的直线部分和圆弧部分可以设计恒定的速度，因此这种分解对于寻找闭环最优速度曲线是非常有用的。更准确地说，当进入弯道时，最大速度将受到舒适横向加速度阈值限制；而当进入直线路段时，参考速度将受到最大纵向速度、加速度和加加速度的限制。

速度曲线可以定义如下：
- 当路径曲线是圆弧或是在圆弧之前的缓和曲线时，速度曲线为恒定的最小速度 V_{min}。
- 从最小速度 V_{min} 到最大速度 V_{max} 再到最小速度 V_{min} 的平滑过渡需满足加速度和加加速度限制。
- 一组或两组从零到最大速度和从最大速度到零的平滑过渡曲线（上面第二种类型）。

为获得第二种类型速度曲线的闭环形式表达式，可以将速度轨迹分成多个间隔。此处我们将其分为 7 个间隔 $[t_{i-1}, t_i]$，$i = 1\cdots 7$，基于弧长 s_r 可以得到如下表达式：

$$\dddot{s}_r(t) = \begin{cases} \dddot{s}_{r_{max}}, t \in [t_0, t_1] \text{ 或 } t \in [t_6, t_7] \\ 0, t \in [t_1, t_2] \text{ 或 } t \in [t_3, t_4] \text{ 或 } t \in [t_5, t_6] \\ -\dddot{s}_{r_{max}}, t \in [t_2, t_3] \text{ 或 } t \in [t_4, t_5] \end{cases}$$

$$\ddot{s}_r(t) = \ddot{s}_r(t_{i-1}) + \dddot{s}(t)_r \cdot (t - t_{i-1})$$

$$\dot{s}_r(t) = \dot{s}_r(t_{i-1}) + \ddot{s}_r(t_{i-1}) \cdot (t - t_{i-1}) + \frac{1}{2} \dddot{s}_r(t_{i-1})(t - t_{i-1})^2$$

$$s_r(t) = s_r(t_{i-1}) + \dot{s}_r(t_{i-1}) \cdot (t - t_{i-1}) + \frac{1}{2!} \ddot{s}_r(t_{i-1}) \cdot$$

$$(t - t_{i-1})^2 + \frac{1}{3!} \dddot{s}_r(t_{i-1})(t - t_{i-1})^3 \tag{8.11}$$

弧长从转弯处缓和曲线的起始点（$s_r(t_0)$）到直线部分的终点（$s_r(t_7)$），初始速度和最终速度（$\dot{s}_r(t_0), \dot{s}_r(t_7)$）设置为最小速度 V_{min}，初始加速度和最终加速度（$\ddot{s}_r(t_0), \ddot{s}_r(t_7)$）以及加加速度（$\dddot{s}_r(t_0), \dddot{s}_r(t_7)$）均设为零。基于对舒适性约束的考虑，将最大速度设为 V_{max}^*，且最大速度和加速度将由设计参数 γ_{max} 和 J_{max} 决定。

如果有足够的距离，那么 V_{max}^* 等于之前定义的 V_{max}。如果可用弧长小于某个临界值，则最大车速为初始速度 V_0，并生成恒定的速度曲线。其他情况下则需要计算出数值大小在 V_0 和 V_{max} 之间的最大车速。基于公式（8.1）的闭合式多项式表达式，最大速度的计算如下：

$$V_{max}^* = \begin{cases} V_{max}; 若满足条件1 \\ V_0; 若满足条件2 \end{cases} \quad (8.12)$$

条件1

$$\Delta_s \geq (V_{max} + V_0)\sqrt{\frac{V_{max} - V_0}{J_{max}}} + (V_{max} + V_{min})\sqrt{\frac{V_{max} - V_{min}}{J_{max}}} \quad (8.13)$$

条件2

$$\Delta_s < \frac{V_0}{2} \cdot \left(\frac{V_0}{\gamma_{max}} + \frac{\gamma_{max}}{J_{max}}\right) - \frac{1}{2J_{max}}(\gamma_{max}^2 - \sqrt{\gamma_{max}^4 + 8J_{max}^2\gamma_{max}\Delta_s + 4J_{max}^2 V_0^2 - 4\gamma_{max}^2 J_{max} V_0}) \quad (8.14)$$

其中 $\Delta_s = s(t_7) - s(t_0)$。

还可以采用一种替代方法，该方法通过轻度牺牲驾驶员舒适性来减小行驶过全部路径的时间。该方法仅使用不会对车辆速度造成影响的弯道，因此在弯道处不需要将速度降低到 V_{min}。

8.2.6 车辆控制

数学模型在车辆动力学的分析和控制中非常重要。基于相关物理学知识，之前的文献提供了几种具有不同复杂性等级和精度等级的数学模型。车辆运动的分析通常在航向平面进行，其主要分为纵向运动和横向运动。此外在分析车辆运动时还要考虑以下几种纵向和横向运动的耦合：

- 由车轮转向引起车辆在航向平面运动时的动力学和运动学的耦合。
- 轮胎与道路之间的相互作用是另一个重要的造成耦合的因素。
- 纵横向加速度引起的前后轴间和左右轮间的载荷转移。

车辆数学模型的复杂程度需权衡模型的复杂性和准确性，复杂的模型可以提供较好的准确性，但是会给控制器的综合设计带来困难。因此，横向控制常采用非线性自行车模型，纵向控制常采用单轮车辆模型。

非线性自行车模型涉及车辆的纵向（x）、横向（y）和横摆运动（θ），并假设车辆质量全在车辆的刚性底盘中，该模型考虑了因车辆俯仰引起的前后轴载荷转移，而不考虑由车辆侧倾引起的横向载荷转移。

图 8.10 中，α 是前轮转角，a 和 b 表示车轮到车辆重心的距离，f 和 r 分别表示前后。

非线性自行车模型的相关动力学公式如下：

$$m(\ddot{x} - \dot{y}\dot{\theta}) = \sum_{i=f,r} F_{xi} + F_r$$

$$m(\ddot{y} + \dot{x}\dot{\theta}) = \sum_{i=f,r} F_{yi}$$
$$I_z \ddot{\theta} = F_{yf} \cdot a - F_{yr} \cdot b$$

(8.15)

式中，m 是车辆质量；I_z 是横摆转动惯量；F_r 是各种阻力的合力；F_{xi} 和 F_{yi} 分别是沿 x 轴的轮胎纵向力和沿 y 轴的轮胎横向力。F_{xi} 和 F_{yi} 与沿轮胎平面的轮胎纵向力 F_{xwi}、轮胎横向力 F_{ywi} 和车轮转角 α 相关，其关系式如下：

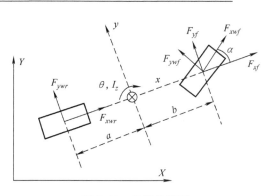

图 8.10 非线性模型

$$\begin{cases} F_{xf} = F_{xwf}\cos\alpha - F_{ywf}\sin\alpha \\ F_{yf} = F_{xwf}\sin\alpha - F_{ywf}\cos\alpha \end{cases}$$

(8.16)

当车轮上施加驱动力矩 T_d 和制动力矩 T_b 时，车轮的旋转运动可以用公式表示为：

$$I_z \dot{\omega}_{wi} = T_{di} - F_{xi}R - T_{bi} \quad (i = f, r)$$

(8.17)

惯性坐标系中车辆重心的轨迹如下：

$$\begin{cases} \dot{X} = \dot{x}\cos\theta - \dot{y}\sin\theta \\ \dot{Y} = \dot{x}\sin\theta - \dot{y}\cos\theta \end{cases}$$

(8.18)

8.2.6.1 纵向运动控制

在纵向控制器设计中，纵向模型通常基于单轮车辆模型，因此作用在车辆重心上的纵向力符合如下关系式：

$$m\dot{v} = F_p - F_r$$

(8.19)

式中，$v = \dot{x}$ 是车辆速度；F_p 是推动力；F_r 是各种阻力的合力。推动力是由制动和驱动行为产生的控制输入。

车轮的动力学方程如下式所示：

$$I_z \dot{\omega} = T_d - F_x R - T_b$$

(8.20)

在纵向控制器设计中，假设车轮为非滑动滚动，则可得到：

$$v = R\omega; \quad F_p = F_x$$

(8.21)

因此纵向动力学方程为：

$$\left(m + \frac{I_z}{R^2}\right)\dot{v} = \frac{T_d - T_b}{R} - F_r$$

(8.22)

纵向控制器的设计常采用基于 Lyapunov 的控制器设计方法。定义速度跟踪误差为：

$$e = v_{\text{ref}} - v$$

(8.23)

式中，v 和 v_{ref} 分别为实际速度和参考速度。速度误差的导数为：

$$\dot{e} = \dot{v}_{ref} - \dot{v} = \dot{v}_{ref} - \frac{1}{M_t}[T_d - (T_b + RF_r)] \quad (8.24)$$

其中，$M_t = (mR^2 + I_\omega)/R$，该公式利用基于非线性纵向模型的公式（8.22）求得 $\dot{v}$ 的表达式。当车辆加速踏板处于使能状态时车辆制动系统通常是不使能的，因此可以将 T_b 视为零。

在 Lyapunov 方法中，为了确保跟踪误差的收敛性，就需要设计 Lyapunov 函数，且该函数需满足以下两个条件，首先 Lyapunov 函数必须正定，其次 Lyapunov 函数对时间的导数必须为负。

通常使用以下函数：

$$V = \frac{1}{2}e^2 \quad (8.25)$$

该函数对时间的导数为：

$$\dot{V} = e\dot{e} \quad (8.26)$$

为保证收敛性需满足：

$$\dot{V} = -cV \quad (8.27)$$

其中 $c > 0$。将 $\dot{e}$ 的表达式代入公式（8.26），可得：

$$\dot{V} = e\left(\dot{v}_{ref} - \frac{1}{M_t}(T_d - RF_r)\right) \quad (8.28)$$

综上可得控制律为：

$$\hat{T}_d = M_t(ce + \dot{v}_{ref}) + RF \quad (8.29)$$

其中 $c > 0$。

此处需要重点强调的是稳定性条件基于模型与真实系统相匹配的假设，这是一个非常严格的假设，因此，在进行控制器的设计时，必须考虑真实系统中参数的不确定性。在控制律中加入鲁棒性控制项可以保证跟踪误差收敛的鲁棒性。

8.2.6.2 横向运动控制

纵横向动力学耦合和轮胎特性使车辆横向控制问题变得非常复杂，而非线性自行车模型可以以简化的方式描述该耦合特性和轮胎特性。

模糊逻辑方法常被用于完成车辆转向控制任务，另外一种常用的方法是预测控制。当参考轨迹是已知时，预测控制与其他算法相比具有显著优势，且其作为 PID 控制器更容易实现。

预测控制的控制策略中包含以下规则：
- 预测算法通过确定的系统模型预测系统给定时间内（预测范围）的输出。
- 控制器通过在特定的步长（控制时域）内最小化目标函数并计算控制信号。
- 滚动优化感念。预测控制通过预测和最小化目标函数获得系统输入命令。在每一个采样周期，其解得的最小化目标函数只实施第一个控制作用，舍弃其他，并将优化范围前移。

各种预测控制算法的不同点在于其用于描述系统的模型和实现最小化的代价函数。图 8.11 为模型预测控制（Model Predictive Controller，MPC）的通用架构。相关文献研究提出了许多可以成功实施的模型预测控制器，此处为简单起见我们仅展示动态矩阵控制（Dynamic Matrix Control，DMC）算法。该方法中用于表示系统的数学模型是分段线性化系统的阶跃响应，且其代价函数旨在减小预测误差和控制量。该算法名称的由来是系统的动力学由阶跃响应元素形成的单个矩阵表示。

预测和代价函数的数学表达式为：

$$\hat{y} = Gu + f \tag{8.30}$$

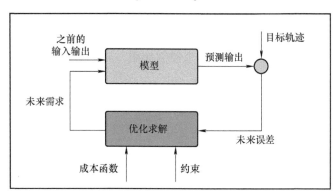

图 8.11　MPC 结构

其中 u 与侧向力矩成比例。

$$J = \sum_{j=1}^{p} [\hat{y}(t+j|t) - w(t+j)]^2 + \sum_{j=1}^{m} \lambda [\Delta u(t+j-1)]^2 \tag{8.31}$$

式中，$\hat{y}$ 是维数等于预测范围的向量，该预测范围包括从初始预测范围到预测范围 p 的过程中的预测输出；w 是预测输出的期望值；u 是维数等于包括预测控制输入的控制时域 m 的向量；G 是局部线性化系统的动态矩阵控制；f 是自由响应向量，其维数等于预测范围。自由响应用于预测在控制命令保持恒定且等于上一次计算结果时系统的行为。参数 λ 可以分别对路径跟踪误差和控制量加权，通过参数 λ，我们可以将控制器设计为以跟踪期望路径为唯一控制目标而不考虑控制命令，此外还可以将控制器设计为对路径跟踪误差非常宽容而以节约控制能量为目的采用更加温和的控制命令。

预测控制器的主要方法可以总结如下：根据之前的输入信号、控制命令和基于优化控制器的预测控制动作信号，采用过程模型预测模型输出，其中优化控制器采用前文提到的代价函数计算预测控制信号。综上可见，在预测控制中模型是预测系统正确运行的基础。

如果在优化过程中不考虑物理模型的限制，我们可以得到理论上的预测代价函数的最小值：

$$J = ee^T + \lambda uu^T \tag{8.32}$$

式中，e 是直到预测范围的预测误差向量；u 是直到控制时域的预测控制信号增量向量。对 J 求导并使其导数等于零，可获得预测控制的表达式：

$$u = (G^T G + \lambda I)^{-1} G^T (w - f) \tag{8.33}$$

该优化控制器以最小化自由响应和期望轨迹之间差异的方式计算出转向角，也就是说，优化控制器计算出相应转向角，以实现最优的路径跟踪效果。

在每次迭代时，使用软件读取传感器信息并设置系统内部状态数值，这些状态包括车辆位置、航向和速度，再利用这些状态值计算系统的阶跃响应，其中阶跃响应参数形成动态矩阵 G。在开始迭代时，利用读取到的传感器信息预测车辆运动，并将车辆预测运动与最接近原型点的期望轨迹比较，得到预测误差向量。然后根据公式得到预测控制，但是仅实施第一个控制作用，同时将优化范围前移。最后更新算法中的变量。

8.3 协同自动驾驶

为了解决当前交通拥堵问题，在减少出行时间的同时提高道路通行能力和安全性是非常重要的。通过协同方式，车辆可以实现与环境中其他车辆或道路基础设施的通信。这种无线通信可以更早地发现潜在危险情况从而避免撞车，而且大量的关于周围车辆的运动信息有助于提高交通的吞吐量。

已经量产的自适应巡航控制（Adaptive Cruise Control，ACC）系统向协同自适应巡航控制（Cooperative Adaptive Cruise Control，CACC）系统的扩展具有巨大潜力成为市场上第一个部署的协同系统。V2V 通信的引入使车辆不仅可以像 ACC 系统中一样得到前车信息而且可以获得前车之前车辆的信息。

本节的关注点主要有两方面，一是基于 CACC 概念的汽车编队，二是城市道路运输的早期发展。

8.3.1 汽车编队

汽车编队是连接（协同）自适应巡航控制 CACC 的一个特殊案例。在汽车编队中，单个驾驶员可以控制整个"公路列车"，甚至是车队的横向运动（换道）。汽车编队通过结合获取环境信息的传感器（主要是76GHz雷达）、自动化踏板（或是自动化方向盘）和车辆间 V2V 安全无线通信（主要采用5.8GHz DSRC），实现对编队中车辆制动和加速的同步控制，并获得人类驾驶员无法达到的反应时间。

在使用重型货车的货运系统中，汽车编队得到了深入研究。通常会在出行前对研究车辆进行动态分配，以便对汽车编队进行管理。通过形成的汽车编队可以实现标称的汽车编队运行模型。状态机常被用来处理汽车编队运行过程中的干扰事件，如紧急制动、中间车辆引入的干扰、高速公路出入口的特殊管理方式。最新的货车编队研究提出采用容错系统（Companion，2016），在检测到与原计划出现较大差异时，对分配进行重新计算（图 8.12）。

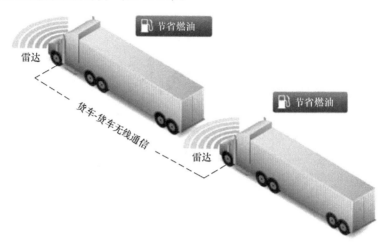

图 8.12　货车编队结构

货车编队可能成为道路车辆自动化的最早商业应用之一。高速公路上的交通情况不像城市街道那么复杂，并且将会部署更多的自动化设备，包括从驾驶员辅助系统到高度（甚至是完全）自动化汽车，因此货车编队极有可能在高速公路上实现。关于货车驾驶员驾驶（或监管者）多久就必须休息的相关法规可能也需要被更改，因为当自动驾驶货车运行时驾驶员可能在卧铺休息。

尽管不同研究的结论会有一定的差异，但汽车编队的部署对以下方面的积极影响还是被普遍认可的：

道路通行能力：恒定的车间距可以显著减轻引起交通拥堵的手风琴效应，此外，还可以通过更近的车间距、更窄的道路、减少的制动波效应、更快的平均速度和更少的交通事故来提高道路的通行能力（Swaroop 和 Hedrick，1996；Rajamani，2011）。图 8.13a 中，相关研究工作展示了，相对于传统交通模型中的流量/密度峰值，汽车编队可以使最大流量增加到 5 倍。但是，为了有效地处理交通流量，汽车编队中的车辆应该在专用路径上行驶并且在从始发地到目的地的过程中没有停车（Anderson，2009）。通过消除普通车辆和运输系统中 stop–and–go 的问题，汽车编队将有助于更快、更舒适的交通，并带来更高的能效。

相反，一些研究表明，在车道合并或车道减少的情况下，协同控制可能会给道路通行能力带来负面影响，造成瓶颈。在这种情况下，相关监管机构可能需要设置货车专用车道。该问题的主要原因是，即使是三辆货车组成的编队也可能成为进出道路车辆的视觉和物理障碍，而试图在货车编队间穿梭的车辆也成为新的安全隐患。

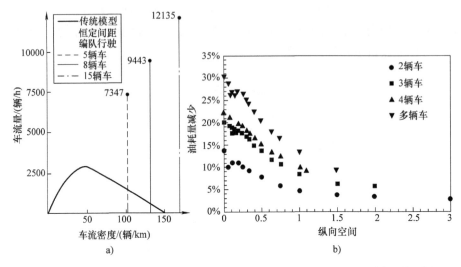

图 8.13　a）在不同交通流中的通行能力（Fernandes，2012）　b）油耗量的减少

燃油消耗：对于重型货车，汽车编队在节约燃油消耗方面具有巨大潜力。通过汽车编队使车辆保持保守间距时，可以减少 4%～10% 的燃油消耗（Al Alam 等，2010；Janssen 等，2015），而间距为车辆长度的 1/10 时，最高可以减少 20% 的燃油消耗（如图 8.13b 所示）。因此，与巡航控制相比，如果两辆货车每年行驶 100000km，那么通过车队控制可以节省 6000 欧元的燃油消耗。

人力资源：从长远来看，全自动货车有望解决日益严峻的驾驶员短缺问题。美国货车运输协会估计，在未来 10 年中，该行业每年将需要超过 96000 名的新驾驶员，以满足消费者支出的增长（Costello 和 Suarez，2015）。

汽车编队是一个热门研究领域，在过去几十年中，相关文献资料报道了大量的研究成果。Levine 和 Athans（1966）以及 Melzer 和 Kuo（1971）提供了有关汽车编队控制的早期理论研究成果，其重点是集中式最优控制方案。安全性问题通常通过弦线稳定性概念解决，这与抑制车辆位置、车辆速度或车辆加速度的干扰在汽车编队中的传播密切相关（Swaroop 和 Hedrick，1996；Ploeg 等，2014）。最近，关于汽车编队实际应用方面的研究正在兴起，相关研究分析了多种类型车辆组成的编队（Shaw 和 Hedrick，2007）、车辆间通信限制（Al Alam 等，2010）和实际应用的问题（Naus 等，2010）。

尽管汽车编队控制仍然需要克服一些技术屏障（例如 V2V 的安全性和保密性，或是在任何情况下编队控制的稳定性），但最大的问题还是这种协作系统在软部署中需要面对的来自法律、商业、部署时机和用户接受度等方面的风险。服务供应商之间的互通性、来自利益相关者方面的承诺的缺失和相应市场缺陷以及潜在的驾驶员代表团体的抵制是实现汽车编队控制中最显著的问题（Janssen 等，2015）。

8.3.2 城市道路运输

城市环境是实施自动驾驶最困难和最具挑战性的场景之一,因为在城市环境中每时每刻都必须考虑各种复杂且不断变化的情况,其中包括不同的交通参与者和基础设施(车辆、行人、自行车、十字路口和道路交叉区域、交通信号灯等)。面对城市环境的复杂性,协作通信技术有望从全局角度来支持和增强不同自动化程度的自动驾驶策略,并将涉及车辆、弱势交通参与者、交通基础设施、共享的数字数据和移动管理中心。

通过所有相关参与者之间的信息交换,自动驾驶汽车和无人驾驶汽车的感知能力将可能超出其自身物理传感器的感知能力。此外,城市交通管理部门可以将自动驾驶汽车作为移动的传感器,并利用来自自动驾驶汽车的信息增强移动管理中心采集到的信息,从而提高其实施新的交通管理策略的能力。下一部分将列出合作城市道路运输的一些应用。

然而,由于其高度复杂性的特点,城市自动化仍值得所有相关人员共同努力进行大规模的研发。其中,在环境感知、物联网、云计算、大数据、人工智能等领域的具体研究将极大地促进城市环境中自动化的发展。

8.4 验证与确认

当前自动驾驶正成为未来汽车行业的热点话题,近几年来与自动驾驶相关的技术也在不断发展,目前一些车辆已装备了成熟的高级驾驶辅助系统(Advanced Driver Assistance Systems,ADAS),例如 ACC、AEB、LKA 系统。

在自动驾驶发展的同时,相关研究人员根据其功能需求和已制定的规范,在过去的几十年中开发并建立了测试 ADAS 功能的流程和步骤。正因如此,我们今天才可以得到测试相关功能的标准规程,例如欧盟新车安全评鉴协会(European New Car Assessment Programme,Euro NCAP)规范(图 8.14)。

图 8.14 AEB 测试(Euro NCAP 规范)

对于自动驾驶相关功能的研究工作仍在进行。在该领域中,我们可以找到几个处于不同开发阶段的研究项目,包括针对车队的广泛道路测试,但是这些演示仅仅是验证和确认步骤的开始,相关问题仍未解决。

其中需要阐明以下主要问题:

- 如何测试自动驾驶功能（方法和工具）并满足所需的安全性和置信度水平？
- 每个开发阶段需要多少测试？

因此，相关测试方法需要满足在不同的技术以及生命周期的不同层次和节点上进行大规模和特定测试，并应涵盖概念和算法、软件单元和物理部件、集成系统和车载功能。

V 模型（V‑Model）开发流程（图 8.15）已经在车辆功能开发中得到应用。最近，它已被采纳为可用于 ISO 26262 中功能安全关键系统的参考模型。尽管 ISO 26262 和 V 模型为保证汽车安全提供了通用的方法框架，也为自动驾驶功能的开发提供了参考，但这两种方法在自动驾驶研究中的应用仍面临新的问题，目前相关的工作组和论坛正在讨论解决这两类问题。

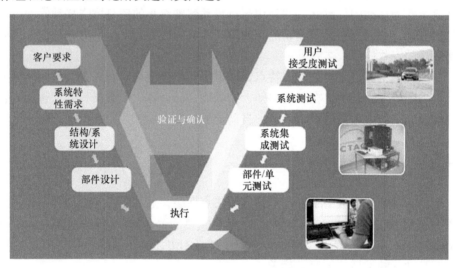

图 8.15　传统 V 开发流程

在早期阶段的测试中，建模和仿真的使用为无人驾驶汽车实现可接受等级的安全性和可靠性提供了明显的优势。通过虚拟测试可以执行多个参数变化的测试案例以保证算法的正确性，从而使系统达到良好成熟度等级。

然而，在真实环境中对整个系统进行广泛的测试仍然是不可或缺的，首先是试验场测试，其次是真实场景测试。从这个意义上说，开发新的专门用于测试这类车辆的特定试验场，在未来几年将具有重要意义。

此外，还需要一套车载量化验证工具，该工具可以控制各种不同的参数（与待测系统的调整有关，也与场景中的其他目标有关）。另一方面，该工具还可以代替人类驾驶员进行重复性操作的系统，这样除了将风险降到最低外，还可以提高测试过程的效率。为此，近年来的研究工作提出了几种系统，使车辆在完全相同的测试条件下进行测试，并保证安全性。因此，在市场上找到足够精度的参考系统、驱动机器人或新的运动平台和假人以满足市场上出现的新需求是可能的（图 8.16）。

满足自动驾驶功能要求所需的测试量是另一个备受争议的关键主题。一方面，讨论的重点是确保自动驾驶功能的安全运行而必须行驶的里程，另一方面，获得合理有效的测试成本，以经济实惠的方式满足上市时间。

综上可知，自动驾驶功能的验证和确认过程应该以有效的方式满

图 8.16　用于自动驾驶测试的新工具示例

足在全球数百万辆部署该系统的汽车上的强大安全性和验收目标需求，同时在成本和时间方面都应该有足够的效率，以便能够将适当的产品推向市场。这两方面都要求修改当前的框架和开发流程，增加虚拟测试和建模的使用，并最终能够在最合适和重复的条件下进行真实环境测试，以改善和微调正确的系统性能。

8.5　主要举措与应用

8.5.1　原型车

8.5.1.1　国际上相关原型车

除了 20 世纪 70 年代俄亥俄大学、80 年代卡内基梅隆大学的一些先驱性工作以及欧洲和日本的特定项目（分别为普罗米修斯项目和高级安全车辆项目）外，DARPA 挑战赛（2005 年和 2007 年）成了自动驾驶汽车的转折点。

虽然有 20 多支队伍设计并制造了自动驾驶汽车以应对主办方提出的挑战，但最成功的原型车是以下几款：

- 斯坦福大学 Stanley（Thrun 等，2006）：该车赢得了 2005 年的大挑战赛，车型是大众途锐，其原生的线控系统可以直接通过车载控制器进行控制，而无须使用执行器或伺服电机。该车使用五个安装在车顶的激光雷达构建环境 3D 地图，并补充了 GPS 定位系统。与许多其他原型车一样，该车内部导航系统利用陀螺仪和加速度计监测车辆的方位，并用于补充 GPS 和其他外感传感器数据。摄像头用于观察 80m 以外的行驶状况（超出激光雷达的范围），并确保有足够的空间加速，其为车辆提供了额外的导航数据。此外，该车还具有包括本地路径规划、障碍物检测、健康监测模块的规划和控制层，用于在系统临界状态或 GPS 故障的情况下紧急停车并远程控制。Stanley 的继任者是 Junior，其获得了城市大挑战赛第二名。
- 卡内基梅隆大学 SandStorm（Buehler 等，2007）：2005 年版的 SandStorm 由悍马改装而成，该车使用了六个固定激光雷达、一个可转向激光雷达以及短程和远程雷达。其通过全局路线规划、路径规划、卫星图像和其他地形数据生成全局路

径,并利用 A * 启发式函数和三次 B 样条函数对参考路径进行平滑处理。车速和转向由 Simulink 模型生成的传统 PID 控制器进行控制。

- 卡内基梅隆大学 Boss（Urmson 等,2008）：该车是城市大挑战赛的冠军,车型是雪佛兰 Tahoe,其利用感知、规划和行为软件来分析交通状况并采取适当的行动以安全行驶到达目的地。该车配备了十几台激光器、摄像头和雷达来感知环境。它可以跟踪其他车辆,检测静态障碍物,并相对于道路模型进行定位。规划系统通过结合任务规划、行为规划和运动规划实现在城市环境中行驶。

近年来,来自其他大学的相关原型车也取得了非常重要的阶段性成果。

- 卡内基梅隆大学无人驾驶汽车研究平台（Wei 等,2013）：该车以凯迪拉克 SRX 为基础,由于其并没有配备线控操作装置,因此需要进行一些机械和电气改造,以实现计算机对操纵汽车所需的输入信号的控制。该车能够实现多种自主和智能的驾驶行为,包括平滑舒适轨迹的生成和跟随、车道保持和变道、有无 V2I 和 V2V 的交叉路口处理以及行人、自行车和施工区域检测,其安全性和可靠性功能包括容错计算系统和平滑直观的自动手动切换。

- 斯坦福大学自动驾驶汽车 Shelley,奥迪 TTS（Funke 等,2012）：该车在 2010 年成功地自主驾驶上了派克峰。最近,研究者把该车带到了雷山赛道公园,在车内无人的情况下让它在赛道上以超过 120mile/h（1mile/h≈1.6km/h）的速度行驶。该原型车的目标是将自动驾驶推向车辆的操纵极限。为此,在该车上使用了高速、一致的控制信号并与众多能够监测和停止车辆的安全功能相结合。上层控制器利用高精度的差分 GPS 和已知的摩擦值,在车辆的摩擦极限下行驶在预先计算的路径上。

- 帕尔马大学 Vislab（Broggi 等,2012）：该车完成了国际无人车挑战,平台为 Piaggio 生产的小型电动汽车。自动驾驶技术不会影响其性能,因为相关的传感器、处理系统和执行装置都是由太阳能供电,所以它们不会消耗原有电池的任何电量。该车辆在为期 100 天的行程中结合自动和手动模式,在非常具有挑战性的驾驶区域成功地行驶了近 16000km。

- 柏林自由大学 Spirit of Berlin 和 Made in Germany（Berlin,2007）：他们采用了模块化的传感器设置,其大部分传感器都安装在汽车顶部的柔性机架上。障碍物处理是通过旋转和固定激光雷达与立体摄像系统相结合来完成的。此外,车辆还通过集成的 GPS/INS 单元和 RTK 校正信号进行定位。

除了这些具有代表性的原型车外,近年来还出现了许多其他的原型车,分别来自主机厂（戴姆勒、宝马、奥迪、通用、福特、沃尔沃等）、一级供应商（博世、德尔福、法雷奥、大陆集团等）,以及提供嵌入式智能或整车自动驾驶的新进者（Waymo、特斯拉、Peloton Technologies、EasyMile、Navya、Otto、Cruise、Zoox、百度、Aimotive）。此外,致力于为"出行即服务（mobility as a Service）"模式提供新解决方案的大企业也正在集中精力开发高度/全自动驾驶解决方案。

8.5.1.2 西班牙相关原型车

近几年来,西班牙一些研发中心和大学在自动驾驶领域进行了深入的研究,如 CSIC、卡塔赫纳理工大学(Universidad politécnica de Cartagena,UPCT)、CTAG 和 INSIA。他们中的一些已经准备了真正的功能性自动驾驶原型车,以测试其各自开发的进展。

2012 年,CSIS 的 AUTOPIA 项目展示了他们在通信和控制方面的技术,并从马德里的埃尔埃斯科里亚到阿尔甘达进行了广泛宣传演示(图 8.17a)。一辆自动驾驶原型车(Platero,雪铁龙 C3)在无人驾驶的情况下跟随一辆领头的手动驾驶汽车(Clavileño,雪铁龙 C3 Pluriel)行驶了 100km。该车配备了传感和通信设备,可动态生成高精度地图,以供自动驾驶汽车进行跟踪。此行程涵盖了多种驾驶场景,包括标准交通条件下的城区道路、二级公路和高速公路。其通过 V2X 通信与车载传感器相结合以实现厘米级的定位和安全平稳的运动规划(Godoy 等,2015)。

a)　　　　　　　　　　　　　　b)

图 8.17　a) Platero 在埃尔埃斯科里亚的演示　b) 标致雪铁龙进行的维戈至马德里无人驾驶试验

2015 年 11 月,标致雪铁龙与 CTAG 合作进行了在西班牙迄今为止与自动驾驶最为相关的活动。配备了不同的传感器和丰富的数字地图的 L2 和 L3 级标致雪铁龙 C4 毕加索原型车(图 8.17b)以自动驾驶模式从维戈到马德里行驶了 599km 的路程,这表明了在未来几年中部署自动驾驶汽车的可行性。交通总局(Dirección General de Tráfico,DGT)也深入参与了这项试验,为在开放道路上进行这项测试提供了所有必要的授权。

在西班牙还有一些其他的相关原型车,如卡塔赫纳工业大学的自动驾驶化雷诺 Twizy(Navarro 等,2016)。它具有一大组外感性传感器,连接到 VxWorks 上运行的三个不同计算平台。它包括基于地图的全局路线规划、用于检测行人和车辆的机器学习(SVM)、局部路径规划和基于贝塞尔曲线轨迹的避障系统。

CTAG 还在欧洲、西班牙或双边合作研发项目的框架内开发了一些自动驾驶原型车。此处列举两个典型的例子(图 8.18),首先是在 $CO^2 PERAUTOS^2$ 项目(IN-TERCONECTA 西班牙研发计划)框架下开发的原型车,该车实现了一些协同自动驾驶功能,如协同的高速公路驾驶和协同的城市驾驶,还包括一些协同感知案例(Sánchez 等,2015)。第二个相关的例子是其与标致雪铁龙合作的 MobilLab 自动驾驶原型车，其致力于探索自动驾驶和无人驾驶车辆人机界面和驾驶员交互方面的问题。

图 8.18　CTAG 原型车示例：协同自动驾驶原型车，MobilLab 人机界面原型车

　　INSIA（马德里理工大学汽车研究所）也参与了几个关于智能汽车的项目，特别是在自动化和网联化体验方面且包括协同系统，如 AUTOCITS（由欧盟委员会资助的欧洲城市采用无人驾驶的法规研究），其重点是在马德里、巴黎和里斯本等城市部署协同系统和无人驾驶汽车的试点。关于自动驾驶的第一批项目始于 SAMPLER 和 ADAS – ROAD 项目，在这两个项目中，车辆可以在检测到危险情况时自动进行规避。其次，协同无人驾驶汽车（CAV）项目的重点是在复杂路口、环岛和隧道等关键交通环境中，将无人驾驶汽车与 C – ITS 进行整合。AUTOMOST（双模式交通系统的自动驾驶）项目旨在开发无人驾驶城市公交车。INSIA 还与西班牙汽车行业以及其他重要角色建立了紧密联系，例如西班牙国防部的 REMOTE – DRIVE 项目（用于执行监视任务的战术车辆线控驱动），该项目中的军用战术车辆已经实现了自动化，并用于执行应急和防御任务。该中心包括一个试验台专用电路、两辆全自动驾驶汽车（图 8.19）、两辆带仪器的汽车、一辆带仪器的摩托车、电子和仪器实验室、V2X 专有通信技术，以及一项已获专利的由计算机自动控制车辆转向的装置。

图 8.19　INSIA 的无人驾驶原型车

8.5.2　项目

　　自动驾驶和网联驾驶已成为技术大趋势之一，来自咨询公司的几份报告都承认了这一点（Manyika 等，2013）。此外，不同国际组织的战略路线图也证实了这些技术的重要性。

　　•《阿姆斯特丹宣言》（European Union, 2016）由欧盟所有 28 个成员国于 2016 年 4 月在交通理事会非正式会议上签署，其就欧盟发展自动驾驶技术所需的步骤达成了协议。在这份文件中，欧盟成员国和运输业承诺制定相应规则和条例，以允许无人驾驶汽车在道路上使用。

- 《法国新工业》（NFI，2013）是法国的一份战略文件，其目的是让经济和工业利益相关者围绕共同的目标，使政府手段更有效地与这些目标相一致，并利用当地的生态系统来建立一个新的、有竞争力的法国工业。该文件已经取得了一些成果，提出了包括无人驾驶汽车的 34 项工业振兴计划，其推动法国汽车行业成为汽车自动化领域的先驱，并消除日益增长的监管障碍。
- 德国汽车工业协会（VDA）证实需要对法律规定和参数进行调整，因为相应的法规总是假定驾驶员始终在主动地转向和控制车辆，然而在更高的自动化水平下情况并非如此。他们关于自动化的立场文件（der Automobil Industrie eV，2015）提出了必须对 1968 年《维也纳公约》进行相应修订的理由，以便为遵守各签署国的国家道路交通法规奠定基础。
- 美国国家公路交通安全管理局（NHTSA）在 2016 年发布了一份针对自动驾驶汽车的政策文件（U.S. Department of Transportation，2016），该文件认识到三个需要指导意见的现实问题：①新技术的兴起是不可避免的；②通过建立一种将知识和期望转化为早期指导的方法，以实现更显著的安全改进；③随着这一领域的发展，今天的"未知"将在明天变成"已知"。因此，其总体意图是为机构今后的行动奠定基础和框架。

在这一趋势和上述指导方针的支持下，欧盟委员会和欧盟成员国的公共当局已经资助了大量的研究和创新项目（图 8.20），这些项目旨在为欧洲自动驾驶技术的可持续和有竞争力的发展奠定基础。

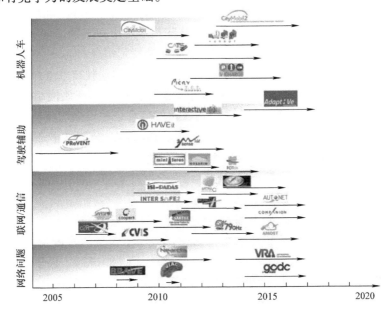

图 8.20　欧盟资助的自动驾驶和网联驾驶项目概览（Dokic et al.，2015）

从无人驾驶方面的首次尝试可以看出，在从自动驾驶到无人驾驶的进化过程中，将驾驶员从人车闭环中抽离出来并非易事，且可能根本不会发生。因此，出现了一些引导车辆自身迈向高度自动化的举措。其中包括HAVEit项目，即用于智能交通的高度自动化车辆（2008~2011），该项目旨在提高现有混合交通中公共道路的自动化水平。

按照这一路线，10个国家的29个实体参与了interactIVe项目（2010~2013），其共同致力于增加欧洲的无事故交通，并开发了更安全和有效的高级驾驶辅助系统。该系统持续辅助驾驶员，并在潜在的危险情况下向驾驶员发出警告。该系统不仅能对驾驶情况做出反应，而且还能够主动干预以保护乘员和弱势道路使用者。interactIVe项目的延续是2014年启动且即将结束的欧洲AdaptIVe项目。这是一个关于自动驾驶的灯塔项目，涉及大多数主要的主机厂和一级供应商。其主要目标是在复杂的交通环境中演示自动驾驶，同时考虑到所有的自动驾驶水平。此外，该项目还致力于：①为涉及驾驶员和自动驾驶的协调控制的实现提供指导方针；②确定和验证具体的评估方法；③评估自动驾驶对欧洲公路运输的影响；④评估与现有实施障碍有关的法律框架。

在城市环境中成功整合无人驾驶智能车辆（L5级）的另一个例子是CityMobil2项目。作为CityMobil的后续项目，该项目正在实施智能交通系统（ITS），以便在受保护的环境中实现自动运输。所应用的车辆基于法国国家信息与自动化研究所（Institut national de recherche en informatique et en automatique，INRIA）定义和推广的"CyberCars"概念，但其扩展到了新的市场化平台（Easymile、Navya）。

如前文所述，协同驾驶涉及汽车和道路交通系统，其利用信息和通信技术（ICT）与自动或非自动驾驶汽车相连接。这些技术用于在车辆之间（车对车通信，V2V）以及车辆与道路基础设施（V2I）之间交换特定信息。

在过去几年中，欧洲的一些项目和举措在应用协同驾驶技术方面树立了重要的里程碑。SAFESPOT（2006~2010）开发了动态协同网络，在该网络中车辆和道路基础设施进行通信，以共享在车上和路边收集的信息，并增强驾驶员对车辆周围环境的感知。Intersafe 2（2008~2011）旨在开发和演示一个能够显著减少交叉路口伤亡事故的协同交叉路口安全系统。大型协同驾驶挑战赛（GCDC，2011）及其后续i-Game（2013~2016）旨在通过国际团队之间的竞争，加快协同驾驶技术的开发和实施。

一些实验性案例研究表明了编队行驶的可行性。最早的示范之一是1997年美国加州大学伯克利分校的PATH项目，该项目使用了8辆汽车的编队，随后在21世纪00年代进行了仅有自动纵向控制的货车实验（图8.21a）。最早关于货车自动化的研究是20世纪90年代中期至21世纪初欧盟T-TAP计划中的"Chauffeur"项目（Fritz等，2004），该项目用三辆重型货车沿奥地利和意大利之间穿越阿尔卑斯山的布伦纳山口进行驾驶实验。

第8章 自动驾驶

图 8.21 编队行驶
a）PATH 项目（PATH，2017） b）KONVOI 项目（Kunze 等，2009） c）SARTRE 项目（Sartre，2016）
d）欧洲货车编队挑战赛（Eckhardt，2015） e）、f）COMPANION 项目（Companion，2016）

2005—2009 年，亚琛大学在其 KONVOI 项目中开发了由四辆重型货车组成的编队（图 8.21b）（Kunze 等，2009），目的是在提高运输能力的同时降低燃料消耗。2008 年，日本启动了为期 5 年的"Energy ITS"项目，旨在通过货车编队行驶减少能源消耗（Tsugawa，2014）。

欧洲最近的项目 SARTRE（Sartre，2016）和 COMPANION（Companion，2016）展示了编队行驶方面的重大进展。前者（图 8.21c）开发了允许异构车辆编队（轿车和货车）在普通公路上行驶的策略和技术，并通过五辆车的演示展示了其技术潜力。后者（图 8.21e、f）提供了包括编队的创建、协调和运行的整体解决方案。因此，实时协调系统可以根据决策机制并考虑基础设施状态的历史和实时信息，动态地创建、维护和解散编队。在 2016 年，来自欧洲主要制造商的大约十几辆货车在欧洲货车编队挑战赛中完成了为期一周的基本无人驾驶（Eckhardt，2015），这是欧洲大陆首次涉及多品牌编队行驶的大型演习（图8.21d）。同时在美国，Peloton技术公司是第一家为商用货车编队提供自动驾驶车辆技术的公司。

另一个关于协同和自动驾驶车辆技术的典型但完全不同的项目是AutoNet2030。它致力于建立一种分散的决策策略，该策略通过附近车辆之间的相互信息共享来实现。它考虑逐步引入全自动驾驶系统，并充分利用在近期广泛存在的协同系统，使全自动驾驶系统的部署从初始阶段就对所有驾驶员有利。

8.5.3 特殊应用

无人驾驶的潜力超越了标准道路应用的范围，该技术可以在多个领域得到应用。研究人员、科学家、大学和最好的汽车公司的研发部门已经探索了这一想法，并且基于自动驾驶车辆其他可能的特殊应用也已经实现了多年。在用于解释周围环境的有用信息受限的非道路环境、非城市化场景下，自动驾驶有着特定的应用：军事任务、救援、监督和监视、土地勘探、农业应用等。此外，另一个广泛发展的领域是公共客运、出租车服务、汽车共享或货运的特定应用，以及一般而言，任何因面临紧急危险而无法由人类操作者完成的应用，或为特定服务提供新的解决方案。

军事环境是此类应用技术的主要推动因素之一。1930年，第一批军事应用是使用所谓的"永山坦克（Nagayama tank）"进行的，这种坦克通过无线电接收移动命令。随后，更著名的是苏联在20世纪30年代末和40年代初研制的一种所谓的"Teletank"，该军事平台在第二次世界大战初期著名的"冬季战争"中得到使用，其由无线电控制的坦克组成且没有任何操作员，可以在安全距离内由另一辆坦克引导并执行接近敌人的任务。另一个军事平台是第二次世界大战期间德军在诺曼底登陆等战役中使用的一种小履带式坦克"哥利亚（The Goliath）"，它的流行并不是因为其使用的技术，而是为第二次世界大战后远程操作技术的发展奠定了基础。"哥利亚"由长达650m的电线进行遥控，其任务是通过携带的炸药摧毁敌人的建筑和基础设施。

近年来，美国国防高级研究计划局（DARPA）创办了"DARPA大挑战赛（DARPA Grand Challenge）"，这是一项无人驾驶汽车比赛，参赛车辆必须以完全无人驾驶模式进行长距离行驶。起初，赛事的目的是通过新技术的发展促进驾驶和车辆的高度自动化，但其最终的目标具有强烈的军事性质。2004年迎来了第一届赛事，参赛车辆必须在越野环境下完成240km的行驶路线，但没有参与者完成。2005年举办了第二届赛事，有5辆车成功完成了测试。这一届比赛依然包含越野环境，参赛车辆必须通过不同的复杂情况，例如狭窄的隧道、难以划定边界的道路或进行复杂的转弯。第三届DARPA大挑战赛于2007年举行，其更广为人知的名称是"城市大挑战赛（Urban Grand Challenge）"。在这届赛事中，行驶环境是城市且路线长96km，同时要遵守交通规则并不得干扰其他车辆行驶。

此后，世界各国军队纷纷研制自己的无人地面车辆（Unmanned Ground Vehicles，UGV）。已经开发出的 UGV 如"Guardium – LS UGV"，这是以色列使用的一种装备了大量弹道材料的军事平台，其能够从另一个移动平台上进行远程操作，并且能够探测和避开出现在其行驶路线上的障碍物。另一个典型的例子是美军的坦克汽车研究发展和工程中心（Tank Automotive Research Development and Engineering Center，TARDEC）小组，该小组开发用于军事用途的 UGV，其目标是能够从世界任何地方进行远程操作。另一方面，在这种类型的应用过程中与考虑城市环境时不同，除了无法依赖作为行驶参考的要素，如车道线、路缘、建筑物、交叉路口等，还很难预测道路上车辆的通行状态。虽然利用激光雷达技术可以很容易识别出地面之上的障碍物，但是在这些越野条件下不能假定地形条件总是处于良好状态，因此识别凹陷障碍就显得尤为重要。这也是为什么当前开展专门致力于识别此类障碍的研究项目的原因，例如 Shang 等人的案例（Shang 等，2015），其提出了一种不同的激光雷达传感器设置以识别非城市环境中的凹陷障碍。他们是"跨越险阻2014"的获胜者，这是一项由中国军队支持的地面车辆挑战赛，类似于美国的 DARPA 大挑战。

无人车辆另一个有趣的应用是将其用于太空任务。例如，火星探测器可以由人类操作者远程引导，但避开障碍物和寻找到达目的地的最佳轨迹的任务是由车辆自主完成的。

除了这些由政府或国家行政部门支持的项目外，一些私营公司例如捷豹路虎也特别关注为特殊越野应用开发新解决方案。在整个 2016 年中，他们一直在研发一款自动驾驶的越野网联汽车。一方面，这款越野车可以基于对环境的识别来辨认其行驶的地形，并且可以提供半无人驾驶。另一方面，项目意图让这些车辆可以相互交流和通信，如果几辆车在车队中循环行驶，第一辆车可以通过 DSRC 通信模块向位于它后面的其他车辆传达地形状态、速度和位置等。

在农业领域，工业机械的自主导航正在促进犁地、割草、收割等任务的生产率大幅提高。当一个拖拉机队在全天同一时间工作且操作员远程管理所有工作任务时，所有这些任务都会变得更加高效。在该领域的几项进展中，其中最杰出的一项是农业机械制造商 Case IH 及其无人驾驶车辆的概念，其能够遵循预先加载的路线并计算出最佳的执行路径。此外，由于该车辆具有识别环境的传感器，因此可以识别障碍物并在必要时做出停车的决定并发出警告信号。与此类似，其他农业机械制造商也开发出了能够按照预定轨迹行驶的车辆。

此外，自主导航对城市或城际场景中开展的其他服务也起到了促进作用。出租车服务是制造商和软件公司中最成功的特殊应用之一。事实上，第一辆无人驾驶出租车于 2016 年由 nuTonomy 研发并在新加坡进行了相关测试。这家针对无人驾驶汽车的软件初创公司推出了一项出租车服务，该服务目前使用电动汽车在新加坡的特定区域和特定目的地运营，其为缓解城市交通拥堵和污染提供了一个解决方案。另一方面，优步目前正在开发其无人驾驶出租车服务并在匹兹堡市进行测试，其通过多种激光雷达、雷达、立体视觉和计算机视觉传感器相融合来识别环境，并在其控制算法中使用机器学习。

除了上述具体的举措外，还有许多与城市自动驾驶相关的潜在且令人感兴趣的协同应用。总结其中的一些应用，或许可以在今后实现以下应用场景：

- 自动泊车和代客泊车协同服务。
- 支持和管理专用车道上无人驾驶汽车的协同服务，例如最后1mile无人驾驶汽车。
- 高精度定位协同服务。
- 面向城市驾驶员和城市无人驾驶系统的协同服务，例如安全高效的处理路口场景。
- 面向无人驾驶出租车和无人驾驶共享车队的协同服务。
- 协同传感器服务，扩展无人驾驶汽车的感知能力。

泊车场景通常代表着一种相对稳定的环境，在该环境中车辆已经开始实现自动化。在协同通信技术的支持下，下一步将向自主代客泊车应用方向发展。在这种场景中，汽车和车库将协作自主停放车辆且不需要驾驶员在场，驾驶员将通过其智能设备与汽车进行交互。该领域的所有车辆制造商和主要一级供应商都处于开发阶段，以将该功能推向市场，停车管理公司也参与其中（图8.22）。

图8.22　远程代客泊车辅助演示（宝马）

另一个与网联和协同服务密切相关的重要领域与最后1mile无人驾驶电动汽车的实施有关，它具有使城市交通更具可持续性的潜力。目前有许多研发项目和预部署活动正在进行，以支持将来引入此类解决方案（图8.23）。

图8.23　2017年1月23日至同年4月7日在巴黎的一条专用车道上进行的最后1mile无人驾驶班车测试试验（Easymile）

第 8 章 自动驾驶

在自动驾驶汽车需要覆盖的城市场景中，路口是非常复杂的场景，但协同服务显然可以在这种场景下提供支持。例如，协同交通灯可以与自动驾驶汽车交换绿波速度引导（Green Light Optimal Speed Advisor，GLOSA）信息，使自动驾驶汽车调整速度并以最安全、最高效的方式通过路口（图 8.24）。

此外，V2V、V2I、V2VRU 或 V2Cloud 协同传感策略可以增强自动驾驶汽车的感知能力，使其能够更好地处理这些复杂的城市场景（图 8.25）。

图 8.24　自动驾驶 GLOSA 协同服务示例（CTAG）

图 8.25　波尔多世界 ITS 大会上的 C2C 行人检测演示（标致雪铁龙和 CTAG）

8.6　社会监管方面

8.6.1　法律途径

关于无人驾驶汽车，还有一些重要问题亟待解决，比如安全性、道德、数据的使用，以及无人驾驶技术与传统车辆（手动控制车辆）的共存。

首先，该系统必须对驾驶员和其他公共道路使用者都是安全的。此外，无人驾驶汽车必须与其他所有流通中的车辆一样，遵守所在地区的交通法规。

其次，对无人驾驶汽车的监管要尽可能统一。因此，各州之间不应存在差异，使得同一型号的车辆无法在所有州行驶（这将是应用这一技术的一个重要障碍）。

然后，适当的教育和培训对于确保安全部署自动驾驶汽车至关重要。因此，制造商和其他实体应为员工、分销商和用户制定、记录和保持某种形式的培训。同时应解决无人驾驶汽车与传统车辆在使用和操作上的差异。此外，这些程序应该被设计成让用户能够正确和安全地使用它们。

这类技术中的一个关键问题是手动控制和自动控制之间的转换。必须提供适当的机制和程序来确保转换安全、舒适和有效。

此外，使用网联和（或）无人驾驶汽车所产生的数据可能有用，例如在发生事故时可用于分析事故原因。有必要澄清使用和交换网联和自动驾驶汽车所产生数据的条件和可用性，以及有关各方的责任。

另外，预计制造商和其他实体将开发用于自动驾驶汽车的软件升级，或开发包含不同和/或升级硬件的新车辆版本。如果这些软件或硬件升级对车辆的运行有实质性的改变，则可能需要进行评估或额外的认证程序。这些更新的目的可能是为了提高系统的性能、安全性或其他方面。此外，在软件发生变化的情况下，这些更新或补丁的下载可以通过"空中更新"或其他应受监管的方法进行。

最后，有必要考虑两种风险情况同时发生的可能性，这就需要考虑"两难情况"。这类情况可能需要必要的界定程序。

8.6.1.1　总体框架：维也纳和阿姆斯特丹

关于道路交通有两个传统的国际框架协议：《日内瓦道路交通公约》和《维也纳道路交通公约》。首先，1949年的《日内瓦道路交通公约》是由95个国家签署的，其目的是通过制定某些统一规则来促进国际道路交通的发展并提高安全性。其次，1968年的《维也纳道路交通公约》是74个国家批准的国际条约。它旨在通过采用统一的交通规则来促进国际道路交通的发展并提高道路安全性。在欧洲方面，为了促进无人驾驶汽车在道路交通中的应用，修改《维也纳道路交通公约》的必要性越来越强烈，主要原因是该公约需要有一个"驾驶员"随时控制车辆。其中第1条第（V）款："驾驶员是指驾驶机动车或其他车辆（包括自行车）的人，或在道路上单独或成群地引导牛群、羊群、役畜、驮畜或乘骑动物的人"，第8条第5款："每个驾驶员应能随时控制其车辆或引导其动物"。

随后，2016年4月，欧盟各国交通部长以及多家汽车制造商签署了《欧洲阿姆斯特丹宣言》。该举措的主要目的是政府和产业界合作制定法律框架，以推动网联和无人驾驶的研发。

此外，联合国欧洲经济委员会的"道路交通工作组（WP.1）"也正在就分析和制定自动驾驶汽车的法规进行非正式讨论。

8.6.1.2 关于无人驾驶汽车的法律框架和法规

本节总结了2016年初无人驾驶汽车的监管状况，主要引用了美国和欧洲的举措，也讨论了其他国家的相关举措。

美国联邦政府于2016年9月发布了一项无人驾驶汽车政策，旨在帮助无人驾驶技术的安全发展，同时也保留了足够的灵活性，使该技术能够继续发展下去。

此外，在美国制定与无人驾驶汽车相关立法的州也逐渐增加，已颁布的无人驾驶汽车法规如下：

内华达州于2011年成为第一个批准无人驾驶汽车运行的州。AB 511法案授权无人驾驶汽车的运行，还将其定义为"autonomous vehicle"，并指示州机动车管理局通过关于许可证签发和运行的条例（包括保险、安全标准和测试）。SB 140法案允许合法运行的无人驾驶汽车中的人员使用手机或其他手持无线通信设备（根据本法，这些人员被视为未在操纵车辆）。SB 313法案规定，人类操作员和无人驾驶汽车必须满足特定条件，才能在州内的高速公路上进行注册、测试或运行。

加利福尼亚州于2012年允许在通过SB 1298法案中的安全标准和性能要求之前，开展无人驾驶汽车的运行和测试。在2016年的AB 1592法案中，加利福尼亚州授权康特拉科斯塔交通管理局进行一项试点项目（仅在指定地点和速度下），该项目"用于测试没有驾驶员坐在驾驶座上，也没有配备方向盘、制动踏板或加速踏板的无人驾驶汽车"。

佛罗里达州在2012年的HB 1207和HB 599法案中宣布"希望鼓励当前和未来在该州公共道路上开发、测试和运营无人驾驶汽车"，并且法案"目前并没有禁止或具体规范无人驾驶汽车的运行"。2016年的HB 7027法案扩大了无人驾驶汽车在公共道路上的允许运行范围，并取消了车辆运行需出于测试目的和车内有驾驶员的要求。

佛罗里达州在2016年第7061号众议院法案中对驾驶员辅助货车编队技术进行了定义，并要求对此类技术的使用和安全运行进行研究，同时允许在研究结束后开展试点项目。

路易斯安那州通过2016年第1143号众议院法案，为高速公路监管规定和相关事项定义了"无人驾驶技术"。

密歇根州在2013年第169号和663号参议院法案中，对"自动驾驶技术""自动驾驶汽车"和"自动驾驶模式"等问题进行了界定。法案允许自动驾驶汽车在一定条件下接受某些方面的测试。在2016年，密歇根州第995、996、997和998号参议院法案对他人在未经无人驾驶技术制造商同意下所做的任何修改提供免责条款。

北达科他州通过2015年第1065号众议院法案规定对自动驾驶机动车辆进行立

法管理研究。这项研究可能包括自动驾驶机动车辆可以在多大程度上减少交通伤亡、碰撞和拥堵。

田纳西州在2015年SB 598法案中禁止地方政府取缔采用无人驾驶技术的机动车,但前提是机动车符合所有安全法规。2016年SB 2333法案允许操作者仅在无人驾驶功能没有关闭的情况下,才可以使用与车辆集成的电子显示屏进行通信、信息交互以及显示屏支持的其他用途。2016年SB 1561法案规定,无人驾驶汽车在进行测试、操作或销售之前,需要通过安全部门为其制造商建立的认证程序,该法案同时建立了无人驾驶汽车的每英里税收结构。

犹他州于2015年第373号众议院法案修改了《机动车法》,授权交通部门开展网联车辆技术测试。2016年HB 280法案要求对无人驾驶汽车进行相关研究,包括对其他州实施的不同标准、最佳实践、监管策略和方案进行评估。

华盛顿特区通过2013年DC B 19-0931法案将"无人驾驶汽车"定义为"能够在不需要驾驶员主动操作任何车辆系统的情况下,进行区域道路导航并解释交通控制设备的车辆"。该法案授权无人驾驶汽车在公共道路上运行,前提是驾驶员可以随时接管对无人驾驶汽车的控制。

在欧洲方面,有多个国家为制定无人驾驶相关法规采取了行动,其中最重要的几项如下:

芬兰交通和通信部修订了《道路交通法》,以允许无人驾驶汽车在公共道路的限制区域内行驶。该法案为试验性立法,从2015年初开始生效且有效期为5年。

法国(L'Etat)于2014年7月宣布,应制定必要的法规来保证无人驾驶汽车在公共道路上首次实验中的道路安全。2016年8月3日,法国部长会议宣布了一项法令(关于在公共道路上测试转授驾驶权的车辆的条例),该法令允许开展(部分或全部)无人驾驶汽车测试,但必须在确保安全的前提下进行。

德国由于遵循《维也纳公约》中的严格解释,因此没有关于无人驾驶汽车的专门(特别)立法。此外,德国交通部长宣布,连接柏林和慕尼黑的A9高速公路的其中一段将被设置为用于测试无人驾驶汽车和网联汽车(V2V和V2I)。

荷兰基础设施和环境部修订了法规,以允许进行大规模的道路测试。希望测试无人驾驶汽车的公司必须向RDW(荷兰车辆管理局)提交准入申请,并证明测试将以安全的方式进行。

西班牙通过2015年11月的第15/V-113号指令,发布了在一般通行道路上授权无人驾驶汽车进行测试的法规。此外,在2016年1月公布了关于机动车辅助泊车的条例(第16 TV/89号指令)。

瑞典于2014年启动了Drive Me项目,该项目允许沃尔沃在2017—2018年间于哥德堡市测试100辆无人驾驶汽车。这将是世界上首个大型无人驾驶项目。该项目是沃尔沃、瑞典交通部、瑞典交通局、林德霍门科学园和哥德堡市的合作成果，并得到了瑞典政府的支持。

英国交通部在2015年2月发布了一项监管审查，其允许在英国任何道路上对自动驾驶汽车进行测试，而无须征求网络运营商的许可，且无须向中央主管部门报告任何数据或提交担保书。2015年7月，无人驾驶汽车测试实施规程发布，它向测试人员解释了如何在遵守英国法律的前提下进行测试："测试人员必须遵守所有相关的道路交通法规，测试车辆必须适合在道路上行驶，受过适当训练的驾驶员或操作员必须做好准备，能够并愿意在必要时控制车辆，并且必须提供适当的保险"。

最后列举一些其他国家制定的举措。在澳大利亚，多个公司、政府机构和研究中心开展了"澳大利亚无人驾驶汽车计划"（ADVI）。这项计划的主要目标是"通过在真正的澳大利亚背景下迅速探索这项新技术的影响和要求，并就如何安全、成功地将自动驾驶汽车引入澳大利亚道路上提出建议，形成无人驾驶汽车研发的动力"。

新加坡制定了多项与无人驾驶汽车有关的举措。2014年，新加坡交通部成立了新加坡自主道路运输委员会（CARTS）。该团队的任务之一是研究并建立有关无人驾驶汽车的框架，使其在公共道路上安全高效地运行。除此之外，陆路交通管理局（LTA）联合新加坡科技研究局（A*STAR）宣布了新加坡无人驾驶汽车计划（SAVI），其重点领域之一是为未来在新加坡部署无人驾驶汽车制定技术和法规要求。此外，新加坡政府于2016年8月允许NuTonomy在一个名为"one-north"的商业园区测试无人驾驶出租车，该测试于2016年第三季度开始。

8.6.2 伦理方面

自动驾驶汽车能够在碰撞前做出预先决策，从而克服人类驾驶过程中的许多限制。但是，一些致命车祸仍是不可避免的。

在这些情况下，计算机可以根据可能的结果，迅速计算出最佳的碰撞方式。自动驾驶汽车的一个主要缺点是，与可以实时决定如何碰撞的人类驾驶员不同，自动驾驶汽车如何进行碰撞的决策是由程序员提前设计好的（Goodall，2014）。而在很多具有挑战性的驾驶情况下，可能会出现两难的局面，需要采取法律和伦理上都能为人类所接受的行动。

为了说明这个问题复杂性，可以参考一种改进的电车问题，称为隧道问题（Open Roboethics Initiative，2016）。一辆自动驾驶汽车在进入隧道之前遇到了一个试图跑过马路的孩子，但他却绊倒在车道中央，并有效地阻塞了隧道的入口。这辆车只有两种选择：撞死孩子，或者转向撞上隧道两侧的墙壁从而丧命。汽车应该如何应对？或者情况更加微妙，一辆无人驾驶汽车正面临着即将发生的车祸，但它可以从两个目标中选择一个进行转向：要么是戴着头盔的摩托车手，要么是没有戴头盔的摩托车手。对汽车编程的正确方式是什么？

这两种结果必定会造成危害，因为对这类两难问题而言没有明显的"正确"答案。如果将碰撞优化视为最相关的标准，那么结果可能会导致不公平的行动，因为责任最大的潜在受害者将受到惩罚，却以某种方式奖励了粗心的道路参与者和利益相关者。

另一种看似优雅的解决方案是不做刻意的选择。然而，这样的随机决策虽然模仿了人类的驾驶方式，却完全违背了部署无人驾驶汽车的关键原因之一：避免人为因素，因为95%的事故都是人为因素造成的。更糟糕的是，虽然人类驾驶员在瞬间做出的糟糕反应可能会被原谅，但机器人式汽车将无法享有这种自由，因为这样的行为可能是蓄意谋杀和过失杀人之间的区别。

另一些人则认为，与其假设设计者是决定无人驾驶汽车在所有情况下应该如何反应的合适人选，不如探索其他方法来允许驾驶员决定首选的不幸结果。

在任何情况下，设计者/程序员为了优化碰撞都需要面对一个伦理问题，因为他们需要设计优化算法来计算各种可能方案的预期成本，并选择成本最低的方案。因此，我们有理由提出这样一个问题：自动车辆的控制算法是否能够事先设计为既体现法律又体现其所在社会的伦理原则（OCR Software blog, 2016）。这种复杂决策系统的基础可以从艾萨克·阿西莫夫的机器人三定律中得到启发：①财产损失始终优先于人身伤害；②不能对人在体型、年龄等方面进行分类；③如果发生事故，制造商应承担责任（Gerdes 和 Thornton, 2016）。

新一代车辆的普遍网联性所带来的另一个非常相关的伦理问题是如何保护数据安全，尤其是隐私方面的问题。实际上，为了规范数据的收集、拥有和共享，对于交通系统中流通的所有数据都需要进行严格的反思：谁将保留这些数据，为什么保留，以及保留多长时间。

参 考 文 献

Abdullah, R., Hussain, A., Warwick, K., Zayed, A., 2008. Autonomous intelligent cruise control using a novel multiple-controller framework incorporating fuzzy-logic-based switching and tuning. Neurocomputing. 71, 2727–2741.

Al Alam, A., Gattami, A., Johansson, K.H., 2010. An experimental study on the fuel reduction potential of heavy duty vehicle platooning. s.l., s.n., pp. 306–311.

Anderson, J.E., 2009. An intelligent transportation network system: Rationale, attributes, status, economics, benefits, and courses of study for engineers and planners. PRT International.

Behere, S., Törngren, M., 2015. A Functional Architecture for Autonomous Driving. ACM, New York, NY, USA. pp. 3–10.

Behere, S., 2013. Architecting Autonomous Automotive Systems: With an Emphasis on Cooperative Driving, s.l.: s.n.

Belker, T., Beetz, M., Cremers, A.B., 2002. Learning action models for the improved execution of navigation plans. Rob. Auton. Syst. 38, 137–148.

Berlin, T., 2007. Spirit of Berlin: an autonomous car for the DARPA urban challenge hardware and software architecture. Retrieved Jan, 5, p. 2010.

Bhatt, D., Aggarwal, P., Devabhaktuni, V., Bhattacharya, P., 2014. A novel hybrid fusion algorithm to bridge the period of GPS outages using low-cost INS. Expert Syst. Appl. 41, 2166−2173.

Bo, C., Cheng, H.H., 2010. A review of the applications of agent technology in traffic and transportation systems. IEEE Trans. Intell. Transp. Syst. 11, 485−497.

Broggi, A., et al., 2012. Autonomous vehicles control in the VisLab intercontinental autonomous challenge. Annu. Rev. Control 36, 161−171.

Buehler, M., Iagnemma, K., Singh, S., 2007. The 2005 DARPA grand challenge: the great robot race. s.l. Springer Science & Business Media.

Chakraborty, D., Vaz, W., Nandi, A.K., 2015. Optimal driving during electric vehicle acceleration using evolutionary algorithms. Appl. Soft Comput. 34, 217−235.

Companion, 2016. COMPANION - COoperative dynamic forMation of Platoons for sAfe and eNergy-optImized gOods transportatioN. [Online] Available at: <http://www.companion-project.eu/>.

Conner, M., 2011. Automobile sensors may usher in self-driving cars. EDN Mag.21−24.

Continental, A.G., 2012. SRL-CAM400 CMOS camera and infrared LIDAR in a compact unit. s.l.:s.n.

Costello, B., Suarez, R., 2015. Truck driver shortage analysis 2015. Am. Truck. Assoc. 206, 2015, Retrieved from http://www.trucking.org/ATA\%20Docs/News\%20and\%20Information/Reports\%20Trends\%20and\%20Statistics/10.

Cunningham, A.G., Galceran, E., Eustice, R.M., Olson, E., 2015. MPDM: Multipolicy decision-making in dynamic, uncertain environments for autonomous driving. s.l. IEEE1670−1677.

Czubenko, M., Kowalczuk, Z., Ordys, A., 2015. Autonomous driver based on an intelligent system of decision-making. Cognit. Comput. 7, 569−581.

Delphi Inc., 2015. Integrated Radar and Camera System. [Online].

der Automobilindustrie eV, V, 2015. Automation: From Driver Assistance Systems to Automated Driving. VDA Magazine-Automation.

Dokic, J., Müller, B., Meyer, G., 2015. European roadmap smart systems for automated driving. s.l.:European Technology Platform on Smart Systems Integration.

Dolgov, D., Thrun, S., Montemerlo, M., Diebel, J., 2010. Path planning for autonomous vehicles in unknown semi-structured environments. Int. J. Robot. Res. 29, 485−501.

Eckhardt, J., 2015. European Truck Platooning Challenge 2016. The Hague, Delta3.

ERTRAC, 2015. ERTRAC Roadmap for Automated Driving. s.l., s.n.

European Union, 2016. Declaration of Amsterdam - Cooperation in the Field of Connected and Automated Driving. s.l.:s.n.

Fernandes, P., 2012. Platooning of IVC-Enabled Autonomous Vehicles: Information and Positioning Management Algorithms, for High Traffic Capacity and Urban Mobility Improvement, s.l.: s.n.

Fritz, H., Bonnet, C., Schiemenz, H., Seeberger, D., 2004. Electronic Tow-Bar Based Platoon Control of Heavy Duty Trucks Using Vehicle-Vehicle Communication: Practical Results of the CHAUFFEUR2 Project. s.l., s.n.

Funke, J. et al., 2012. Up to the Limits: Autonomous Audi TTS. s.l., s.n., pp. 541−547.

Furda, A., Vlacic, L., 2010. Multiple criteria-based real-time decision making by autonomous city vehicles. IFAC Proc. 43, 97−102.

Furda, A., Vlacic, L., 2011. Enabling safe autonomous driving in real-world city traffic using multiple criteria decision making. IEEE Intell. Transp. Syst. Mag. 3, 4−17.

Galceran, E., Cunningham, A.G., Eustice, R.M., Olson, E., 2015. Multipolicy decision-making for autonomous driving via changepoint-based behavior prediction. Robot. Sci. Syst.

Gerdes, J.C., Thornton, S.M., 2016. Implementable ethics for autonomous vehicles. Autonomous Driving. s.l. Springer, pp. 87−102.

Godoy, J., et al., 2015. A driverless vehicle demonstration on motorways and in urban

Goodall, N., 2014. Ethical decision making during automated vehicle crashes. Transp. Res. Rec. J. Transp. Res. Board 58–65.

Google Inc, 2015. The Google Self-Driving Car Project. [Online] Available at: <http://www.google.com/selfdrivingcar/>.

Haddad, M., Chettibi, T., Hanchi, S., Lehtihet, H.E., 2007. A random-profile approach for trajectory planning of wheeled mobile robots. Eur. J. Mech. A/Solids 26, 519–540.

Holguín, C., 2016. 4 misconceptions on "autonomous" cars that can lead cities to disaster, and how to remedy. [Online].

Ibañez-Guzmán, J., Laugier, C., Yoder, J.-D., Thrun, S., 2012. Autonomous driving: context and state-of-the-art. In: Eskandarian, A. (Ed.), Handbook of Intelligent Vehicles. Springer, London, pp. 1271–1310.

Janssen, R., Zwijnenberg, H., Blankers, I., de Kruijff, J., 2015. Truck Platooning: Driving the Future of Transportation.

Jenkins, A., 2007. Remote Sensing Technology for Automotive Safety. s.l.:s.n.

Katrakazas, C., Quddus, M., Chen, W.-H., Deka, L., 2015. Real-time motion planning methods for autonomous on-road driving: State-of-the-art and future research directions. Transp. Res. Part C: Emerg. Technol. 60, 416–442.

Kunze, R., Ramakers, R., Henning, K., Jeschke, S., 2009. Organization and Operation of Electronically Coupled Truck Platoons on German Motorways. s.l., s.n., pp. 135–146.

Kuwata, Y., et al., 2009. Real-Time Motion Planning With Applications to Autonomous Urban Driving. IEEE Trans. Control Syst. Technol. 17, 1105–1118.

Lefèvre, S., Vasquez, D., Laugier, C., 2014. A survey on motion prediction and risk assessment for intelligent vehicles. ROBOMECH J. 1, 1.

Levine, W., Athans, M., 1966. On the optimal error regulation of a string of moving vehicles. IEEE Trans. Autom. Control 11, 355–361.

Manyika, J. et al., 2013. Disruptive technologies: Advances that will transform life, business, and the global economy. s.l.: McKinsey Global Institute San Francisco, CA.

Melzer, S.M., Kuo, B.C., 1971. Optimal regulation of systems described by a countably infinite number of objects. Automatica 7, 359–366.

Meystel, A., Albus, J.S., 2002. Intelligent Systems: Architecture, Design, and Control s.l.: Wiley.

Naus, G.J.L., et al., 2010. String-stable CACC design and experimental validation: A frequency-domain approach. IEEE Trans. Veh. Technol. 59, 4268–4279.

Navarro, P.J., Fernández, C., Borraz, R., Alonso, D., 2016. A machine learning approach to pedestrian detection for autonomous vehicles using high-definition 3D range data. Sensors 17, 18.

NFI, 2013. The new face of industry in France. s.l.:s.n.

OCR Software blog, 2016. OCR Software blog. [Online] Available at: <https://ocr.space/blog/2016/09/liability-for-self-driving-car-accidents.html>.

Open Roboethics Initiative, 2016. Open Roboethics Initiative. [Online] Available at: <http://www.openroboethics.org> (Accessed 12.16).

Paden, B., et al., 2016. A survey of motion planning and control techniques for self-driving urban vehicles. IEEE Trans. Intell. Veh. 1, 33–55.

PATH, 2017. <http://www.path.berkeley.edu>. s.l., s.n.

Ploeg, J., Shukla, D.P., van de Wouw, N., Nijmeijer, H., 2014. Controller synthesis for string stability of vehicle platoons. IEEE Trans. Intell. Transp. Syst. 15, 854–865.

Rajamani, R., 2011. Vehicle Dynamics and Control. s.l.: Springer Science & Business Media.

SAE, 2016. Taxonomy and Definitions for Terms Related to On-Road Motor Vehicle Automated Driving Systems, s.l.: SAE International.

Sánchez, F., et al., 2015. CO2PERAUTOS2—Challenges for Cooperative Automated Driving. s.l., s.n.

Sartre, 2016. The SARTRE project. [Online] Available at: <http://sartre-project.eu/>.
Shang, E., et al., 2015. LiDAR based negative obstacle detection for field autonomous land vehicles. J. Field Robot.
Shaw, E., Hedrick, J.K., 2007. String Stability Analysis for Heterogeneous Vehicle Strings. s.l., s.n., pp. 3118–3125.
Skog, I., Handel, P., 2009. In-car positioning and navigation technologies—a survey. IEEE Trans. Intell. Transp. Syst. 10, 4–21.
Swaroop, D., Hedrick, J.K., 1996. String stability of interconnected systems. IEEE Trans. Autom. Control 41, 349–357.
Thrun, S., et al., 2006. Stanley: the robot that won the DARPA grand challenge, J. Field Robot., 23. pp. 661–692.
Tsugawa, S., 2014. Results and Issues of An Automated Truck Platoon Within the Energy ITS Project. s.l., s.n., pp. 642–647.
Tzoreff, E., Bobrovsky, B.-Z., 2012. A novel approach for modeling land vehicle kinematics to improve GPS performance under urban environment conditions. IEEE Trans. Intell. Transp. Syst. 13, 344–353.
U. S. Department of Transportation, 2016. Federal Automated Vehicles Policy – September 2016. s.l.:s.n.
Urmson, C., et al., 2008. Autonomous driving in urban environments: Boss and the urban challenge. J. Field Robot. 25, 425–466.
Urmson, C., et al., 2009. Autonomous Driving in Urban Environments: Boss and the Urban Challenge. In: Buehler, M., Iagnemma, K., Singh, S. (Eds.), The DARPA Urban Challenge: Autonomous Vehicles in City Traffic. Springer, Berlin Heidelberg, pp. 1–59.
Urmson, C., Anhalt, J., Bagnell, D., Baker, C., 2008. Autonomous driving in urban environments: boss and the urban challenge. J. Field Robot.
Veres, S.M., Molnar, L., Lincoln, N.K., Morice, C.P., 2011. Autonomous vehicle control systems -- a review of decision making. Proc. Inst. Mech. Eng. Part I. J. Syst. Control Eng. 225, 155–195.
Wei, J. et al., 2013. Towards A Viable Autonomous Driving Research Platform. s.l., s.n., pp. 763–770.
Zabat, M., Stabile, N., Frascaroli, S., Browand, F., 1995. The Aerodynamic Performance of Platoons: Final Report. s.l. University of California, Berkeley.
Zhang, T., Xu, X., 2012. A new method of seamless land navigation for GPS/INS integrated system. Measurement 45, 691–701.

第三部分　其他方面

第9章 人　　因

9.1 人类驾驶员行为

9.1.1 引言

为了确保行驶安全、适应驾驶员需求以及满足驾驶员偏好，智能车辆技术需要能够很好地理解人类驾驶员行为。因此，驾驶员状态估计研究、驾驶风格识别以及驾驶意图推断对于开发满足以上要求的自动驾驶系统至关重要。与智能车辆技术相关的三个重要问题正在影响人与汽车的关系：①如何开发出能够帮助驾驶员避免事故的技术；②如何提示驾驶员即将发生的事故；③如何采取措施以取代驾驶员自身将采取的行动。为了回答以上问题，从人因生态（human factors community）的角度，提出了三项基本规则。

第一个，也是最基本的法则是："直觉不是驾驶员辅助系统（Driver Assistant System，DAS）设计的可靠指导。"在过去的几十年中，车辆事故造成的死亡人数显著减少，诸如防抱死制动系统（Antilock Braking Systems，ABS）之类的技术功不可没。但奇怪的是，在较早的阶段，带有 ABS 的车辆与事故的增加有关（Broughton 和 Baughan，2002）。可能是驾驶员估算了相关技术的代价和收益，从而保持了风险水平的恒定，即大家熟知的风险稳态理论（Hedlund，2000）。似乎在采用 ABS 的早期，驾驶员并不知道如何操作装有这种系统的车辆（Broughton 和 Baughan，2002）。ABS 的经验表明，只要技术环节中存在人类因素，就无法事先预测人类的行为。因此，在 DAS 设计中必须考虑人的行为。

第二个人因法则是对第一个的补充："人类行为在很大程度上是可以被预测的，但是这种预测只有通过谨慎且严格控制变量的研究，才能对预警系统的设计有用。"发展和评估所预测的对象进而实现驾驶员—车辆交互（Driver-Vehicle Interface，DVI）的最优设计是至关重要的。这种尝试促进了技术的正确使用，并减少了技术的滥用（过度依赖）和技术的荒废（利用不足）（Parasuraman 和 Riley，1997）。例如，早期的前向碰撞预警系统通常可靠性较低（Zador 等，2000），一些车道偏离预警系统仍然存在这个问题（HLDI，2012）。为了解决这个问题，需要开展相关研究以确定系统性能边界，以保证在此边界内，不同类型的预警系统都将正常工作。例如，研究发现，如果将碰撞预警系统的错误警报个数限制为每100mile少于0.5个，则不会对驾驶员正常驾驶产生影响（Kiefer等，1999）。

第三个人因法则指出："在自动驾驶汽车的设计中如果不考虑人因要素，可能会导致系统达不到最优。"这就是自动化生态通常所说的技术滥用（Kiefer等，1999）。如今，我们在技术上取得了进步，这些技术可以实现以往需要驾驶员来完成的功能。在某些自动驾驶系统中（L1和L2），所有场景下，驾驶员仍应监督车辆的操作。在其他系统中（L3和L4），驾驶员可以在限定的情况下或整个行程中不用监管车辆。在这些级别的自动驾驶系统中，驾驶员是控制系统的一个环节。但是在车辆运行中，驾驶员可能并没有时刻关注车辆行驶状态（L1和L2），或者驾驶员已不在控制系统闭环中却因为某些突发状况而需要迅速重新参与系统控制（L3和L4）。因此这些级别的自动驾驶系统容易出现问题。

除了道路安全问题，驾驶员的行为还与油耗相关。燃油效率主要但不局限于受车辆特性、道路类型、交通条件和驾驶方式的影响，但是对与它们之间直接影响关系的了解仍然有限（Corti等，2013）。当前，高级驾驶员辅助系统（Advanced Driver Assistance Systems，ADAS）是一个有前景的研究领域，因为它可保证安全性并提高动力总成效率（Karginova等，2012）。这些系统可为驾驶员提供辅助，但通常是根据典型驾驶员特征设计的，这些特征虽然可以代表绝大多数驾驶员，但不符合特定驾驶员特征（Guardiola等，2014）。下一代ADAS将考虑驾驶员的风格识别，以实现系统性能个性化，从而改善安全性和燃油消耗（Bolovinou等，2014）。另一方面，无人驾驶车辆有望普遍提高安全性、降低拥堵并减少温室气体。但是，需要解决新的开放性问题：在不远的将来，人类将扮演什么角色？他们会完全信任自动驾驶车辆并成为被动乘车者，还是会在某些情况下根据自动驾驶车辆请求或是座舱内某人的需求重新"接管"车辆控制权？

受到以上挑战的激励，本章回顾了与人类驾驶行为有关的文献，介绍了文献中用于检测驾驶风格的主要传感器、信号、算法和数据集，以及人类驾驶行为在当前及不断提高的自动驾驶等级背景下（直至实现自动驾驶）ADAS框架中的一些应用。

9.1.2 驾驶风格：定义

未来的智能车辆将能够检测驾驶员状态和驾驶风格、对危险进行预警以及在必要时接管车辆控制。在研究人因是如何影响这些技术的发展之前，需要阐明一些术语。这些术语在现有技术中缺乏一致的定义，因此需要通过简洁的描述以避免读者混淆。我们在这种情况下定义了最常用的术语（Wang和Lukic，2011；Taubman - Ben - Ari等，2004；Bergasa等，2006），如图9.1所示。

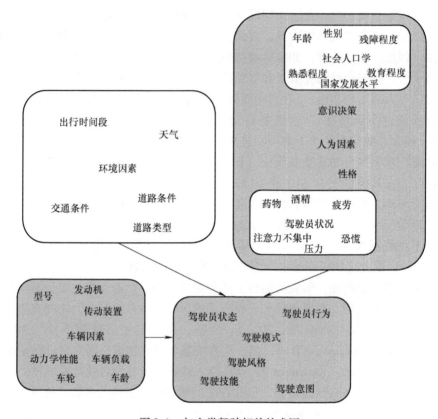

图 9.1 与人类驾驶相关的术语

- 环境因素是指与环境相关，会影响驾驶风格的所有外部变量（交通条件、道路类型、出行时间段、天气以及道路条件等）。
- 车辆因素是指与车辆相关，会影响驾驶风格的所有变量（品牌、型号、发动机、传动装置、动力学性能、车轮、车龄以及车辆负载等）。
- 人为因素是指与驾驶员相关，会影响驾驶员驾驶的所有的变量（意识决策、性格、社会背景和驾驶员状况）。
- 社会人口学背景是指驾驶员的身体因素（年龄、性别以及残障程度等）以及其他影响他们驾驶风格的变量，例如驾驶经验、对车辆的熟悉程度、教育程度、国家发展水平等。
- 驾驶员状况是指驾驶员在驾驶过程中的注意力水平，其可能会受到外界因素的影响，例如药物、酒精、疲劳、注意力不集中、压力、恐慌等。
- 驾驶事件是指在驾驶任务过程中，可用于识别驾驶风格的驾驶员操作（例如，急加/减速或急转弯、换道、超车等）。
- 驾驶模式是指分析后得出的车辆位置、速度或加速度曲线，甚至包括驾驶事件（例如，加速次数、匀速行驶时间、换道次数等）。它与道路类型、天气条件和驾驶风格密切相关，但未特别包含这些因素。

- 驾驶员行为用于描述驾驶模式，但仅着眼于驾驶员的决策而不考虑外部影响。
- 驾驶员状态通过预先定义的几种状态来描述驾驶员行为。
- 驾驶技能通常指驾驶员维持车辆控制的能力，通常用于分析专业驾驶员与普通驾驶员、年轻驾驶员与年长驾驶员的关系。
- 驾驶风格受驾驶员主观因素（情绪、困倦等）的影响而解释不同。可以理解为驾驶员在人、车和环境因素的背景下操作车辆的方式，同时是不同驾驶模式的区分指标。在文献（Taubman – Ben – Ari 等，2004）中，作者展示了驾驶员状况对驾驶风格的巨大影响。在这种情况下，同一位驾驶员在不同驾驶条件下会表现出不同的风格（例如，日常上下班的风格、周末家庭出行时的风格）。
- 驾驶意图使用驾驶风格模型中的预测模型预测驾驶员行为，可以提升预警和控制系统性能。

9.1.3 驾驶风格建模的度量

检测不同人类驾驶行为的能力，在很大程度上取决于建立人类驾驶员行为模型时所用的度量。同时，因为提高车辆自动化等级所需的传感器也为驾驶状态检测算法提供测量值，所以随着车辆自动化等级的提高，检测能力也增强。其次，为了保证检测能力的鲁棒性，驾驶风格辨识的第一步是确定要测量的信号。但是，对于所需的信号并没有达成普遍的共识，出现了各种各样的替代方案。这种分歧受传感器的选取以及辨识系统的不同应用场景影响（驾驶员行为分析、驾驶员辅助、驾驶评分、低油耗、自动驾驶等）。

在文献中，主要使用五种类型的度量：驾驶员生物学度量、驾驶员物理度量、车辆动力学度量、社会人口统计学度量以及混合的方法。表 9.1 总结了通常用于每种度量类型的一些典型信号。

9.1.3.1 驾驶员生物学度量

生物信号包括脑电图（Electroencephalogram，EEG）、心电图（Electrocardiogram，ECG）、眼电图（Electro – oculography，EOG）、表面肌电图（surface Electromyogram，sEMG）、皮肤电反应（Galvanic Skin Response，GSR）和呼吸（Berka 等，2007；Oron – Gilad 等，2008；De Rosario 等，2010）。这些信号通常通过与人体皮肤相接触的电极收集，并用于检测驾驶员的精神状态。脑电图已被广泛地接受为清醒和睡眠之间转换的良好指示信号，通常被认为是黄金标准（Dong 等，2011）。使用这种信号的主要缺点是传统的测量仪器存在有干扰。此外，大多数生物信号因人而异。尽管如此，ECG、GSR 和呼吸等生物变量可以通过车辆中的非侵入性设备来测量，例如使用基于座椅压力的传感器（De Rosario 等，2010 年）、装有电极的悬浮装置（Baek 等，2009）或者纳米传感器（Bal 和 Klonowski，2007）。这些设备与常规设备基于相同的技术,但是身体接触是通过在驾驶过程中驾驶员的位置来间接实现的。它们的主要局限性在于,接触点的品质要比临床中使用的差,这意味着要使用更复杂的信号分析方法来滤除噪声信号并提取相关参数。这会导致性能下降,从而使得这种方法在大多数情况下无法实现。这些信号通常用于心理学研究中,并作为其他非侵入性方法的参考标准(Daza 等,2014)。

表 9.1 驾驶风格建模方法

度量类型	测量信号	参考文献
驾驶员生物学度量	脑电图(EEG)、心电图(ECG)、眼电图(EOG)、表面肌电图(sEMG)、皮肤电反应(GSR)、呼吸	Berka 等(2007),Oron – Gilad 等(2008),De-Rosario 等(2010),Baek 等(2009),Bal 和 Klonowski(2007)
驾驶员物理度量	驾驶员身体姿势动态变化(头部、手、眼睛、脚),基于头、眼线索的注视区域分类,面部表情,基于手线索(或头、手、眼睛等线索的融合)的对象交互分析及次要任务分类,座舱乘员活动	Tawari 和 Trivedi(2014a),Ohn – Bar 和 Trivedi(2014a),Bergasa 等(2006),Tran 等(2012),Jimenez 等(2012),Bergasa 等(2008),Ohn – Bar 和 Trivedi(2013),Ohn – Bar 等(2014b),Yebes 等(2010),Supancic 等(2015)
车辆动力学度量	车速、加速度、制动、踏板操作、加加速度、方向盘位置、GPS、跟车、横向位置、变道和转弯、超车、环岛行驶、限速、车道数量、环岛位置、交通密度	Huang 等(2010),Mudgal 等(2014),Romera 等(2016a),Johnson 和 Trivedi(2011),Bergasa 等(2014),Wang 等(2014),Neubauer,Wood(2013),Kurz 等(2002),Filev 等(2009),Miyajima 等(2010),Huang 等(2012)
社会人口统计学度量	性别、年龄、驾驶员经验、对车辆和环境的熟悉程度、教育水平、国家发展水平、个性	Taubman – Ben – Ari 等(2004),Ericsson(2000)
混合度量	驾驶员物理度量(头部、手、脚等)和周边线索(车辆动力学、行人检测、突出障碍物等)之间的融合	Ohn – Bar 和 Trivedi(2016),Ohn – Bar 等(2015),Daza 等(2014),Tawari 等(2014b),Doshi 等(2010a),Tawari(2014c)

9.1.3.2 驾驶员物理度量

该方法基于对驾驶室内驾驶员和乘员行为的观察,主要通过摄像头和图像处理技术,获得与以下方面有关的度量:驾驶员身体姿势的动态变化[例如,头部(Tawari 和 Trivedi,2014a)、手部(Ohn – Bar 和 Trivedi,2014)、眼部(Bergasa 等,2006)和脚部(Tran 等,2012)];基于头、眼线索的注视区域分类(Jimenez 等,2012);面部表情(Bergasa 等,2008);基于手线索的对象交互分析及次任务分类(Ohn – Bar 和 Trivedi,2013);基于头、手、眼睛等线索融合的次任务活动分析(Ohn – Bar 等,2014b);座舱乘员的活动(Yebes 等,2010)等。这种方法之所以有效，是因为这些度量通过非侵入测量方式进行座舱环境内的次任务分析和驾驶员行为建模。特定类型的次任务（例如，注视区域估计和头部姿态分析）比其他任务（例如，驾驶员与其他对象之间的交互）更受研究者的关注。尽管文献指出，与乘客相关的次任务极其重要，但是对此类任务的研究很少。驾驶员和乘客的手势和用户识别已被广泛研究，但是与交互活动相关的分析工作仍缺乏参考。以上大部分提到的度量都是以方便、成本低且非侵入性的方式从摄像头中获得的。但是，实际应用中必须解决视觉系统在室外环境中工作的挑战（光照条件、突然移动等）（Daza 等，2014）。从这个意义上讲，深度传感器也可用于提升行为识别性能（Supancic 等，2015）。

9.1.3.3 车辆动力学度量

利用车辆动力学信号来检测驾驶风格时，需要借助车载传感器。车载网络是一个常用的信号来源，该网络包含可以直接通过控制器局域网络（Controller Area Network，CAN）总线从车辆自身传感器获取的数据。可获得的信号包括车速、加速度、制动、踏板力、方向盘位置等（Huang 等，2010）。其他的内部传感器包括惯性测量单元（Inertial Measurement Unit，IMU）或全球定位系统（Global Position System，GPS）（Wang 和 Lukic，2011）。后者特别重要，因为它既可以提供有关车辆位置的信息，也可以作为速度和加速度的间接度量。更高级的测量工具包括额外的传感器，例如摄像头、雷达或激光雷达（LIDAR）。这些传感器已经在具有自适应巡航控制（Adaptive Cruise Control，ACC）或车道偏离预警（Lane Departure Warning，LDW）功能的车辆中使用，可以提供与跟车、车辆横向位置或车道变化有关的信号。联机互联网访问开辟了新的可能性，例如使用地理信息系统（Geographical Information System，GIS）检测环形交叉路口的位置（Mudgal 等，2014）或了解限速以及每个位置的车道数量（Romera 等，2016a）。这种方法的优点是信号具有明确的物理意义，并且它们的获取和后验计算相对容易，计算代价小。这就是为什么当前可用的商业系统主要基于这些度量的原因。但是使用这种方法的问题在于，汽车制造商通常会限制对大多数高级信号的访问，并且它们之间有所不同，因此有必要了解每个制造商的访问协议。

当不能够从车辆上获得信号时，可以使用智能手机来获取信号。由于这些设备的日益普及，智能手机已成为车辆内置传感器的一种简单且便宜的替代品，并且无须事先安装在车辆上。Johnson 和 Trivedi（2011）通过手机加速度计、陀螺仪、GPS 和后置摄像头的信息融合来检测驾驶风格。同样地，Bergasa 等（2014）提出了一个名为 DriveSafe 的智能手机应用程序，该应用程序使用智能手机上的所有可用传感器（惯性传感器、GPS、摄像头和互联网访问）来记录和识别驾驶操作，并从中推断驾驶员行为。

速度、加速度和减速度是文献中用于检测驾驶风格的最常用信号。一种更全面的方法定义了 10 种常规使用的驾驶行为信号：平均速度、不包括停车的平均速度、平均加速度、平均减速度、平均驾驶时间长度、一个驾驶周期内平均加速度/减速度变化次数、停车时间比例、加速时间比例、减速时间比例和匀速时间比例。然而，作者得出的结论是：仅使用前面列出的四个变量，就可以获得令人满意的结果（Wang 等，2014）。使用其他变量（例如，加速度、制动压力以及加速踏板和制动踏板的使用）也很常见，并且许多研究人员认为这些是更好的指标。这些信号基于纵向和横向动力学，可以捕获大多数车辆运动（Neubauer 和 Wood，2013）。但是，这些信号仅在已知驾驶条件（道路类型）和环境条件（天气、交通等）时才适用（Kurz 等，2002）。替代的方法侧重于驾驶操作，而不是纵向和横向动力学。其中一些是制动（Filev 等，2009）、踏板操作（Miyajima 等，2010）、变道和转弯（Huang 等，2012）、跟车（Miyajima 等，2010）、超车（Filev 等，2009）和换道行驶（Mudgal 等，2014）。这些操作可提供有关车辆周围环境的信息。

上述方法主要应对安装的电子设备以及车载控制访问权限不同所导致的传感器安装以及信号获取过程的差异。考虑到车辆自动化进程的进一步发展，可以预计未来的车辆将配备集成的传感器系统和能够提供所有所需信息的标准协议。

9.1.3.4　社会人口统计学度量

正如定义部分已经提到的，驾驶行为是一个受人为因素和外部因素影响的复杂过程。第一个因素，受到不同的变量影响，其中社会人口因素占一部分。Taubman – Ben – Ari（2004）和 Ericsson（2000）等人研究了一些社会人口统计学特征（性别、年龄、经验、熟悉程度等）与驾驶员驾驶风格之间的关系，揭示了诸如对车辆和环境的熟悉程度、驾驶经验、性别（与男性相比，女性更容易游离和焦虑，同时更加谨慎）、年龄（随着年龄的增长，驾驶员有更谨慎、更耐心的倾向），甚至是受教育的程度（随着教育水平的提升，更倾向于谨慎驾驶），或者驾驶员的个性等一些因素对驾驶风格的影响。自尊心与耐心型以及谨慎型驾驶风格有关。外向的性格与采用游离和焦虑型驾驶风格成负相关的关系。追求个性的驾驶者通常表现为存在冒险行为，而需要自律的驾驶员则表现出愤怒型或者谨慎型驾驶风格。尽管在实际车辆中的应用仍需要大量目前尚无法获得的数据，但社会人口统计学方法为人们提供了一个有趣的研究视角。联机互联网访问、大数据和深度学习技术可以帮助在不久的将来实现这一目标。

9.1.3.5　混合度量

为了更好地理解驾驶场景并提升驾驶员预测精度，智能车辆集成来自多个领域的信息。当驾驶员持续与其周围环境交互时，驾驶员行为受周围环境影响。驾驶员操作的预测通常需要整合周围和座舱内的度量以提升驾驶员状态模型精度，从而更早地对事件进行预测（Ohn – Bar 和 Trivedi，2016）。因此，将驾驶员操作与车辆动力学度量相结合可以直观地提高驾驶风格识别的置信度。道路场景的分析以及对驾驶员姿势的观测可以对驾驶员的认知、驾驶员需要注意的事项以及何时驾驶员需要知道这些事项进行估计。Ohn – Bar 等（2015）结合了驾驶员的物理度量（头部、手部和脚部）和车辆动力学相关的周边线索（例如，与其他车辆的距离），以识别所研究车辆驾驶员的超车意图。驾驶员注意力估计是集成框架中另一个常见的研究主题。在框架中，驾驶员和周边环境的度量被集成在一起。关于最后这些，Daza 等（2014）专注于车辆动力学度量，Tawari 等（2014b）专注于行人检测，Doshi 等（2010a）专注于突出的障碍物检测。另一方面，Tawari 等（2014c）将情境需求估计和驾驶员警觉水平用作辅助制动系统的线索。

9.1.4 驾驶风格分类

前面所提及信号的选择与分类标准有关。信号、分类标准和算法定义是相互联系的。在给定的大量可用信号和不同的潜在应用场景下，存在许多分类选择。表9.2描述了文献中不同驾驶风格分类方法的调查。这些方法可以被分为两个主要的类别（离散型分类与连续性打分）。

表 9.2 驾驶风格分类方法

论文	分类依据	分类标签
Johnson 和 Trivedi (2011), Karginova 等 (2012), Vaitkus 等 (2014)	2 类	激进型，非激进型
Xu 等 (2015), Dörr 等 (2014), Romera 等 (2016a)	3 类	激进型、温和型、适中型
Fazeen 等 (2012)	4 类	激进型、平静型、正常型、无速度驾驶型
Stoichkov (2013)	5~7 类	从非激进型到激进型的不同等级
Vaitkus 等 (2014), Romera 等 (2016a)	连续性打分	从冷静型到激进型的连续打分
Manzoni 等 (2010), Corti 等 (2013)	连续性打分	过度油耗百分比
Neubauer and Wood (2013)	连续性打分	出行效率与燃油消耗

9.1.4.1 离散型分类

最新的修订普遍会根据所选择的驾驶方式对驾驶风格进行分组。在使用分类算法之前必须先定义类别。为了方便最终用户理解，定义的类别需要权衡分类精细度和复杂度，同时保证算法的鲁棒性（Bolovinou 等，2014）。分类标签根据使用场合确定。比如，ADAS 通常根据安全等级区别驾驶风格，而燃油经济性导向的分类标签通常使用与燃油效率相关的术语。尽管可以识别多种驾驶风格，但是大多数分类方法采用仅包含两个类别的简易分类基础：激进型和非激进型（正常驾驶）（Johnson 和 Trivedi，2011；Karginova 等，2012；Vaitkus 等，2014）。激进型的驾驶员经常表现出粗心的车辆操纵行为（加、减速快速变化，节气门开度控制变化幅度大且差异性低），这些都可能会对安全性造成影响。其他作者则更倾向于将驾驶风格分为三类：Xu 等（2015）分为激进型、温和型和适中型（介于激进型和温和型之间）；Dörr 等（2014）定义了运动型（类似于激进型）、舒适型（类似于温和型）和正常型（介于运动型和舒适型之间）；Romera 等（2016a）设置了激进型、正常型和困倦型（表现为在车道边缘摇摆而不是保持笔直的方向前进，以及无意识地变换车道）。一些其他作者选择采用更多的类别来进行更精确的分类。Fazeen 等（2012）使用了四个簇：平静型、正常型、激进型和无速度驾驶型（采集不到驾驶员信息）。Stoichkov（2013）提出了一种包含 5~7 类的分类方法，涵盖了从非激进型驾驶到激进型驾驶的各种风格。考虑到算法开发及学习过程和类别解释的复杂性，通常不会使用大量的类别。

9.1.4.2 连续性打分

另一种驾驶风格分类方法，在不采用先验聚类的情形下对冷静型到激进型的驾驶风格进行连续性打分。这种方法得出的打分结果还可以被应用在基于阈值的分类方法中，进而将结果转换为具体的类（Murphey 等，2009）。Romera 等（2016a）计算了三种类别（激进型、困倦型和正常型）的连续得分结果，并通过最高的打分值确定最终的驾驶风格类别。可以使用相对燃料消耗指标代替驾驶员的激进等级来进行分类。在这种情况下，连续打分通常被用作直接分类的替代方法。Manzoni 等（2010）将行程中的油耗估计值与基准值进行比较，评估超额油耗百分比（该百分比表示额外燃油成本），以辨识和评估驾驶员的驾驶风格。Neubauer 和 Wood（2013）还使用了油耗仿真来获得车辆燃油效率，并将其用作驾驶风格的指标。同样的，Corti 等（2013）用能量损失函数来评估驾驶员的驾驶风格。这种方法通过估算的功率消耗超额值来代替油耗的绝对值进行分类。

9.1.5 驾驶风格建模算法

本节主要分析驾驶风格识别常用到的最新算法。这些算法考虑选择的输入信号以及分类策略。表 9.3 展示了技术摘要，包括其主要特征和参考文献。

表 9.3 驾驶行为分类方法

方法	技术	特征	参考文献
无监督方法（需要给数据确定标签来确定分类）	主成分分析	将可能相关的变量的一组观测值转换为线性不相关的变量的一组值	Constantinescu 等（2010）
	层次聚类分析	寻求建立集群的层次结构。策略可以是：凝聚（自下而上）或分裂（自上而下）	Constantinescu 等（2010）
	高斯混合法	表示总体群体中存在子群体的概率模型	Miyajima 等（2010）

（续）

方法	技术	特征	参考文献
无监督方法（需要给数据确定标签来确定分类）	动态时间归整	计算两个给定序列（如时间序列）之间具有特定限制的最佳匹配的方法	Johnson 和 Trivedi（2011）
	马尔可夫或直方图模型	马尔可夫模型是一种随机模型，用来对变化的系统进行随机建模。假设它具有马尔可夫性：未来状态只依赖于当前状态，而不依赖于它之前发生的事件	Guardiola 等（2014）
有监督方法	基于规则	特定于域的方法，使用规则进行推断或选择的专家系统	Engelbrecht（2015），Romera 等（2016a），Corti 等（2013），Manzoni 等（2010）
	模糊逻辑	多值逻辑的一种形式，其中变量的真值可以是 0 到 1 之间的任何实数	Dörr 等（2014），Gilman 等（2015），Syed 等（2007），Castignani 等（2015），Kim 等（2012），Arroyo 等（2016），Syed 等（2010）
	k 近邻（KNN）	对象被分配到其 k 个最近邻中最常见的类	Van 等（2013）
	神经网络（NN）	基于大量神经单元集合的计算方法松散地模拟生物大脑解决问题的方式	Siordia 等（2010）
	决策树	一种决策支持工具，使用树状图或决策模型及其可能的后果，包括偶然事件结果、资源成本和效用	Karginova 等（2012）
	随机森林	一种集成学习方法，通过在训练时构造多个决策树并输出作为单个树类模式的类	Karginova 等（2012）
	支持向量机（SVM）	具有相关学习算法的监督学习模型，分析用于分类的数据	Bolovinou 等（2014）
	基于贝叶斯的方法	作为概率论的一种新的证据，Bayes 的统计方法变得更为有效	Mudgal 等（2014）
	卷积神经网络	它是一种前馈型人工神经网络，但具有大量的神经元	Romera 等（2016b），Jain 等（2015）

像其他分类问题一样，可以从统计学角度使用机器学习和模式识别技术进行驾驶风格选择。这些方法的关键是使用有监督还是无监督的方法。有监督方法为了实现分类学习，需要在训练阶段对训练数据贴标签。然后，在测试阶段需要根据学习

得到的类别对新数据进行分类。为了对未在训练集出现的实例进行正确的分类，训练必须能够对数据进行归纳（对数据的典型子集进行采样）。无监督方法需要能够从未贴标签的数据中推断出数据隐藏结构。由于提供给学习机的示例是未贴标签的，因此没有错误或奖励信号可以评估潜在的解决方案。

在考虑有监督或无监督学习时，需要提前考虑一些问题。监督学习中一个众所周知的问题是类别的定义。不同的专家可以将相同的数据分成不同的类别，不同的研究在定义一个类别时也略有不同。因此，即便是相同的分类方法之间也很难直接比较。另一个问题是，如果输入变量中包含冗余或存在相互依赖的情况，那么某些学习算法可能会由于数值不稳定而表现不佳。有监督学习中最重要的问题是过度拟合。当训练出的模型非常贴合训练数据集时，就会出现这个问题。过度拟合出现在一些太多模型参数与观察量直接相关的复杂模型中。过度拟合的模型对训练数据的微小波动较为敏感，因此预测性能较差。无监督学习的主要缺点是缺少所获得的类或簇的相关信息。由于所分成的类别没有高维度信息标签，因此没有可以代表类别的语义信息。无监督算法对输入的数据进行分类时甚至会存在争议。因此，根据经验，建议比较多种学习算法，并通过实验确定哪种算法最适合当前的问题。因为学习算法的性能优化可能非常耗时，所以从一开始就选择效果最好的算法非常重要。与花更多的时间调整学习算法相比，通常花更多的时间收集更多的训练数据以及更多的信息变量收益更高。基于大数据的新兴深度学习方法正在彻底改变上述的经典机器学习技术，有望在复杂分类问题的性能方面取得突破。Romera等（2016b）提出了一种卷积神经网络（Convolutional Neural Network，CNN）进行实时全像素语义图像分割的方法，能够满足基于摄像头的自动驾驶车辆感知系统的环境检测任务要求。深度时间推理方法也表现出相似的出色表现（Jain等，2015），可以被应用于智能车辆相关的学习任务中。

机器学习算法（有监督或无监督）获得的结果好坏取决于变量的选择及表达的正确与否。驾驶操作这样的动态事件需要做时序计算，对系统计算能力要求很高。同时，输入信号通常包含很多噪声（Liu，2011），因此统计模型（Taniguchi等，2012）和低级数据的鲁棒性表达至关重要。在Bolovinou（2014）等人的综述论文中，作者回顾了ADAS中通常使用的方法，例如贝叶斯推理、高斯混合法（GMM）、支持向量机（SVM）、K均值聚类、贝叶斯网络和基于马尔可夫的模型。

Van等（2013）进行了有监督方法（支持向量机）和无监督方法（K均值）的比较。输入向量有三个事件：制动、加速以及转向。同时定义了两个数据集：完整的数据集和精简版本的数据集。数据集中包含与事件相关的三个模型参数。结果，监督学习获得了比无监督学习更好的结果。同时报告指出，模型的输出数据和完整的数据集较为一致。同时，无监督学习结果表明：最具代表性的参数是制动事件及其与转向事件的结合，相比于加速事件获得了更好的分类结果。数据的选择非常重要。更多地考虑使用无监督学习算法来进行驾驶风格分类。类似于K均值的监督学习算法至少需要输入理想类别的数量。用户可以在算法中人为选择具有代表性的类别（比如冷静型和激进型），然后无监督算法就可以对所有类似的实例进行分类。

9.1.5.1 无监督学习技术

Constantinescu 等（2010）使用了经典的无监督降维算法（Principal Components Analysis，PCA）来进行驾驶风格分类。他们使用另一种无监督方法——层次聚类分析法（HCA），对降维数据进行聚类。最后通过视觉识别和手动标记分类之后，可以识别出从保守型到激进型五种驾驶风格。

Miyajima 等（2010）使用高斯混合方法来识别驾驶风格，输入数据为踏板操作的分析结果和频谱特征。实验结果表明，与仅使用踏板操作原始信号的驾驶员模型相比，基于频谱特征的驾驶员模型能有效地模拟驾驶员的个体差异，并降低55%的识别误差。

Johnson 和 Trivedi（2011）在智能手机端上运用动态时间规整（Dynamic Time Warping，DTW）来检测激进型驾驶行为。该算法根据不同的驾驶行为，将实际数据与已经分类和标注的模板进行比较。即便分类是无监督的，但初始代表类的标记是在有监督的方式下进行的。

其他无监督方法，比如基于马尔可夫或基于直方图的算法，也被用来对驾驶模式进行建模（Guardiola 等，2014）。这些方法基于对以往驾驶模式的统计分析来预测未来的驾驶状况。方法的鲁棒性依赖于苛刻的条件，例如链的不可约性或马尔可夫性的验证。模拟的结果令人非常满意。

9.1.5.2 有监督学习技术

Siordia 等（2014）提出了一种有监督、基于规则的方法（专家对初始训练集进行了标记）来检测危险情况。系统的开发考虑了交通安全四个基本要素，即驾驶员、道路、车辆和专家的驾驶知识。

Karginova 等（2012）比较了不同的监督学习方法：k 近邻算法（k - nearest neighbor，KNN）、神经网络算法（Neural Network，NN）、决策树算法和随机森林算法。尽管 KNN 是最简单的算法，但仍取得了良好的效果。计算距离是评价驾驶样本和参考模式之间相似性的简单而有效的方法（如欧式距离）。基于这种方法，KNN 算法将新样本分配给 k 个最近邻中最常见的一个类。如果 $k=1$，则只需将该对象指定给该最近邻的类。神经网络需要一些初始化参数（比如隐层中的节点数），并且存在过拟合的问题。神经网络非常依赖于数据支撑，因为结果是由训练中不同的已处理数据得到的。决策树的效果最差；可以采用随机森林以提高性能，且使用40个树节点的效果最好，输入向量包含了16个信号。

Siordia 等（2010）也对有监督方法进行了比较，研究了树生成器（trees generator，CART）、规则学习器（rule learner，RIP）、k 近邻、神经网络和支持向量机（Support Vector Machine，SVM）等方法。他们在激进驾驶风格检测场景中评估了算法的数值结果和每种方法的泛化能力。测试通过仿真环境完成。结果表明，

CART 算法的效果最好，其次是 KNN 和 NN。

Mudgal 等（2014）使用了基于贝叶斯的方法对环形交叉口驾驶方式进行分类。该方法不仅可以实时检测激进型驾驶行为，还可以预测排放的热点。

基于规则的技术是解决驾驶风格分类问题最直接的方法之一。这种方法从选定的数据中定义一组初始簇。每个簇被分配到一个先验的、表示一种驾驶风格的类。簇定义确定被测信号的阈值。在初始簇定义中，因为类必须是有明确含义的，且阈值定义比较复杂，所以需要一些专家知识。在工作状态下，基于规则的算法根据信号值和与阈值的关系，为每个输入数据集分配一个类。该方法简单、实现速度快、不需要很高的处理能力，可以集成到车载硬件上。但是，如果变量数量很多，那么规则将很复杂；如果系统定义不当，规则可能会产生不理想的表现。类别与测量变量（和阈值）之间的关系也不易确定。由于计算负载不是很高，即便智能手机同时在执行其他任务（例如事件记录）时，基于规则的方法也可以在智能手机端上实现，获得实时的结果（Engelbrecht 等，2015）。簇的定义不仅受动态车辆和驾驶员变量的影响，还受外部环境因素（天气、道路类型、交通等）的影响。

Romera 等（2016a）使用了一款名为 Drivesafe 的智能手机应用程序，通过 7 种不同操作（加速、制动、转弯、车道交织、车道漂移、超速和跟车）定义的阈值来检测激进型驾驶和困倦型驾驶。可以利用实时的听觉信号来警告那些尚未意识到对自己或附近车辆可能造成危险的驾驶员。另一方面，由于驾驶风格会影响整体油耗，可以通过对驾驶员相关的簇的初步估计来进行油耗的计算（Lee 和 Son，2011）。这一初步估计可以与车辆其他油耗测量方法相结合。Corti 等（2013）采用了基于能量消耗的损失函数，对驾驶风格进行了初步估计，并增加了三个指标以获得最终的聚类结果：功率浪费、功率损耗以及车轮需求功率与车轮实际需求功率之间的比率。Manzoni 等（2010）的研究显示，参考措施与不同驾驶员相关，需要谨慎地选择，并且在长时间驾驶或出现交通拥堵时，应对这些措施做出相应的动态调整。

如前所述，当变量的数量较多时，基于阈值的类定义会产生不良的影响。模糊逻辑不仅保留了基于规则的技术的某些优点，还可以成为克服其劣势的一种机制。模糊逻辑以其语言概念建模能力和模糊规则的表达接近专家自然语言而闻名。此外，模糊系统可以处理不确定性知识，从观测数据中推断高级行为。驾驶类别可以被视为具有隶属度的模糊集合。在基于规则的算法中，一个集合中元素的隶属度是根据一个二值条件以二进制形式定义的，即一个元素要么属于集合，要么不属于集合。如前所述，可以利用阈值来判断是否属于某个特定的类别。相比之下，模糊集理论允许对类中元素的成员关系进行软定义。这种成员关系可以用实数来描述，例如，用实单位区间（0，1）中的值代替以往的两个可能值，即隶属和不隶属。

模糊算法已经被用于模拟器环境中驾驶风格的检测，并取得了良好的效果（Dörr 等，2014）。输入数据包括 CAN 总线数据、道路类型以及场景相关的数据（高速公路、城市、农村）。类似的，燃油消耗量也被用作输入。Gilman 等（2015）

结合燃油消耗量以及其他因素，通过模糊算法来获取出行驾驶方式的类别。Syed 等（2007）在最温和的驾驶模式下，使用模糊逻辑控制节气门和制动踏板，降低了 3.5%的油耗。在混合动力汽车模拟器中，系统可以向驾驶员提供修正建议，以获得更好的油耗表现。基于智能手机，Castignani 等（2015）通过模糊逻辑集对驾驶员保守型到激进型驾驶行为进行分类。驾驶员行为的识别与车辆特性无关。模糊逻辑也被应用于混合动力汽车来降低油耗。Won（2003）提出了一种结合道路类型和驾驶风格的驾驶事件检测策略。Kim 等（2012）采用类似的方法，根据驾驶条件调整混合动力汽车的参数。

基于规则的方法，即使是模糊方法，在可处理的变量数量和数据量方面都会受到限制，并且这类方法依赖固定阈值的定义和规则设计者的专业知识。这种方法缺乏适应性。一些学者已经解决了这个问题。Arroyo 等（2016）使用在线校准的方法调整隶属函数（Membership Functions，MFs）的决策阈值，在提高对突发驾驶事件（加速、转向、制动）识别性能的基础上对三种驾驶方式（激进型、适中型、困倦型）进行分类。Syed 等（2010）介绍了另一种方法，通过使用非常简单的机器学习算法训练自适应模糊逻辑策略。该机器学习机制通过加权移动平均和遗忘因子来减少燃油消耗，并检测驾驶员的长期和短期的偏好。

9.1.5.3 总结

首先，我们需要指出，缺乏一个通用的数据库影响了不同方法之间对比结果的公正性。使用数据库获得的结果可能会受到所收集的数据以及驾驶员所处环境的特定特征的影响。此外，算法的性能也取决于采集到的数据。无论选取何种算法，都广泛使用 CAN 总线的数据，但采用其他采集到的信号可能会获得最佳的结果。

第二，大多数研究论文只用正确识别率来衡量算法的优劣。正确识别性能是算法运行时的一个模糊指标。例如，如果我们的测试集由 95% 标记为"正常驾驶"行为的样本和 5% 带有"激进型驾驶"的样本组成，那么一个输出常为"正常驾驶"的系统将获得 95% 的正确识别率。虽然无法真正应用该系统，但是性能指标达到最新水平。衡量算法性能更有用的指标是精度和召回率。精度是相关检索实例的分数，即"搜索结果的有用程度"；召回率是所检索的相关实例的分数，即"结果的完整性"。传统的 F 度量结合了这两种度量。强烈建议同时使用这两个指标以及 F 因子。其他能够更好地描述识别性能的比率是错误接受率和错误拒绝率，它们可以相结合以定义受试者工作特征曲线（Receiver Operating Characteristic，ROC）或检测误差权衡曲线（Detection Error Tradeoff，DET）。为了在 ROC 曲线中用单一度量来表示识别率，可以使用等误差率（Equal Error Rate，EER）。

第三，输入向量的增加会导致系统参数数量的增加（例如，增加更多的信号）。在这种情况下，系统可能会产生不良的结果。尝试调整一个参数可能会导致其他输入数据出现无法预测的结果。另外，训练集中的数据量需要随着待调整参数的增加而增加，这样才能保证给算法提供足够的样本（通常输入数据并不容易获得)。如果训练数据库比较小,该算法可能会存在过度拟合、泛化能力下降的现象。

第四,为了能够涵盖各种各样的情况,训练集应该足够丰富。使用在类似场景中获得的数据来训练模型,而采用在其他情况下获得的数据进行测试,都可能会导致棘手的结果。实验定义中必须考虑驾驶员数量和驾驶经验以及驾驶员是否熟悉场景或模拟器。具有特定车辆驾驶经验的驾驶员可能比新手获得更好的结果。

第五点与信息提取和特征定义有关。在实验阶段,通常需要权衡输入信号的数量和这些信号的获取代价。由于实验数据的记录比较昂贵(驾驶员招募、模拟机工作时间、车辆损耗),通常的标准是记录"所有"。一旦记录下来,建议对原始信息进行提取,因为有些变量相互关联,可以组合起来而不失一般性(但减少了处理时间)。在这个初始过程中,还建议对可进行滤波的含有噪声的信号进行估计,对需要降噪的信号进行降噪处理。

第六,类的精确定义很复杂。即使是像激进型驾驶、保守型驾驶和正常驾驶这样的简单分类,在研究中也有不同的定义。保守型驾驶可能意味着最佳驾驶模式(比如考虑到油耗)或在训练集中表现比较稳定。作为驾驶行为的参考信号或指标,燃油或能量消耗已被广泛采用。如果无法做到这一点,则需要考虑该领域的专家(例如交通安全方面的专家)或研究人员直接评估性能。最好是专家或外部评估,以避免受到基于实验先验知识偏见的影响。

第七,在监督驾驶学习过程中获取有标签的数据可能是一项既昂贵又费时的任务,因为它需要对外部评估人员进行培训。对于自然驾驶,如果驾驶员自愿决定要执行哪些任务,那么标记过程的可行性可能降低。然而,对于未标记的数据,可以通过低成本的方式收集,例如从驾驶员的自然驾驶记录中获取。为了充分利用这些低成本的数据,提出了一种半监督学习的建模方法,它可以从有标记和无标记的训练数据中提取有用的信息。Liu等(2016)调查了半监督机器学习的好处,发现它除了可以使用标记的训练数据外,还可以使用未标记的训练数据。

最后一点是关于实际应用。使用车载嵌入式硬件或智能手机作为记录和处理平台是目前最先进的技术。因为它们有足够的记录空间、处理能力和足够的传感器设备,而且成本非常合理。它们可以放置在任何一辆车上,利用大量驾驶员和车辆类型获取自然驾驶数据。在未来几年,与大数据、深度学习和数据分析相关的新兴技术将利用本身的优势来提高智能车辆的性能。

9.1.6　用于驾驶风格建模的数据库

智能车辆研究的关键在于有自然驾驶的、高质量的大型数据库,这可以为更好的算法和系统设计提供参考。因此,我们总结了近年来可供科学界研究驾驶行为的数据库的演变。

大型数据库起源于那些针对专项研究所收集的本地数据库,这些数据库通常数据量少且集中于某一个特定研究领域，并且由数据收集者拥有（Kawaguchi 等，2001）。这些数据库是在国家级研究项目的框架内收集的，通常需要安装额外的设备。因此，数据收集随着项目的完成而终止，并且很难重现。对于自然驾驶研究（Naturalistic Driving Studies，NDS），首先想到的是由西班牙交通总局资助的 Argos 项目，该项目的实验车辆配备了用以收集车辆和驾驶员数据的设备（Recarte 和 Nunes，2003）。Nagoya 大学已经通过装有设备的车辆采集了超过 800 名驾驶员的数据（Kawaguchi 等，2001；Takeda 等，2011）。这些车辆中常见的传感器包括视频和音频记录仪以及用于生理数据采集、精神工作量测试、车辆信息获取的其他仪器。

驾驶研究也用模拟器采集数据，相关进程几乎与 NDS 同步进行。驾驶模拟器应用范围广泛，从简单的系统到高度复杂的沉浸式场景都可使用。模拟器的一个主要问题是，如果它们属于汽车制造商，则可能存在使用限制，或者无法被外界使用。使用驾驶模拟器的时候需要保证符合实际驾驶情况，因此需要使用其他高质量的图形、立体声和运动反馈设备。现实环境也会影响模拟器对不同种类车辆进行无差异测试的能力，这种差异经常发生在真实车辆动力学特性与仿真车辆动力学特性不相符时。使用模拟器的优势，一方面是可以精心设计和控制测试，另一方面则是可以收集和存储大量数据。不幸的是，很少有公共数据库可用，因为它们大多数都是针对特定问题的（Siordia 等，2012）。

为了收集到合理数量的数据，需要多方合作，并且在彼此之间实现数据共享。NDS 在 2006 年收集了 100 辆汽车和 241 位驾驶员共 43000h 的驾驶数据（Dingus 等，2006）。这些数据被用于进一步分析车辆碰撞及其事故原因，并作为碰撞预防措施设计的基础（Fitch 等，2009）。通过国际合作，可以在欧洲和美国之间建立共享数据库（Takeda 等，2011）。这些初始的数据集就是以下大型数据集的起源。

2010—2013 年，美国实施的第二个公路战略研究计划（The Second Strategic Highway Research Program，SHRP2）收集了来自 3000 多个驾驶员的驾驶数据（Dingus 等，2015）。利用这些数据，可以对来自不同供应商或研究机构的技术进行评估。Satzoda 等人（2014）利用类似的数据，检测了与车道和道路边界有关的关键事件。欧洲开展了类似的项目，从几个强制要求合作和数据共享的欧洲框架计划中建立数据库。值得一提的是欧洲主动安全现场测试（European Field Operational Test，euroFOT）的数据采集过程。在 2010—2011 年，该测试记录了 1000 多名驾驶员的数据。该数据库被用于评估 ADAS 性能，例如自适应巡航控制（Adaptive Cruise Control，ACC）和车道偏离警告（Lane Departure Warning，LDW）系统（Benmimoun 等，2013）。

UDRIVE 是欧洲第一个记录自然驾驶数据的大型项目。该项目于 2014 年开始，并于 2017 年完成，测量并记录了乘用车、货车、两轮电动车和 290 多名驾驶员的驾驶数据（Eenink 等，2014）。欧盟资助了一个名为 FOT – Net Data 的网络和研究平台（FOT‑Net Data，2017），该平台通过 FOT/NDS 数据库信息促进数据共享以及材料再利用，并且还负责组织合作会议。此外，还有其他研究项目在收集大规模的现实世界或自然驾驶数据（Regan 等，2013；Raksincharoensak，2013；RIHEQL，2017）。这些数据库有一部分是公开可用的。

近年来，智能手机已被纳入到 NDS 研究项目中。智能手机对驾驶员没有干扰（大多数驾驶员都有智能手机），配备了许多传感器（GPS、加速计、照相机、微型芯片等），并具有多种通信方式（蓝牙、WiFi、4G 等）。智能手机具有一定的计算、记录存储能力，并且价格合理。尽管基于智能手机记录的数据质量不及车载设备，但它可以轻松地布置在不同的车辆中，从而扩大了潜在用户的范围，具有不可估量的优势。Miyajima 等（2013）通过智能手机采集数据，通过蓝牙将车辆 CAN 总线中的数据传输到智能手机。该数据库收集了 50 名驾驶不同车辆的驾驶员的数据。第一个使用智能手机记录的公共数据库是 UAH‑DriveSet（Romera 等，2016a），公开提供了 500min 以上的自然驾驶数据（原始数据和已处理的语义信息）以及由应用程序 DriveSafe 提供的视频记录，收集了 6 位驾驶员分别驾驶 6 辆车、在两种道路条件（高速公路和二级公路）上的 3 种不同驾驶行为（正常型、困倦型和激进型）。

最后，还有一些其他公开的数据库。它们专注于智能车辆中的图像处理，也可被用于驾驶行为的分析。其中，VIVA（VIVA，2017）被用于检测和估算驾驶员的手部和脸部姿势；RS‑DM（Nuevo 等，2011）被用于检测、追踪驾驶员面部；Brain4Cars（Jain 等，2016）、KITTI（Geiger 等，2012）和 Cityscapes（Cordts 等，2015）建立的数据库则被用于车辆动力学估算。

9.1.7 在智能车辆上的应用

驾驶风格识别在反馈和校正驾驶风格、增强 ADAS 性能、人机共驾场景以及提高燃油经济性等方面有多种应用。本节将重点介绍在 NHTSA 定义的四个自动化级别框架下（NHTSA，2013）并遵循 Fisher 等人（2016）所提出的理念的安全性应用。在每个自动化级别上，需要分析三个方面的人为因素：①驾驶员‑车辆交互；②各级别中驾驶员的角色及其引起的相关问题；③对自动驾驶技术的信任和使用。此外，我们还聚焦于手动驾驶模式下的燃油消耗效率。

9.1.7.1 L1 级自动驾驶

9.1.7.1.1　驾驶员—车辆交互（Driver Vehicle Interface，DVI）

有数百篇期刊文章重点讨论了如何在 L1 级自动驾驶系统中设计高效且易操作的驾驶员—车辆交互系统，包括仅提供警告信息的界面和用于控制车辆状态的界面。DVI 可以通过在线或离线的反馈调用执行，可以是被动式的、主动式的或两者的结合。驾驶员—车辆交互系统通常直接安装在车辆内部，但也可以通过智能手机端实现（充分利用可用的传感器和处理器）。被动反馈策略（听觉、视觉）易于实施,并且可以产生令人满意的结果,但是驾驶员有可能会忽略指示信息。Stoichkov(2013)给出了一个示例:在屏幕上显示视觉反馈信息以改进驾驶员风格,进而降低事故风险和减少油耗。Johnson 和 Trivedi(2011)采用了类似的想法,同时使用屏幕和传声器生成反馈信息。Doshi 等(2010a)研究了不同驾驶员对反馈信息的反应,并以此为依据调整对驾驶员有利的信息。结果表明,总体上,激进型驾驶员行为更好预测,但对建议和纠正信息的接受度较低;而冷静型驾驶员行为的预测较为复杂,但更愿意根据信息反馈调整自己的操作。主动的反馈策略更不容易被驾驶员忽视,因此能够改变驾驶员对车辆的操作,可以明显提升工作中的汽车性能。Syed 等(2010)使用了一种基于视觉和触觉反馈的策略:当车辆操作偏离最佳状态时,会逐渐加大加速踏板的阻力。这个策略提升了车辆燃油经济性,满足了驾驶员对车辆燃油经济性的期望。Gilman 等(2015)提出了"驾驶教练"的概念,强调了情境感知的必要性。情境感知提供行车途中合适的反馈信息(地图数据、驾驶数据、天气和交通状况)。

驾驶员反馈在未来将更趋向于个性化辅助,系统将能够根据检测到的驾驶员偏好生成连贯反馈,从而促进驾驶员驾驶风格的改正并避免驾驶员烦躁。理想情况下,这种反馈会结合触觉和被动的方法来传递适当数量的信息,根据驾驶员的认知能力对信息内容进行解释,辅助驾驶员更轻松地根据信息内容调整操作。美国国家公路交通安全管理局(NHTSA)正在为独立和集成式的交互界面制定开发原则和指南,这些交互系统将在未来的汽车中得到普及(Monk,2017)。

9.1.7.1.2 ADAS 性能提升

ADAS 可以利用对驾驶员行为的理解提升自身性能:对驾驶员反应进行预测并根据每个用户进行调整。根据个人驾驶员行为调整后的 ADAS,可能会得到更好、更有效的表现(Doshi 等,2010b)。设计基于驾驶风格的自适应 ADAS 是一项复杂的任务。目前尚未对自适应 ADAS 进行充分研究,但它已被确定为近期内有希望深入研究的领域(Bolovinou 等,2014)。例如,人机共驾场景下的防撞系统将能够预测驾驶员的反应并适时启动。目前,我们可以在文献中找到一些较为原始的系统。Bolovinou 等(2014)提出了一种基于阈值和个性化历史数据分析的驾驶风格识别方法。Rass 等(2008)研究了一种协同驾驶系统,可以根据驾驶员状态识别的结果确定驾驶权。Arroyo 等(2016)展示了一种在线模糊策略,用以识别每个用户的驾驶事件,从而对驾驶行为进行评分。

9.1.7.1.3 对 ADAS 技术的信任和使用

在这个级别上,单独的车辆控制系统可以实现自动控制(例如 ACC、LDW等),但在任何时刻都只有一个处于激活状态。驾驶员必须将手放在方向盘上或脚踩在踏板上,其中一个(手或脚)必须处于控制闭环中。在这个级别上,设计目标是驾驶员可以充分理解并信任自动驾驶技术,以便在任何情况下都可以使用该技术。一个有趣的问题是,驾驶员仅控制车辆的纵向或横向位置时,是否有能力充当自动驾驶系统的监督者。关于信任问题，如果驾驶员对自动驾驶系统的预期超出其正常能力范围（过度信任或滥用），或驾驶员在自动驾驶系统不需要被接管的时候接管了车辆（不信任或不使用），则可能会导致自动驾驶系统水平蠕变。

9.1.7.2　L2级自动驾驶

9.1.7.2.1　驾驶员—车辆交互

在设计L2级自动驾驶车辆控制预警和交互系统时，需要考虑的人因要素与L1级是相同的。关于选择什么样的预警模式（被动或者主动）以及选择哪种通信方式（手动、语音），L2级与L1级非常相似。例如，当自动驾驶系统（例如ACC）无法控制车辆时，需要能够给驾驶员提示；驾驶员需要能够以最佳的方式设置系统激活时的特定特性。

9.1.7.2.2　驾驶员作为监管人

L2级自动驾驶系统的主要问题是，在驾驶员监管车辆时，由于需要同时关注系统的变化（保持警惕）和不断变化的道路环境（保持场景理解），可能并不能够收到触觉反馈（自动驾驶系统正在控制车辆的速度和位置）（Parasuraman等，2000）。模拟研究发现，人类驾驶员的警惕性很差，且发现系统失效的能力与失效发生的可能性成反比。不仅保持警惕状态的能力随着警报频率的降低而降低（即将车辆的控制转移到驾驶员的请求），而且环境感知能力也随之降低。为了保持态势感知的能力，驾驶员需要对事件进行感知，并理解对应事件对自身的影响，然后预测自己需要采取什么样的措施。如果驾驶员同时操作方向盘和踏板，就必然处于控制闭环中。但是当车辆接管上述控制时，驾驶员就不在控制闭环内了（Fisher等，2016）。因此，尽管给出了需要监测道路的指示，驾驶员很可能无法充分监测，增加了撞车的可能性（Endsley，1995a）。到目前为止，还没有任何文献研究如何在高度自动驾驶等级上保持驾驶员的态势感知能力。然而，研究人员提出了可以提高自动驾驶系统中驾驶员态势感知和警惕能力的步骤，包括对显示的更改（例如，对自动驾驶系统故障发出显著警报）、对流程的更改（例如，自动驾驶系统周期性退出的时间）以及对训练的更改（例如，在训练期间添加意外的自动驾驶系统故障）。

另一个有趣的问题是，对自动驾驶系统进行监控是为了通过集成在DVI中的警告和控制功能来减少驾驶员的负担，但这样做可能会导致实际上的监测变得更加困难。此外，如果驾驶员有更多的空闲时间，那么向DVI增加显示内容是可行的，但是由于在L2级自动驾驶中驾驶员需要充当系统监管人的角色，DVI应该提供尽可能少的内容，而不是更多（或者至少能够减少分心）。有一些视觉界面可以替代视觉车载显示器，如平视显示（例如，风窗玻璃HUD）或头戴式设备（例如，Google Glass）。它们不需要驾驶员在车辆内部向下看，对于某些类别的驾驶员来说，已被证明比正面向下显示具有优势（Kiefer等，1999）。航空人因共同体领域探索了在HUD上显示信息的最佳方法。这些视觉显示器（平视显示和头戴式）最大的问题是它们可能引起分心，导致非注意盲视和变化盲视。非注意盲视是指人不能识别场景中明显的意外刺激。变化盲视是指当我们将注意力从一个位置转移到另一个位置时，我们无法注意到环境中发生的变化（这种变化发生在注意力转移期间）。有一些实验探索了减轻非注意盲视和变化盲视的新方法（Hannon，2009）。最后，另一个可行的替代方案是，在激活控件时将车内导致眼睛远离前方道路的显示控件替换成基于语音的交互技术。不久将出现音频式 DVI 的指导手册（Monk，2017）。虽然基于语音的交互技术好处比在车辆内部的交互界面更多，但是必须承担一定的认知负荷以及额外的成本。

9.1.7.2.3 对 ADAS 技术的信任和使用

在这个自动驾驶等级上，拥有一个信息丰富和可控的交互系统与驾驶员，与对自动驾驶系统的信任一样重要。研究表明，相比于可控的风险，人更不愿意承担不可控的风险。人因共同体非常了解驾驶员对自己能力的信心是如何影响驾驶员对自动驾驶系统信任的（Horrey 等，2015）。然而，目前只进行了少量的研究，以增加驾驶员对于自动驾驶系统的信任。

当驾驶员对自动驾驶系统的能力过度信任时，就会出现技术的滥用。人因工程领域的相关研究人员已经解决了过度信任的问题及如何在设计阶段克服这一问题。为了实现这点需要对驾驶员进行一些培训，但还需要进行更多的研究，以详细说明如何应用这些设计指南。除了过度信任之外，驾驶员也可能过于缺乏信任，这也可能是危险的（Lee 和 See，1997）。即使驾驶员正看向前方的道路，但分心时，就可能忽略潜在的危险。自动驾驶的车辆可能比驾驶员更智能，因为驾驶员在注意前方道路信息时会由于处理意外的车辆行动而产生认知上的分心。解决这一问题的办法比解决过度信任问题更为复杂，因为需要让驾驶员意识到自身的问题。人因小组发现，错误训练在实验室环境下表现得很好（Ivancic 和 Hesketh，2000），但如何在自动驾驶车辆上广泛实施这一训练尚不清楚。因此，问题是如何在驾驶员和车辆之间建立信任，就像在两个人之间建立信任一样。关于这一点，人们发现，当自动驾驶系统接管车辆控制或执行意外的操作时，如果它能持续不断地向驾驶员提供反馈，会得到更多的信任（Verberne 等，2012）。

9.1.7.3 L3 级自动驾驶

在这个级别上，车辆将自行控制主要路段的所有驾驶功能。这个级别出现的许多问题与 L2 级自动驾驶类似。但是在 L3 级自动驾驶中，可用性和信任的问题是完全不同的。与 DVI 设计相关的可用性问题会更广泛，而信任问题会更具体。此外，随着自动驾驶水平的提高，驾驶员越来越少地锻炼驾驶技能，随着时间的推移，驾驶技能会发生什么变化？

9.1.7.3.1 驾驶员—车辆交互界面

这个级别的自动驾驶，控制权转移过程中更可能产生人因问题。有两个重要的问题需要解决：①驾驶员需要多少时间才能将控制权从车辆安全地转移到自己身上；②为了加快控制权转移，车辆可以向驾驶员提供哪些信息。设计人机交互界面时必须考虑到这一点。此外，必须转移控制的情况有两种可能：驾驶员预期之内的和预期之外的。

第一个问题是，在驾驶员已经意识到将要发生控制权转移的场景下，转移预计需要多少时间。在人因共同体中，人们关注如何动态地衡量态势感知的要素（Endsley，1995b）。为了使驾驶员重新获得充分的态势感知，自动驾驶系统应保持在控制闭环内，以保证驾驶员接管控制后达到足够长的时间。有两个基本问题需要解决：①在车辆发出控制信号后驾驶员接管车辆需要多长时间？②在发出控制信号后，驾驶员需要多长时间才能预测隐患？一般来说，至少接到控制请求 8s 后，驾驶员才能发现隐患。驾驶员在正常驾驶中也是如此（保持注视前方道路）。其次，自动驾驶系统的控制应该在至少 8s 后被转移。此外，自动驾驶系统应该保持在控制闭环中，以在 8s 内发生意外状况时接管车辆。

第二个问题涉及如何在意外场景中突然转移车辆控制。为了保证驾驶员尽快了解驾驶环境，需要将听觉、视觉和触觉警报相结合。听觉警报可能会比视觉警报更快地警告驾驶员前方可能的危险，视觉显示器可以比语音播报更快地描述道路的关键视觉特征。此外，与潜在危害的方向相关的定向触觉警报可能比视觉和听觉更好。据我们所知，还没有人讨论过这个问题。

9.1.7.3.2 对技术的信任和使用

由于驾驶员在旅行的大部分时间都处于控制闭环之外，这个级别自动驾驶系统的主要信任问题与那些 L2 级的非常不同。驾驶员不需要关注路况，只需要提前获取足够的警告信息，便可以平稳地转移车辆控制。如果控制权的转移过程中没有任何问题，当自动驾驶的好处多且实现代价低的时候（比如交通拥堵时，车流缓慢行驶或者在高速公路工况下），驾驶员对自动驾驶系统的信任度会比较高。但是还有一些跨越人因与哲学之间界限的问题需要解决。驾驶员或其他人的生命受到威胁时，驾驶员需要决定车辆应该如何应对这些情况。车辆是否应该立即将控制权交给驾驶员（考虑到驾驶员可能在控制闭环之外），还是应该自己处理这种情况？在第二种情况下，车辆须采用什么行动准则来尽量减少碰撞伤亡？可能这些问题在未来依然难以解决。

9.1.7.3.3 驾驶员驾驶技术随时间推移的变化

由于驾驶员长期在控制闭环之外，且越来越少地关注前方道路，他们将失去危险预测的能力，从而不能确定潜在危险发生的位置。驾驶员危险预期能力的高低与撞车风险成反比（Horswill 和 McKenna，2004）。然而，目前还没有对自动驾驶系统中驾驶员技能的退化进行评估。一些航空界研究得出结论，长期接触自动驾驶后，飞行员的认知技能恶化。飞行员保持一定的认知技能与飞行员在自动飞行模式开启的情况下监控飞机的时间长短有关系。这表明，有必要周期性地从自动驾驶模式中退出，以维持驾驶员危险预测的技能。

另一个与认知技能相关的议题是，如何保持驾驶员参与到自动驾驶过程中去，并时刻准备着人工接管。除了重要的危险预测技能之外，在自动驾驶系统广泛应用的场景下，驾驶员还应该保持他们缓解危险的技能。但必须解决两个重要问题：①驾驶员在没有预料到危险时是不能减轻事件危险程度的；②未来的驾驶员可能不会接受多年的驾驶技能训练。驾驶员的提前培训是获取、维持重大风险缓解能力的唯一途径。但是如果 L3 级自动驾驶技术成为现实，可能绝大多数驾驶员都无法获得这些能力。

9.1.7.4　L4 级自动驾驶

在 L4 级自动驾驶中解释的可用性和信任问题与 L3 级的相同，唯一的差异在于，相比于 L3 级的部分路段自动驾驶，L4 级自动驾驶系统全程都在工作（任何条件下）。但是，科技可能失效，因此研究车辆突然失效时如何应对很有必要。针对 L3 级自动驾驶系统突然失效而设计的技术在 L4 级上也适用，差异在于因为 L4 级不可控的情况的可能性更高，失效的频率也可能更高。为了解决这一问题，需要在世界各地、所有条件下进行数百万千米的自动驾驶测试。此外，由于驾驶员关键的驾驶技能会随着时间的推移而衰减，需要对 L4 级自动驾驶中的驾驶员进行驾驶技能培训。

9.1.7.5　在节能上的应用

汽车电气化水平的提高促进了驾驶风格对纯电动汽车（Battery Electrical Vehicle，BEV）和混合动力电动汽车（Hybrid Electric Vehicle，HEV）能源需求影响的研究。文献中提及了驾驶风格对燃料消耗的影响。Nie 等（2013）研究发现，对于一般的驾驶员，不同的驾驶风格可能增加超过 50% 的油耗，也可能降低超过 20%。Neubauer 和 Wood（2013）研究了不同驾驶风格对不同车辆平台的影响（燃油车、纯电动汽车、混合动力汽车），结果表明驾驶风格对它们的影响都很大。驾驶风格辨识可以辅助 BEV 更精准地估计电池剩余续驶里程，并有可能根据驾驶风格增加续驶里程。Bingham 等（2012）研究了驾驶风格对 BEV 续驶里程的影响，发现不同驾驶员之间的差异性达到了 10%。另外，HEV 混合动力模式的选择与驾驶员转矩需求有关。驾驶风格的轻微变化会导致不必要的模式切换以及次优的车辆性能。比如，大的加速度需求会触发内燃机重新工作，而微小一点的转矩需求就可以保持纯电动模式。此外，在得知 HEV 下的驾驶风格后（Syed 等，2010），系统可以加强持续充电模式。

参 考 文 献

Arroyo, C., Bergasa, L.M., Romera, E., 2016. Adaptive fuzzy classifier to detect driving events from the inertial sensors of a smartphone. In: 19th International Conference on Intelligent Transportation Systems (ITSC), pp. 1896−1901.

Baek, H.J., Lee, H.B., Kim, J.S., Choi, J.M., Kim, K.K., Park, K.S., 2009. Nonintrusive biological signal monitoring in a car to evaluate a driver's stress and health state,. Telemed. e-Health 15, 182−189.

Bal, I., Klonowski, W., 2007. SENSATION—new nanosensors and application of nonlinear dynamics for analysis of biosignals measured by these sensors., World Congress on Medical Physics and Biomedical Engineering 2006, 14. Springer, Berlin/Heidelberg, Germany, pp. 735−736.

Benmimoun, M., Pütz, A., Zlocki, A., Eckstein, L., 2013. euroFOT: Field operational test and impact assessment of advanced driver-assistance systems: Final results. In: Proceedings of FISITA World Automotive Congr. Lecture Notes in Electrical Engineering, vol. 197, pp. 537–547.

Bergasa, L.M., Nuevo, J., Sotelo, M.A., Barea, R., López, E., 2006. Real-time system for monitoring driver vigilance. IEEE Trans. Intell. Transp. Syst. 7 (1), 63–77.

Bergasa, L.M., Buenaposada, J.M., Nuevo, J., Jimenez, P., Baumela, L., 2008. Analysing driver's attention level using computer vision. In: 11th International IEEE Conference on Intelligent Transportation Systems (ITSC 2008), pp. 1149–1154.

Bergasa, L.M., Almería, D., Almazán, J., Yebes, J.J., Arroyo, R., 2014. DriveSafe: an app for alerting inattentive drivers and scoring driving behaviors,. Intelligent Vehicles Symposium (IV). Dearborn, Michigan, USA.

Berka, C., Levendowski, D.J., Lumicao, M.N., Yau, A., Davis, G., Zivkovic, V.T., et al., 2007. EEG correlates of task engagement and mental workload in vigilance, learning, and memory tasks. Aviat. Space Environ. Med. 78, 231–244.

Bingham, C., Walsh, C., Carroll, S., 2012. Impact of driving characteristics on electric vehicle energy consumption and range. IET Intell. Transp. Syst. 6 (1), 29–35.

Bolovinou, A., Bellotti, F., Amditis, A., Tarkiani, M., 2014. Driving style recognition for co-operative driving: a survey. In: ADAPTIVE 2014: The Sixth International Conference on Adaptive and Self-Adaptive Systems and Applications, pp. 73–78.

Broughton, J., Baughan, C., 2002. The effectiveness of antilock braking systems in reducing accidents in Great Britain. Acc. Anal. Prev. 34, 347–355.

Castignani, G., Derrmann, T., Frank, R., Engel, T., 2015. Driver behavior profiling using smartphones: a low-cost platform for driver monitoring. IEEE ITS Mag. 7 (1), 91–102.

Constantinescu, Z., Marinoiu, C., Vladoiu, M., 2010. Driving style analysis using data mining techniques. Int. J. Comput. Commun. Control 5 (5), 654–663.

Cordts, M., Omran, M., Ramos, S., Scharwächter, T., Enzweiler, M., Benenson, R., et al., 2015.The Cityscapes dataset. In: CVPR Workshop on The Future of Datasets in Vision.

Corti, A., Ongini, C., Tanelli, M., Savaresi, S.M., 2013. Quantitative driving style estimation for energy-oriented applications in road vehicles. In: IEEE International Conference on Systems, Man, and Cybernetics, pp. 3710–3715.

Daza, I.G., Bergasa, L.M., Bronte, S., Yebes, J.J., Almazán, J., Arroyo, R., 2014. Fusion of optimized indicators from advanced driver assistance systems (ADAS) for driver drowsiness detection. Sensors 14 (1), 1106–1131.

De Rosario, H., Solaz, J., Rodríguez, N., Bergasa, L.M., 2010. Controlled inducement and measurement of drowsiness in a driving simulator. Intell. Transp. Syst. IET 4, 280–288.

Dingus, T.A., Klauer,, S.G., Neale V.L., Petersen,, A., Lee S.E., Sudweeks, J., et al., April 2006. The 100-car naturalistic driving study, Phase II: Results of the 100-car field experiment. In: National Highway Traffic Safety Administration, Washington, DC, Technical Report DOT HS 810 593.

Dingus,, T.A., Hankey J.M., Antin, J.F., Lee, S.E., Eichelberger, L., Stulce, K.E., et al., Mar. 2015. Naturalistic driving study: technical coordination and quality control. Transportation Research Board, Washington, DC, SHRP2 Rep. S2-S06-RW-1.

Dong, Y., Hu, Z., Uchimura, K., Murayama, N., 2011. Driver inattention monitoring system for intelligent vehicles: a review. 596 IEEE Trans. Intell. Transp. Syst. 12 (2), 596–614.

Dörr, D., Grabengiesser, D., Gauterin, F., 2014. Online driving style recognition using fuzzy logic. In: IEEE 17th International Conference on Intelligent Transportation Systems (ITSC), pp. 1021–1026.

Doshi, A., Trivedi, M.M., 2010a. Attention estimation by simultaneous observation of viewer and view. In: IEEE Conference on Computer Vision and Pattern Recognition Workshops, pp. 21—27.

Doshi, A., Trivedi, M.M., 2010b. Examining the impact of driving style on the predictability and responsiveness of the driver: Real-world and simulator analysis. In: Intelligent Vehicles Symposium (IV), IEEE, pp. 232—237.

Eenink, R., Barnard, Y., Baumann, M., Augros, X., Utesch, F., April 2014. UDRIVE: the European naturalistic driving study. In: Transport Research Arena Conference.

Endsley, M., 1995a. Toward a theory of situation awareness in dynamic systems. Hum. Factors 37, 32—64.

Endsley, M., 1995b. Measurement of situation awareness in dynamic systems. Hum. Factors 37, 65—84.

Engelbrecht, J., Booysen, M.J., van Rooyen, G.J., Bruwer, F.J., 2015. Survey of smartphone-based sensing in vehicles for intelligent transportation system applications. IET Intell. Transp. Syst 9 (10), 924—935.

Ericsson, E., 2000. Variability in urban driving patterns. Transp. Res. Part D Transp. Environ. 5 (5), 337—354.

Fazeen, M., Gozick, B., Dantu, R., Bhukhiya, M., Gonzalez, M., 2012. Safe driving using mobile phones. IEEE Trans. Intell. Transp. Syst. 13 (3), 1462—1468.

Filev, D., Lu, J., Prakah-Asante, K., Tseng, F., 2009. Real-time driving behavior identification based on driver-in-the-loop vehicle dynamics and control. In: IEEE International Conference on Systems, Man and Cybernetics, San Antonio, USA, pp. 2020—2025.

Fisher, D.L., Lohrenz, M., Moore, D., Nadler, E.D., Pollard, J.K., 2016. Humans and intelligent vehicles: the hope, the help, and the harm. IEEE Trans. Intell. Veh. 1 (1), 56—67.

Fitch, G.M., Lee, S.E., Klauer, S.G., Hankey, J., Sudweeks, J., Dingus, T.A., June 2009. Analysis of lane-change crashes and near-crashes. In: National Highway Traffic Safety Administration, Washington, DC, Technical Report DOT HS 811 147.

FOT-Net Data. (Online). Available: <http://fot-net.eu> (accessed January 2017).

Geiger, A., Lenz, P., Urtasun, R., 2012. Are we ready for autonomous driving? the KITTI vision benchmark suite. In: IEEE Conference in Computer Vision and Pattern Recognition.

Gilman, E., Keskinarkaus, A., Tamminen, S., Pirttikanga, S.S., Röning, J., Riekki, J., 2015. Personalised assistance for fuel-efficient driving. Transp. Res. Part C 58, 681—705.

Guardiola, C., Blance-Rodriguez, D., Reig, A., 2014. Modelling driving behaviour and its impact on the energy management problem in hybrid electric vehicles. Int. J. Comput. Math. 91 (1), 147—156.

Hannon, D., 2009. Literature review of inattentional and change blindness in transportation. In: Federal Railroad Admin., Washington, DC, USA, Technical Report DTOS5908X99094.

Hedlund, J., 2000. Risky business: Safety regulations, risk compensation, and individual behavior. Injury Prev. 6, 82—89.

Highway Loss Data Institute, 2012. They're working. Insurance claims data show which new technologies are preventing crashes. (Online). Available: <http://www.iihs.org/iihs/sr/statusreport/article/47/5/1> (accessed January 2017).

Horrey, W., Lesch, M., Mitsopoulos-Rubens, E.L.J., 2015. Calibration of skill and judgment in driving: development of a conceptual framework and the implications for road safety. Acc. Anal. Prev. 76, 25—33.

Horswill, M., McKenna, F., 2004. Drivers' hazard perception ability: Situation awareness on the road. In: Banbury, S., Tremblay, S. (Eds.), A Cognitive Approach to Situation Awareness. Ashgate, Aldershot, U.K, pp. 155—175.

Huang, J., Lin, W., Chin, Y.-K., 2010. Adaptive vehicle control system with driving style recognition based on vehicle passing maneuvers. Washington, DC: U.S. Patent and Trademark Office Patent U.S. Patent No. 0,023,181.

Huang, J., Chin, Y.-K., Lin, W., September 2012. Adaptive vehicle control system with driving style recognition. Washington, DC: U.S. Patent and Trademark Office Patent U.S. Patent No. 8,260,515.

Ivancic, K., Hesketh, B., 2000. Learning from errors in a driving simulation: Effects on driving skill and self-confidence. Ergonomics 43, 1966−1984.

Jain, A., Koppula, H.S., Raghavan, B., Soh, S., Saxena, A., 2015. Car that knows before you do: anticipating maneuvers via learning temporal driving models. In: IEEE International Conference on Computer Vision.

Jain, A., Koppula, H.S., Soh, S., Raghavan, B., Singh, A., Saxena, A., 2016. Brain4cars: Car that knows before you do via sensory-fusion deep learning architecture. CoRR, vol. abs/1601. 00740.

Jimenez, P., Bergasa, L.M., Nuevo, J., Hernandez, N., Daza, I.G., 2012. Gaze fixation system for the evaluation of driver distractions induced by IVIS. IEEE Trans. Intell. Transp. Syst. 13 (3), 1167−1178.

Johnson, D., Trivedi, M.M., 2011. Driving style recognition using a smartphone as a sensor platform. In: 14th International IEEE Conference on Intelligent Transportation Systems (ITSC), pp. 1609−1615.

Karginova, N., Byttner, S., Svensson, M., 2012. Data-driven methods for classification of driving styles in buses. SAE Technical Paper, No. 2012-01-0744.

Kawaguchi, N., Matsubara, S., Takeda, K., Itakura, F., 2001. Multimedia data collection of in-car speech communication. In: Proceedings of Eurospeech, pp. 2027−2030.

Kiefer, R., LeBlanc, D., Palmer, M., Salinger, J., Deering, R., 1999. Development and validation of functional definitions and evaluation procedures for collision warning/avoidance systems. National Highway Traffic Safety Administration, Washington, DC, USA, Technical Report DOT HT 808 964.

Kim, J., Sim, H., Oh, J., 2012. The flexible EV/HEV and SoC band control corresponding to driving mode, driver's driving style and environmental circumstances. In: SAE Technical Paper. Available at: <http://papers.sae.org/2012-01-1016/>.

Kurz, G., Müller, A., Röhring-Gericke, T., Schöb, R., Tröster, H., Yap, A., September 2002. Method and device for classifying the driving style of a driver in a motor vehicle. Washington, DC: U.S. Patent and Trademark Office Patent U.S. Patent No. 6,449,572.

Lee, J., See, K., 1997. Trust in automation: designing for appropriate reliance. Hum. Factors 39, 230−253.

Lee, T., Son, J., 2011. Relationships between driving style and fuel consumption in highway driving. SAE Technical Paper, No. 2011-28-0051.

Liu, A.M., 2011. Modeling differences in behavior within and between drivers. Human Modelling in Assisted Transportation (Models, Tools and Risk Methods)15−22.

Liu, T., Yang, Y., Huang, G.-B., Yeo, Y.K., Lin, Z., 2016. Driver distraction detection using semi-supervised machine learning. IEEE Trans. Intell. Transp. Syst. 17 (4), 1108−1120.

Manzoni, V., Corti, A., De Luca, P., Savaresi, S.M., 2010. Driving style estimation via inertial measurements. In: 13th International IEEE Conference on Intelligent Transportation Systems (ITSC), Madeire Island, Portugal, pp. 777−782.

Miyajima, C., Nishiwaki, Y., Ozawa, K., Wakita, T., Itou, K., Takeda, K., et al., 2010. Driver modeling based on driving behavior and its evaluation in driver identification. Proc. IEEE 95 (2), 427−437.

Miyajima, C., Ishikawa, H., Kaneko, M., Kitaoka, N., Takeda, K., September 2013. Analysis of driving behavior signals recorded from different types of vehicles using CAN and Smartphone. In: 2nd International Symposium on Future Active Safety Technology Toward Zero Traffic Accidents.

Monk, C., 2013. Driver-vehicle interface design principles. (Online). Available: <http://slideplayer.com/slide/9041933/> (accessed January 2017).

Mudgal, A., Hallmark, S., Carriquiry, A., Gkritza, K., 2014. Driving behavior at a roundabout: a hierarchical Bayesian regression analysis. Transp. Res. Part D20—26.

Murphey, Y.L., Milton, R., Kiliaris, L., 2009. Driver's style classification using jerk analysis. Comput. Intell. Veh. Veh. Syst.23—28.

Neubauer, J., Wood, E., 2013. Accounting for the variation of driver aggression in the simulation of conventional and advanced vehicles. In: SAE Technical Paper, No. 2013-01-1453.

NHTSA, 2013. National highway traffic safety administration preliminary statement of policy concerning automated vehicles. Washington, DC, USA.

Nie, K., Wu, L., Yu, J., 2013. Driving Behavior Improvement and Driver Recognition Based on Real-time Driving Information. Stanford University, Stanford.

Nuevo, J., Bergasa, L.M., Llorca, D.F., Ocaña, M., 2011. Face tracking with automatic model construction. Image Vision Comput. 29 (4), 209—218.

Ohn-Bar, E., Trivedi, M.M., 2013. The power is in your hands: 3D analysis of hand gestures in naturalistic video. In: IEEE Conference on Computer Vision and Pattern Recognition Workshops-AMFG, pp. 912—917.

Ohn-Bar, E., Trivedi, M.M., 2014. Beyond just keeping hands on the wheel: Towards visual interpretation of driver hand motion patterns. In: IEEE International Conference on Intelligent Transportation Systems, pp. 1245—1250.

Ohn-Bar, E., Martin, S., Tawari, A., Trivedi, M.M., 2014. Head, eye, and hand patterns for driver activity recognition. In: IEEE International Conference on Pattern Recognition, pp. 660—665.

Ohn-Bar, E., Tawari, A., Martin, S., Trivedi, M.M., 2015. On surveillance for safety critical events: In-vehicle video networks for predictive driver assistance systems. Comput. Vision Image Understanding 134, 130—140.

Ohn-Bar, E., Trivedi, M.M., 2016. Looking at humans in the age of self-driving and highly automated vehicles. IEEE Trans. Intell. Veh. 1 (1).

Oron-Gilad, T., Ronen, A., Shinar, D., 2008. Alertness maintaining tasks (AMTs) while driving. Acc. Anal. Prev. 40, 851—860.

Parasuraman, R., Riley, V., 1997. Humans and automation: use, misuse, disuse, abuse. Hum. Factors 39, 230—253.

Parasuraman, R., Sheridan, T., Wickens, C., 2000. A model of types and levels of human interaction with automation. IEEE Trans. Syst. Man Cybern. A Syst. Hum. 6 (3), 286—297.

Raksincharoensak, P., October 2013. Drive recorder database for accident/incident study and its potential for active safety development. In: FOT-NET Workshop, Tokyo, Japan.

Rass, S., Fuchs, S., Kyamakya, K., 2008. A game-theoretic approach to co-operative context-aware driving with partially random behavior, Smart Sensing and Context. Lecture Notes in Computer Science Volume 5279, pp. 154—167.

Recarte, M.A., Nunes, L.M., 2003. Mental workload while driving: effects on visual search, discrimination, and decision making. J. Exp. Psychol. Appl. 9, 119—137.

Regan, M.A., Williamson, A.M., Grzebieta, R., Charlton, J.L., Lenné, M.G., Watson, B., et al., 2013. Australian 400-car naturalistic driving study: innovation in road safety research and policy. In: Proceedings of Australian Road Safety Research, Policing & Education Conference, pp. 1—13.

Research Institute of Human Engineering for Quality Life, Driving behavior database (in Japanese) (Online). Available: <http://www.hql.jp/database/drive/> (accessed January 2017).

Romera, E., Bergasa, L.M., Arroyo, R., 2016. Need data for driver behaviour analysis? Presenting the public UAH-DriveSet. In: IEEE 19th International Conference on Intelligent Transportation Systems (ITSC), pp. 387—392.

Romera, E., Bergasa, L.M., Arroyo, R., 2016. Can we unify monocular detectors for autonomous driving by using the pixel-wise semantic segmentation of CNNs? arXiv preprint arXiv:1607.00971.

Satzoda, R.K., Gunaratne, P., Trivedi, M.M., 2014. Drive analysis using lane semantics for data reduction in naturalistic driving studies. In: Procedings of IEEE Intelligent Vehicles Symposium, pp. 293–298.

Siordia, O.S., De Diego, I.M., Conde, C., Reyes, G., Cabello, E., 2010. Driving risk classification based on experts evaluation. In: Proceedings IEEE Intelligent Vehicles Symposium, pp. 1098–1103.

Siordia, O.S., De Diego, I.M., Conde, C., Cabello, E., 2012. Wireless in-vehicle compliant black box for accident analysis. IEEE Veh. Technol. Mag. 7 (3), 80–89.

Siordia, O.S., De Diego, I.M., Conde, C., Cabello, E., 2014. Subjective traffic safety experts' knowledge for driving-risk definition. IEEE Trans. Intell. Transp. Syst. 15 (4), 1823–1834.

Stoichkov, R., 2013. Android smartphone application for driving style recognition. Project Thesis, Technische Universität München, Munich.

Supancic, J.S., Rogez, G., Yang, Y., Shotton, J., Ramanan, D., 2015. Depth-based hand pose estimation: Data, methods, and challenges. In: IEEE International Conference on Computer Vision, pp. 1868–1876.

Syed, F.U., Filev, D., Ying, H., 2007. Fuzzy rule-based driver advisory system for fuel economy improvement in a hybrid electric vehicle. In: Annual Meeting of the North American, pp. 178–183.

Syed, F., Nallpa, S., Dobryden, A., Grand, C., McGee, R., Filev, D., 2010. Design and analysis of an adaptive real-time advisory system for improving real world fuel economy in a hybrid electric vehicle. SAE Technical Paper, No. 2010-01-0835. Available at: <http://papers.sae.org/2010-01-0835/>.

Takeda, K., Hansen, J.H., Boyraz, P., Malta, L., Miyajima, C., Abut, H., 2011. International large-scale vehicle corpora for research on driver behavior on the road. IEEE Trans. Intell. Transp. Syst. 12 (4), 1609–1623.

Taniguchi, T., Nagasaka, S., Hitomi, K., Chandrasiri, N.P., Bando, T., 2012. Semiotic prediction of driving behavior using unsupervised double articulation analyzer. In: 2012 Intelligent Vehicles Symposium, Alcalá de Henares, Spain, June 3–7, pp. 849–854.

Taubman-Ben-Ari, O., Mikulincer, M., Gillath, O., 2004. The multidimensional driving style inventory—scale construct and validation. Acc. Anal. Prev. 36 (3), 323–332.

Tawari, A., Trivedi, M.M., 2014a. Robust and continuous estimation of driver gaze zone by dynamic analysis of multiple face videos. In: IEEE Intelligent Vehicles Symposium, pp. 344–349.

Tawari, A., Mogelmose, A., Martin, S., Moeslund, T., Trivedi, M.M., 2014b. Attention estimation by simultaneous analysis of viewer and view. In: IEEE International Conference on Intelligent Transportation Systems, pp. 1381–1387.

Tawari, A., Sivaraman, S., Trivedi, M.M., Shannon, T., Tippelhofer, M. 2014c. Looking-in and looking-out vision for urban intelligent assistance: estimation of driver attentive state and dynamic surround for safe merging and braking. In: IEEE Intelligent Vehicles Symposium, pp. 115–120.

Tran, C., Doshi, A., Trivedi, M.M., 2012. Modeling and prediction of driver behavior by foot gesture analysis. Comput. Vision Image Understanding 116, 435–445.

Vaitkus, V., Lengvenis, P., Zylius, G., 2014. Driving style classification using long-term accelerometer information. In: 19th International Conference on Methods and Models in Automation and Robotics (MMAR), pp. 641–644.

Van Ly, M., Martin S., Trivedi, M.M., 2013. Driver classification and driving style recognition using inertial sensors. In: Intelligent Vehicles Symposium (IV), IEEE, pp. 1040–1045.

Verberne, F., Ham, J., Midden, C., 2012. Trust in smart systems: Sharing driving goals and giving information to increase trustworthiness and acceptability of smart cars. Human Factors 54, 799−810.

VIVA: Vision for intelligent vehicles and applications challenge. <http://cvrr.ucsd.edu/vivachallenge/> (accessed January 2017).

Wang, R., Lukic, S., 2011. Review of driving conditions prediction and driving style recognition based control algorithms for hybrid electric vehicles. Veh. Power Propulsion Convergence (VPPC)1−7.

Wang, W., Xi, J., Chen, H., 2014. Modeling and recognizing driver behavior based on driving data: a survey. Hindawi Publishing Corporation, Mathematical Problems in Engineering Volume 2014, Article ID 245641, 20 pages.

Won, J.-S., 2003. Intelligent energy management agent for a parallel hybrid vehicle. Doctor of Philosophy Graduate Studies of Texas A&M University. Available at: <http://oaktrust.library.tamu.edu/bitstream/handle/1969.1/271/etd-tamu-2003A-2003032522-1.pdf>.

Xu, L., Hu, J., Jiang, H., Meng, W., 2015. Establishing style-orientated driver models by imitating human driving behaviors. IEEE Trans. Intell. Transp. Syst. 16 (5), 2522−2530.

Yebes, J.J., Alcantarilla, P.F., Bergasa, L.M., González, A., 2010. Occupant monitoring system for traffic control in HOV lanes and parking lots. 13th International IEEE Conference on Intelligent Transportation Systems Workshop (ITSC-WS 2010), pp. 1−6.

Zadeh, L.A., 1965. Fuzzy sets. Inform. Control 8, 338−353.

Zador, P., Krawchuk, S., Voas, R., 2000. Final report—automotive collision avoidance system (ACAS) program. National Highway Traffic Safety Administration, Washington, DC, USA, Technical Report DOT HS 809 080, 2000.

9.2 用户交互

9.2.1 引言：交互通道

驾驶员与车辆之间可以通过人机交互界面（Human—Machine Interface，HMI）进行信息交互。汽车制造商和设计师专注于开发新的控制元件，为驾驶员提供直观的、集成的完整交互系统。HMI 应能够以最优的方式处理、呈现信息，必要时可以对信息进行优先排序。HMI 设计必须保证道路行驶安全，达到辅助驾驶员的效果，而不应给驾驶员或者其他道路使用者带来潜在的危险。

驾驶员与车辆之间的交互可以通过视觉、听觉、触觉和手势等方式实现。听觉和触觉通道既可以作为输入，也可以作为输出。但是视觉和手势方法仅能作为驾驶员的输入。目前，交互式设备通常使用到车辆三个主要部件：仪表板、方向盘（包括周围的按钮）和中控台，以及附加的可视化设备（如普通屏幕、触摸屏、平视显示等）。一些制造商还提供了额外的设备来控制这些屏幕上的菜单。一般来说，视觉通道必须作为第一手段，接着是听觉和触觉通道。手势交互很少使用。

9.2.1.1 视觉通道

主要的视觉输出设备包括仪表板组合显示屏、中央面板显示屏以及平视显示屏。无论显示屏安装在什么位置，都要保证良好的可阅读性、对比度、分辨率和视野，进而为驾驶员提供明确清晰的信息。视觉设备性能优先级为：亮度、视敏度、对比敏感度、色标、感知组织性、图形背景组织性以及分组原则（接近性、相似性、连续性、封闭性、基本元素统一分组）。视觉信号以及其设计原则的要求和建议将在下一节中描述。

9.2.1.2 听觉通道

采用听觉和触觉通道可以保证在提供信息和预警的同时不产生视觉干扰。听觉刺激的简单反应时间比视觉刺激的要短（Salvendy, 1997），并且会对整个响应时间产生影响。此外，通过声音中包含的方位信息，听觉手段可以引导驾驶员注意危险产生的位置（即便危险不在驾驶员的视野之内）。

和视觉通道一样，听觉手段在声压水平、频率范围和空间分辨率等方面需要满足一些一般性要求。首先，系统使用的声音要与车辆中其他的声音区分开来（提示音，如转向信号灯的提示音；以及警报声，如油箱油位低的警报声）；其次，需要校准声音的响度级别，以便在不干扰驾驶员的情况下提供事件紧急级别信息。

当不能确定听觉信号与事件之间明确关系的时候，通常将听觉通道与另一种输出相结合。常见的有听觉刺激和视觉或触觉方法结合。带声调的声音可以用于提示或加强其他反馈通道，而听觉图标通常用在需要快速反应的场景下。其中，听觉图标相比于带声调的声音需要更宽频的音频再现系统。

可选用的信号包括：用于即时听觉反馈的扫频音、用于短期听觉反馈的恒定音调的语音片段、两次蜂鸣音、用于长期听觉反馈的高低变化的非电流信号以及预配置的其他声音信息。

9.2.1.3 语音识别

语音识别是听觉通道的一个特例，其在汽车环境中的应用极具挑战性。成熟的语音识别系统需要能处理来自汽车、道路和娱乐系统的噪声，并包括以下特征（Baeyens 和 Murakami, 2011）：

- 传声器应指向驾驶员位置。这样可以确保语音的输入信号强度尽可能高。
- "按压—通话"按钮。驾驶员按下按钮启动语音交互系统。否则，其他乘客或娱乐设备中的声音可能通过正确的命令触发相应操作。
- 娱乐系统应静音，以避免对语音识别系统产生影响。

即便使用了这些基本技术，汽车还是一个嘈杂的应用环境。不同的行驶速度、不同的路况、刮水器和空调都会产生噪声。因此，语音识别系统应包括消除噪声的算法，对车内典型的和特定的声音进行建模，以处理类似于刮水器等发出的非稳态噪声。

当下，语音交互界面只能理解几个特定的命令。在进一步使用自然语言方面还困难重重。到目前为止，一些设备已经具备自然语言识别功能，但应用还没有普及。

9.2.1.4 触觉输出

触觉信号（比如偏离车道时方向盘的振动）可以向驾驶员发出预警或提示驾

驶员特定的操作范围（比如加速踏板上形成的阻力提示超过当前速度限制），也可以用来提示驾驶员监视驾驶辅助系统的动作（比如，当车道保持系统激活时方向盘的转动）。

触觉信号有很多不同的形式：触感振动、转矩或力、动觉（加速度、制动力和转向速度）。

此外，触觉信号可以作用于不同的设备（通常是需要驾驶员操作的设备），包括方向盘、制动踏板与加速踏板、座椅或安全带。

另外，驾驶员身体感受到的运动（动觉感知）也可被归类为触觉输出信号，比如加速度或制动力造成的顿挫。

触觉反馈的参数取决于激励形状。如图9.2所示为各种可能被使用的信号的简要介绍。

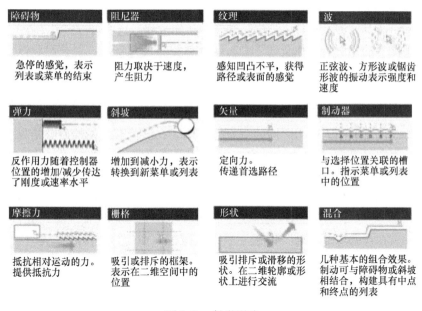

图 9.2　触觉影响

然而，由于触觉信号的效果在很大程度上取决于具体的硬件特性，因此从文献中不能得到统一的需求，需要根据不同的应用场景并结合每个硬件设备的特殊情况进行参数调整。

9.2.1.5　多模态模式

总之，视觉通道必须有最高的优先级，其次是听觉和触觉通道。在某些情况下，三种方法可以单独工作（或者只有一个输出方法可用），但是最好将它们结合起来，以便向驾驶员提供更合适的反馈。这种情况称为多模态模式。

在多模态模式下，考虑到要向驾驶员提供不同等级的信息或警告，必须对输出手段进行某种优先级排序。

当反应时间不重要时，建议只使用一种方法来显示信息。在这种情况下，首选视觉输出。当冗余信号能够明显提高驾驶员对信息的接收时，通常可以将视觉与触觉或者听觉相结合。在这种情况下，视觉输出只能是辅助性的，不是信息主要来源。

研究结果表明，人们更愿意接受用触觉信息替换听觉信息（如果可以进行这种替换）（Brockman 等，2012）。关于多模态模式，建议对驾驶员或系统将使用的输出手段进行仲裁。这涉及优先级策略的设计和实施，将在本章的后续章节中讨论。

9.2.2 认知负荷与工作负荷

实现最佳的人机界面设计（HMI）需要能够减少驾驶员的心理负荷（有利于减少驾驶分心）。

心理负荷具体涉及神经生理学、知觉和认知过程。这些可以定义为执行任务时信息处理能力的比例。工作负荷受个人能力和特征（如年龄、驾驶经验）、执行任务的动机、任务执行策略以及身体和情绪状态的影响。

驾驶员心理负荷和发生事故的风险有直接的关系（Kantowitz 和 Simsek，2001）。最常见的碰撞原因有注意力的缺乏或丧失（Kantowitz，2000）。驾驶任务需求、驾驶表现和个人能力之间的关系比较明了，已经有大量的研究结果。例如，人类的注意力是有限的，并且研究表明，打电话会导致产生一种对驾驶场景的"非注意盲视"。

当出现意外的驾驶危险时，处理信息带来的工作负荷会带来风险（Horrey 和 Wickens，2006）。在大多数驾驶情况下，驾驶员都在通过驾驶经验驾驶汽车。例如，驾驶员在看到黄灯或红灯时毫不犹豫地减速，在打算转弯或变道时打开转向灯。有经验的驾驶员能够下意识地完成一些驾驶任务：保持所在车道、注意限速和导航标志、检查车内后视镜和车外后视镜。人们可以在正常的认知负荷下安全地完成这些驾驶任务。

驾驶车辆是一项复杂的任务，可能存在很大的心理负荷偏差（Baldwin 和 Coyne，2003；Verve，2000）。驾驶员必须处理来自车外的大量信息：交通强度、交通标志等。与人的交流、娱乐设备和导航系统都增加了车内信息量，进而提高了对视觉和听觉资源的相应需求，直接影响心理负荷。

永久性自适应控制方法是理解心理负荷、驾驶表现和驾驶员感知任务需求之间关系的重要基础（比如，Waard，2002）。在此背景下，存在任务数量和驾驶员工作负荷同时增加的情况，导致驾驶员投入的心理精力增加，但驾驶表现下降。

任务需求与心理负荷之间具有相关性，即当任务需求高时，心理工作量也高。然而，驾驶员往往会有一套策略来管理心理负荷并调节自己的表现。因此，在任务需求和心理负荷之间建立确定的关系是不可能的。这种关系总是依赖于每个驾驶员的策略和内部因素。

还有一种叫作解离（dissociation）的过程，表示任务需求增加而驾驶员负荷却减少的时刻（Parasuraman，2001）。在集成系统中，任务需求、适应策略、工作量和驾驶表现是密切相关或相互依赖的，这些因素中单个的变化都会影响所有的子系统。

以用户为中心的设计，是开发用户友好型人机界面系统的关键，可以降低驾驶员的工作量。人因工程降低了驾驶员身体和认知工作量，同时为广泛用户提供了直观的交互体验。以人为本的设计，必须协调人因、系统、软件和硬件开发、工业设计以及市场研究等多个领域，进而改善人机交互界面。此外，在具有安全性的人机界面开发过程中，使用驾驶员负荷评估模块将是最佳选择。

9.2.3 信息分类和优先级排序

减少驾驶员负荷的主要方法是对信息进行优先级排序。国际标准化组织（ISO）和美国汽车工程师学会（SAE）已经建立了一些有关优先级的标准。SAE J2395（SAE J2395，2002）采用一种基于三个标准的方法：安全相关性、操作相关性和时间范围。根据这三个与信息相关的参数的组合，SAE J2395 从预定义的表格中建立优先顺序索引（POI）。

ISO/TS 16951：2004（16951 ISO/TS，2004）中还描述了一种根据"严重性"和"紧急性"等级数值来定义信息优先级索引的标准。"严重性"与结果的严重程度相关，比如未收到消息或驾驶员忽略了消息；"紧急性"与理解系统提供的信息到驾驶员必须采取相关操作或做出相关决定的时间限制有关。

此外，已经开发出了各种调度算法（Zhang 和 Nwagboso，2001；Sohn 等，2008），来确定智能交通系统（ITS）信息在车辆上显示的优先次序。Sohn 等（2008）根据重要性、持续时间和首选显示时间，管理 IVIS 信息的显示（包括从碰撞预警、导航指示到轮胎压力和电子邮件提示）。他们将基于显示时间的消息动态值作为变量。Zhang 和 Nwagboso（2001）通过模糊神经网络，重点研究了基于 CAN 的 ITS 消息优先级。他们根据车上或车外发生的事件确定消息的优先级，即将车辆状态或环境的信息包含在优先级排序过程中。

更进一步地，信息可以根据与驾驶环境相关、信息紧迫性相关的信息重要性进行优先排序。环境可以包括驾驶环境的外部环境和驾驶员自身的状态，并测量疲劳范围或估计工作负荷。不论怎样，最紧急信息的显示应该优先于驾驶员的任何输入。优先级可以根据不同的议题进行排序，例如与行为变化相关的信息。在行为变化的过程中，有关换道或速度调节的信息比不直接相关的驾驶行为具有更高的优先级。另一方面，关于路径规划和驾驶策略信息的优先级低于与操纵和控制相关信息的优先级。

一个完整的优先级标准可以基于态势感知对信息的优先级进行动态估计。信息的重要性可以根据具体情况进行调整。例如，在没有交通或交通流密度很高的情况下，接收到可能会发生交通堵塞的信息的相关性不同。调整赋给每个信息的初始值，可以提高人机界面的安全性、可靠性和效率。

9.2.4 系统的实现

人机界面可以分为几个通用模块。首先，通常有一个输入模块，用于对输入变量进行分类和滤波，并提供与评估模块的通用接口。评估模块作为主要的模块，实现 HMI 模块的完整逻辑、计算和评估优先级标准，并将计算得到的结果输出。最后，描述模块决定如何以物理方式呈现信息。完整的结构如图 9.3 所示。

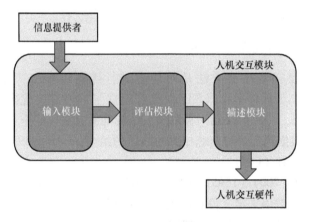

图 9.3　HMI 实现架构

该体系结构可以作为实现 HMI 模块的全局框架。信息提供者是为 HMI 模块提供输入信号的系统的集合。例如，车辆的每个子系统（例如，ABS、导航、ESP、ASR 等）都是信息提供者，都将信息发送到 HMI 处理单元。收到信息后，在输入模块中进行滤波和相关处理。该模块还为评估模块提供标准接口。在高级的 HMI 开发中，评估模块可以考虑感知情况并评估驾驶员的负荷。

最后，将在评估模块中计算出的 HMI 逻辑结果提供给描述模块。该模块记录了 HMI 中不同类型的物理硬件，并决定如何向驾驶员描述信息。

9.2.5 准则和标准

人机界面的人性化设计开发可以参考一些通用准则。欧盟委员会在 2008 年提出了关于设计安全高效的车载信息和通信系统的建议。这些原则促进了设计良好的系统在市场的推广，同时考虑了潜在的利益和相关的风险（Commission of the European Communities, 2008）。

这些原则还考虑了所有参与者在设计、安装和使用车载信息及通信系统时的能力和限制。它们适用于整个开发过程，解决了诸如复杂性、产品成本和上市时间等问题，还特别考虑了小型系统制造商。

　　驾驶员最终决定是否购买和使用例如集成导航系统、半移动设备或纸质地图等产品。这促进了良好的 HMI 设计，而不是采取简单的标准（通过或失败）来禁止包含某些功能。

　　应该注意，这些原则并不能取代任何现行的法规和标准。这些原则可由国家立法或个别公司加以加强，构成适用的最低标准。

　　美国运输部（The United States Department of Transportation，DOT）通过智能车辆公路系统（Intelligent Vehicle Highway Systems，IVHS）计划，推广了应用人因指导规则来设计车内信息系统（Green 等，1995）。这些指导规则是对两个系统（交通信息和车载电话）进行详细检查并对另外三个附加系统（路线指引、道路危险警告和车辆监控）进行分析的结果。一系列的实验对每个系统都进行了单独检查。

　　日本汽车制造商协会（Japan Automobile Manufacturers Association，JAMA）在 2004 年提供了车内显示系统准则（Japan Automobile Manufacturers，2004）。这些准则根据视觉显示对驾驶安全的影响而制定，包括不可以引起注意力分散以及不妨碍视野。可以认为这是 21 世纪初在乘用车中大量使用半移动设备的结果。

　　Aide 项目对准则和标准进行了全面审查。本报告中还包括之前介绍的一些准则。它也涵盖了设计、过程和性能的标准，但并非局限于车辆。审查内容包括听觉信号标准、人机工程学要求等。该报告还提供了有关欧洲认可的法规和指示（Schindhelm 等，2004）。

参 考 文 献

16951 ISO/TS, 2004. Road vehicles — Ergonomic aspects of transport information and control systems (TICS) — Procedures for determining priority of on-board messages presented to drivers. International Organization for Standardization, 2004.

Kantowitz, B.H. 2000. Attention and mental workload. In: Proceedings of the Human Factors and Ergonomics Society Annual Meeting, Human Factors and Ergonomics Society, pp.456—460.

Baeyens, B., Murakami, H., 2011. Speech recognition in the car:. Challenges Success Factors The Ford SYNC Case 2011 (7), 7—9.

Baldwin, C.L., Coyne, J.T., 2003. Mental workload as a function of traffic density: comparison of physiological, behavioral, and subjective indices. In: Driving Assessment 2003: The Second International Driving Symposium on Human Factors in Driver Assessment, Training and Vehicle Design, pp.19—24.

Brockman, M. et al., 2012. Deliverable D3. 1 | Results from IWI Evaluation Executive Summary. interactIVe.

Commission of the European Communities, 2008. ESoP - European Statement of Principles on human-machine interface. Official J. Eur. Union.

Green, P. et al., 1995. Preliminary human factors design guidelines for driver information systems. Nasa, (December). Available at: <http://scholar.google.com/scholar?hl = en&btnG = Search&q = intitle:Preliminary + Human + Factors + Design + Guidelines + for + Driver + Information + Systems#0>.

Horrey, W.J., Wickens, C.D., 2006. Examining the impact of cell phone conversations on driving using meta-analytic techniques. Human Factors: The Journal of the Human

Factors and Ergonomics Society 48 (1), 196−205. Available at: http://hfs.sagepub.com/cgi/doi/10.1518/001872006776412135.

Japan Automobile Manufacturers, A., 2004. Guideline for In-vehicle Display Systems — Version 3.0 1 (2), 1−15.

Kantowitz, B.H., Simsek, O., 2001. Secondary-task measures of driver workload. In: Hancock, P.A., Desmond, P.A. (Eds.), Stress, Workload, and Fatigue. Lawrence Erlbaum Associates, Inc, pp. 395−407.

Parasuraman, R., Hancock, P.A., 2001. Adaptive control of mental workload. In: Kantowitz, B.H. (Ed.), Stress, Workload, and Fatigue. Lawrence Erlbaum Associates, Inc, pp. 305−320.

SAE J2395, 2002. ITS in-vehicle message priority. The Engineering Society For Advancing Mobility Land Sea Air and Space, SAE INTERNATIONAL.

Salvendy, G., 1997. Handbook of human factors and ergonomics. John Wiley.

Schindhelm, R. et al., 2004. Report on the review of available guidelines and standards (AIDE deliverable 4.3. 1).

Sohn, H., et al., 2008. A dynamic programming algorithm for scheduling in-vehicle messages. IEEE Trans. Intell. Transp. Syst. 9 (2), 226−234.

Waard, D.De, 2002. Mental workload. In: Fuller, R., Santos, J.A. (Eds.), Human Factors for Highway Engineers. Pergamon Press, pp. 161−175.

Vervey, W.B., 2000. On-line driver workload estimation. Effects of road situation and age on secondary task measures. Egonomics 43 (2), 187−209.

Zhang, A., Nwagboso, C., 2001. Dynamic message prioritisation for ITS using fuzzy neural network technique. SAE Technical Paper., 2001-1−0.

第10章 仿真工具

10.1 驾驶模拟器

10.1.1 引言

众所周知,硬件性能的不断提高使得开发更复杂的驾驶模拟器成为可能。对驾驶员的高保真反馈增加了模拟场景中的沉浸感。一个具有高的图像刷新率、真实的环境和良好的三维建模的高质量视觉系统会增加仿真的沉浸感。仿真的范围和逼真度主要受数学模型的影响。

在此框架下,新方法的应用和模拟器真实感需求对模拟器性能提出了新的要求。模拟器中的沉浸式感受是通过对驾驶员感觉器官的刺激而获得的,因此人在模拟器使用时的感觉与驾驶真实车辆时的体验最为相似。在模拟器中刺激各种感官:视觉、听觉、触觉和前庭系统。运动系统通常由一个6自由度(dof)的运动平台组成,该平台可以再现驾驶员在实际车辆中感受到的线性加速度和角速度(Liu,1983)。有些模拟器没有运动系统,或者有更简单的3自由度运动系统,而有些模拟器则有更复杂的运动系统。

在驾驶模拟器中,有些模拟器提供触觉反馈,以建立驾驶员与车辆某些控制之间的交互。方向盘力矩反馈,可配置的操纵杆,以及加速踏板、离合器踏板和制动踏板中的执行器,增强了模拟的逼真度,并通过作用在手臂和腿上的力矩使得驾驶员有真实的感觉。

通过增加仿真的沉浸感,驾驶模拟器可以在多个领域获得更大的从虚拟环境到现实生活的结果传递率。汽车模拟器在设计、开发和验证阶段是一个重要的研究工具。真实道路驾驶员研究可以完成一定的工作,但是试验是检验假设的更合适的方法(Gelau等,2004)。真实道路驾驶员研究并没有考虑一些主观的、生理的或其他表现的数据信息。虽然真实的道路和实地操作测试提供了更真实的环境,但为了降低试验成本和风险,模拟器是必要的。在真实的道路上,试验要承受额外的噪声(Carsten 和 Brookhuis,2005),而在场景完全可控的模拟器中,有可能产生精确的理想情况。因此，获得逼真的仿真环境是汽车模拟器的首要需求。

除了调查领域，汽车模拟器的主要应用目的是训练。它们可以用来指导新手和有经验的驾驶员。根据 GADGET 项目，驾驶训练分为四个层次：演练、交通状况、环境目标和技能（Peräaho 等，2003）。在实践中我们得出的结论是，大多数模拟器只涵盖前两个级别，而另外两个级别通常由于模拟器的限制而从驾驶员训练中省略（Lang 等，2007）。增加 HMI 的可配置性为训练模拟器实现这两个最高级别带来了新的可能性。

汽车模拟器在研究领域提供了不同学科交互的可能性（Slob，2008）。一方面可以分析和调查人的因素（驾驶员行为和 HMI）；另一方面可以使用它们来设计和验证环境问题如隧道、定位路标或道路规划。模拟器是开发、验证和评估技术创新的重要工具。

模拟器对研发有两大优点（Thomke，1998）。首先，它们的使用减少了金钱成本和时间成本，促进了设计迭代；其次，它们有助于在研发过程中实现更有效的学习，因为它们可以增加试验分析的深度和质量。从试验的角度来看，模拟器增加了许多优点：可以重现危险情况而对驾驶员没有任何风险，可以使车辆和环境参数处于控制之下。

在汽车领域，技术创新的途径非常广泛；它涵盖了不同的任务，例如新的子系统和应用程序的集成，通信相关的问题，或 ADAS/IVIS 的开发和测试。在所有情况下，模拟器功能都具有特殊的重要性。模拟器的可配置性越好，新场景的创建和试验的实现就越快、越容易。

除了技术上的成功，新系统的实现还必须反映对人为因素的研究，以保证其安全性和可用性。在这个领域，没有标准和通用的方法来衡量某个模拟器的有效性（Eskandarian 等，2008）；这个概念与要执行的任务紧密相连。虽然运动平台和高分辨率的视觉图像有助于增强真实性（Kaptein 等，1996），但必须根据所研究的驾驶任务来评估有效性。

虽然规范化的分类还不存在，但有不同的角度来分类现有的模拟器类型：运动情况、车辆类型（小轿车、大客或货车）、视觉类型、模拟范围。

10.1.2 驾驶模拟器的体系结构

驾驶模拟器的配置和应用范围很多，通常主要的子系统是：视觉系统、模拟器控制站、数学模型、驾驶室、音响系统和运动系统（如果模拟器运动反馈）。此外协调模拟器可以作为主机系统，对各子系统进行实时协调（图 10.1）。

模拟器控制站是模拟器的接口。从这个站点可以选择不同的练习。通常为新的练习创设提供了一种版本模式，基于仿真模块的可配置性可以改变车辆参数、天气条件或设置新的事件。在控制站中，可以存储模拟会话以供进一步评估和分析。

视觉系统为驾驶员提供视觉反馈。如今在场景中模拟不同的照明条件、天气条

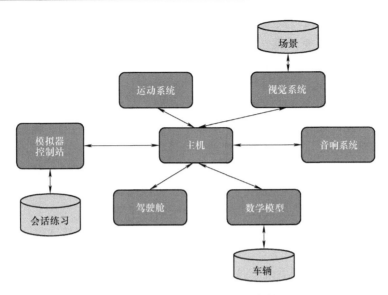

图 10.1 驾驶模拟器的全局架构

件和移动元素已经成为可能,并且具有很高的逼真度。从硬件的角度来看,可视化系统具有更高的分辨率和可视化性能,效率更高。拥有 360°的视野是很必要的,重要的是有一个后视图、前视图和覆盖至少 180°侧面视图。游戏行业已经完成实时图像渲染专用硬件的开发,并使用了相对低成本的系统。从软件的角度来看,视觉系统可以直接在图像系统的图形处理单元(GPU)中编程。它可以提高实时图像渲染的性能,减少网络上的流量数据。

场景元素对于拥有更好的沉浸感是至关重要的。周围的交通为互动提供了额外的元素。许多事件可以通过其他车辆进行模拟:一辆停在路边的车辆,一辆低速行驶的车辆,一辆通过红灯的车辆等。真实的微观交通模拟增加了驾驶模拟器的能力。行人模拟需要更高能力的模拟器,因为它需要与其他场景元素进行互动,可以模拟与行人有关的各种事件,例如行人过马路或乘客乘坐公共汽车。

数学模型是影响模拟器性能的关键模块,它影响模拟范围。根据模拟器的需求,一个高精度的数学模型是必备的。此外,如果模拟器被用于新子系统的验证,其中某些硬件必须被集成为硬件在环(Hardware In the Loop,HIL),则应该在模拟时提供定义良好的接口。使用不同的 Pacejka 魔术公式,完整的汽车模型应该用道路和轮胎之间接触的详细数学模型来重现轮胎的效果。对于车辆动力学,必须进行多体仿真,包括悬架的几何形状、参数和非线性的影响。数学模型应该包括完整的动力系统,即发动机和传动元件模型,如 ASR。其他子系统如 ABS 或 ESP 可以在一个高保真模拟器上进行模拟。

并不是所有的驾驶模拟器都配备了运动系统。运动系统向驾驶员提供一些运动反馈。该系统的策略是将车辆的线速度和角速度转化为驾驶员的运动感觉。典型的冲刷滤波算法继承自飞行模拟器，但有一些限制，这是由于车辆存在大量纵向和横向加速的情况。有必要开发适当的算法，以确保驾驶员感受到真实的运动反馈（Ares 等，2001），并在典型的 6 自由度运动平台上添加了一些额外的自由度。许多驾驶模拟器在一个大的横向和纵向偏移平移系统上安装了 6 自由度运动平台。此外，运动平台可沿其垂直轴旋转，达到 9 自由度的运动系统。

为了让驾驶员更好地沉浸在模拟场景中，拥有一个真实的驾驶舱或真实的控制这一点是很重要的。这样可以避免驾驶员对模拟器产生质疑。在获得任何有效的仿真结果之前，驾驶员总是需要一段时间的适应过程。一个真正的车辆为了减少适应的时间而拥有复杂的控制系统。一旦驾驶员感觉他或她真的在驾驶，模拟器的运行结果可以转移到真实的情况。在驾驶舱内可安装实车数据通信装置，以实现不同子系统之间的实时通信。通常 CAN 网络必须用于不同 ECU 的连接或仪表集群的集成或任何其他接口。

对于驾驶者来说音频系统不是一个小的反馈。如果这个系统被关闭，那就像一个聋人在驾驶。许多输入声音是从发动机产生的，有时可以通过发动机的声音改变来判定档位的变化。一些故障可以从它产生的特定声音识别出来。

10.1.3 应用

驾驶模拟器的使用已经从最初用于驾驶员培训、分析酒精或药物等不同物质的影响，发展到更复杂的研究，关注人的因素和驾驶员在主要和次要驾驶任务中的行为。

如今，驾驶模拟器不仅用于前沿研究，还用于车载系统设计、开发和验证的不同阶段，以及基础设施元素的设计（Paul 等，2009）。

对于人为因素，驾驶模拟器可以用于人机交互效果的评估（HMI），也就是说，可以用于用户和车辆通信或其他相关技术的验证，具体包括：

- 工作负载分析。
- 可用性。
- 次要任务引起的分心。
- 反应时间（例如，在发出警告时避免碰撞）。
- 驾驶员信息对驾驶性能的影响。
- 仪表板上 HMI 元素的位置。
- 通信通道的选择（声学、视觉、触觉）。

车载系统（IVIS）和高级驾驶辅助系统（ADAS）的评估在多个研发项目中得到了广泛的应用，表明基于驾驶模拟器的仿真测试和现实生活中的测试都是有效的工具（Engen 等，2009）。事实上，动态驾驶模拟器在开发的初始阶段起着重要的作用，因为驾驶员的行为和驾驶性能（横向控制、纵向控制、与其他车辆的交互等）在虚拟环境中提供了早期有价值的结果。

几个欧洲项目已经引入了驾驶模拟器实验，以分析新的车载功能。例如，在由欧盟第六框架计划资助的 AIDE 项目中，测试了来自不同 ADAS 功能的警告组合的效果（Paul 等，2008）。因此，本研究选择了 4 个 ADAS，分别是正面碰撞预警（FCW）、车道偏离预警（LDW）、曲线速度预警（CSW）和盲点检测（BSD），以分析同时出现 ADAS 警告时用户的反应和可能发生的冲突（图 10.2）。

图 10.2　不同 ADAS 功能提供的警告示例

在这项研究中警告的状况信息是可控的，以创造不同水平的理论心理负荷。在冲突情况下考虑了两种策略（自变量）：对驾驶员同时激活的预警信号和预警优先级。这样的危急情况只能在高性能的驾驶模拟器中实现，并具有所需的安全性和可重复性。

另一个应用驾驶模拟器的例子是欧盟第七框架计划下的新 ADASINTERACTIVE 项目（2013），主要针对这些方面：驾驶任务层级、辅助自动化水平、态势感知、心理工作负荷、交互的连续性等（图 10.3），进行启动、信息、警告和干预策略开发。

除了驾驶模拟器可以用于对人机交互界面和预警策略的评价之外，车辆硬件在环仿真模拟在 ADAS 开发过程的几个阶段中证明了它的价值，如传感器验证、快速控制原型、模型验证、功能水平验证、控制算法微调、生产签收测试和测试引擎的准备（Gietelink 等，2006）。这主要是由于测试场景可以精确多样地重现场景。

此外在 ADAS 的开发过程中，不同的驾驶模拟平台用于硬件在环和驾驶员在环（DIL）的信息整合，创建特殊的测试场景，包括高速交通流、低附着路面等，其可控性和可重复性高（Jianqiang 等，2010）。优点是加速开发过程并减少相关的开发成本。

最后 HIL 仿真可以支持与自动驾驶相关的许多功能和算法的开发、测试和验证，并丰富了传统的 HIL 仿真，将其扩展到交通中车辆的交互，以及通过仿真传感器感知仿真环境等领域（Deng 等，2008）。

在车辆设计、开发、验证当前和未来车载技术过程中，特别是在智能网联道路交通领域，用户行为、车辆操作、复杂场景、创新交互等方面，驾驶模拟器是一个重要且强大的工具。

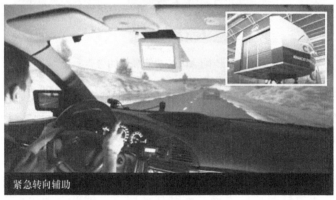

图 10.3　选择在驾驶模拟器中验证 ADAS 功能（INTERACTIVE 项目）

参 考 文 献

Ares, J., Brazalez, A., Busturia, J.M. 2001. Tuning and validation of the motion platform washout filter parameters for a driving simulator. In: Driving Simulation Conference, pp. 295–304.

Carsten, O.M.J., Brookhuis, K., 2005. Issues arising from the HASTE experiments. Transp. Res. Part F Traffic Psychol. Behav. 8 (2), 191–196.

Deng, W., Lee, Y.H., Zhao, A., 2008. Hardware-in-the-loop Simulation for Autonomous Driving. IEEE 2008.

Engen, T., Lervåg, L.-E., Moen, T., 2009. Evaluation of IVIS/ADAS using driving simulators comparing performance measures in different environments.

Eskandarian, A., Delaigue, P., Sayed, R., Mortazavi, A., 2008. Development and verification of a truck driving simulator for driver drowsiness studies. CISR, The George Washington University.

Gelau, C., Schindhelm, R., Bengler, K., Engelsberg, A., Portouli, V., Pagle, K., et al., 2004. AIDE Deliverable 4.3. 2: Recommendations for HMI Guidelines and Standards. Technical Report, AIDE, Adaptive Integrated Driver-vehicle InterfacE.

Gietelink, O., Ploeg, J., De Schutter, B., Verhaegen, M., 2006. Development of advanced driver assistance systems with vehicle hardware-in-the-loop simulations. Veh. Syst. Dyn. 44 (7), 569–590, July 2006.

INTERACTIVE Project, 2013. Available at <http://www.interactive-ip.eu/project.html>.
Jianqiang, W., Shengbo, L., Xiaoyu, H., Keqiang, L., 2010. Driving simulation platform applied to develop driving assistance systems. IET Intell. Transp. Syst. 4 (2), 121−127.
Kaptein, N., Theeuwes, J., Van Der Horst, R., 1996. Driving simulator validity: Some considerations. Transp. Res. Rec. J. Transp. Res. Board 1550, 30−36.
Lang, B., Parkes, A.M., Cotter, S., Robbins, R., Diels, C., HIT, M.P., et al., 2007. Benchmarking and classification of CBT tools for driver training. TRAIN-ALL.
Liu, Z.Q., 1983. A Study of Washout Filters for a Simulator Motion Base. University of Toronto.
Paul, A. Sanz, J.M., Gago, C., García, E., Díez, J.L., Blanco, R., et al., 2009. Risk analysis of road tunnel using an advanced driving simulator to assess the influence of structural parameters in tunnel safety. DSC Europe 2009, Montecarlo.
Paul, A., Baquero, R., Díez, J.L., Blanco, R., 2008. Analysis of integrated warning strategies for ADAS systems through high performance driving simulator. DSC Europe 2008, Monaco.
Peräaho, M., Keskinen, E., Hatakka, M., 2003. Driver competence in a hierarchical perspective; implications for driver education. Report to Swedish Road Administration.
Slob, J.J., 2008. State-of-the-Art driving simulators, a literature survey. DCT Report, 107.
Thomke, S.H., 1998. Simulation, learning and R&D performance: evidence from automotive development. Res. Policy 27 (1), 55−74.

10.2 交通模拟

10.2.1 交通模拟的定义与需要的原因

自20世纪80年代以来，交通模拟一直是智能交通系统中非常活跃的一个领域。但是我们说的交通模拟是指什么呢？它有两个部分，交通和模拟。

交通是一个集合词，指的是在一个限定的地理区域内同时运行的运输手段的集合。在多种多样的地理环境下，我们有许多可能的移动选择。在这本书中我们主要谈论的是陆地交通方式。

此外每种交通方式可能会限制交通工具或模式的范围。例如，它可以被认为只由汽车组成，或由车辆和人为因素共同构成。特定交通模拟的多模态程度在很大程度上取决于应用。

显然在一个特定的交通模拟中包含的模式越多，在数学模型定义和算法实现方面可能就越复杂。

另一部分是模拟这个词。模拟是通过实例化之前定义的模型来再现真实世界的现象。换句话说，我们创建一个抽象数学模型模拟一种自然现象，然后初始化所有的变量，得到一个合理且精确的自然现象发展过程，主要关注占有量、密度、交通量、平均速度等方面。

每个模拟都试图回答在现实世界中"如果……会发生什么"这个问题，这是非常重要的。例如，由于现代计算机的强大功能，它允许在现实世界中实施任何一种方案之前，对许多替代方案及其输出进行评估以减少风险。此外，它允许大量的常规设置，也可以设置极端的情况。例如，研究人员可能会模拟一个突发事件的紧急响应，而这在现实世界中是不可能发生的。

在模拟之前我们需要模型，这是最难的部分。必须有一个先前的模型定义，包括所有必要的元素和概念。该模型可能已经通过了一些验证过程，需要验证它是否对其计划的应用足够准确。

乔治·博克斯的名言是："所有的模型都是错误的，但有一些是有用的。"模型是自然现象的一种形式表现。原则上，每一种现象总是太复杂而不能完全准确地表现出来。换句话说，一旦我们创建了一种表示方法，我们就不再是绝对准确的了。此外，我们不需要绝对精确。在准确性和性能之间总会有一个平衡。有时一个模型主要需要快速性，因为它将用于实时应用程序。有时模型运行可能非常慢，甚至意味着只运行一次，但它非常精确。

所有这些都可以迅速扩展到交通。任何一种车辆交通状况都是一个复杂和随机的过程，尤其是其中大部分都是人为干预的结果。我们需要用模型装备自己来描述和分析这个过程，并对未来做出预测。

交通建模与仿真的历史发展，建立数学模型，通常来自物理和流体动力学，但几年后，特别是随着计算能力的指数增长，更加详细的模拟范例也被开发出来。

这种基于物理的方法就是所谓的宏观交通建模。交通被理解为一个连续体。这种模型对于一些任务和应用是非常有效的，但很快就出现了一种完全不同的方法，即车辆以近似相同的颗粒度分别建模，更重要的是它们之间的交互也被建模。这种离散的交通建模方法被称为微观交通建模。

从20世纪60年代，第一个交通模拟器设计遵循交通建模的两种方法的其中一种方法。在某种程度上，一些混合模型在开发中合并了它们的优势，而忽略了它们的弱点。这就是中观模型被定义和应用的时候。

回溯到1956年，我们可以在Wilkinson（1956）的最早的关于交通仿真建模的出版物中找到，其中干线交通建模为随机高斯过程，主要用均值和方差来描述，假设具有一定程度的噪声。

等到20世纪60年代才能看到第一批计算机辅助交通模拟的成果，这些还处于初级阶段。例如，斯塔克（1962）发布了一个定制的非常简单的9个模块的车辆模型。当时的模拟可视化是通过每四分之一秒拍摄一个示波器屏幕的照片来完成的。

另一项工作是Shumate和Dirksen（1965），提出了一种编程语言（SIMCAR），主要用于设计高速公路和模拟车辆，甚至能应用不同的驾驶风格，但它是比较初级的，几乎没有可扩展性。

在微观交通模拟中，所谓的跟车模型被建立。May和Harmut（1967）对一些汽车跟车模型进行了评价和比较。跟车模型可以被称为现代微观交通建模的起源，车辆前端到前车后保险杠之间的距离被建模出来，显示了相当真实的效果，如停止和前进的交通行为。

在 20 世纪 70 年代，我们得到了第一个宏观模拟框架 FREFLO（Payne，1979；Mikhalkin，1972），主要包括高速公路交通的数学建模变量，如密度、空间平均速度和流量。宏观模拟的另一个例子是 SATURN – a（Hall 和 Willumsen，1980），主要考虑周围交通的关联性。

同样是在 20 世纪 70 年代，出现了第一个微观模拟框架 TEXAS（Rioux 和 Lee，1977）。由于计算能力的限制，很小区域的高精度交通模拟还无法实现，这个框架在微观模拟方面运行速度比较慢。

在 20 世纪 80 年代与 90 年代之间，交通模拟发生了一场重大革新，主要是因为计算硬件成本的指数下降，使得功能强大的计算机变得越来越便宜。并行计算的进步和 IBM 的 PC 标准化使计算机越来越适用于日益复杂的交通模拟框架的计算。

目前，交通模拟面临着一些现实的挑战。第一个是多模态。每一个交通模拟框架都需要支持多模态，这包括了多种交通工具模型，例如行人、自行车、电动汽车等。就交通方式而言，移动性正逐渐变得越来越多样化，比如交通电气化与无人驾驶自动化。根据应用的不同，可能需要对每种不同的交通方式进行建模。电动汽车的动力性能与燃油汽车完全不同。

另一个重要的挑战是实时管理流量。交通管理人员通常要求实时监控当前交通状态。要做到这一点，我们需要模拟器的计算效率和可扩展性，而科学界的一部分研究人员也致力于实现这一目标。

优化是一个非常重要的课题。交通如此复杂，很难用分析工具来管理。相反，它通常需要非确定性优化技术来进行优化，例如遗传算法（Sanchez – Medina，2008；Sanchez – Medina，2010）。

最后，值得一提的是近年来交通仿真和建模方面发生的两件最鼓舞人心的事件。第一个是开放数据对这一领域发展的影响。在过去的几年里，世界上越来越多的地方政府决定将他们的数据开放。允许世界各地的研究人员访问和使用实时交通数据为他们的研究提供了便利，增加了出版物的数量。

第二个非常激动人心的事件是由 SUMO 领导的开放模拟转变（Krajzewicz，2002）。在第 10.2.4 节中，我们将对此进行更详细的讨论，在迄今为止相当封闭的交通流模拟框架业务中，这是真正改变。SUMO 开发者社区是一个很好的例子：不断的更新、协作开发的插件、开放的开发者和实践者论坛。

10.2.2 经典的交通模拟范例

10.2.2.1 宏观模拟

宏观模拟是交通模拟的一个分支，依赖于宏观模型。它的"宏观"部分模型定义为从远处观察交通，将其视为连续体或流体。因此这种模拟的目标主要是三个真实变量：体积 $q(x,t)$、速度 $u(x,t)$ 和密度 $k(x,t)$ 的时空表征。体积是指通过空间中某一特定点的车辆数量。速度与特定交通工具在一定时间内所穿越的空间有关。密度与占据一个固定区域（车道、多车道等）的车辆数量有关。Gerlough 和 Matthew（1975）公布的宏观建模的基本公式是守恒或连续性方程：

$$\frac{\partial q}{\partial x} + \frac{\partial k}{\partial t} = 0 \qquad (10.1)$$

公式继承自流体力学。含义是如果没有输入或输出，穿过管道（公路、街道等）的车辆数量必定保持不变。

这个方程考虑了一种不受阻塞形成、停止和前进波等影响的平衡状态。因此，在20世纪70年代早期，Payne（1979）对其进行了修正，结果如下：

$$\frac{\partial k}{\partial t} + u \frac{\partial q}{\partial x} = \frac{1}{T}[u_e(k) - u] - \frac{v}{k}\frac{\partial k}{\partial x} \qquad (10.2)$$

u 定义了速度与密度的关系（May 和 Harmut，1967）：

$$u = u_t \left[1 - \left(\frac{k}{k_{jam}}\right)^\alpha\right]^\beta \qquad (10.3)$$

在式（10.2）中，表明非平衡交通流效应的两个非常重要的元素间的关系即加速度和惯性间的关系。式（10.2）的右侧有两部分。第一部分反映了驾驶员以平衡速度为目标调整速度的动作情况。其中 T 为所谓的弛豫时间，而 v 为预期参数。

式（10.2）右侧的后半部分反映了驾驶员的反应对交通状况的影响。

根据 Barceló（2010），Payne 的模型似乎出现了准确性问题，特别是在交通密集的坡道或车道下降处。

微观模型和微模拟器是该领域的第一个，一些更古老的交通仿真框架是基于宏观模型的，例如，FREFLO（Payne, 1979；Mikhalkin, 1972）和 SATURN – a（Hall 和 Willumsen, 1980）是 20 世纪 70 年代的首批微型模拟器，主要用于高速公路交通模拟。SATURN 现在仍然存在。

其他一些宏观交通仿真框架有 TRANSYT – 7F（Wallace, 1998）或 METANET（Spiliopoulou, 2015）。

如今宏观模拟本身变得越来越不常见，主要是因为微观模拟更加精确，即使在一般情况下，它在计算能力方面要强得多，计算成本也越来越低。

有相关文献阐述了微观模型（中观模拟）相结合的应用案例。例如，新一代的宏观模拟器是基于一个新的范例。例如，Delis（2015）利用气体动力学模型（Gas – Kinetic, GKT）进行基于自适应巡航控制的交通流模型构建。

10.2.2.2 微观模拟

微观模拟模型（multiagent）基于车辆可追溯性和变道理论来模拟单个车辆的运动。通常情况下，车辆通过到达的概率分布（随机过程）进入运输网络，并在较小的时间间隔（例如1s或几分之一秒）内通过网络。进入每辆车后，通常会给每辆车分配一个目的地、一种车辆和一种驾驶员。这些模型可以有效地评估交通拥堵、复杂的道路几何结构或交通改善的影响，而这些影响超出了其他类型工具的限制。然而这些模型在时间和金钱上都有很高的成本，并且很难校准。

此类模拟器的定义和实施，涉及不同科学和工程领域的知识：

- 交通本身的微观建模。这种方法构成了交通流理论的基础（如 Herman 和 Potts，1900）。正如我们稍后将看到的，现在有许多先进的可用软件，包括开放的和商业的，它们能够进行精确和快速的大型地理区域模拟。

- 计算物理学。采用简单和非常快的物理过程模型的经验，具有较低的模拟计算需求。虽然物理模型管理粒子，但在这里我们用类似的元素顺序管理元素（例如，地区和市政微观模拟）。在模型交互细节、模拟/交互速度和计算要求之间建立折中是必需的。

- 基于需求/智能体的微观行为建模。我们可以找到尽可能多的"智能体"的定义，其中有一些是"一个离散的实体都有自己的目标和行为，有能力适应和修改其行为"（Macal 和 North，2005）或"任何可以看作是通过传感器感知环境和通过执行器作用于环境的东西"（Russell 和 Norvig，2002）。我们将在后面讨论，这些模型结合了来自博弈论、复杂系统、突发事故、计算社会学、多主体系统和进化规划的要素。基于智能体的建模使用简单的规则，这些规则可能会导致不同种类的复杂行为。关键在于自主性、突发性和复杂性。这些模型的样本是元胞自动机（Nagel 和 Schreckenberg，1992）或重力模型（Wilson，1971）。

- 复杂自适应系统/协同进化算法。通过任何交通方式进行位移和运动，无论是公共交通、汽车还是步行，都涉及基本的博弈论推理：个人的决策是在特定的互动场景（例如拥堵、创新的共享交通、活动分组）中评估的，这些场景是通过协同方式进行决策而非孤立地做出决策。博弈策略主要选用纳什均衡的方法，其中个人决策最大化他人的收益，以及其他如主导策略或混合策略已经应用在交通行为分析中，自 20 世纪中期已经在运输分配中发展。正如我们之前提到的，启发式方法结合均衡逻辑实现了调度协同进化搜索方案。

一些最著名的微模拟器是 HUTSIM（Kosonen，1999，1996），VISSIM（Park 等，2003），CORSIM（Owen，2000），SESIM（Flood，2008），AIMSUN（AIMSUN，2017），Transims（Rilett 和 Ku – Ok，2001）和 Cube Dynasim（Citilabs，2017）。MATSIM（Balmer，2009）是在多智能体范式下开发的，如果以特定流量需求下的流量行为的出现为研究对象，那么该范式就具有很大的相关性。SUMO（Krajzewicz，2002，2006）是一种开源交通模拟软件，它基于 Gipps 模型和 IDM 模型进行了扩展（Krauβ，1998）。

10.2.2.3　中观模拟

中观模型结合了宏观模型和微观模型的特性。在微观模型中，交通单元是单个车辆。然而，它的运动遵循宏观模型的简化，由路线的平均速度决定。不考虑动态速度或体积比。因此，中观模型提供的逼真度不如微观模型，但优于典型的分析技术。

一些相关的中观模拟器有 DYNAMIT – P – X（BenAkiva，2002）、DYNASMART – P – X（Mahmassani 和 Jayakrishnan，1991）和 MesoTS（Meng，2012）。在任何情况下为最前面提到的微观仿真器提供混合集成解决方案。

10.2.3 传统的模拟框架

10.2.3.1 CORSIM

走廊模拟器（Corridor Simulator，CORSIM）（Halati，1997）是美国联邦公路管理局（FHWA）开发的一种微观模拟框架。它是许多研究小组的一种标准模拟框架。从历史上看，CORSIM 是两种旧模型的演变：FRESIM（高速公路仿真）和 NETSIM（网络仿真）。FRESIM（Halati，1990）是一个高速公路交通的微观模拟器。NETSIM（Rathi 和 Santiago，1990）也做了同样的事情，只是针对城市交通。

FRESIM 的前身是集成交通模拟（INTRAS）（Wicks 和 Andrews，1980），这是 20 世纪 80 年代早期的一种微型交通模拟器。

CORSIM 的主要特点是它是基于车辆跟随模型，也被称为时间连续模型。通过微分方程定义车辆跟驰模型来描述车辆的位置和速度。该模型的目的是近似表示两辆连续车辆之间的前后保险杠的距离（s_α），如式（10.4）所示：

$$s_\alpha = x_{\alpha-1} - x_\alpha - l_{\text{alpha}-1} \tag{10.4}$$

式中，$x_{\alpha-1}$ 为前车的位置；x_α 为当前车的位置；$l_{\text{alpha}-1}$ 为前车的长度。

CORSIM 附带了交通软件集成系统（Traffic Software Integrated System，TSIS），这是一个基于 MS Windows 的应用程序，负责处理 CORSIM 的可视化层，有助于真正理解每一个设置可能对现实交通的影响。从交通网络的设计和仿真到交通网络的分析，TSIS 提供了一套丰富的工具。

在高速公路和城市交通的相关文献中，有大量基于 CORSIM 的作品。CORSIM 的一个关键要素是它的校准。在特定情况下使用 CORSIM 框架之前，需要对大量变量进行校准，包括关于驾驶员、车辆、道路等的参数。因此，关于 CORSIM 校准方法的文献有数百篇，如 Cobos（2016）、统计技术（Paz，2015）、贝叶斯方法（Bayarri，2004）等。

目前，CORSIM 由佛罗里达大学的 McTrans 中心负责维护。以下是 McTrans 网站列出的 CORSIM 的一些功能：

- 公众展示和演示。
- 高速公路和地面街道交叉路口。
- 信号定时和信号协调。
- 分流菱形互换（DDI）。
- 土地利用、交通影响研究和使用权管理研究。
- 紧急车辆和信号优先。
- 高速公路编织段、增加车道和减少车道。

- 公交车站、公交路线、合伙用车和出租车。
- 匝道计量和高载客量车辆（HOV）车道。
- 高占用率（HOT）车道。
- 无信号交叉口和信号警告。
- 带通行区和禁行区的双车道高速公路。
- 事件检测和管理。
- 排队研究涉及转向拐角和排队堵塞。
- 收费广场和货车称重站。
- 出发地–目的地交通流模式。
- 地面街道交通分配。
- 统计输出后处理。
- 自适应巡航控制。
- 进口和出口到 TRANSYT – 7FTM（Wallace，1998）（TRAffic Network StudY Tool，version 7 F），TRANSYT 的衍生品，由英国运输研究实验室在 1969 年开发。

10.2.3.2 MATSIM

在过去的几十年里，基于出行的传统出行需求预测模型一直是城市交通规划的参考模型。然而，这个模型是为了评估战略规划阶段基础设施投资选择的影响而设计的。事实上，这种模型不能处理实际的日常问题，如时间依赖性和空间邻域效应或集体决策。

另一方面，从对流动性的社会学和行为学的解释来看，有以下原则：

- 出行需求是由个人的具体需求和愿望来决定的。
- 社会关系对流动习惯与模式产生影响。
- 围绕交通存在一些相关的约束：空间、时间、集体、设施和交通可达性障碍等。
- 虽然其他模型并不意味着任何形式的顺序或对出行的依赖，但需要反映活动时间和空间上顺序。

基于活动的模型（Rasouli，2016；Castiglione，2015）对此类问题进行了回答，并在经典的四阶段模型问题（模式、路线、位置、时间）的基础上增加了以下决策：

- 活动类型选择：我应该做什么活动？
- 活动链选择：我应该按照什么顺序做我的活动？
- 活动开始时间选择：什么时候开始活动？
- 活动持续时间选择：活动需要多长时间？
- 小组团体选择：我应该带谁去活动？

除了经典参数之外，此方法或模型的目的是确定和预测活动进行的时间以及与谁一起进行。

多智能体传输模拟工具包（Multiagent transport simulation toolkit，MATSim）（Horni，2016）基于智能体理念，并融入了刚才提到的基于活动的方法。驾驶员的概念被扩展到任何使用任何交通方式出行的人，目标人群中的每个出行者被建模，成为能够做出独立决策的单个智能体。

仿真由相互耦合的两部分组成：

• 在需求端，智能体预先定义了一个初步的独立计划，该计划明确了在分析期间的意图。该计划是一个基于活动模型的输出，该模型根据预期网络、公共交通或道路条件进行路线选择。

• 在供应端，进行机动性（包括交通流）模拟或实际操作，执行预定义智能体的所有计划。

通过交通流仿真得到的智能体生成和供给的迭代耦合，实现了智能体的学习机制。它采用候选智能体的计划，评估它们的性能，并采用最佳选项（包括元启发式方法，以发展解决方案集，避免局部最优）。

MATSim 的控制流及其流程由以下迭代活动组成：

• 初始需求。MATSim 需要一个合成的多智能体群体，每个智能体都有单独的与交通相关的属性和日常活动计划，作为该群体的代表。这些参数应用于每个活动实例管理。

• 模拟。交通流仿真根据智能体与运输系统之间的交互运行预期而展开。

• 得分。MATSim 使用一种简单的基于实用程序的方法来计算一个计划得分，正值表示用于执行"生产性"活动的时间，负值表示出行和位移方面的延误。

• 重新规划。迭代族群计划的可配置算法序列。通常，采用基于族群的启发式方法，算法考虑个体（族群）集合，其中每个个体代表问题的解决方案，并对该集合进行进化，从而提高平均计划得分和出行时间。

MATSim 需要完整的数据容器和输入来执行交通模拟：

• 仿真配置（例如，参数，用于每一步的模块迭代）。

• 多式联运网络和运输时间表（例如，公共交通机构、线路、服务、车辆/车辆特性；另一方面，可通行的道路网络）。

• 与时间相关的网络属性（管理每个路段的参数，如自由速度、车道和容量，这些参数可能在白天因偶发事件或动态交通适应性变化而改变）；

• 移动计划（定义子族群、人员属性、他们的出行计划和分析人群的交通需求）。

• 一些指定智能体在何处实现不同活动的设施。

• 允许比较和校准模拟具体场景的计数方式。

MATSIM 采用了模块化的概念，广义上指的是不同层次的组件，即功能、第三方扩展工具和框架。在任何情况下，我们都可以用特定的功能替换模块。目前可提供的相关扩展包括：货运管理、汽车共享、联合出行、停车、电动汽车、定价、排放计算、旅行时间计算、高级分析、多式联运、交通信号等。

MATSim 是用 Java 编程语言编写的，并根据 GNU 公共许可证（GNU Public License，GPL）发布，可供下载、使用和扩展。开发人员可以访问多种的文档，包括 MATSim 关键方面的规范、配置和基础理论、指导原则、大多数扩展包的详细信息，以及用于测试的数据/示例。

10.2.3.3 AIMSUM2

城市拥堵对污染物和能源消耗的影响较大。城市和城市居民在其中扮演着重要的角色，因为它们聚集了最多的车辆和最严重的拥堵问题，这些城市中心产生了地球上污染物排放总量的大部分。通过更明智地使用交通工具并结合先进技术以帮助改进出行服务。

通过主动运输和需求管理（ATDM）（US DoT，2017），我们集成不同的策略为交通拥堵提供解决方案：结合公共政策和私营部门创新，鼓励人们改变他们的交通习惯，增加可持续交通的份额，在防止交通瘫痪的前提下，改善安全运输效率和性能。

ATDM 的实施策略可分为三大类：

- 主动需求管理（Active Demand Management，ADM），利用信息和技术动态管理需求，重新分配出行，通过影响模式选择采用更可持续的交通模式来减少车辆出行次数。
- 主动交通管理（Active Traffic Management，ATM），试图根据当前和预测的交通流量动态管理周期性和非周期性拥堵。
- 主动停车管理（Active Parking Management，APM），停车设施管理、优化性能和设施利用同时影响出行行为。

所有这些策略都是基于对出行者行为的评估，外部因素、效果和行动本身的有效性都具有很高的不确定性。

AIMSUN（AIMSUN，2017）是一款应用广泛的商业交通建模软件，由 Transport Simulation Systems（TSS）开发并销售。它集成了微观和中观组件，允许动态模拟。AIMSUN 提供一系列工具进行交通评估、环境影响和容量安全分析，主要流程为：

- 大容量车道（High Occupancy Vehicle，HOV）和高占用率收费通道（High Occupancy Toll，HOT）可行性研究（ADM）。
- 公路走廊等基础设施设计的影响分析（ADM）（Silva，2015）。
- 通行费和道路收费（ADM）。
- 评估变速政策和智能交通系统（Intelligent Transportation Systems，ITS）（ADM）。
- 快速公交（Bus Rapid Transit，BRT）方案（ADM）。
- 工作区域管理（ATM）。

- 信号控制计划优化和自适应控制评估（ATM）。
- 公交信号优先级（Transit Signal Priority，TSP）的评估和优化（ATM）。
- 主动交通管理，实时评估决策效果。

该模拟具有高度可配置性和可扩展性。默认情况下，它可以管理不同的交通网络，也可以通过编程扩展，允许修改行为模型向应用程序添加新功能。这些参数和扩展的详细描述可以在工具的手册中找到（AIMSUN，2014）。

交通模拟在城市和城市间交通规划中有很大的商业参考价值。进行 C-ITS 部署研究（Aramrattana 和 Maytheewat，2016），结合网络强制性模拟器执行（例如，OMNeT11 模拟器），我们可以在 Segata（2014）中找到详细列表。

最近，AIMSUN 被用于评估新型出行方案的部署，例如电动汽车或自动驾驶汽车。就电动汽车而言，在 FP7 EMERALD 项目（Boero，2017）的背景下实施了 AIMSUN 的扩展，以评估和优化充电基础设施设计在城市和城际交通管理的影响。该项目支持开发新的交通模型和算法（专门针对 FEV），评估智能交通系统和协作系统（V2I／I2V）以及优化控制计划。其他补充是另一个维度的地图信息，以及每种 FEV 类型的几种驱动方式和能源消耗方式。在自动驾驶汽车方面，由英国政府管理的 FLOURISH 项目已经采用了 AIMSUN 以支持对从高速公路到城市使用的各种情景进行评估；在这种情况下，重点在于用户，他们的需求、期望和对特定群体（例如老年人）的问题。

10.2.4 开源交通模拟软件：SUMO

城市交通模拟（Simulation of Urban Mobility，SUMO）是一种微观、多模式、空间连续且时间离散的道路交通模拟器。它是通过通用公共许可证（General Public-License，GUNGPL）许可的开源软件，该软件由德国航空航天中心（DLR）于 2000 年开发的，以可移植性和可扩展性作为其主要的设计准则。此外，在处理大型道路网络的需求时要求将执行速度和内存占用作为进一步的准则。

SUMO 的模拟场景必须通过道路网络和交通需求进行定义。道路网络可以通过生成描述网络的 XML 文件来手动定义，也可以通过其他格式导入网络，例如 OSM（OpenStreetMap）、PTV VISUM、VISSIM、OpenDRIVE、MATsim 和 ArcView 等。除此之外，SUMO 能够根据某些规则生成随机网络（随机网络、蜘蛛网络和网格网络）。

根据输入数据可以将交通需求定义为几种不同的方式：行程定义、流定义、随机化、OD 矩阵（VISUM/VISION/VISSIM 格式）等。对于交通和需求也使用 XML 文件。SUMO 支持摩托车、货车、公共汽车、自行车、火车等多种类型的车辆，同时也支持行人，也提供了一些用于满足交通需求模型的工具。例如，ActivityGen 能够通过年龄段、学校地点、公交车路线、工作时间等人口数据的相关参数来生成交通需求。在模拟中，车辆运动基于纵向和横向模型，可以为 SUMO 中已实现的车辆选择两种模型。

SUMO 在每次模拟中生成的输出包括：随时间推移的车辆的信息（车辆位置、基于 HBEFA 数据库的排放值），基于车道/边缘的网络性能信息（基于 HARMONOISE 的车辆噪声排放模型）、模拟探测器、信号灯信息等。SUMO 软件还包含图像用户界面，除了简化模拟器的基本操作之外，对于通过 2D 表示以及模拟的各个方面（例如，基于当前占用量的车道和车辆着色或 CO_2、CO、NOx、PMx、HC 排放，噪声排放，平均速度等）监视模拟的演变非常有用，如图 10.4 所示。

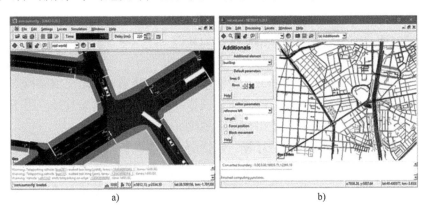

图 10.4 a) SUMO – GUI b) NetEdit tool

由于其灵活性，SUMO 当前是研究、学术和工业领域中最常用的仿真框架之一。在其应用程序中，值得一提的是交通预测、交通管理评估、路线选择和重新路线规划评估、物流和交通监控方法。

可扩展性使得 SUMO 可以扩展新的应用程序，主要扩展是交通控制接口（Traffic Control Interface，TraCI），该界面可实现 SUMO 和外部应用程序之间的在线交互。它允许操纵模拟对象的行为并在运行时检索数值。TraCI 支持多种编程语言：C++、Java、Python 和 Matlab。该接口通常用于为仿真平台提供新功能，例如外部 3D 可视化、交通信号灯控制仿真或与通信网络仿真器（ns3，JiST/SWANS 或 OMNeT11）的耦合。例如，TraCI 被广泛用于 iTETRIS 项目（iTETRIS，2017），其目标是使用 V2X 应用程序的中间件（iCS）将 SUMO 与通信网络模拟器耦合。这项工作已在 COLOMBO（COLOMBO，2017）项目中进行了扩展。此外，SUMO 还用于其他欧洲项目：AMITRAN（AMITRAN，2017）、DRIVE C2X（DRIVE，2017）等。这表明此模拟框架在与移动性相关的不同研究目标中持续更新。

除了 TraCI 之外，SUMO 软件还包含交通分配、处理回环数据、交通分析、导入数据、交通信号灯系统、行程生成、SUMO 输出图形评估等。其中大多数是有助于执行不同任务的 python 脚本，一些出色的工具包括：osmWebWizard（用于通过在 OSM 地图上选择一个地理区域并指定随机流量需求来从 Web 浏览器快速创建仿真方案），sumolib（用于 SUMO 网络的一组模块），更方便分析和可视化模拟结果，以及用于数据分析的转换工具。

该模拟器的广泛使用使其得以良好维护并不断开发，修复错误并在每个新更新中添加新功能。在最新版本中，添加了一些新的特殊功能。一些示例包括用于图形网络创建和编辑的 NetEdit 工具（自 0.25.0 版开始）的可用性，以及包含中观模型（自 0.26.0 版以来可用）的可用性。

10.2.5 展望未来

本部分的目的不是要预测流量建模和仿真的未来发展，而是要讨论未来几年中有关该主题的一些趋势。

首先，我们必须说，在未来的几十年中，可能会越来越多地使用模拟方法。大数据和数据流挖掘领域的革新可能对交通模拟产生深刻影响，尤其是应用于交通管理、决策、紧急情况管理和先进出行信息系统（ATIS）时。

物联网、传感器网络和普适计算，包括个人智能设备等，都在不断发展。它们可能是运输网的交通情况的资料来源。海量的信息数据需要更好地分析和挖掘。数据流挖掘是数据挖掘和大数据领域应对实时数据的方法，交通状态模型的更新和预测服务已经迫在眉睫。

出于同样的考虑，仿真框架需要为获取在线信息并且能够实时运行而配置，一些仿真平台（如 SUMO）需要通过并行化处理或者采用更快的编程语言来重写以提高性能满足实时性要求（RomeroSantana，2017）。

除此之外，交通模拟还在车辆互联当中起到重要作用，显然自动驾驶车辆的移动性正在从自动驾驶范畴过渡到车辆互联范畴，自动驾驶车辆配备了足够的传感器和计算单元，可以准确地感知其周围环境、轨迹计算、预测其他车辆行驶意图等，而车辆互联可以与其他网联汽车以及道路基础设施等进行感知信息的共享，从而使得每一辆车更安全。通过这种新的连接方式，在一些未来需要预测交通状态、可替代路线的提出、危险预警的节点中在线交通模拟一定会发挥出重要作用。

对于交通模拟而言，多模态也是一个极具挑战性的问题，对于新型车辆的动态行为（如 GPL、电动或者混动）需要更准确地模拟其行为。同样，无人驾驶车辆由于其与人类驾驶员的行为差异（Kaber 和 Endsley，2004），也是一个非常具有挑战性的难题。最后，全世界都在努力营造出一种更环保的交通方式，这对于交通管理和人民的生活都大有益处（Rietveld，2000）。

在不久的将来，无人机也会进行仿真模拟，无人机的仿真工具已经在研究，并且学术界和工业界都将采用无人机进行监控等应用。

参 考 文 献

AIMSUN, 2014. Aimsun 8 Users' Manual, TSS-Transport Simulation Systems, 2014.
AIMSUN, 2017. AIMSUN — the Integrated Transport Modelling Software, <http://www.aimsun.com/site/>.
AMITRAN, 2017. AMITRAN Project. <http://www.amitran.eu>.
Aramrattana, M., 2016. Modelling and simulation for evaluation of cooperative intelligent transport system functions.
Balmer, M., Rieser, M., Meister, K., Charypar, D., Lefebvre, N., Nagel, K., 2009. MATSim-T: architecture and simulation times.
Barceló, J., 2010. Models, traffic models, simulation, and traffic simulation. Fundamentals of Traffic Simulation. Springer, New York, pp. 1—62.
Bayarri, M.J., James, O.B., Molina, German, Rouphail, Nagui M., Sacks, Jerome, 2004. Assessing uncertainties in traffic simulation: a key component in model calibration and validation. Transp. Res. Rec.32—40.
Ben-Akiva, M., Bierlaire, M., Koutsopoulos, H.N., Mishalani, R., 2002. Real time simulation of traffic demand-supply interactions within DynaMIT. Transportation and Network Analysis: Current Trends. Springer, pp. 19—36.
Boero, M., et al., EMERALD- Energy ManagEment and RechArging for Efficient eLectric Car Driving Project, vol. 2017. <http://www.fp7-emerald.eu/>.
Castiglione, J., Bradley, M., Gliebe, J., 2015. Activity-based travel demand models: a primer.
Citilabs, 2017. Software for the modeling of transportation systems, <http://www.citilabs.com/>.
Cobos, C., Erazo, C., Luna, J., et al., 2016. Multi-objective memetic algorithm based on NSGA-II and simulated annealing for calibrating CORSIM micro-simulation models of vehicular traffic flow.
Coifman, B., McCord, M., Mishalani, M., Redmill, K., 2004. Surface transportation surveillance from unmanned aerial vehicles. In: Paper Presented at Proceedings of the 83rd Annual Meeting of the Transportation Research Board.
COLOMBO, 2017. COLOMBO Project. <http://colombo-fp7.eu>.
Delis, A.I., Nikolos, I.K., Papageorgiou, M., 2015. Macroscopic traffic flow modeling with adaptive cruise control: development and numerical solution. Comput. Math. Appl. 70, 1921—1947.
DRIVE, 2017. DRIVE C2X Project. <http://www.drive-c2x.eu>.
Flood, L., 2008. SESIM: a Swedish micro-simulation model. Simulating an Ageing Population: A Microsimulation Approach Applied to Sweden. Emerald Group Publishing Limited, pp. 55—83. Chapter 3.
Gerlough, D., Huber, M., 1975. Transportation research board special report 165: traffic flow theory: a monograph. Transp. Res. Board.
Halati, A., Torres, J., Mikhalkin, B., 1990. Freeway simulation model enhancement and integration—FRESIM Technical Report. Federal Highway Administration, Report No.DTFH61-85-C-00094.
Halati, A., Lieu, H., Walker, S., 1997. CORSIM- Corridor traffic simulation model.
Hall, M., Willumsen, L.G., 1980. SATURN-a simulation-assignment model for the evaluation of traffic management schemes. Traffic Eng. Control21.
Herman, R., Potts, R.B., 1900. Single lane traffic theory and experiment.
Horni, Andreas, Nagel, Kai, Axhausen, Kay W., 2016. The multi-agent transport simulation MATSim. Ubiquity, London9.
iTETRIS, 2017. ITETRIS Platform. <http://www.ict-itetris.eu>.
Kaber, David B., Endsley, Mica R., 2004. The effects of level of automation and adaptive automation on human performance, situation awareness and workload in a dynamic control task. Theor. Issues Ergon. Sci. 5, 113—153.
Kosonen, I., 1999. HUTSIM-urban traffic simulation and control model: principles and applications, vol. 100.

Kosonen, I., 1996. HUTSIM: simulation tool for traffic signal control planning.
Krajzewicz, D., Bonert, M., Wagner, P., 2006. The open source traffic simulation package SUMO. RoboCup.
Krajzewicz, D., Hertkorn, G., Rössel, C., Wagner, P., 2002. SUMO (Simulation of Urban MObility)-an open-source traffic simulation. In: Paper presented at Proceedings of the 4th middle East Symposium on Simulation and Modelling (MESM20002).
Krajzewicz, D., Erdmann, J., Behrisch, M., Bieker, L., 2012. Recent development and applications of SUMO-simulation of urban mobility. Int. J. Adv. Syst. Measure.5.
Krauß, S., 1998. Microscopic modeling of traffic flow: investigation of collision free vehicle dynamics. D L R - Forschungsberichte.
Macal, C.M., North, M.J., 2005. Tutorial on agent-based modeling and simulation.
Mahmassani, H.S., Jayakrishnan, R., 1991. System performance and user response under real-time information in a congested traffic corridor. Transp. Res. Part A-Policy Pract. 25, 293–307.
May Jr, A.D., Harmut, E.M., 1967. Non-integer car-following models. Highway Res. Rec.
Meng, M., Shao, C., Zeng, J., Dong, C., 2012. A simulation-based dynamic traffic assignment model with combined modes. Promet - Traffic - Traffico 26, 65–73.
Mikhalkin, B., Payne, H.J., Isaksen, L., 1972. Estimation of speed from presence detectors.
Nagel, K., Schreckenberg, M., 1992. A cellular automaton model for freeway traffic. J. de Phys. I 2, 2221–2229.
Owen, L.E., Zhang, Y., Rao, L., McHale, G. 2000. Traffic flow simulation using CORSIM.
Park, B., Schneeberger, J.D., 2003. Microscopic simulation model calibration and validation: case study of vissim simulation model for a coordinated actuated signal system. Transp. Res. Rec.185–192.
Payne, H.J., 1979. FREFLO: a macroscopic simulation model of freeway traffic. Transp. Res. Rec.
Paz, A., Molano, V., Sanchez-Medina, J., 2015. Holistic calibration of microscopic traffic flow models: methodology and real world application studies.
Rasouli, S., 2016. Uncertainty in modeling activity-travel demand in complex urban systems. TRAIL Research School.
Rathi, A.K., Alberto, J.S., 1990. Urban network traffic simulations TRAF-NETSIM program. J. Transp. Eng. 116, 734–743.
Rietveld, P., 2000. Non-motorised modes in transport systems: a multimodal chain perspective for the Netherlands. Transp. Res. Part D Transp. Environ. 5, 31–36.
Rilett, L.R., Kim, Kyu-Ok, 2001. Comparison of TRANSIMS and CORSIM traffic signal simulation modules. Transp. Res. Rec.18–25.
Rioux, T.W., Lee, C.E., 1977. Microscopic traffic simulation package for isolated intersections. Transp. Res. Rec.
Romero-Santana, S., Sanchez-Medina, J.J., Alonso-Gonzalez, I., Sanchez-Rodriguez, D., 2017. SUMO performance comparative analysis: C Vs. Python. In: Paper Presented at In International Conference on Computer Aided Systems Theory, EUROCAST2017 (in press). Springer Berlin Heidelberg. Las Palmas de Gran Canaria. Spain.
Russell, S.J., Norvig, P., 2002. Artificial intelligence: a modern approach (International Edition).
Sanchez-Medina, J.J., Galan-Moreno, M.J., Rubio-Royo, E., 2008. Applying a traffic lights evolutionary optimization technique to a real case: "Las Ramblas" area in Santa Cruz De Tenerife. IEEE Trans. Evol. Comput. 12, 25–40.
Sanchez-Medina, J.J., Galan-Moreno, M.J., Rubio-Royo, E., 2010. Traffic signal optimization in "La Almozara" district in saragossa under congestion conditions, using genetic algorithms, traffic microsimulation, and cluster computing. IEEE Trans. Intell. Transp. Syst. 11, 132–141.

Segata, M., Joerer, S., Bloessl, B., Sommer, C., Dressler, F., Cigno, R.L., 2014. Plexe: a platooning extension for veins. In: Paper Presented at Vehicular Networking Conference (VNC), 2014 IEEE.

Shim, D., Chung, H., Kim, H.J., Sastry, S., 2005. Autonomous exploration in unknown urban environments for unmanned aerial vehicles. In: Paper Presented at AIAA Guidance, Navigation, and Control Conference and Exhibit.

Shumate, R.P., Dirksen, J.R., 1965. A simulation system for study of traffic flow behavior.

Silva, A.B., Mariano,, P., Silva, J.P., 2015. Performance assessment of turbo-roundabouts in corridors. Transp. Res. Proc. 10, 124−133.

Spiliopoulou, A., Papamichail, I., Papageorgiou, M., Tyrinopoulos, I., Chrysoulakis, J., 2015. Macroscopic traffic flow model calibration using different optimization algorithms,. Oper. Res. 17.

Stark, M.C., 1962. Computer simulation of traffic on nine blocks of a city street. Highway Res. Board Bull.

U.S. DoT, 2017.Active Transportation and Demand Management. <http://www.its.dot.gov/research_archives/atdm/index.htm>.

Wallace, C.E., Courage, K.G., Hadi, M.A., Gan, A.C., 1998. TRANSYT-7F user's Guide. Transportation Research Center. University of Florida, Gainesville, Florida.

Wicks, D.A., Andrews, B.J., 1980. Development and testing of INTRAS, a microscopic freeway simulation model. Volume 2: User's Manual. Final Report.

Wilkinson, R.I., 1956. Theories for toll traffic engineering in the U. S. A. Bell Syst. Technol. J. 35, 421−514.

Wilson, A.G., 1971. A family of spatial interaction models, and associated developments. Environ. Plan. A 3, 1−32.

10.3 相应领域的模型、数据

10.3.1 训练数据和正确标注

现在应用于传感器上的算法大都是基于数据开发的算法，我们应用机器学习开发感知算法，以使得传感器能够完成相应的感知任务，而机器学习依赖于数据，我们以图像数据为例进行研究，当然一些需要注意的事项同样适用于LIDAR、RADAR等类型数据。处理图像数据更具有挑战性，对于机器而言，视觉感官以及如何通过图像了解世界是相当困难的。

应用机器学习来开发视觉模型需要三类数据集：训练集、验证集和测试集。训练集通常用于模型训练学习参数，模型通常会设置一些超参数，给定一组超参数，模型就可以通过训练学到相应的参数，通过在验证集上进行测试能够选择表现最佳的一组超参数。最后，将模型应用于测试集，就能得到模型在现实条件下的表现情况。

训练集的规模通常远大于测试集和验证集，验证集通常是最小的。一般数据集会按照如下方式划分：60%为训练集，10%为验证集，30%为测试集。一般而言，数据集较少的话，模型可能会产生过拟合，大规模的数据集能够得到一个更好的模型，因此我们将大多数数据作为训练集。为了确保模型的泛化能力，训练集、验证集、测试集之间不会有重复数据，即让模型在先前看不到数据的情况下进行预测。总而言之，大多数数据用于训练。在下文中，将使用"训练集"代替训练集和验证集，因为这些训练和验证是模型开发过程中的一部分，而测试则用于评估模型的性能。

我们已经介绍了训练数据的重要性，事实上，一个更具挑战的问题是我们不仅需要图片来训练，还需要与之相对应的标注。图10.5给出了两个基于视觉的任务：对象检测和语义分割。对象检测任务中，标注为目标对象（示例中的汽车）包围框。在语义分割任务中，标注由语义类别（路面、天空、植物、建筑物、车辆、行人等）的轮廓组成，必须为每一个像素分配一个类别。难点就在于这些标注过程是手动完成的，这是一个非常烦琐的过程。训练过程需要大量的已标注的数据，一些文献提议使用不附带标注的数据进行训练，但是真正高准确率的模型都需要大量的标注数据。这就是所谓的监督学习，如支持向量机（SVM）、逻辑回归、自适应增强（AdaBoost）、随机森林和卷积神经网络（CNN）等都属于监督学习领域。

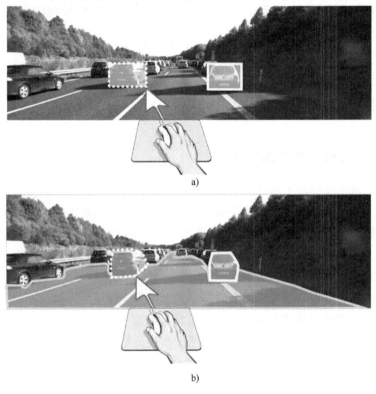

图10.5　手动标注

a) 包围框，这种情况下为汽车　b) 语义类别的轮廓，即语义类别的像素分配在高级驾驶辅助系统（ADAS）和自动驾驶（AD）领域中，有一些公开的数据集，戴姆勒行人数据集分为检测和分类两个数据集。检测数据集的训练样本集有正样本3915张，负样本6744张，测试集为21790张图像，包含56492个行人。Brostow等人制作了城市场景数据集，包含32个类别，701张图像，300张用于训练，401张用于测试。几年后，Geiger等人制作了KITTI数据集，该数据集专注于ADAS和自动驾驶，提供了立体图像、LIDAR、GPS等数据，同时带有对象包围框、轨迹、语义信息等标注。最近，戴姆勒制作了Cityscapes数据集，该数据集在一些方面数据量甚至超过了KITTI，例如，它包含5000像素的立体图像，覆盖30个类别，还包含20000个图像，但是轮廓方面标注得较为粗糙。由于要穿越50个城市行驶数月之久，还要考虑天气条件，因此很难收集这种数据集。为了了解这种数据集制作的困难，我们可以提供一个基本事实，即对图像进行像素级的标注，标注一张大约需要耗费约30~90min，具体的时间取决于图像的内容，假设标注一张图像花费60min，那么5000张图像，就需要花费60个人每人5000h。图10.6显示了城市场景图像的示例：每种颜色代表不同的语义类别（人行道、行人等），上面的图像是一个带有精细标注的图像示例，下面的图像则是一个带有粗糙标注的图像，需要注意的是，粗糙的标注轮廓是无法被模型准确地识别和追踪的。

图10.6 Cityscapes数据集的标注示例

为了减少标注时间并且增强其鲁棒性，我们可以考虑众包这个任务。例如，计算机视觉社区就是采用这种方法的,其中包括诸如 Amazon 的 Mechanical Turk（AMT）和 Russell 等人的 LabelMe 之类的工具。被用来注释的公共可用数据集,例如 ImageNet（Deng 等,2009）和 PASCAL VOC（Everingham 等,2010）。但是,众包通常寻求低成本,因此,它不是经过专业标注的。因此,仍然需要自动评估标注质量的方法。实际上,由于 ADAS 和 AD 面临移动安全性,因此公司必须依靠更专业的渠道,其中涉及许多合格的标注器来参与数据标注。此外,依靠手动标注不能提供所有种类的标注。例如,我们可能需要开发一种密集的（逐像素）深度估计算法或一种光流算法。人不能手动提供训练和测试此类算法所需的像素级标注。

读者可能已经了解到标注数据集有多么困难,但是,通过引入一个此处未提到的观点,我们可以发现实际情况甚至更糟,正如我们 9.1.4 节介绍的,在一些 ADAS/AD 相关的视觉任务如目标检测、语义分割等,深度学习中卷积神经网络都是其最优模型的核心部分。图像处理的最初应用为图像分类（整个图像分配一个类别标签）,2012 年 AlexNet 首次应用卷积神经网络,并取得了当年最优结果,这项工作已经指出深层 CNN 是成功的原因之一,指的是具有事实依据的大量数据可用性。特别是,AlexNet 在 ILSVRC 数据集上训练,其中包含 1000 个类别,每类大约 1000 张图像。总体而言,约有 120 万张图像用于训练,50000 张用于验证和 150000 张用于测试,所有图像均带有图像级的标注。

ADAS/AD 中可供使用的数据集（KITTI、Cityscapes）相较于 ILSVRC 还差多个数量级,此外,对于 ADAS/AD 任务而言,图像级的标注太差了,对象级的标注是最基本的,但是大多数时候都需要像素级的标注。如今,即使对于 ADAS/AD 任务,也要进行微调,即采用深层的 CNN,并通过从新的任务获得的更稀缺的带标注的数据来重新训练使用它。

10.3.2 虚拟世界和领域自适应

出于这些考虑,对解决标注获取问题的方法做出了一些对比。起源于 2010 年,但是近年来这个领域的成果丰硕,甚至还成立了专门的工作室。我们指的是使用虚拟世界生成真实的图像,并且能够自动生成标注。图 10.7 显示了 Marin 等人的开创性工作,在这个例子中,我们对《半条命2》的游戏视频进行修改,用于为虚拟世界 RGB 图像中包含的行人自动生成像素级的标注。这些图像是在一辆沿着虚拟城市场景行驶的虚拟汽车上获得的。Marin 等人证明了使用当时最先进的行人检测器（金字塔滑动窗口、HOG/LinearSVM 分类器、非极大值抑制）在虚拟环境训练的准确性和一个类似的分类器在真实环境训练的准确性（使用相同数量的样本）在统计学上来讲是相同的。

Marin 等人的进一步研究表明,结果并不总是像预期的那样好（Vazquez 等,2014）,特别是使用虚拟世界数据进行训练并应用真实世界数据集进行测试时,准确性差距并非是由虚拟世界和真实世界的差异造成的。虚拟现实被证明是广大普遍

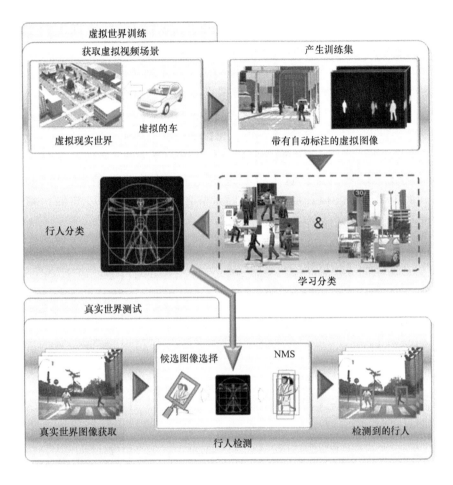

图 10.7　行人检测器实例,其中行人分类器在虚拟世界中训练,
然后插入检测模块处理现实世界的图像

问题中的一个特例,即传感器之间的差异。换句话说,用一个相机的图像来训练目标检测器,然后用另外一个相机的图像进行测试,结果比用同一个相机图像进行训练和测试的结果要差。值得注意的是,如果我们为 ADAS/AD 标注了一个大型数据集,然后我们更改了相机,那么为了得到相同的准确率,我们需要再次标注一个大型数据集。实际上,这个问题比传感器之间的差异更为普遍,图像内容统计数据的差异也会导致准确性下降,事实上,这个问题在长期被忽视之后才引起了计算机视觉界的关注(Saenko 等,2010,2011)。所谓的领域自适应和迁移学习在面对新的领域或任务时会收集计算机视觉领域相关任务的模型或数据并在新任务中重新使用这些知识,即不使用很多带有标注的数据(无监督 DA/AL),也不使用少量的带有

标注的数据（监督 DA/AL）。例如，Vazquez 等人使用基于主动学习的监督 DA 来适应虚拟和现实领域，从而缩小在虚拟世界中开发的行人检测器的上述精度差距。在 Xu 等人使用了一种更复杂的技术来将基于可变形的组件模型（DPM）从虚拟转换为现实，这与 Vazquez 等人的想法相反的是无须重新访问虚拟数据。图 10.8 表明了这种思想，初始 DPM 是通过使用虚拟世界数据和行人的真实标注来学习的，该模型应用于现实图像，因为虚拟现实之间的差距，一些行人没有被检测到，背景区域被划分为行人。为了解决这个问题，可以通过在循环中使用人工预言机主动收集错误来完善初始 DPM，或者可以在无人工干预的情况下自动收集错误标注的过程。DPM 优化可以通过迭代这个过程逐步完成。作为指导信息，Vazquez 等人（2014）和 Xu 等人（2014）提出的 DA 技术节省了在现实世界（目标）领域获得相同精度所需的 90% 标注工作。

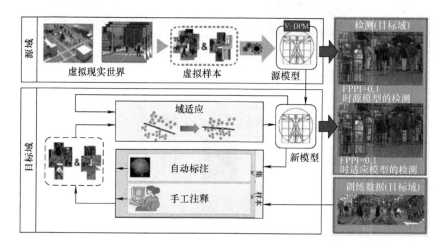

图 10.8 域适应，源是虚拟世界而目标是现实世界

总的来说，这些实验表明，在虚拟世界中训练的模型具有很强的先验性，可以节省大量的人类标注工作。有趣的是，KITTI 数据集中第一次行人检测挑战赛的获胜者是基于虚拟到现实世界的域适应分类器（Xu 等，2016）。自动收集的标注比人类收集的更加精确。值得一提的是，即使是深度 CNN 也需要 DA/TL（Tommasi 等，2015）。

在虚拟世界数据和域适应训练行人模型成功的驱动下，在过去两年提出了大量行人检测器。例如，Ros 等人（2016）创建了一个非常大的城市 SYNTHIA，它可以随机生成数十万张 RGB 图像，并自动生成各种有趣的标注：像素级的类别、实例类别和深度，车辆测程法，360°视野。为了加强多样性，城市涵盖了许多行人模型、车辆、城市风格、公路、植被、照明条件和四季。图 10.9 显示了不同的城市内容和标注。Ros 等人（2016）表明利用来自 SYNTHIA 和基本域适应技术可以提高语义分割模型的准确性。与季节和光照相关的图像以及车辆里程计可以用于训练定位方法，这些方法可能成为地图中车辆定位的一部分（目前自动驾驶汽车原型的关键组件）。Richter 等人（2016）在 GTA – V 游戏视频中展示了深度 CNN 的语义分割结果。有趣的是，其他较低水平的视觉任务，如深度估计和光流估计，目前正通过使用在虚拟数据上训练的深度 CNN 来解决，（Mayer 等，2016）。值得注意的是，人类无法收集这类任务的标注。

图 10.9　SYNTHIA：RGB 图像，标注包含类别和深度；图像为同一相机不同季节拍摄

在这种情况下，产生的一个问题就是虚拟图像的逼真度如何影响训练的视觉模型。Lopez 等人（2017）通过比较 SYNTHIA 图像和 GTA – V 图像（图 10.10）的研究表明，即使对于最真实的视频游戏来说，虚拟现实的差距仍然是一个问题。这并不奇怪，因为我们之前提到过，即使对于现实世界的传感器，也可能存在传感器到传感器的领域差距。

需要强调的是，虚拟环境不仅在理解传感器原始数据方面获得了关注，而且在学习如何采取行动方面也获得了关注（Dosovitskiy 和 Koltun，2016）；换句话说，给定一幅图像，深度学习架构直接输出自动驾驶的控制命令（例如，转向角度、制动/加速等），而不显式地创建一个中间的 3D 驾驶场景理解。

最后，我们想指出的是，虚拟世界不仅对训练模型有用，事实上，它们可以是一个非常方便的工具，用于穷举模拟，设置超参数，调试算法，在极端情况下的实验等。显然，这是对虚拟环境的一种更标准的使用，它的革新性在于，它还可以用于训练模型，尤其是深层模型的可视化。

图 10.10 对比：GTA – V（上）比 SYNTHIA（下）更逼真

参 考 文 献

Brostow, G.J., Fauqueur, J., Cipolla, R., 2009. Semantic object classes in video: A high-definition ground truth database. Pattern Recogn. Lett. 30 (20), 88−89.

Cordts, M., Omran, M., Ramos, S., Rehfeld, T., Enzweiler, M., Benenson, R., et al., 2016. The Cityscapes dataset for semantic urban scene understanding. In: IEEE Conference on Computer Vision and Pattern Recognition.

Deng, J., Dong, W., Socher, R., Li, L.-J., Li, K., Fei-Fei, L., 2009. Imagenet: a large-scale hierarchical image database. In: IEEE Conference on Computer Vision and Pattern Recognition.

Dosovitskiy, A., Koltun, V., 2016. Learning to Act by Predicting the Future. arXiv 1611, 01779.

Enzweiler, M., Gavrila, D.M., 2009. Monocular pedestrian detection: Survey and experiments. Trans. Pattern Recogn. Mach. Anal. 31 (12), 2179−2195.

Everingham, M., Van Gool, L., Williams, C.K.I., Winn, J., Zisserman, A., 2010. The PASCAL visual object classes (VOC) challenge. Int. J. Comput. Vis. 88 (2), 303–338.

Gaidon, A., Wang, Q., Cabon, Y., Vig., E., 2016. Virtual worlds as proxy for multi-object tracking analysis. In: IEEE Conference on Computer Vision and Pattern Recognition.

Geiger, A., Lenz, P., Stiller, C., Urtasun, R., 2016. Vision meets robotics: The KITTI dataset. Int. J. Robot. Res. 32 (11), 1231–1237.

Krizhevsky, A., Sutskever, I., Hinton, G., 2012. ImageNet classification with deep convolutional neural networks. In: Annual Conference on Neural Information Processing Systems.

Lopez, A.M., Xu, J., Gomez, J.L., Vazquez, D., Ros, G., 2017. From virtual to real-world visual perception using domain adaptation − the DPM as example. Domain adaptation in computer vision applications, Springer Series: Advances in Computer Vision and Pattern Recognition, Edited by Gabriela Csurka.

Marin, J., Vazquez, D., Geronimo, D., Lopez, A.M., 2010. Learning appearance in virtual scenarios for pedestrian detection. In: IEEE Conference on Computer Vision and Pattern Recognition.

Mayer, N., Ilg, E., Hausser, P., Fischer, P., Cremers, D., Dosovitskiy, A., et al., 2016. A large dataset to train convolutional networks for disparity, optical flow, and scene flow estimation. In: IEEE Conference on Computer Vision and Pattern Recognition.

Richter, S.R., Vineet, V., Roth, S., Vladlen, K., 2016. Playing for data: ground truth from computer games. In: European Conference on Computer Vision.

Ros, G., Sellart, L., Materzyska, J., Vazquez, D., Lopez, A.M., 2016. The SYNTHIA dataset: a large collection of synthetic images for semantic segmentation of urban scenes. In: IEEE Conference on Computer Vision and Pattern Recognition.

Russell, B.C., Torralba, A., Murphy, K.P., Freeman, W.T., 2008. LabelMe: a database and web-based tootl for image annotation. Int. J. Comput. Vis. 77 (1–3), 157–173.

Saenko, K., Kulis, B., Fritz, M., Darrell, T., 2010. Adapting visual category models to new domains. In: European Conference on Computer Vision.

Tommasi, T., Patricia, N., Caputo, B., Tuytelaars, T., 2015. A deeper look at dataset bias. In: German Conference on Pattern Recognition.

Vazquez, D., Lopez, A.M., Marin, J., Ponsa, D., Geronimo, D., 2014. Virtual and real world adaptation for pedestrian detection. Trans. Pattern Recogn. Mach. Anal. 36 (4), 797–809.

Xu, J., Ramos, S., Vazquez, D., Lopez, A.M., 2014. Domain adaptation of deformable part-based models. Trans. Pattern Recogn. Mach. Anal. 36 (12), 2367–2380.

Xu, J., Ramos, S., Vazquez, D., Lopez, A.M., 2016. Hierarchical adaptive structural SVM for domain adaptation. Int. J. Comput. Vision 119 (2), 159–178.

第11章　智能车辆的社会经济影响：实施策略

11.1　引言

第1章中将 iVehicle（iV）定义为一种能够获得自身和周围环境的信息，对信息进行处理，然后做出决策，提供信息或采取行动的工具。车辆互联和自动驾驶车辆的区别就是：前者包含车对车（V2V）和车对基础设施（V2I）通信，后者涉及的是通过车载传感器、摄像头等相关设备和地图检测车辆周围环境信息以实现在实际道路中独立运行的能力（Declaration of Amsterdam，2016）。

虽然新技术可以从根本上改变交通运输，在安全、交通拥堵方面优势明显，但是仍然存在一些问题，如与法律、责任、保险等相关的问题，甚至黑客入侵也成为一个不可忽视的问题（Kyriakidis 等，2015），然后，有报道称，在对来自109个国家的5000名受访者中，69%的人表示在2015—2050年，自动驾驶的普及率将会到达50%，这就意味着，在不考虑新技术的不确定的情况下，市场还是愿意接受它的。

除了车辆互联的简要介绍，本章将 iV 理解为自动驾驶车辆，因为它不仅能够做出决策，而且还包含了大量的辅助驾驶系统，并将其转化为车辆的最高级别和最终形态。

本章并非详尽列出阻碍智能汽车实施的障碍，而是要讨论实际上阻碍智能车辆的实施和其潜在利益的主要因素，指出这样一个崭新的交通系统对社会和经济的主要影响。

11.2　从网联汽车到自动驾驶

大数据、物联网和社会联系驱动着我们生活方式的革新，影响着我们的工作和通信。在这个高度互联的社会中，无论是自动驾驶还是车辆互联都朝着改变出行方式、商业、经济和习惯的方向又迈出了一步，也是朝着更绿色、更高效、更安全的交通迈出的第一步。但是，与自动驾驶不同的是，车辆互联已经能够实现，而自动驾驶汽车在技术和管理方面还有待开发。

自动驾驶的水平正在逐步提高，从辅助驾驶系统（如自适应巡航控制 ACC、预测性紧急制动系统）到高度自动驾驶再到完全自动驾驶，而辅助驾驶系统已经在市场上销售了十多年。2015 年，2 亿辆联网车辆已投入使用，联网汽车应用了智能手机和应用程序，这虽然便利了使用，但反过来又阻碍了发展，因为驾驶员使用智能手机来解决他们的连接需求，而不是支付与嵌入式连接相关的额外费用（EVERIS，2015）。与自动驾驶（AV）一样，网联汽车通过提供最有效的路线，提高了安全性，减少了能源消耗和相关排放，并降低了成本。

在 1939 年的纽约世界博览会（Futurama）上，通用汽车公司提出了关于无人驾驶汽车未来交通的设想。经过多年的研究，1997 年，在加利福尼亚州圣迭戈的 I-15 高速公路上，出现了包括普通乘用车、公共汽车和货车在内的 20 辆车。在缺乏一套通用的标准和规范的情况下，通过 ITS 的加速部署和使用，使自动驾驶成为最有前景的智能交通方式。

目前，根据电气和电子工程师协会（IEEE）的数据，到 2040 年，自动驾驶汽车将占道路上汽车的 75%（ASEPA，2014）。此外，《连线》杂志预测到 2040 年将不再需要驾驶执照，普华永道公司（Pricewaterhouse Coopers）认为，随着全自动驾驶技术的引入，美国现有的 2.45 亿辆汽车将减少到 240 万辆（ASEPA，2014）。

如第 8 章所述，关于不同级别的自动化，美国运输部（DOT，2016）对 L0~L2 和 L3~L5 级自动驾驶进行了区分，具体取决于谁主要负责监视驾驶、环境，即驾驶员还是自动化系统。自动化级别高于 L3 级的车辆还必须包含联网的车辆技术。然而，技术必须克服一些障碍才能是完全合法、可销售和可靠的。下一节将介绍自动驾驶带来的一些好处以及未来面临的关注和挑战。

11.3 社会问题

11.3.1 对自动驾驶的接受度

面对自动驾驶这样的颠覆性技术时，要解决的首要问题是对未知事物的恐惧。人类天生对创新事物的怀疑可能会限制自动驾驶汽车的普及。另一方面，由于用户认为有了更完备的安全措施，他们可能就不会那么注意，新的系统可能最终会被滥用，如若系统不够完备，可能会导致更高的风险。

然而，事实却并非如此，根据一项全球调查（CETELEM，2016）显示，3/4 的驾驶员认为自动驾驶汽车将很快实现，并且发展中国家的驾驶员更为乐观。不同的是那些汽车大国，日本、美国、英国等却对自动驾驶没那么乐观，在欧美和日本的汽车市场，对于 2020 年到 2025 年完全采用自动驾驶汽车颇为谨慎。

11.3.2 安全性

自动驾驶的出现将会减少人员伤亡，避免人为操作失误，这是造成 90% 的撞车事故的原因（Forrest 和 Konca，2007），更不用说再保险、康复、医疗休假等方面的费用。举个例子，如果提前1s制动，以50km/h速度行驶的汽车可以减少一半的碰撞能量（Forrest 和 Konca，2007）。

高度自动驾驶车辆（HAV，SAE L3~L5 级别）可以利用其他车辆上的数据以及 V2V 等技术，这将有助于减少事故发生的数量和减轻严重程度（DOT，2016）。此外，安全性还有助于减少交通拥堵：通过减少车祸的发生，交通拥堵也会减少，避免了交通延误并减少了燃料成本和排放。但是，由于滥用新系统，当采用高风险行为并认为一切都会自动组织并修复，则可能会发生意外事件。

11.3.3 对就业的影响

自动驾驶将对就业产生影响，传统汽车行业的就业可能会减少。货车驾驶员、出租车驾驶员、公共交通又如何呢？这一新模式将对这些行业产生怎样的影响？在不需要驾驶员的情况下，应该实现一个平衡，因为许多低技能或半技能的员工，从出租车和送货驾驶员到维修或保养行业，很可能会失去工作，尽管这为公司节省了人力成本。不可否认，人工智能（AI）将带来改变，这些变化将改变世界各地数百万人的生活。

最近，美国总统执行办公室（White House，2016）的一份报告列出了 5 个主要的经济影响：

1）对整体生产力增长的积极贡献。
2）就业市场技能需求的变化，包括对高水平技术技能的更大需求。
3）影响在各个部门、工资水平、教育水平、工作类型和地区的分布不均。
4）就业市场的搅动，一些工作岗位消失，而另一些工作岗位出现。
5）短期内一些工人的失业，时间可能会更长，这取决于政策反应。

但是汽车行业有潜力创造新的服务，建立新的商业模式，例如，通过购买汽车的股份，然后获得使用它的特定时间，就像分时度假一样。一个大公司可以在世界各地购买汽车股份，这样无论员工去哪里，他们都会有一辆车可用（Forrest 和 Konca，2007）。因此，个人和法律实体将拥有车辆，而其他汽车将拥有多个所有者。

至于公共交通，驾驶一辆以铁路为基础的运载系统和驾驶一辆公共汽车肯定是不同的，因为驾驶员的角色是不同的，后者的驾驶员更多地参与其中。无论如何，在两种情况下都将不再需要驾驶员，从而导致许多人失业。此外，年轻人不再需要驾驶执照，从而终结了驾驶学校。对于那些因为制造和使用汽车而失去税收的政府来说，情况也是如此。

应对这些威胁的主要战略必须以对新工作的教育和培训以及增强工人能力为基础（White House，2016），以确保共同增长。同一份报告还强调了政府、行业、技术和政策专家与公众之间需要持续沟通以确保这些政策的实施。

根据 UITP（2017）的研究，如果将 AV 用作"机器出租车"或汽车共享计划（图 11.1），它可能在城市交通中发挥关键作用。

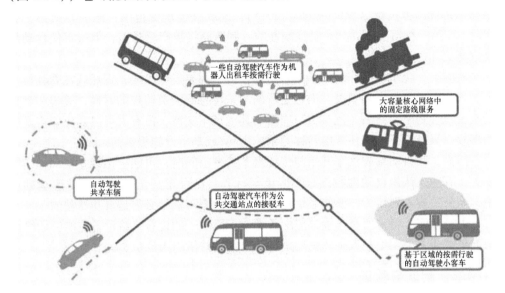

图 11.1　自动驾驶汽车作为多元化公共交通系统一部分的可能应用形式。改编自 UITP，2017. Policy brief. Autonomous vehicles：a potential game changer for urban mobility. http：//www. uitp. org/autonomousvehicles（accessed 2013.02.17）．

简而言之，自动驾驶汽车的到来将为运输系统带来更高的效率，但是社会必须准备承担就业方面的成本。最终，如白宫的报告（White House，2016）所言，"决策者面临的挑战将是更新、加强和调整政策以应对人工智能带来的经济影响。"

11.4　法律问题

法律问题是 AV 实施的主要关注点。在系统故障的情况下，必须明确定义责任，然而，立法的制定通常是一个漫长而缓慢的过程，并需要一个清晰、灵活的但又很容易适应快速发展的行业的法律框架来提供法律确定性。有关高度自动化和自动驾驶法律方面的主要问题概述如下。

11.4.1　责任/保险

如 Schellekens（2015）所述，责任回答了事故费用是由受害人承担还是可以转移给其他行为者的问题，其他行为者通常是以某种方式或另一种（共同）方式对损害的发生负责的人。

保险体系在一个国家与另一个国家之间存在很大差异。但是，从广义上讲，我们可以区分"产品责任"和"交通责任"。在前一种情况下,"生产者应对产品缺陷造成的损害承担责任",而在后一种情况下,持有人或驾驶员应对车辆操作中发生的损害或伤害负责(Schellekens,2015)。这取决于承保范围:第一方或第三方保险。在第一种情况下,如果是强制性的,制造商将被广泛覆盖,但这将使自动驾驶汽车更加昂贵。

实际上,免手动操作的驾驶系统是存在的,如果发生事故,责任就在驾驶员身上。当汽车不仅是自动驾驶,而且是联网的,没有驾驶员监控的时候,关键和真正的改变就会到来。然后,汽车将与周围的其他汽车交流,没有人可以避免即将发生的事故。只有这样,责任才能转移到制造商和/或基础设施提供商。

然而,当自动驾驶汽车开始与传统汽车共享空间时,可能会出现主要风险。实际上,有些人认为自动驾驶汽车不应该与行人、自行车甚至传统汽车共享基础设施,而另一些人则认为,要使系统正常运行,所有车辆都必须是自动驾驶的。

无论如何,将来所有车辆都应配备类似于黑匣子的设备,该设备应能够始终识别谁是责任人,无论是人工驾驶还是自动驾驶,并指出由谁负责。

11.4.2 测试与验证

与责任相关的抵押活动涉及验证程序和测试要求的问题,这个问题超出了技术领域。同样,未经法律更改,将不允许高度自动驾驶。实际上,目前存在的主要限制之一是《国际道路交通公约(维也纳)》(1968)(以下简称《公约》),该公约规定驾驶员必须始终控制汽车。当然,由于西班牙没有签署上述公约,所以并不用遵守该规定;这种情况使欧洲联盟其他成员国处于不利地位,因为它们将在几年内无法开发技术。

尽管如此,欧洲已经存在一套用于测试自动驾驶的非同类规则和法规(ERT-RAC,2015),尽管这是向前迈出的一步,但它仍然意味着还有一个领域需要协调。为了避免这个问题并考虑到不久的将来,联合国欧洲经济委员会(UNECE)于2016年3月对《公约》进行了一些修订,以便在驾驶员能够纠正的情况下允许自动驾驶。

在美国,运输部已经提出了一些建议(不是强制性的),以使这些车辆在道路上自由行驶所需的法律变更。这些建议包括在公共道路上出售或运营之前,对高度自动化的车辆进行安全的预部署设计、开发和测试的最佳做法(DOT,2016)。此外,部署策略还确定了用于引入新技术的潜在新工具、权限和监管结构。该指南适用于测试和部署。

建议汽车制造商甚至第三方通过结合模拟的安全测试,并在封闭道路和公共道路上进行测试。

11.5 隐私

另一个是关于隐私的问题,换句话说,这意味着要使信息社会能够正常工作,就需要在隐私和数据流之间实现适当的平衡(Gil,2016)。简而言之:谁拥有数据?信息指的个人,还是收集、管理和创建这些数据的公司?最好的解决方案似乎是世界经济论坛提供的方案,根据该方案所述,每个人都应对信息负有责任和权利,因为尽管指的是个人,但数据是由不同方之间的互动创建的(Gil,2016)。

11.6 黑客攻击

当管理来自特定用户的大量数据时,数据保护可能会受到威胁。在不远的将来,随着数百万辆联网汽车的发展,必须提高安全性,以避免黑客的攻击。取而代之的是,尽管汽车行业的工程部门非常重视安全性,但对网络安全的了解却很少。

主要威胁不仅包括盗窃,还包括勒索软件、流量中断等。然而,最常见的网络攻击是通过未经授权的访问来收集信息,而不是破坏(ENO,2013)。事实上,据Schellekens(2016)报道,2015年美国黑客成功控制了不同车型(克莱斯勒和特斯拉),远程控制了发动机和制动等功能。

然而,密歇根大学可持续全球运输部的一项关于车辆安全和数据隐私的在线调查显示,受访者更担心通过黑客手段控制车辆,而不是通过黑客手段获取个人信息(UMTRI,2014)。

无论如何,技术保护和监管都可以抵消这些攻击。在第一种情况下,应该部署不同的安全措施,通过改进V2V和V2I协议来防止网络攻击。关于监管,有命令和控制措施——规定做什么、用什么方法——和程序标准。此外,经济工具,如针对黑客入侵造成的事故的责任规则,也是监管工具(Schellekens,2016)。换句话说:如果是黑客造成的事故,谁该负责?汽车制造商还是黑客(Schellekens,2016)。注意,在这种情况下,安全和保障是相互交织的,因为第二种情况中的泄漏会影响第一种情况。此外,自我监管和向用户传达相关网络安全信息(以一种"消费者授权"的方式)从长远来看可能会避免网络威胁。

11.7 经济方面

关于iV,成本效益分析将非常复杂,因为很难分解某些影响的原因,并且很难确定哪些部分直接或间接涉及这些影响。举例来说,提高主动安全性会减少交通事故的发生,但是由于其他可能的原因,因此很难知道此原因的哪一部分(主动安全性)直接归因于这种影响(事故减少),例如经济危机、燃油价格、驾驶执照积分制度、失业等所有导致交通减少的情况。同样，酒精、超速驾驶、缺乏经验、天气状况等也可能导致交通事故，所有这些因素都不是相互排斥的（Eno，2013）。

当然，有一些预测模型可以计算这些影响，但这样的分析超出了本书的范围。因此，本节将只粗略讨论对交通拥挤、燃料和基础设施、车辆和保险费用的主要影响。

尽管如此，本节讨论了汽车工业和移动性中考虑的一些主要成本项目。

11.7.1 交通拥堵

TomTom 表示，城市交通拥堵会使许多城市出行时间增加约 60%，在晚间高峰时段甚至增加 100%（CETELEM，2016）。至于拥堵成本，通过智能车辆网络和基础设施，自动驾驶汽车将避免交通拥堵，这些基础设施将告知驾驶员交通和道路状况，帮助他们选择不那么拥堵的路线。

事实上，根据时间价值理论，时间价值越高，节省时间的潜在好处就越大，尽管这显然取决于我们对时间的重视程度：一天的时间、出行目的等都是影响时间价值的因素。根据加拿大 Conference Board（CBC，2015），我们可以保守地假设为 6 美元/h。按照 CBC 提供的例子，假设汽车以自由流动的方式行驶，即高速公路上行驶速度 90km/h，地方和主干道行驶速度 40km/h，平均速度为 65km/h，每年可节省 49.7 亿 h 的驾驶时间。根据 Fagnal 和 Kockelman（2015）的数据，在货币方面，仅仅 10% 的市场渗透率，就可以为美国经济带来每年 270 亿美元的收入。

举个例子，在西班牙的例子中，假设时间值为 9 欧元/h（Valdés，2012；Salas 等，2009 年），平均拥堵时间为 18h/驾驶员/年（DGT，2016），以及 2200 万辆汽车的车队（DGT，2014），每年大约可以节省 35.64 亿欧元。值得注意的是，大多数汽车制造商的预测都宣称 AV 将在 2020~2025 年之间的某个时间准备就绪（Schellekens，2015），根据 ERTRAC（2015）研究，到 2020 年，全球自动汽车市场估计将达到 4400 万辆。

11.7.2 燃料消耗

在节省燃料方面，有不同的原因，如更少的时间寻找停车位、更少的拥堵、出行和出行时间的优化，由于提高了安全性而产生更少的交通事故等。此外，如果重点放在共享自动驾驶汽车（SAV）上，结果表明，每辆 SAV 可以替代大约 11 辆传统汽车。然而，这些结果可以被诱导的需求抵消，相较于非 SAV 车，使用 SAV 将使行驶距离增加了 10% 以上，从而对排放产生了比较大的影响（Fagnal, Kockelman, 2014）。此外，有人认为，AV 将使人们远离城市生活。

另一方面，AV 可以使驾驶员在驾驶车辆时进行其他非驾驶活动，这意味着与驾驶相比，将他们的时间用于更有价值甚至更愉快的目的（Schellekens，2015）。

驾驶时间将不会再是负面的外部影响；相反，这意味着休闲或生产时间，或两者兼而有之，更不用说压力的减轻（或消失）以及对健康的相关影响。

实际上，自动驾驶系统与多媒体平台的结合将使出行时间更加舒适（Jungwoo，2015）。的确，使用自动驾驶汽车的首选情况是高速公路和交通拥挤，当驾驶条件单调或压力大时（Payre 等，2014），读报纸、上网冲浪或与其他乘客聊天是一些让驾驶员得到一定缓解的活动。

11.7.3 基础设施成本

如果驾驶员只是一名监督员，那么到 2025 年，AV 将会出现在车道上，届时必须进行相应的调整。在这种情况下，需要对道路网络进行投资，以发现危险并警告驾驶员 10s 内接管控制功能；否则，汽车将停在道路的路肩上。

当然，在基础设施方面需要大量投资，这使得 AV 技术极其昂贵，并且在实施和部署方面均十分缓慢。专家认为，对于西班牙来说，要使 AV 全面发挥功能，将需要大量资金，具体来说大约为 30 亿欧元，这是只有 AV 才需要的通信信号。因此，问题是：如果您没有 AV，为什么要为此付费？例如，拥有 AV 的人比没有 AV 的人支付更高的注册费和年税似乎更合理。

与此同时，鉴于利益相关者（即基础设施责任方、系统集成商、汽车或零部件制造商等）之间需要合作，将如何分摊成本和收入？谁来支付什么部分？这一问题仍然没有解决。

11.7.4 车辆费用

AV 成本高的主要原因是激光雷达技术的成本高，这使得普通消费者几乎不可能购买这些车，而且很可能在未来十年仍然如此。但是，尽管实施自动驾驶需要很高的投资，遵循规模经济的规则，预计技术进步和大规模生产可能有助于降低价格（Fagnal 和 Kockelman，2015）。实际上，据 Eno（2013）研究，电动汽车成本已经下降了 6% ~ 8%。

事实上，沃尔沃公司已经确认将在其高档车中引入自动驾驶系统，这是一个额外的 9000 美元的选择（Diariomotor，2016）。根据同一消息来源，奔驰公司已经提供了 2837 美元的驾驶辅助套件。

11.7.5 保险费用

在当前情况下，驾驶员和车辆在自动驾驶时是什么情况仍然不清楚，这会在发生事故时影响责任。软件制造商、电信公司、地图提供商等都在起作用，这也对分散的风险产生了影响。

很有可能一部分责任将继续由所有者承担，但驾驶员的责任尚不清楚。这将取决于是有人在驾驶还是在自动驾驶。在后一种情况下，应评估所有情况，以确定谁负责：汽车制造商、GPS 公司等。

但是，就在最近，美国国家公路交通安全管理局（National Highway Traffic Safety Administration）报告说，自特斯拉推出第一款 AV 以来，道路交通事故的数量减少了 40%，这家汽车公司正计划采用自己的商业模式，提供统一的价格，涵盖购买、维护和保险（El Confidencial, 2017）。据特斯拉汽车公司（Tesla Motors）称，如果自动驾驶汽车被证明更安全，那么减少保险费用是公平的。因此，如果保险公司不按照风险成比例降低保单价格，特斯拉汽车公司就会这样做。此外，该公司正在准备第二代 AV，预计将把事故率从目前的降低 40% 改善到降低 90% 甚至更多。

11.8 宜居性

在所谓的共享经济的繁荣时期，自动驾驶汽车还将改变传统的汽车所有权模式。汽车 90%~95% 的时间里都处于停车状态，而无人驾驶汽车只有在人们需要的时候才会接收到订单。应当记得，据欧盟统计局称，欧盟约有 3/4 的人口（准确地说是 72.4%）居住在城市中，正如欧共体的《绿皮书》（EC, 2007）所述，"城市地区是经济财富创造的中坚力量。它们是开展业务和进行投资的地方"，并且创造了欧盟 85% 的国内生产总值。毕竟，它们是所谓的"欧洲经济驱动力"。因此，由于街道上有大量的自由空间，并且有可能重新划定以前的停车位，城市将增加其价值，并且将有更多的城市空间变成绿色区域。

根据 UITP（2017），每个市民至少可以少开 80% 的车到达他们的目的地，但这只有在所有形式的共享出行都得到积极推广的情况下才能实现：如补贴、激励措施（例如，优先停车）、促销活动等，以及任何其他有助于减少单车占用、避免自动驾驶汽车闲置的措施。

此外，对公平和包容性的影响也很重要，因为自动驾驶技术应允许人们进入当今公共交通所无法实现的偏远地区，这不仅可以促进公共交通的发展，还可以确保所有人的流动性和可及性（ERTRAC, 2015），以及负担得起的出行选择，使任何人在郊区生活时都能进入城市。

11.9 总结

尽管 AV 有着不容置疑的优势，但它也会产生意想不到的影响，比如诱发的需求会导致车辆行驶里程（Vehicle Miles Traveled, VMT）的增加。如果给那些年纪太小不能开车的人、老年人、残疾人等提供流动性，这可能会接连产生以汽车为导向的发展，空间不足、肥胖等问题（ENO, 2013）。正如 Fagnal 和 Kockelman

（2015）所述，每辆 AV 的 VMT "假定在 10% 的市场渗透率下比非 AV 车辆高 20%，在 90% 的市场渗透率下高 10%。"

此外，关于 AV 对人口蔓延的影响的一些问题尚待回答：人们会居住得更远还是会集中在高密度区域，因为预计在那里会发展出高度机动的自动驾驶区域？

另一方面，大概是由于自助停车和门到门服务而导致的步行减少，将显著影响健康，诱发心血管疾病、超重、肥胖以及其他与缺乏运动有关的疾病。因此可以通过减少因车祸而丧生或受伤的人数，以及重新利用一些基础设施（例如将路边停车区改成自行车道）来抵制这种情况，这可能会鼓励人们骑车。或者将停车场空间改为行人专用区，可增强安全性、增大步行空间并减少污染，从而促进步行。

在责任方面，为了避免因人类驾驶员和机器驾驶员的不同对待而引发的诉讼，解决方案可以是，只有在人类驾驶员在相同情况下也会承担责任时，才考虑机器驾驶员承担责任（Greenblatt，2016）。

有些问题仍然不确定，比如所谓的"道德算法"，即在发生事故时，车辆应该如何行动？避免杀死 10 个过街行人或伤害驾驶员？汽车应该做出这样的决定吗？事实上，根据不同的调查，许多人声称他们只有在能够激活或关闭自动驾驶功能的情况下才愿意驾驶 AV。

此外，最终的反弹效应仍然是一个威胁，因为为残障人士、老年人、不到申请驾驶证年龄的年轻人提供汽车可能会增加行驶的里程，这是反弹效应的一个很好的例子——如果燃料不是来自可再生资源，则应提及对环境的负面外部影响。为避免这种威胁，将 AV 与传统的公共交通服务相集成而不是竞争的共享车队计划将有助于实现可持续、更好的移动性和公平性（UITP，2017）。

在欧洲层面，欧洲道路运输研究咨询委员会（ERTRAC，2015）基于研究和创新，以及社会挑战，在 2025 年全面开发的路线图框架内，制定了一系列关键的挑战和目标。ERTRAC 的策略研究议程以一种综合的方式面对未来，公共和私营部门共同努力实现一个共同目标：全面部署自动驾驶。安全可靠的技术、法律和监管框架、验收、通用验证程序和测试要求、基础设施要求和制造仍然是 ERTRAC 提高道路运输效率的核心方法。

所有相关部门都需要更加积极主动地为无人驾驶操作授权做准备，以便让这种新的交通方式得以全面运行。简而言之，这意味着增加研究经费，为责任、安全和数据隐私制定适当和协调的标准，并制定认证指南，这似乎是成功部署自动驾驶技术的正确方向。换句话说，为了为自动车辆和基础设施的技术核准程序以及业务的责任建立一个健全和可靠的共同规则框架，首先要解决的问题是共同的法律背景。此外，未来已来！

参 考 文 献

ASEPA, 2014. Sistemas de asistencia al conductor y de gestión inteligente del tráfico. Monografías 6. Asociación Española de Profesionales de Automoción, 2014.

CETELEM, 2016. Observatorio. El coche autónomo. Los conductores, dispuestos a ceder la conducción a la tecnología. Available at <www.elobservatoriocetelem.es> (accessed 23.11.16).

Conference Board of Canada, 2015. Automated Vehicles. The coming of the next disruptive technology. The Van Horne Institute, January 2015.

Declaration of Amsterdam, 2016. Cooperating in the field of connected and automated driving. Available at <https://english.eu2016.nl/documents/publications/2016/04/14/declaration-of-amsterdam> (accessed 1.02.17).

Diario Motor, 2016. <http://www.diariomotor.com/imagenes/2015/12/volvo-s90-2016-75.jpg> (accessed 13.02.17).

Dirección General de Tráfico (DGT), 2014. Series históricas- Parque de Vehículos. <http://www.dgt.es/es/seguridad-vial/estadisticas-e-indicadores/parque-vehiculos/series-historicas/> (accessed 23.11.16).

Dirección General de Tráfico (DGT), 2016. Revista de Tráfico y Seguridad Vial. <http://revista.dgt.es/es/noticias/nacional/2016/10OCTUBRE/1011las-ciudades-con-mayores-atascos.shtml#>. WEAHurLhCUk (accessed 23.11.16).

El Confidencial, 2017. <http://www.elconfidencial.com/tecnologia/2017-02-28/tesla-coche-autonomo-seguro-mantenimiento_1339883/> (accessed 03.03.17).

Greenblatt, N.A., 2016. Self-driving cars and the law. <www.spectrum.ieee.org/whitepapers> (accessed 30.12.16).

ENO Center for Transportation, 2013. Preparing a Nation for Autonomous Vehicles. Opportunities, barriers and policy recommendations. www.enotrans.org.

ERTRAC, 2015. Automated driving roadmap. ERTRAC Taskforce Connectivity and automated driving 21/01/2015.

European Commission, 2007. Green Paper "Towards a new culture for urban mobility" (COM 2007 -551 final).

EVERIS, 2015. Everis Connected Car Report. A brief insight on the connected car market, showing possibilities and challenges for third-party service providers by means of an application case study.

Fagnal, Daniel J., Kockelman, Kara, 2014. The travel and environmental implications of shared autonomous vehicles, using agent-based model scenarios. Transp. Res. Part C 40 (2014), 1−13.

Fagnal, D.J., Kockelman, K., 2015. Preparing a nation for autonomous vehicles: opportunities, barriers and policy recommendations. Transp. Res. Part A 77, 167−181.

Gil González, E., 2016. Big data, privacidad y protección de datos. Imprenta nacional de la agencia estatal. Boletín oficial del estado.

Forrest, A., Konca, M., 2007. Autonomous car and society. Worcester Polytechnic Institute.

ITS International, 2017. <http://www.itsinternational.com/> (Last accessed 13.02.17).

Kyriakidis, M., Happee, R., de Winter, J.C.F., 2015. Public opinion on automated driving: results of an international questionnaire among 5000 respondents. Transp. Res. F 32 (2015), 127−140.

Payre, W., Cestac, J., Delhomme, P., 2014. Intention to use a fully automated car: attitudes and a priori acceptability. Transp. Res. Part F 27 (2014), 252−263.

Salas, M., Robusté, F., Saurí, S., 2009. Impact of a pricing scheme on social welfare for congested metropolitan networks. Transp. Res. Rec. J. Transp. Res. Board 2115, 102−109.

Schellekens, M., 2015. Self-driving cars and the chilling effect of liability law. Comput. Laws Security Rev. 31 (2015), 506−517.

Schellekens, M., 2016. Car hacking: navigating the regulatory landscape. Comput. Laws

Security Rev. 32, 307–315.

UITP, 2017. Policy brief. Autonomous vehicles: a potential game changer for urban mobility. <http://www.uitp.org/autonomous-vehicles> (accessed 13.02.17).

University of Michigan Sustainable Worldwide Transportation (UMTRI, 2014). A survey of public opinion about autonomous and self-driving vehicles in the U.S., the U.K., and Australia. Available at <https://deepblue.lib.umich.edu/bitstream/handle/2027.42/108384/103024.pdf> (accessed 20.02.17).

U.S. Department of Transportation (DOT), 2016. Accelerating the next revolution in roadway safety. Available at <https://es.scribd.com/document/324670391/AV-Policy-Guidance-PDF> (accessed 17.01.17).

Valdés, C., 2012. Optimization of urban mobility measures to achieve win-win strategies. Doctoral Thesis. Universidad Politécnica de Madrid, September 2012. Available at: <http://oa.upm.es/14220/1/Cristina_Valdes_Serrano.pdf> (accessed 30.11.16).

White House, 2016. Artificial intelligence, automation and the economy. Executive Office of the President. December, 2016. Available at: <https://www.whitehouse.gov/sites/whitehouse.gov/files/documents/Artificial-Intelligence-Automation-Economy.PDF> (accessed 31.12.16).

延 伸 阅 读

EUROSTAT. Statistics on European cities. <http://ec.europa.eu/eurostat/statistics-explained/index.php/Statistics_on_European_cities#Demography> (accessed 30.12.16).

INRIX, 2014. The future economic and environmental costs of gridlock in 2030. An assessment of the direct and indirect economic and environmental costs of idling in road traffic congestion to households in the UK, France, Germany and the USA. <http://inrix.com/wp-content/uploads/2015/08/Whitepaper_Cebr-Cost-of-Congestion.pdf> (accessed 08.01.2017).

KPMG and Center for Automotive Research (CAR), 2012. Self-driving cars: the next revolution. kpmg.com / cargroup.org (accessed 08.01.17).

RACC (Real Automóvil Club de Cataluña, 2016).

Shin, J., et al., 2015. Consumer preferences and willingness to pay for advanced vehicle technology options and fuel types. Transp. Res. Board Part C 60, 511–524.

Vienna Convention on Road Traffic. Vienna, November 8th 1969, entry into force on 21 May 1977.

第 12 章　未来展望和研究领域

12.1　引言

智能汽车已经成为现实，但有必要知道它在接下来的几年里会发生什么变化。当然，它可以带来显著的好处，但与任何新技术一样，它也会带来相应的风险（Gill 等，2015）。此外，它的全球部署不仅贯穿于车辆本身，还延伸到基础设施，因此公共和私营部门应该为无人驾驶和合作车辆的到来做好计划，在不太远的时间范围内以实现它们最好的状态。

然而，谈论未来的进化是非常危险的，尤其是在处理长期的预测时，因为有许多可变因素会随着时间的推移而变得高度相关（或不相关），从而显著地改变这些系统的进化。例如，移动电话和通信技术的发展使得以前无法想象的服务得以实现，因此，其他技术的爆炸可以彻底改变已经做出的预测。另一方面，在某些情况下，预测某些进展的影响是复杂的。例如，新的通信技术可以防止在个人和专业领域的大量出行。由此，在工作场所、远程工作或"虚拟"联系可以减少工作期间出行的需求。然而，情况并非一定如此，因为获得更多信息和更多接触的可能性促进了更广泛的关系。

可以肯定的是，道路运输的未来将经历深刻的变化，尽管可能是渐进的，其中新技术将占主导地位。本章首先介绍了公路运输发展的当前趋势，正如它正在发展的情况一样。此外，未来的发展将取决于如何解决已确定的障碍，并将重点强调一些关键问题。本章的重点将与前一章不同，侧重于技术问题，尽管这些问题不能独立于其他问题，如经济、社会、政治等。

12.2　当前趋势

从技术上讲，目前的汽车与 20 年甚至 10 年前的汽车有一些不同。面向安全和舒适的新系统所涉及的传感器、控制器和执行器的数量呈指数级增长。这样一来，那些最初只配备在高性能车辆上的系统，如防抱死制动或稳定控制系统，现在已经出现在所有的新型车辆中。其他系统如导航装置已经拥有非常高的市场渗透率（Pérez 和 Moreno，2009）。新车型将配备紧急呼叫系统，这只是无数驾驶辅助系统中的几个例子。这样，在道路上，我们已经发现配备了以下设备的车辆：

- 辅助系统，例如带盲点检测系统的外后视镜、轮胎压力控制、车道保持系统、带毫米波雷达的主动预碰撞系统或面部识别系统。
- 除了已经众所周知的防抱死制动系统或稳定性控制或电子牵引力控制或自适应巡航控制，还包括车辆控制系统，例如斜坡起步辅助和碰撞前制动辅助。
- 信息系统是生态驾驶的一种指标，夜视系统以及除导航装置外还可以处理越来越多的信息，并能够根据路况实时重新计算路线。

同样，道路已经获得了技术上的改进，尽管不如车辆引人注目，但却是高效的。可变信息面板就是这种情况（尽管未来的趋势旨在通过无线通信在车辆本身上提供个性化信息），速度控制雷达、路面传感器、气象站以及用于信息收集的监控摄像头，以及沿主要道路传输信息的光纤布线等。

这些改进不是对行政当局或车辆和部件制造商的孤立冲动做出反应，而是对更广泛意义上可持续运输的长期趋势做出反应。这些进化模型不仅影响交通，而且影响整个社会。几项研究揭示了这些趋势的一般准则。

因此，在 2002 年，美国的一篇文章中提出了交通运输领域的 20 个主要转变，其中许多都是由美国实现的（Sussman，2005）。以下是重点：

- 从宽时间窗口中的信息管理和操作转变为实时工作。应当指出，这种信息管理仍然是挑战，例如，在实现信息的高可靠性方面。
- 从偶尔使用信息到制定投资计划到直接使用连续数据进行规划和开发，这是信息技术成本大大降低的结果。
- 从区域交通管理转变为可以产生更大利益的更广泛区域的管理，虽然更复杂，但采用一种综合处理办法，可以处理一些问题，例如环境问题，这些问题在更局部的形式下是不可能解决的。
- 强调从鼓励流动性转变为促进可达性，张明指出："可达性是指从一个地方移动到另一个地方的能力，流动性是指在时间条件和成本条件下达到某地的机会。"也就是说，人们对交通运输的期望增加了。
- 从经济发展向可持续发展的转变，应该考虑到今天某些技术进步的背景和方式的影响。
- 车辆和基础设施不再是独立的，而是合作的，或者需要技术革新，但也需要公共和私营部门之间的强有力的体制支持和合作。
- 从减少事故后果的优先概念转变为减少事故数量，即提倡首要安全措施。

这些转变的发展程度是不同的。其中一些已经实现了高度的转变，如广泛的交通管理、更接近"实时"场景的信息管理，或不可避免地在车辆中引入主要安全系统。在其他领域，进化开始得较晚。例如，车辆和基础设施的整合就是这样。然而，目前的趋势指向这条不可阻挡的道路。在某些情况下，改变如何在实践中实现，这一问题仍有待回答。

另一方面，2006 年，欧盟委员会资助的一项研究为实现可持续交通制定了指导方针（McDonald 等，2006）。其中，可以重点强调以下几点：

- 减少道路运输的影响：它必须提供工具，更有效地使用基础设施，并管理交通，以减少拥堵和污染。此外，它们还必须支持其他出行方式，比如拼车或车辆共享。最后，辅助系统应该提高车辆的安全性。
- 改善现有基础设施的使用：利用其能力，有可能增加道路网络的容量，而不需要额外的土建工程，成本比传统措施低得多，并具有更大的灵活性，以适应不断变化的条件。
- 互联性：运输系统必须为驾驶员提供采取最方便的运输方式的可能性，从而实现更均衡的交通分布。为此目的，努力集中于鼓励不同的模式相互补充，并从 ITS 中提供促进这种模式交流的信息。这条线与促进公共交通使用的那条线有关（Comisión de Transportes，2003）。

12.3　当前研究领域

今天确定的挑战必须标志着前进的方向。也就是说，解决当前问题将鼓励未来的系统和服务的实施，尽管它们肯定会揭示需要解决的新困难。负责的主管部门清楚地意识到这一事实，并证明了这一点，例如研发运输计划。因此，在欧洲的 Horizon 2020 工作计划中，智能、绿色和集成交通将成为未来交通的主要支柱。在 2014—2015 年期间的计划项目中（欧洲联盟委员会，2014），可以强调以下几点：

- 先进的总线概念可提高效率，将"经典"技术与最新的总线设计相结合。
- 交通安全分析和面向弱势交通参与者安全的综合方法，因为弱势交通参与者仍然没有得到其他交通参与者已经得到的改善。
- 合作 ITS 用于安全、拥挤和可持续性移动，通信在其中起着重要作用，特别是通过进行现场测试来证明在以前的项目下技术发展的局限性。
- 道路运输中的安全互联自动化，对简单自动化有具体要求，限制了短期内可预见的范围。
- 城市拥堵管理是最早的挑战之一，并且鉴于城市的发展以及城市内部交通的需求，在没有一个完整而令人满意的解决方案的情况下，这种挑战仍在继续。
- 用于智能移动性的连通性和共享信息，旨在将所有信息源整合在一起，以提供更高质量的服务。

此外，以电动汽车为主的绿色汽车的引入开辟了一个新的工作领域，如充电点的管理、此类车辆的车队组织、考虑其自主性等。

另一方面，当某些技术的发展已经被认为是成熟的时候，在广泛的场地试验中对其进行验证是必不可少的。目前的许多努力都集中于这种新的设想，而不是集中于实际发展本身。

12.4 主要预期的技术飞跃

这方面和其他领域的经验表明，除少数例外情况外，许多已经进行的改变都是逐步进行的，尽管总有一个里程碑常常被确定为最初的触发点。在运输及智能交通领域，有如此多的实践者参与其中，其积极和消极的影响可能是显著的，引进技术飞跃通常是谨慎的。因此，或多或少在不久的将来将要发生的变化应该已经隐约可见。下面是一些最有代表性的例子。

也许最引人注目的技术飞跃集中在自动驾驶汽车上，更进一步，是自动合作汽车。但是，有一些问题需要指出。首先，操作必须完全可靠和安全。该规范是一个高度苛刻的要求，通常符合将这些车辆的应用限制在受控场景或简单的应用，或降低运行速度。因此，可以理解的是，在拥堵的情况下，自动驾驶是可行的，在专用车道或编队行驶，这在很多情况下已经成为现实。避碰安全系统是一种复杂的系统，特别是在紧急规避操作中控制车辆的系统。另一方面，控制车辆的系统必须在经济上可行，因此传感器的成本必须符合市场的预期。最后，必须考虑法律和社会屏障。

也就是说，综上所述，我们可以说，全自动驾驶并不是一个技术乌托邦。但它在道路上的实际实施应该仔细分析。研究人员和制造商主张自动化在逐步演进的阶段，首先接近纵向控制，然后简单的侧向控制，以达到完全自动化的情况下，增加复杂性。综上所述，从传统驾驶到辅助驾驶的转变现在已经成为现实，现在向自动驾驶的飞跃正在实现，在部分自动化、高度自动化和完全自动化的三个阶段上不断推进。

另一个相关的技术飞跃是车辆之间以及与基础设施或与其他用户之间更大程度的信息交换，也就是说，车辆与周围环境连接的广泛植入。这一点在研究和试验领域已经有了重要的进展。毫无疑问，利用这些系统来提供信息将在短期内成为现实。它还将与支持前面提到的自动驾驶的技术飞跃有关，提出了一定前提下的合作自动驾驶的概念。然而，使用这些通信来支持安全应用将需要更多的时间。主要是，延迟和定位精度的要求必须在任何时候都得到保证，考虑到目前的技术水平，这将需要强大的技术努力，假设系统的最终成本，就像前面的例子一样，必须是市场能够承担的数量级。

综上所述，协同系统可以看作是自动驾驶的催化剂，可以为一些仅基于车载传感器的自动驾驶车辆存在一些局限性的环境方面提供解决方案。车辆和基础设施之间的信息交换可以在更复杂的场景下实现自动驾驶。这两项技术飞跃的结合将塑造未来的交通工具及其与基础设施的互动，如图 12.1 所示。

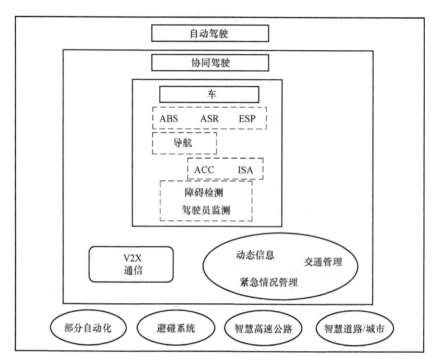

图 12.1　ITS 在车辆中的应用进展

在某种程度上，由于技术促进了进步，因此，即使在信息量很大的情况下，仍然需要高效、廉价和可靠的实时收集和处理信息的方法。在汽车和基础设施领域，越来越精确和可靠的传感器的价格下降是必需的。基础设施中的新传感器，浮动车辆的使用，以及对越来越多的内部变量的访问，这些变量可以与其他车辆或基础设施的元素共享等，都增加了信息量。因此，几个源的集成和信息的融合是至关重要的，尽管这方面需要数据兼容性，而不是最初考虑的，而且目前它们仍然是数据传输中效率低下的一个来源。此外，潜在的信息发射器和接收器的数量之多，导致通信方案需要进行修改，以便实时支持这种同步通信，同时要区分某些信息在多大程度上需要传输到某些点，以及有多大的延迟。

另一方面，许多系统对车辆定位的依赖将意味着这些技术的发展，以及在数字地图的准确性和细节方面的发展。因此，必须解决复杂环境中的定位问题，而且对于许多应用，必须保证厘米级的精度，以便部署先进的解决方案，主要是针对提高安全性的解决方案。此外，车辆周围环境的检测应加强新的传感器和数据融合，利用无线通信，以便有可靠的视野和找到可行驶区域，以安全移动。这种监视还会影响决策模块，这些模块应该重现与人类用户兼容的行为。

另一个相关的技术飞跃涉及对传统道路的具体解决方案，因为到目前为止对传统道路的研究工作有限，而且有时发现道路条件很差（例如，车道线不清楚）。随着这些新的改进，高容量公路和传统公路之间的区别变得越来越明显。当然，有些措施将是外推的，但由于缺乏基础设施（例如，传递信息），其他措施在短期内不会实现。因此，认为应在这一领域采用负担得起的解决办法，而不是提供在干线运输所需的所有道路资源，但该解决办法可以改善目前的情况，即驾驶员获得信息的情况和提高安全的措施。

另一方面，乘客和货物运输的发展将随着实时信息的不断使用而不断发展，以改善车队的服务和开发。从技术要求的角度来看，尽管经济和组织方面的障碍可能影响其快速实施，但与以前处理过的其他系统相比，这些要求的相关性较低。最后，已经提到了对乘客和货物的多式联运的优先行动。通过更多和新的信息流来促进这种多式联运。

12.5　其他预期/必要的改变

还应该指出的是，技术的飞跃必须与社会的发展相一致。从这个意义上讲，分析前瞻性的交通研究很重要，这些研究提倡向共享性交通的重大转变以及城市组织的变化（Fundación OPTI，2009）。在有关 ITS 的结论中，这些研究着重介绍了用于实时路线规划的信息系统，并假设 ITS 系统对提高出行能力的贡献将在效率、安全性和环境可持续性（包括实际）方面具有决定性作用。包括基础设施的时间管理，与车辆的通信，根据车辆的特性进行车辆监控或控制货运。此外，ITS 在促进其他形式的出行中也起着作用，例如用于本地和全球能源管理的电动汽车，用于汽车共享模型或客运和货运公司的其他形式的运营。毫无疑问，取决于进一步加强的方面，某些形式的交通将受到其他形式的制约，至少在一定程度上是技术解决方案，这使得未来的实施更加复杂。

因此，在相互作用中，技术的进步可以显著影响运输方式的选择。例如，自动驾驶汽车结合了公共交通和传统私人汽车的优势，如舒适性、灵活性，以及在同一时间进行其他活动的可能性。此外，某些群体的公共交通市场（老年人、残疾人等）可以开私家车，私家车的使用会变得更安全、更方便，因为可以提供更个性化的服务和更多的调整。通过这种方式，公共交通应该探索其他方法来与个人（不一定是私人）使用车辆的人竞争。据估计，价格可能是影响行为的主要工具。在任何情况下，自动驾驶汽车可以为公共交通和汽车共享等车型带来机遇。

一个明显的趋势似乎是可能重新定义拥有车辆的概念，通过共用车辆来寻求更高的效率，以减少费用和增加基础设施（例如停车场），从而导致城市设计的改变。这一变化也使更多的技术、复杂的传感器和执行器得以引入汽车，因为汽车的最终价格对客户来说不是一个关键问题，因为这是一个共同的成本。

12.6　总结

关于未来道路运输应如何发展的概述在概念上是清楚的，许多年前就已经提出，即使现在允许部署这些措施的许多技术还没有开发或实现。

仅仅依靠传统的措施来发展交通是不可能的。传统的措施是通过改善车辆的结构性能和保持系统（如安全带）来提高车辆的安全性，或者仅仅通过建设新的民用基础设施来解决道路容量问题。也就是说，安全带等措施的作用是不可否认的，它是汽车发展史上的一个里程碑，挽救了无数人的生命。然而，进化不应该止步于此，许多解决方案都是通过属于智能系统的技术实现的。同样，改善基础设施是必要的，但不仅是在土建工程的层面上，而且必须采用新的技术设备。事实已经表明，通过增加道路基础设施来增加总容量是不可持续的，而且有趋势主张改变城市的模式，寻求一个"市民的城市"，而不是一个"车辆的城市"。这无疑要经历缓慢而难以预测的社会结构变化。

尽管取得了巨大的进展，但多年来一直保持着对总体方针的展望，尽管所引入的技术以及部署测试修改了一些细节，但没有修改最终目标。因此，估计20多年前已经制定的准则在今后几年仍然有效。在实际执行方面，对于如何解决目前存在的一些障碍仍有疑问。寻找这些障碍的解决方案以及可能引入的新技术可以使这种部署符合条件，并且这些都是现在很难预见的方面，并且进行估计是有风险的。

此外，估计时间跨度是非常危险的，任何预测都可能导致相关的错误，就像在以前的预测中发生的那样，例如，在车辆中引入一些系统，如智能速度控制系统。这一困难在于有许多可能产生影响的参数，而且从长期来看，这些参数难以估计。可能会严重影响ITS实施的三个关键点：

- 新技术的影响力以前未知或未应用于运输部门，这将改善尚待解决的领域中现有技术的性能，例如精确定位（精度比当前系统高一个数量级）、通信或环境感应等。对于在车辆或基础设施中进行大规模引入而言，成本应具有竞争力，这样它们才能比"实验室原型"有进一步发展。
- 社会必须接受和同化转型。这方面适用于任何领域，运输就是其中之一。一些技术解决方案可能涉及个人行为（如对自动驾驶的接受）和社会行为（如改变移动模式）的深刻改变。要实现这种接受，变革的引入必须是渐进的。它在汽车上的引入受到市场的强烈制约。显然，管制方面可能成为执行某些措施的条件，促进它们的实施（例如，在许多国家强制使用安全带，从而增加安全带的使用，或在道路雷达数量增加时降低平均速度；Elvik和Vaa，2004）。但是，此解决方案并不适用于任何服务。
- 最后，政治和经济情景设定了行动框架。因此，私人投资（购买车辆）和公共投资（改善公路网）减少的经济危机会大大推迟技术发展以及系统和服务的最后执行。

　　似乎很清楚的是，公路运输的变化不会突然而剧烈地发生。牢记要寻求安全、可持续、高效和清洁的出行方式，这一目标是通过毫无疑问涉及促进智能运输系统的许多角度来衡量的。但是，其引入将需要数年时间。从这个意义上讲，一个关键的技术方面是需要最少数量的配备用户，并且有义务考虑配备智能系统的车辆与不配备智能系统的其他车辆之间的相互作用，同时考虑到其系统市场渗透的困难。渗透率低会影响有效性。

　　当然，这种未来的成功无疑将经过一个理性和渐进的引入。在自动驾驶问题上出现了一个明显的问题，这种自动驾驶首先应该是部分自动化的，并且可以在受控场景和简单应用（例如低速行驶或队列行驶）中工作，然后再转向完全自动驾驶。尽管已在某些原型中进行了技术演示，但仍需要在整个道路运输系统中采用更完整的方法。

　　无论如何，似乎很明显，智能汽车的进步必须与适当的基础设施规划相一致，以支持这些技术并充分发挥其潜力。

参 考 文 献

Comisión de Transportes del Colegio de Ingenieros de Caminos, Canales y Puertos, 2003. Libro Verde de los sistemas inteligentes de transporte terrestre. Colegio de Ingenieros de Caminos, Canales y Puertos, Madrid (in Spanish).

Elvik, R., Vaa, T., 2004. The Handbook of Road Safety Measures. Elsevier.

European Commission. 2014. Horizon 2020. Work Programme 2014–2015. Smart, green and integrated transport.

Fundación O.P.T.I. 2009. Movilidad en las grandes ciudades. Estudio de prospectiva. Madrid (in Spanish).

Gill, V., Kirk, B., Godsmark, P., Flemming, B., 2015. Automated Vehicles: The Coming of the Next Disruptive Technology. The Conference Board of Canada, Ottawa.

McDonald, M., Keller, H., Klijnhout, J., Mauro, V., Hall, R., Spence, A., et al., 2006. Intelligent transport systems in Europe. Opportunities for future research. World Scientific.

Pérez, J.I., Moreno, A., 2009. La contribución de las TIC a la sostenibilidad del transporte en España. Real Academia de la Ingeniería, Madrid (in Spanish).

Sussman, J.M., 2005. Perspectives on Intelligent Transportation Systems. Springer.

Intelligent Vehicles

Felipe Jimenez

ISBN: 9780128128008

Copyright © 2018 Elsevier Inc. All rights reserved.

Authorized Chinese translation published by China Machine Press.

智能车辆（江浩斌 徐兴 王海 等译）

ISBN: 978-7-111-71757-7

Copyright © Elsevier Inc. And China Machine Press. . All rights reserved.

No part of this publication may be reproduced or transmitted in any form or by any means, electronic or mechanical, including photocopying, recording, or any information storage and retrieval system, without permission in writing from Elsevier (Singapore) Pte Ltd. Details on how to seek permission, further information about the Elsevier's permissions policies and arrangements with organizations such as the Copyright Clearance Center and the Copyright Licensing Agency, can be found at our website: www.elsevier.com/permissions.

This book and the individual contributions contained in it are protected under copyright by Elsevier Inc. and China Machine Press. .

This edition of Intelligent Vehicles is published by China Machine Press. under arrangement with ELSEVIER INC.

This edition is authorized for sale in China only, excluding Hong Kong, Macau and Taiwan. Unauthorized export of this edition is a violation of the Copyright Act. Violation of this Law is subject to Civil and Criminal Penalties.

本版由 ELSEVIER INC. 授权机械工业出版社在中国大陆地区（不包括香港、澳门以及台湾地区）出版发行。

本版仅限在中国大陆地区（不包括香港、澳门以及台湾地区）出版及标价销售。未经许可之出口，视为违反著作权法，将受民事及刑事法律之制裁。

本书封底贴有 Elsevier 防伪标签，无标签者不得销售。

注意

本书涉及领域的知识和实践标准在不断变化。新的研究和经验拓展我们的理解，因此须对研究方法、专业实践或医疗方法做出调整。从业者和研究人员必须始终依靠自身经验和知识来评估和使用本书中提到的所有信息、方法、化合物或本书中描述的实验。在使用这些信息或方法时，他们应注意自身和他人的安全，包括注意他们负有专业责任的当事人的安全。在法律允许的最大范围内，爱思唯尔、译文的原文作者、原文编辑及原文内容提供者均不对因产品责任、疏忽或其他人身或财产伤害及/或损失承担责任，亦不对由于使用或操作文中提到的方法、产品、说明或思想而导致的人身或财产伤害及/或损失承担责任。

北京市版权局著作权合同登记　图字：01-2018-5156号。

图书在版编目(CIP)数据

智能车辆：使能技术与未来发展/(西) 费利佩·希门尼斯主编；江浩斌等译. —北京：机械工业出版社，2022.10

（汽车先进技术译丛. 智能网联汽车系列）

书名原文：Intelligent Vehicles

ISBN 978-7-111-71757-7

Ⅰ. ①智⋯ Ⅱ. ①费⋯ ②江⋯ Ⅲ. ①智能控制 – 汽车 Ⅳ. ①U46

中国版本图书馆 CIP 数据核字（2022）第 186969 号

机械工业出版社（北京市百万庄大街22号 邮政编码100037）

策划编辑：孙 鹏　　　　　责任编辑：孙 鹏
责任校对：樊钟英　刘雅娜　封面设计：鞠 杨
责任印制：李 昂

北京中科印刷有限公司印刷

2023 年 3 月第 1 版第 1 次印刷

169mm×239mm · 21.25 印张 · 3 插页 · 433 千字

标准书号：ISBN 978-7-111-71757-7

定价：199.00 元

电话服务　　　　　　　网络服务

客服电话：010-88361066　机 工 官 网：www.cmpbook.com
　　　　　010-88379833　机 工 官 博：weibo.com/cmp1952
　　　　　010-68326294　金 书 网：www.golden-book.com

封底无防伪标均为盗版　机工教育服务网：www.cmpedu.com